Bd 2

suhrkamp taschenbuch
wissenschaft 575

Michel Leiris, geboren 1901, ist Schriftsteller und Ethnologe. 1924 kam er zur surrealistischen Bewegung, 1929 trennte er sich von ihr. Während dieser Zeit zählte er zu dem Kreis um André Masson, dem auch Artaud und Bataille angehörten. Mit Bataille und Callois gründete er 1937 das Collège de Sociologie. Befreundet war er ebenfalls mit Sartre und Lacan.

Im vorliegenden Band sind einige ethnographische Studien über Afrika und die Antillen – zum Beispiel über den Gebrauch katholischer Andachtsbilder im haitianischen Vaudou – mit einer Reihe literarischer Porträts (Rimbaud, Métraux, Lévi-Strauss, Césaire, Bataille) konfrontiert.

Leiris versäumt es nie, Phänomenen, denen er sich in seiner wissenschaftlichen Arbeit gewidmet hat, auch selbstanalytisch nachzugehen. Von seinen autobiographischen Werken sind im Suhrkamp Verlag erschienen: *Mannesalter* (1975) und das Traumbuch *Lichte Nächte und mancher dunkle Tag* (1981).

Michel Leiris
Das Auge des Ethnographen

Ethnologische Schriften
Band 2

Übersetzt von Rolf Wintermeyer
Herausgegeben und mit einer Einleitung
von Hans-Jürgen Heinrichs

Otto Groß – Walter Benjamin

Michel Leiris

14 DM.

Suhrkamp

CIP-Kurztitelaufnahme der Deutschen Bibliothek
Leiris, Michel:
Das Auge des Ethnographen /
Michel Leiris.
Übers. von Rolf Wintermeyer.
Hrsg. u. mit e. Einl.
von Hans-Jürgen Heinrichs. –
1. Aufl. – Frankfurt (Main):
Suhrkamp, 1985.
(Ethnologische Schriften /
Michel Leiris; Bd. 2)
(Suhrkamp-Taschenbuch Wissenschaft; 575)
ISBN 3-518-28175-5
ISBN 3-518-09688-5 (Gesamtw.)
NE: GT

suhrkamp taschenbuch wissenschaft 575
Erste Auflage 1985

Druck: Nomos Verlagsgesellschaft, Baden-Baden
Printed in Germany
Umschlag nach Entwürfen von
Willy Fleckhaus und Rolf Staudt

1 2 3 4 5 6 – 90 89 88 87 86 85

Inhalt

IV. *Magie, Okkultismus und Alchemie*

Anhang

Hans-Jürgen Heinrichs
Einleitung

1. Das Auge des Ethnographen

Leiris' wissenschaftliche und poetische Texte begehren den Leser, der Erfahrung machen möchte und für Transformationen zwischen Angeschautem, Erfaßtem, Gedachtem, Konzipiertem und Verworfenem offen ist. In Leiris' Entwurf setzt sich Anderes, das er aus Traditionen übernommen und das er an sich selbst erfahren hat, fort. Das Andere (der andere Mensch, die andere Kultur, das an sich selbst als Fremdheit, Leere oder Determinierung Erfahrene, die imaginär durchsetzte Identität) ist auch Teil allgemeiner symbolischer Ordnungen, die nicht zu vereinnahmen sind. Leiris' Arbeiten sind »Über-setzungen«, in dem Sinne, wie Jacques Lacan Freuds Rede vom »anderen Schauplatz« als dem Ort des Unbewußten aufgenommen hat: Wir haben nie das »Original«, immer nur Übersetzungen, die »Anderes« (aus Zwischenbereichen des Realen, des Symbolischen und Imaginären) sagen, oder wie es Leiris einmal formulierte: »Was man zu fassen bekommt, ist immer der Schatten und nicht die Beute.«

Das Auge des Ethnographen – erfahrend, konstruierend, begrenzt erfassend, entlang an »Berührungsmomenten«. In westlichen Zivilisationen ist das emotionale Übertragungsgeschehen reservierter, deutlicher aufgeteilt in partielle Identifizierungen und Distanzierungen, in Selbst- und Fremderfahrung. In der außereuropäischen Kultur ist dieses Geschehen diffuser. Das Auge sieht und wird gesehen, es sieht alles und nichts, versteht jede und keine Bewegung. In der ganz anderen Kultur ist der Ethnograph und Ethnologe der ganz Fremde und zugleich zu Hause. Er ist immer am anderen Ort, am anderen Schauplatz, er sieht Anderes.

Nach Friedrich Schlegel ist Genie zu haben der »natürliche Zustand des Menschen«, aber wie kommt man an sich heran, welche Impulse treffen, welcher Mut führt weiter?

Was von ethnographischen Erfahrungen zu vermitteln ist, ist eine *Struktur: Erkenntnis aus Anschauung heraus.* Aber was bedeutet das, wenn man damit nicht Leben und Geschichte verbindet? Das »Auge des Ethnographen« soll diese Verbindung herstellen. Das Auge ist wie die Haut, die Fläche zwischen dem Ich und dem Anderen, in beiden vermittelt sich

Angeschautes. Spätidealistisch formulierte J. G. Fichte: dem Sehen ist ein Auge eingesetzt. Über das Sehen kann man an sich und die Dinge herankommen. Ob in Marseille, Afrika, China, Haiti oder Guadeloupe. Wie erfährt man sich im Anderen, das Andere in sich?
»Über einer Jauchegrube Rosen entblättern« (S. 72) – Leiris bewundert Batailles widerborstige Poesie, seine unflätige Aristokratie, die von einem hartnäckigen Bauern gesprochene Sprache der Blumen, seinen Blick, der sich an der realen Heterogenität bricht und das schon gesehene Dreckige im Wunderbaren, das Magische im Banalen, nicht aufgibt. Mystik, Wahnsinn, Abenteuer, Poesie, Erotik – das sind Erfahrungs- und Erkenntnismomente, mit denen sich Leiris herumschlägt, ohne Interesse für weitere Verfestigungen in Dualismen (Körper–Seele, Materie–Geist usw.). Was er wahrnimmt, lebt und sagt, ist die Sprache seiner Wünsche und Entsagungen, seiner Phantasien und Projektionen, und sie hat sich auch, nach einer Formulierung von Césaire, »in den Feldern der Anderen« (S. 116) ausgebildet. Was er – wenn er nicht gerade, wie in wenigen Fällen, summarische Überblicke gibt – mit dem geschulten und einengenden Auge des Ethnographen und Dichters wahrnimmt, ist phantasmagorisch gestellt und verstellt – »seine europäische Kultur setzt ihm entstellende Prismen in den Kopf«. (S. 34)
Der Wunsch, »das Joch unserer Kultur abzuschütteln« und die Irritation der eigenen Identität – das waren erste Motivationen für Leiris, Ethnologe zu werden. Er wurde der Profi, der das darin beschlossene »Lächerliche« und die, wie er auch sagt, »naiven Teufeleien« nicht verbannte. Darin fühlt er sich Alfred Métraux und Georges Bataille verbunden. Das »Vagabundieren« des Ethnologen und Dichters – das ist ebenfalls eine ganz unprofessionelle Assoziation, in der sich Leiris auch mit seinem väterlichen Freund Max Jacob eins wußte. Für Leiris sind die Kulte der Besessenheit und des Vaudou die partielle Einlösung dieser Wünsche; sie gehören für ihn zu den »Teufeleien, die uns trösten«, »grüne Paradiese unserer kindlichen Lieben«. (S. 56, 62 ff.) Sein Ideal ist, in Ethnologie und Poesie zur vollständigen Erfassung dessen zu gelangen, worin man lebt.
In einem Gespräch bezeichnete Leiris das Gedicht »Die Nereide des Roten Meeres«[1] als seinen am weitesten vorangetriebenen Versuch, die

[1] Es gibt Ähnlichkeiten dieses Gedichts mit Césaires *Zurück ins Land der Geburt* (Frankfurt/M. 1967) und Bretons/Massons *Martinique. Charmeuse de serpents* (Paris 1972). Bei Leiris' Kenntnis alchemistischer und okkulter Texte ist zu vermuten, daß er auch die vielfache symbolische Bedeutung des Roten Meeres kannte; vgl. dazu umfassend C. G. Jung, *GW* 14,1: 217–229.

ethnographische Erfahrung poetisch zu fassen. Noch bevor ich die Arbeiten von Leiris kannte, habe ich auch immer wieder auf Reisen diesen Reiz verspürt, im langen Gedicht die Reise-Bewegung nachzuzeichnen und dabei die Erfahrung gemacht, daß das *Pathetische* Teil dieser Reise-Schreib-Bewegung ist. Vielleicht liegt es an der Einsamkeit des Reisenden in der fremden Kultur, die immer wieder abrupt in kollektivem Leben aufgehoben wird; diese Brüche, die man selbst kaum bestimmen kann, diese Verlorenheit *und* Aufgehobenheit, die Glückseligkeit *und* Verzweiflung prägen die eigene Sprache. Für Leiris ist es auch immer wieder die *Melancholie*, die er für ethnopoetische Erfahrungen als charakteristisch empfindet und ebenso bei Bataille wie bei Métraux und Lévi-Strauss hervorhebt.

»Sich in eine Perspektive der Totalität stellen«, »aus jedem Holz Feuer machen« (S. 53) – aber in dieser Totalität die eigene Subjektivität radikal erfahren zu wollen und als das konkrete, humanistisch verstandene Moment der Totalität durchzusetzen: das ist, in Leiris' Sinne, die Chance dessen, der sich auf die ethnographische und die poetische Praxis einläßt.

Hubert Fichte hat in den letzten Jahren in diesem Erfahrungs-, Erkenntnis- und Sprachraum von Poesie, Subjektivität und Wissenschaft eine Radikalität zum Ausdruck gebracht, die darauf gründet, daß die Wahrheit poetisch ist: »Es gibt fuer den Dichter keine zweite, keine Ausweichsprache ausserhalb der poetischen – oder er luegt.« (*Lohensteins Agrippina*, Köln 1978: 169)

Ist nur das die Sprache des ethnographisch erfahrenen und erfahrenden Dichters? Ist, was er sonst wissenschaftlich oder alltagssprachlich tradiert, sagt, nur Ausweichsprache? Leiris hat für sich immer wieder betont, daß er sich »nicht den ganzen Tag der Literatur widmen« könne, es würde ihn zerreiben oder verrückt machen. Auch stellt jeder Produzent für sich in einer anderen Weise die Beziehungen zur Objektwelt und zu ›seinen‹ Sujets her: man kann ja auch erst im Erfahren und Schreiben herausfinden, ob es der eigene Gegenstand ist, ob man eine ›authentische‹ Perspektive für diesen Gegenstand entwickeln kann. Leiris' ethnopoetologisches Konzept ist nicht manieristisch.

In Erinnerung an einen Satz von Henri Lefebvre (»Michel Leiris ist vielleicht in der Jagd nach dem Unfaßbaren bis zur äußersten Grenze gegangen«) scheint mir der Spielraum, der ethnopoetisch erprobt werden soll, nicht ausreichend durch das Begriffspaar Wahrheit/Lüge benannt; seine Grenzen werden eher durch das »Faßbare« und das »Unfaßbare« und die psychischen Möglichkeiten im Umgang damit abgesteckt.

2. *Eigene und fremde Kultur*

Aus der eigenen Kultur die fremde erfahren und von der fremden Kultur Zugänge zu noch nicht gesehenen oder abgespaltenen Anteilen der eigenen finden. In der Tätigkeit des Entdeckens und Erfahrens, der Konstruktion und Systematisierung, der Modellentwürfe und der Verwerfungen leben. So könnte man die Linie skizzieren, die sich vom ersten zum zweiten Band der *Ethnologischen Schriften* von Michel Leiris zieht und die im dritten Band *L'Afrique fantôme* weiter verlängert wird.
Leiris zeigt in den Texten des vorliegenden Bandes seine Leidenschaft für magische Prozesse – ob im Vaudou Haitis oder in den Besessenheitskulten Afrikas oder im europäischen Okkultismus –, für die Abenteuer der Erfahrung, der Poesie, der Fiktion und der Wissenschaft, für die Strenge der Reflexion, seine Begeisterung für die Veränderung, für die Revolte und die Revolution. Dem Gefühl für die Notwendigkeit der Revolte in der Mitarbeit an sozialer revolutionärer Veränderung eine konkrete Gestalt zu geben – darin sieht Leiris den größtmöglichen Einfluß des einzelnen auf gesellschaftliche Verhältnisse.
»Allein die Revolution kann uns von der schändlichen toten Last des Überlebten befreien. Eine vollständige Erneuerung der Beziehungen der Menschen untereinander muß aus ihr erwachsen. Das ganze alte, faulende Gerüst des zeitgenössischen Denkens wird durch sie zum Einsturz gebracht werden. Gründe genug, meine ich, mehr als genug, damit jeder wirkliche Dichter sich ihr mit Leib und Seele verschreibt . . . Alle wahre Dichtung ist von der Revolution nicht zu trennen.« (S. 51)
Leiris hat seine Erfahrungen aus der Zeit des Surrealismus und seiner ersten Forschungsreise nach Afrika für die Analyse subjektiver und objektiver Strukturen verlängert und beständig neu zu überprüfen versucht: vom Standpunkt der Selbstethnographie und dem der Fremdanalyse, der Künste und der Wissenschaften aus. Sein praktisches Engagement betonten Simone de Beauvoir und Jean Paul Sartre ebenso wie Jean-Pierre Faye, der ihn den »Freund des großen Jahres (1967/68)« nannte.
Leiris' Perspektive ist immer, Wünsche in ihren Manifestationen und in

ihren nur vermuteten (verschlungenen) Wegen aufzuspüren, zu beschreiben und zu analysieren, um sodann ihr Potential oder aber ihre repressiven und regressiven Züge aufzuklären. Seine Magie- und Okkultismus-Studien können Anreiz sein, diese Perspektive neu und umfassender aufzunehmen: Wünsche, Mythen und Ideologien der Menschen selbst- und fremdethnographisch zu entdecken, zu beschreiben, zu dechiffrieren und die (eigene) Subjektivität als eine zu begreifen, die sich vorab nicht als Vernunftwesen weiß und vergewissert hat, sondern ihre Vernünftigkeit allererst in Selbstethnographie und Fremdanalyse gewinnt. Der Einzelne hat nicht mehr die Allgemeinheit vernünftiger Bezugsrahmen und Kategorien zur Verfügung – nach den Entdeckungen der Ordnung des Unbewußten durch die Psychoanalyse, den kulturrelativierenden Erfahrungen der Ethonologen und den Erkenntnissen der Ethonopsychoanalyse über die verzerrende Rolle des Beobachters[2] –, die es ihm gestatten könnten, vom Standpunkt aufgeklärter, rationaler Intelligenz das Verdorbene, das Verfehlte szientifisch zu dechiffrieren.

Dechiffrierung muß an Selbstanalyse gebunden sein, sonst verfehlt sie die Möglichkeiten, daß der Analysand/Analytiker selbst weiterkommt; sie muß überprüfbar an die eigenen Erfahrungs- und Erkenntnismöglichkeiten gebunden bleiben. Vernunft an sich gibt es nicht.

Ist ein solches Wissenschaftsverständnis, wie es von Leiris mitinitiiert worden ist, subjektivistisch, irrationalistisch oder, wie manche die Gegenposition der ›Aufgeklärtheit‹ nennen, exotistisch? Kann man Exotismus verteidigen?

Für diejenigen, die diesen Begriff zustimmend und gutmeinend in den 20er, 30er Jahren gebrauchten, hatte »Exotismus« keineswegs die Aura von Freiheit, Subjektivität und Selbsterprobung; oft wollten sie gerade die Welt und Kunst der »Exoten« als realistisch darstellen, das Gemeinsame der Wilden und Zivilisierten sollte vorab objektiv gesichert sein (vgl. etwa W. Hausenstein, *Exoten. Skulpturen und Märchen*, Zürich/München 1920). Exotismus war für Hausenstein da, wo er über rationales Erfassenwollen hinauszugehen versuchte, eine ethnozentristisch formulierte Kollektiv-Psycho-Betrachtung: »Die Seele ist alles: letzte Verzweiflung der Zivilisation und erster Urgrund aller Wildnis . . . mit den

[2] In der Philosophie Mitte und gegen Ende des 19. Jahrhunderts, in den linken Gruppen und in avancierten Positionen der Frauenbewegung sind andere wesentliche Erfahrungen eines ›Aufbrechens der Vernunft‹ gemacht worden mit der Einsicht in die Notwendigkeit, Hoffnungen, die man zu abstrakt in geschichtliche Prozesse setzte, neu auf die Subjektivität zu beziehen.

Exotischen aus dem Ganzen eins, ihnen hingegeben und auch Herr über sie ...« Eckart von Sydow (*Exotische Kunst,* Leipzig 1921) gab diese Selbstsicherheit auf. Für ihn war die große Frage, ob unsere Zivilisation den »primitiv-exotischen Völkerschaften«, ihrer »seelischen innerlichen Kultur« widerstehen könne. Seine Antwort: Nein; statt Griechentum – wie bei Winckelmann und Goethe – »heißt jetzt die Losung: Südsee–Afrika! Primitiver Exotismus!!« »Uraltes Selbstgefühl«, »mystisches Welt-Bewußtsein«, »zurück in das Ursprüngliche der reinen ... Geistigkeit« – das ist die Faszination primitiver Kunst und magischer, okkulter Praktiken, denen die Künstler im Umkreis der Surrealisten und einige Philosophen wie Hermann Keyserling erlegen waren: »das Erleben der Wirklichkeit als einer von innen her einheitlichen Welt, ... die Einheit der Wirklichkeit: als verkörpertes, körpergewordenes Seelentum«. Entscheidend ist, ob die Künstler und Philosophen diese Idee zum »Grundsatz der All-Beseelung der Welt« zurückzuverlängern versuchten und damit selbst in die Illusion einer Welt-Mensch-Symbiose regredierten oder ob sie ein Potential der Phantasie und allgemein des Unbewußten progressiv auf eine Veränderung des Lebens, Denkens und Produzierens hin einzusetzen vermochten. Das kann man mit Recht für Leiris, Carl Einstein oder Picasso behaupten. Der Kubismus sollte ja auch eine Art »Antizipation zukünftiger kollektiver Bewußtseinsänderungen«[3] sein.

Von seiten der Kritiker gab es eine tradierte Verwendungsweise, gleichsam ein Vorverständnisraster für das, was Exotismus besagen sollte, ob bei dem Kolonialismus-Kritiker Aimé Césaire in den 60er Jahren (Exotismus verhindert die »neue Gesellschaft« auf der Grundlage der »alten Negerkulturen«), bei dem Schriftsteller Carl Einstein in den 20er Jahren (Exotismus verhindert die eigene, neue Kunst) oder ganz allgemein in Positionen der Humanismus- und Zivilisationsdebatten: Exotismus als Primitivismus, der seinen Stoff aus der Kolonialgeschichte bezieht. Ein Exotismus-Kritiker ist damit schon, wenn er will, ein Kritiker des Primitivismus und des Kolonialismus. Sprachliche und historische Zuordnungen legen also eine Allgemeinheit fest, die – und das ist das Entscheidende – natürlich einen Sinn hat, aber gerade ihre Kraft der Erkenntnis einbüßt, wenn diese Allgemeinheit nur weiter resultathaft benutzt wird.

[3] Carl Einstein, *Die Kunst des 20. Jahrhunderts,* Berlin 1926; *Die Fabrikation der Fiktionen,* Reinbek 1973 (mit Beiträgen von Helmut Heißenbüttel, Sibylle Penkert und Katrin Sello); vgl. auch im vorliegenden editorischen Nachwort, S. 288f.

Wenn Césaire 1939 (*Zurück ins Land der Geburt*, 1967: 51) bekannte: »ich fühl es an meinem Puls, daß Exotismus / kein Futter für mich ist« und wenn er 1955 *(Über den Kolonialismus*, 1968: 36) schrieb: »Es ist uns nicht darum zu tun, eine abgestorbene Gesellschaftsform wiederzubeleben. Das überlassen wir den Amateuren des Exotismus« oder Leiris 1956 sich und Lévi-Strauss von den »Liebhabern der Exotik« (S. 52) absetzte, dann bezeichnete das, historisch angemessen, die Einsicht, daß die Zukunft alter Kulturen nicht in der Konservierung oder in folkloristischen Wiederbelebungsversuchen bestehen kann, daß sich vielmehr die Überlegungen auf die *Prozesse* der Umstrukturierung, der Veränderung richten müssen. Heute ist eine solche Forderung nur ein humanistisches Bekenntnis. In der modernen Welt werden die Kultur- und Gesellschaftskämpfe dermaßen technokratisch und machtpolitisch überlegt ausgetragen, daß eine Exotismus-Kritik (und damit die Kolonialismus-Kritik vor 20 Jahren) viel zu kurz griffe. Sie deckt nicht mehr die heutige politische Situation, in der es auch längst nicht mehr einen Block ehemaliger Kolonien oder kolonialistisch beherrschter Länder gibt, für den man sich insgesamt stark machen könnte.
In dieser veränderten geschichtlichen Situation – die hier nur in einigen Aspekten von dem her zu bestimmen versucht wurde, was sie *nicht* ist, bzw. welche Form von Engagement oder Solidarität ihr *nicht* mehr genügt – liegt zugleich die Chance, das im Exotismus beschlossene *subjektive* Moment aufzudecken; der Zwang der geschichtlichen Situation ist heute ein anderer als für Césaire in den 60er Jahren. Es ist eine falsche Solidarisierung mit den kritischen Köpfen jener Zeit, sich heute die Reflexion auf das zu versagen, was Exotismus als *Wunsch* ist.
Objektiv, historisch allgemein ist Exotismus Ausdruck imperialistischer, kolonialistischer Machtwünsche und, wird er heute auf die Konservierung alter Kulturen (in ihrem ›Urzustand‹) angewandt, Primitivismus; damit korrespondiert das Verlangen nach bloßer Adaption. Carl Einstein (*Afrikanische Plastik*, Berlin 1921): »Exotismus ist oft unproduktive Romantik, geographischer Alexandrinism. Hilflos negert der Unoriginelle.« – Exotismus war für Einstein zur Zeit des Kubismus eine Haltung, die den modischen Adaptionen fremder Kultur völlig angepaßt war und das Fremde verfälschte. Diese Haltung hat die Negermasken und andere Accessoires in unsere Wohnzimmer gebracht, als Dekors. Diese Neger-›Freundlichkeit‹ fällt mit dem Übersee-Tourismus »Auf zu den Wilden« zusammen – eine Einstellung, die man unter den Begriff der *Exotik* fassen kann. Exotik benennt die Verzerrung des Fremden

zum »guten Wilden« oder »braven Kerl aus dem Busch» (*Leiris 1:* 40f.) oder allgemein die Degradierung zum Projektionsobjekt. Die exotisch motivierte Begegnung gründet nicht darauf, etwas über den Anderen in dessen Ordnungen und über sich selbst erfahren zu wollen. Exotik ist ethnozentristische Ausschmückung und Verabenteuerung.

Der *Exotismus*, den wir verteidigen können, ist nicht die kulturindustriell gesteuerte und nicht die ›lose‹ Ausbreitung unserer Wünsche und auch nicht der entfesselte Wunsch in der Ekstase; er ist das Gegenbild dessen, was uns bedrängt, er ist die Gegenwunschwelt: Wir wünschen die Nähe in unserer Kultur und suchen sie in der anderen; wir hätten gern den angstlosen Bezug zu den Objekten in dem, was uns Alltag ist, und kaschieren unsere Angst in der Reiselust, sind auch im Fremden zu Hause, weil uns dort kein Kontakt unsere Vergangenheit so lebensnah vor Augen führt, daß wir uns gezwungen sähen, daran zu arbeiten. Exotismus als lebbare Selbstethnographie und nicht als ›positive‹ Realisierung unserer Wünsche (das ist das Mißverständnis des Reisens als Flucht und Lösung). Man muß nach Afrika, aber man findet es nie.

Exotismus kann ideologiekritisch abgehandelt werden in der Analyse des in ihm beschlossenen objektiven Moments von Verblendung. Das darin beschlossene subjektive Moment – die eigene Erfahrung mit Wünschen, die man vielleicht exotistisch nennen könnte – ist solcherart nicht für einen selbst erfahrbar zu machen. Es kann doch aber kein so oder so kritisierbarer, objektiver Gesellschafts- oder Kulturzusammenhang entstehen, ohne daß etwas in den Menschen sich als Wunsch ausgebildet oder sich als Reaktion ausgewirkt hat.

Die Naivität der Ideologiekritiker besteht darin zu meinen, sie könnten objektive Verblendungs- und Gewaltzusammenhänge zum Guten verändern, ohne das darin bewegende subjektive Moment zu beachten, wobei sie schon seine Benennung als Gefahr ansehen; sie haben eine Wort-Berührungsangst aus Unerfahrenheit und Ängstlichkeit mit ihren Wünschen. Sie stilisieren ihre Lustfeindlichkeit und die Macht ihrer Überichforderungen zu analytischen Glanzparaden, zu einer lückenlosen Beweisführung ihres eindeutigen Charakters. Sie können sich nichts von den subjektiven Prozessen des Exotismus, der Magie und Alchemie, der Mythen, erklären, weil sie im Vorfeld eines analytischen Wettkampfes befangen bleiben. Césaire wünschte sich für die Durchsetzung seiner Utopie: »Gib mir den wilden Glauben des Zauberers.« (*Zurück ins Land der Geburt*, 1967: 77)

3. *Caput mortuum*
Magie, Okkultismus, Surrealismus und das Unbewußte

Der Gedanke *ohne* das Leben und das Leben *ohne* den Gedanken – beide können *mehr* sein als die Synthese, und die Synthese kann auch nur die Bestätigung einer in den Lebenszusammenhängen vieler schon vorgezeichneten Tendenz sein, also nur dem besseren Selbstverständnis dienen oder auch das Utopische ins Anerkannte verwandeln. Nur die Synthese, die vom einzelnen in seinen Lebenszusammenhängen getragen wird, ist mehr als abstrakte Praxis oder Theorie.

Magie ist exemplarischer Ausdruck des jahrtausendealten Wunsches nach einer solchen Synthese. Leiris hat ihr zusammen mit seinen Freunden nachgespürt, in sie wie in einen immer wieder neu zu besetzenden Raum hineingelebt und aus ihr Veränderungen gedacht, anderes Leben probiert. Leiris und die Surrealisten waren vom Wunder und Wunderbaren fasziniert, ihm auch erlegen – aber das ist ja nur ein Aspekt; Leiris hat das Wunderbare aus sich heraus gelebt und verworfen. Batailles Verdikt: alle idealistischen Verbrämungen zu attackieren, hat bei ihm vielleicht manche Verquerungen verkürzt.

Heute sind wir in der eigenartigen Situation, daß sich der Okkultismus und Magismus in alle Bezüge unseres Lebens und seiner Vermarktung eingenistet hat, aber das Wissen und das Bewußtsein von den Phänomenen, ihrer unbewußten und bewußten Zusammenhänge, mehr denn je verdrängt ist. Zu beachten sind Adornos radikale Ideologiekritik und Feyerabends radikale Wissenschaftskritik. Versucht Paul Feyerabend (in *Wider den Methodenzwang*, Frankfurt/M. 1976), eine Idee systematisch zu entwickeln, von der sich Leiris und seine Freunde impulsiv und auch lebenspraktisch leiten und bestimmen ließen – keiner hat je bewiesen, daß »Wissenschaft besser als Hexerei sei«; ist sie »ein Mythos unter vielen?« –, so hat Adornos Ideologiekritik sich einer Reinheit des Begriffs verschrieben, die Leiris fremd ist.

Okkultismus als Ideologie – Ideologiekritik als Ideologie.

Das Okkulte kann der moderne Philosoph nicht anders als ideologiekritisch denken; der Soziologe und der Psychologe können es nicht anders denn als abweichende soziale oder psychische Größe beschreiben und sich erklären; der Theologe kann es nicht anders denn als Irrung und Abweichung vom Glauben zulassen; der Gebildete führt gerne die Beispiele von Naturwissenschaftlern an, die heimlich dem Okkulten, dem Unerklärlichen huldigten. Alle fachspezifischen Schwierigkeiten im

Umgang mit den Phänomenen und Systemen des Okkulten lassen sich auf einen gemeinsamen Nenner bringen: Ist den Wissenschaftlern Metaphysik noch nicht total suspekt, so ist es doch die »Metaphysik der dummen Kerle«, wie Adorno den Okkultismus bestimmte.
Adorno setzt in seinen Reflexionen *Minima Moralia* (Frankfurt/M. 1951: 321ff.) das Okkulte gegen die »Arbeit des Begriffs« und gegen den Geist, der sich in Geister dissoziiere. Ja, er sieht sogar »Jahrtausende von Aufklärung« durch die »Panik« des Okkultismus bedroht. Er meint mit »Okkultismus« mehr als nur gewisse, vereinzelte außergewöhnliche Techniken und Fähigkeiten; er meint Okkultismus als Ideologie, als das falsche, regredierte Bewußtsein, das die »Kraft verloren [hat], das Unbedingte zu denken und das Bedingte zu ertragen . . ., eine Reflexbewegung auf die Subjektivierung allen Sinnes, das Komplement zur Verdinglichung«.
Versteht man so den Okkultismus als Regression, dann ist klar, daß er sich gemäß dem und auf das hin zurückbildet, dem er angepaßt und unterlegen ist: das sind die Normen und Tendenzen der Gesellschaft; Verdinglichung, Rationalismus und Totalität geben Muster für normierte und systemimmanente Bewegungen und Gegenbewegungen ab. Gesellschaftliches Potential wird in diesem Sinn auf eine natürlich-übernatürliche Dimension herabgespielt. Fast könnte der Okkultismus eine »spekulative Wahrheit« enthüllen, aber es ist, nach Adorno, »nur das barbarische Irre, die sich selber entäußerte und darum im Objekt sich verkennende Subjektivität.«
Die Geister sind Projektionen und Manifestationen aufgelöster oder zerfallender Subjektivität. Daß die Astrologie als Wahrheit des Subjekts ausgeben kann, was in den Sternen geschrieben steht, daß im Himmel die Antwort beschlossen liegen soll, die *hier* erarbeitet werden müßte – dieser »faule Zauber ist nichts anderes als die faule Existenz, die er bestrahlt«. Die Spekulation wird zum »betrügerischen Bankrott«, zur »schwachsinnigen Weltanschauung«. Wo der Geist tätig sein sollte, wird er zu Geistern verdinglicht und ausgetrieben. Anders als in den großen Religionen, sind im Okkultismus Geist und Leibliches voneinander abgetrennt, anstelle der Wechselwirkung »richtet der Astralleib sich ein, die schmähliche Konzession des hypostasierten Geistes an seinen Widerpart«.
Diese Kritik Adornos trifft den Okkultismus als Ideologie. Adorno behandelt Okkultismus und Magie in ihren heruntergekommensten, in ihren vermarkteten, regredierten und regredierenden Formen; Bewußt-

seinstrübung und Bewußtlosigkeit helfen den Faschismus zu erklären. Außerhalb dieses Unternehmens nimmt Adorno sich die Freiheit, Magisches zu formulieren; diese Trennung hat allerdings zur Folge, daß Rituale, Maskeraden, Opferhandlungen und die »Magie des Beifalls« nur im Theater ausgemacht werden können.

Adornos Ideologiekritik – symptomatisch für eine Anstrengung des Denkens, die, im Fall der Magie, mehr als historische Position denn als weiterführendes Potential überlebt hat – macht das Subjekt als Instanz und Opfer der okkulten Operationen fest. Dazu gibt sie einige Hinweise auf das allgemeine Bedingungsgefüge solchen Geschehens. Sie kann nicht aufklären, was subjektiv in okkulten Prozessen geschieht. Ohne eine solche, von Leiris mitinitiierte Analyse, im Zusammenhang der Beschreibung okkulter Phänomene, erfährt man jedoch nicht, was die qualitas occulta – und sie läßt sich nicht auf »Nichtsein« des Postulierten reduzieren – noch ist. Und die Ideologiekritik des Okkultismus (die kein Verständnis von den Prozessen hat) frißt sich selbst im trockenen Raster fest, ohne Blick für die »erregenden Metamorphosen« des okkulten, magischen, mystischen, erotischen Geschehens . . ., »wo alles verdorben scheint und sich doch alles neu gebildet hat.« (S. 262)

Die Idee, das Magische auch als Utopie und Progression, als Potential zuzulassen, der Wunsch, in ihm Abgespaltenes wieder zu entdecken und zu leben, die Idee, in der Tendenz zum Magischen und Mystischen, das Bedingte wissend abzustreifen und dem Absoluten (wie in einem ›Urwunsch‹) nachzujagen, das ist heute in einer anderen Weise schwerer zu halten als zu Leiris' Zeiten. Das Magische ist gegenwärtig für das Privatleben so konformistisch wie das Aufgeklärte für das Berufsleben. Die Unterhaltungs- und Kulturindustrie produziert das Vermischte. Auf dem sicheren Einverständnisboden des Rationalismus und Pragmatismus integriert und ritualisiert sie das Magische als das Fremde und Andere in uns, angst- und wunschbesetzt. Leiris setzte sich für Magie, Poesie und Fiktion, für Leidenschaft, Erotik und Besessenheit ein – im Widerstreit zwischen den Idealisierungen der sogenannten Idealisten, die Bataille attackierte, und denjenigen der Rationalisten und Positivisten, die so übermächtig waren und wurden.

Leiris nennt sich 1931 einen »leidenschaftlichen Anhänger des Okkultismus . . . aus Neugierde« (S. 256); mit dem modischen Pseudo-Interesse will er nichts zu tun haben. Seine Neugierde orientiert sich an der Geschichte eines Schülers in einem Derwischkloster, der – von einem alten Mönch auf die Reise geschickt, das Antlitz Gottes zu schauen –

entstellt aufgefunden wird und berichtet, daß er Gottes Antlitz geschaut habe, daß es aber sein eigenes Gesicht gewesen sei; vergleichbar dem Kampf des Ritters mit einem Unbekannten, »der er selber war«, in Nervals *Aurelia.* Das Gesicht und die Maske, das Sehen und Verbergen, die Verbindung von Magie, Mystik und Erotik – das sind die Knotenpunkte, die Leiris wegführen von dumpfer Versunkenheit.

Leiris hat die unbewußten Prozesse im magischen und okkulten Geschehen begriffen, zum Teil explizit formuliert.

Vom psychoanalytisch und gruppendynamisch geprägten Verständnis für ein komplexes, multiples Übertragungsgeschehen kann man am ehesten die Analyse dessen erwarten, was der okkulten Praxis zugrunde liegt, was sich in ihr dynamisch entfaltet und sich über die Körpergrenze hinaus auf Gegenstände auswirken soll. Die Begriffe der individuellen Neurose, der kollektiven Neurose und der Perversion, des Zusammenhangs zwischen übersinnlichen oder ›transnormalen‹ Fähigkeiten und der Wunsch- und Begierdeökonomie des einzelnen, der fundamentalen Wahrnehmungsveränderung durch Suggestion und Hypnose sind mögliche Hinweise für eine Analyse, die seit Freud, Róheim, Devereux und Parin/Morgenthaler (im Sinne einer Ethnopsychoanalyse) auf die Magie in außereuropäischen Völkern angewandt worden sind, während die europäische Magie, die sich als okkulte Theorie und Praxis ausgebildet hat, analytisch im umfassendsten Sinn nur von C. G. Jung und von Fanny Moser entsprechend interpretiert worden ist. Leiris hat in beiden Bereichen wegweisend gearbeitet.

Die Richtung, in der Hans Bender u. a. in den letzten Jahrzehnten die ›wissenschaftliche Erforschung‹ des Okkulten, die »Wissenschaft der Zukunft» (F. Moser, *Das große Buch des Okkultismus*, Olten 1974) betreiben und zur »Parapsychologie« auszubilden versuchen, lenkt von analytischen Vorstellungen und Kategorien wieder ab, unterstellt sich gänzlich empiristischen Modellen und dem Ideal der Objektivität.

Auch C. G. Jung hatte unermüdlich auf die empirischen Verifikationsmöglichkeiten okkulten Geschehens verwiesen, aber letztlich wollte er, wie auch später F. Moser, »die geheime Faszination der Seele« (Jung, *G. W.*, 10: 102), die »Macht der Seele« (Moser 1974: 959) entfalten – wissenschaftliche Begründungen und Absicherungen waren nur Hilfsmittel, Zugangsmöglichkeiten, wenn sie auch zumeist im Vordergrund zu stehen schienen.

Leiris' psychoanalytischer Zugang zum Magischen entfaltet sich, wie er es in seinem Aufsatz über das Heilige (vgl. Leiris, *Die eigene und die fremde Kultur*. Frankfurt/M. 1977: 228 ff.) sagte, allgemein an »Berührungsmomenten«, das sind hier: von dem Verlangen (das Absolute einzufangen) besetzte *Übertragungen*. »Als ewiger Strafgefangener der Bezüge und Gesetze« versucht der Mensch sich dem Absoluten – das sich im Wunderbaren bekundet – über eine »Umwälzung der Bezüge«, über einen »Zustand intensiver Unordnung« zu nähern. (S. 245)

»Poesie und Fiktionen beruhen im wesentlichen auf dieser unbewußten List. Ihr allgemeinstes Ziel liegt gerade in jenem Bruch der Bezüge, aus dem das Wunderbare hervorgeht, der gleißende Komet der Revolte ... Wenn wir uns ein ganzes Leben lang ans Bekannte zu halten hätten, auf den kleinen Kreis von Phänomenen beschränkt bleiben müßten, die wir durch Erziehung und Vererbung untereinander zu verbinden und zu einem Geflecht von Beziehungen auszuformen wissen, so würde dieses Netz reiner Nützlichkeitsbezüge unweigerlich zu einer Falle der Langeweile, einem Gefängnis ohne Wunsch und Lust, in dem wir dazu verdammt wären, angekettet zu verfaulen, zwischen dem trockenen Brot und dem abgestandenen Brackwasser der Logik.« (S. 245) Der psychoanalytische Zugang ist für Leiris erst einmal die Annäherung an das Wunderbare, an das Geheimnis und das Absolute, »an das unendlich reine Land des Geistes«, es ist die Abkehr von der einengenden, »trübsinnig« machenden Logik, von der »entehrenden Welt« der Etikettierungen. Das Wunderbare, die Magie ist »im Inneren des Menschen«, es ist das »imaginäre Leuchten eines Absoluten, das er seinem eigenen Wesen entnimmt und auf die glanzlosen Ereignisse projiziert, deren Dünste durch seine Poren hindurch noch bis zu dem vordringen, was man gemeinhin seinen Geist nennt.« (S. 246)

Sich vom *Unerklärlichen* anziehen lassen, die *Grundlosigkeit* der Erklärung vorziehen und die Leidenschaft und Begierde für das Wunderbare zulassen – das ist die Weise, wie sich Leiris der Magie und dem Unbewußten, der Welt der eigenen »Erfindungen« in westlicher und fremder Kultur und schließlich der Alchemie (als dem »Höhepunkt« und der »Synthese« aller Okkulten Wissenschaften) zuwendet: die Suche nach dem Stein des Weisen, die Herstellung des Goldes, die mystische Selbst-Findung, der Entwurf einer umfassenden Symbolik.

Alchemisten sind keine »banalen Bläser«; Leiris hält viele für »Erleuchtete ..., die in erster Linie ein greifbares Absolutes verfolgten und sich die Herstellung einer konkreten Substanz zum Ziel gesetzt hatten, die alle Geheimnisse in sich birgt und alle Kräfte des Universums in ihre

Hand geben kann: eine bewundernswerte Forderung nach Freiheit . . .« (S. 251, 264)

Als Kurzformel dafür, was Alchemie mit unbewußten Prozessen zu tun hat, kann man C. G. Jungs Formel angeben: das gesuchte »wahre Gold« = »Symbol des Selbst«. »Die Erforschung der alchemistischen Symbolik führt so wenig wie die Beschäftigung mit Mythologie vom Leben weg als die vergleichende Anatomie von der Anatomie des lebenden Menschen. Im Gegenteil dient uns die Alchemie als ein wahres Schatzhaus der Symbolik, deren Kenntnis für das Verstehen der neurotischen und psychotischen Vorgänge ungemein hilfreich ist. Umgekehrt aber wird dadurch die Psychologie des Unbewußten auch anwendungsfähig auf jene Gebiete der Geistesgeschichte, wo Symbolik in Frage kommt. Gerade hier ergeben sich Fragestellungen, deren Lebensnähe und Lebensintensität die der therapeutischen Verwendungsmöglichkeit noch übertreffen. Hier sind allerdings noch viele Vorurteile zu überwinden.« (C. G. Jung, *G. W.*, 14,1: XVII) Mythische Figuren, Tiere, Zahlenkombinationen, geometrische Zeichen und Buchstaben konstituieren eine Symbolik, die im wesentlichen eine libidinös determinierte, eine sexuell bedeutende ist. Auf die Erklärungskonzepte der Psychoanalyse verweist Leiris auch direkt:

»Wenn diese auf die Sexualität bezügliche große Wahrheit so lange verschmäht wurde, nachdem die Alten sie deutlich vorausgeahnt hatten, so liegt das an jenem engstirnigen Rationalismus, der in den letzten Jahrhunderten die Vorherrschaft besaß und sich darauf versteifte, den Einfluß der ›niederen Teile‹ auf das Denken zu leugnen, um gegen das vorzubauen, was ihm als ein Attentat gegen die menschliche Würde erschien.« (S. 254f.)

Gegen diesen Intellektualismus besitzt der Okkultismus eine »unwillkürliche Kraft des Protestes«, eine poetische und ›menschliche‹ Bedeutung, die wie ein Stachel auf die »alte Hochstaplerin« Abstraktion einwirken sollte, solange diese »uns glauben machen möchte, ihre rigide Schwere bekunde . . . auch ihre Absolutheit, während diese doch nichts anderes ist als das Symptom ihres Gebrechens«. (S. 255)

»Bei mehr als einem Stamm ist die Herstellung der Masken mit einem blutigen Opfer von Tier oder Mensch verbunden gewesen. So mußte bei den Songe des Ost-Kongo der Auftraggeber der Maske dem Nganga, dem Zauberpriester, einen Sklaven bringen, den dieser tötete. Der Zauberer schnitt den Leichnam des Opfers der Länge nach in zwei Teile und legte zwischen die Hälften, die von ihm geschnitzte Maske. Der Besteller mußte sodann aufmerksam in einen großen Korb hineinblicken. In diesem Augenblick ergriff der Nganga die neue Maske und schleuderte sie in das Feuer. ›Während die Maske verkohlend verbrennt‹, so berichtet Leo Frobenius, ›geht das große Mysterium vor sich: der in den Korb schauende Mann sieht aus dem Boden die verbrannte Maske in erhöhter Schönheit aufsteigen.«[4]

Bei den Dogon in Westafrika war die erste Maske ein »großes Holz« in der Form einer Schlange – angefertigt, um die Dogon von den unheilvollen Folgen des Todes zu befreien: In der Maske ist die freigewordene Lebenskraft des Verstorbenen aufgenommen und seiner Seele der Weg in die Reihe der Ahnen gebahnt. In der männlichen »Gesellschaft der Masken« strukturiert sich die Dogon-Sozietät von den Eingeweihten her (»die es gelernt haben, mit dem Tod umzugehen«) immer wieder neu. »Die Dogon sagen: Man macht für die Toten ein fröhliches Fest.«[5] Andererseits betont Leiris, daß bei den Dogon die rituellen Tänze als wichtige und verdienstvolle Pflichten, als Arbeit (an der Kontinuität und Zukunft der Gesellschaft) angesehen werden; sein Informant meinte, im Vergleich zu den Praktiken des Islam bringe die Dogon-Religion »viel Ermüdung« mit sich. Für die Dogon besteht – das ist der Kern für den

[4] G. Kutscher in: K. Krieger und G. Kutscher, *Westafrikanische Masken*, Berlin 1960: 19.

[5] P. Parin, F. Morgenthaler und G. Parin-Matthèy, *Die Weißen denken zuviel. Psychoanalytische Untersuchungen bei den Dogon in Westafrika*, Zürich 1963: 72f. Die Rede von der »Mutter der Masken« und zahlreiche Mythen deuten darauf hin, daß in Afrika »ursprünglich einmal die Frauen im Besitz der Masken gewesen seien, die ihnen dann von den Männern abgenommen wurden ... Machen die Cokwe den erheblichen Größengewinn ihrer Werke durch die Verwendung besonders leichten Materials möglich, so sind die hochaufragenden Masken der Dogon und Mossi zum Teil so schwer, daß ihre Träger bewegungslos unter der Last verharren müssen. Die ehrwürdige, etwa 10 m hohe ›Mutter der Masken‹, die als Sitz der ersten Seele gilt, wird bei den Dogon überhaupt nicht getragen, sondern nur mehr in ihrem Heiligtum verehrt. Damit verliert die Maske, die ihrem Wesen nach mit tänzerisch-rhythmischer Bewegung fest verbunden ist, ihren eigentlichen Charakter.« Bei der »Gelede-Gesellschaft der Yoruba ... werden zwar die Tänze von den Männern ausgeführt, doch liegt die Leitung in den Händen der Frauen ... Wir tanzen, um unsere Mutter zu versöhnen.« (G. Kutscher, a.a.O., S. 7–19).

Begriff der Arbeit, wie ihn Leiris hier zu entfalten versucht – kein wesentlicher Unterschied zwischen der Feldarbeit und dem Maskentanz; »schöne« Tänzer setzen gesellschaftsfördernde Kräfte in Bewegung. Die Schönheit der Masken, die religiöse Wirksamkeit, die für die Herstellung der Masken aufgewendete Arbeit und die Arbeit des Tanzens gehören bei den Dogon aufs engste zusammen. (S. 202f.)

Berichte über Dämonenmasken, Tanzmasken, Gesichtsmasken und Tiermasken auf Melanesien, auf den Neuen Hebriden oder in Südamerika betonen, daß die Maske bzw. der Maskenträger selbst das dargestellte Wesen *ist*; das Anlegen einer »Hülle« bewirkt die Verwandlung, nach Maßgabe der entsprechenden Maskenform.[6]

Initiationsfeiern (Sterben und Neugeborenwerden) und Totenfeiern sind – neben alltäglichen Situationen, in denen Riten und Maskentänze zur glücklichen Beeinflussung der Jagd, der Fischerei, der Aussaat und Ernte, von Not, Bedrängnis und Krankheit oder eines Kampfes und allgemein einer Krise durchgeführt werden – die ›klassischen‹ Orte für Masken in außereuropäischen Kulturen. Die Masken stellen nicht nur dar, sie *sind* Geister oder Wesen, sie enthüllen. Die Totengeister umfassen das Spektrum von den einzelnen Verstorbenen über die Ahnenreihe bis zur Dämonologie. Die in den Masken verkörperten Geister haben oft auch ein doppeltes Gesicht, deren einer Teil ein Mensch bzw. das Erinnerungsbild des Verstorbenen ist und deren anderer Teil Tier-Ahnen, Fruchtbarkeitsdämonen, Wasser- und Windgeister, Baum- und Sternenwesen usw. sind.

»Die primitiven Masken sind . . . als Seelen-Masken charakterisiert . . . Allgemeinem Totenglauben entsprechend sind sie rachsüchtig, böse und geil; sie töten, schlagen und heischen, sie hüten die bestehende Ordnung durch Strafe und Rüge. Das ganze Treiben, das beim Spieler wie beim Zuschauer tiefliegende Bedürfnisse befriedigt, kann man als eine Sühnezeremonie gegenüber den Toten bezeichnen; es gewährleistet Glück und Gedeihen auf allen Gebieten des Lebens. Die Masken nehmen Verehrung und Opfer entgegen und schenken dafür, oft mit symbolischen Gaben, Glück und Fruchtbarkeit. Vielerorts haben sie sich zur Justizmaske, zum Kinderschreck und zur komischen Person entwickelt; vielerorts ist auch aus ihrem Treiben ein Drama hervorgegangen.«[7]

[6] F. Krause, »Maske und Ahnenfigur: Das Motiv der Hülle und das Prinzip der Form«, in: W. E. Mühlmann und E. W. Müller (Hrsg.), *Kulturanthropologie*, Köln/Berlin 1966: 218–237.

[7] K. Meuli, *Gesammelte Schriften*, (hrsg. v. Th. Gelzer), I. Bd., Basel/Stuttgart 1975: 77f.; Meuli hat die Darstellung der Riten und Bräuche wie sie, nach den ihm zugänglichen ethnographischen Berichten

Das Beschwörende, das Naive und Ungestüme der Masken oder aber auch ihr zuweilen profaner Charakter, ihre Möglichkeiten, in einer Krise einzugreifen, zu beleben, zu erschrecken und zu versöhnen, in einem Ausdruck so viel Verschiedenes zu sein, Kultur und Natur, Gaukelei und Todernst – die Unmöglichkeit, eine Maske, ebensowenig wie einen Mythos, für sich und durch sich alleine deuten zu können. »Und da sich an jeden Maskentypus Mythen knüpfen, die den Zweck haben, seinen legendären oder übernatürlichen Ursprung zu erklären sowie seine Rolle im Ritual, in der Ökonomie und in der Gesellschaft zu begründen, [so können wir gemäß unserer Mythenanalyse] zwischen den Gründungsmythen jedes Maskentypus Transformationsbeziehungen nachweisen . . ., die denen entsprechen, die in rein plastischer Hinsicht zwischen den eigentlichen Masken vorherrschen.«[8]

Die Maske evoziert Fremdheit, die erotisch, magisch oder religiös besetzt ist. Die Maske ist ein libidinös besetzter Teil, ein Fetisch. In der Fetischisierung wird der Teil als das Ganze genommen – man könnte behaupten, daß nicht der Fetischismus die Ideologie ist, sondern die Ganzheits-Sexualität. Denn die lustvolle Entfaltung des eigenen Körpers am anderen Körper verläuft nicht plump übers Ganze, sondern entlang einzelner Körperteile, in denen man sich findet, die man fühlt, anfaßt, verläßt, von denen man weitergeht zu anderen und zu anderem. Nur der fetischisierte Körper ist der begehrte Körper, der auch sein Begehren entfalten kann. Keine Lust ohne den Teil für das Ganze zu nehmen.

In der Fetischisierung ist eine Freiheit der Lustmöglichkeiten – das Rauschhafte, Momentane, Rückhaltlose und auch Lächerlich-Komische zu genießen; deren Verweigerung ist immer die Angst, das Ganze zu verfehlen, sich zu verlieren, das Vereinzelte überzubewerten, es ist letztlich die Unerfahrenheit mit dem eigenen Körper, der sich in der lustvollen Autoerorik ja auch fetischisiert.

Die Maske zeigt und verbirgt, gestaltet neu und verneint, ist erotisch und mystisch – unter den Verkleidungen die erregendste der Metamorphosen, die es dem Menschen erlaubt, »durch das Anlegen einer anderen

(von Frobenius, Frazer, Schurtz, Bastian u. a.), in außereuropäischen Kulturen üblich waren, auf griechische, römische, germanische und gegenwärtige Verhältnisse, hauptsächlich in bezug auf die Tradition der Fasnachts-Maskenzüge, verlängert. In Bd. I: 54–299.
Zur Darstellung des äthiopischen zâr-Kultes als theatralischer Inszenierung vgl. *Leiris 1:* 135ff. und in diesem Band: »Der Stier für Sayfu Čangar«.
Über die Maske als »Weise der Entlehnung einer Persönlichkeit, einer Rolle«, vgl. M. Leenhardt, »Le masque calédonien«, in: *Bulletin du Musée d'Ethnographie du Trocadéro*, Paris, 6. Juli 1933: 3–21.
[8] C. Lévi-Strauss, *Masken*, Frankfurt/M. 1977: 16ff.

Haut . . ., seine eigenen Grenzen zu durchbrechen«. (S. 259) Die Maske steht im Bereich zwischen eigener und fremder Kultur und zwischen Kunst, Leben und Magie.

Leiris nennt den fetischisierten Teil (z. B. die Maske) einmal eine »Quintessenz«, konzentrierter, ergreifender und von größerer Allgemeinheit als der in der Objektwelt eingegliederte Teil oder der je einzelne Mensch. Zum Beispiel ist die maskierte Frau »keine bestimmte Person mehr, sondern eine Frau *im allgemeinen*, die genausogut die ganze Natur, die ganze Außenwelt sein kann, welche wir auf diese Weise zu beherrschen vermögen. Nicht allein, daß sie unter dem Leder leidet, gequält und gedemütigt wird (was sicher unsere Machtwünsche und unsere fundamentale Grausamkeit befriedigt), ihr Kopf – das Zeichen ihrer Individualität und Intelligenz – wird zugleich verhöhnt und verleugnet.« (Ebd. 259f.)[9]

Der sie betrachtende Mann: ein satanischer, sadistischer und gotteslästernder Fremder; gefesselt an ihn und an einen »naturhaften und bestialischen Prozeß«, reduziert auf Lust evozierende Einzelteile, entfaltet sich am Körper der Frau – und nur in der Austauschbarkeit der Lustobjekte und Objektivierungen zwischen Mann und Frau entkommen wir der Ideologie patriarchalisch regulierten Enteignens – entfaltet sich in diesem Fall am Körper der Frau eine Erotik, die ethische Bande zerreißt. Es ist auch eine Erotik, die in ihrer Totalisierung der Teile »Böses bannt« (Leiris).

»Schön wie die Kuh Hathor, richtet sich die maskierte Frau auf, oder wie ein Henker oder wie eine enthauptete Königin; und wie sie so aufrecht vor dem Partner steht, dessen Gesicht zum Antlitz eines Gottes geworden ist, bewundert er ihren, durch das fehlende Gesicht noch herrlicher gewordenen Körper, der sie zugleich wahrhaftiger und ungreifbarer werden läßt und sie allmählich in eine Art von abstraktem *Ding an sich* verwandelt, verführerisch und mysteriös – der höchste Rückstand, den man sowohl mit dem idealsten, als auch mit dem schäbigst materiellen Wert belegen kann –, so rätselhaft und anziehend wie eine Sphinx oder eine Sirene: die große, universelle Matrix, der der alte Hegel, als er sie sich vorstellte als ›das Produkt des Gedankens, und zwar desjenigen

[9] Vgl. auch P. Gorsen (in P. Gorsen und P. Molinier, *Pierre Molinier, lui-même. Essay über den surrealistischen Hermaphroditen*, München 1972: 27ff.): »Ein hauptsächliches Aktionsfeld der Travestie ist das weibliche Gesicht«; die Maske ermöglicht eine »abstrakte Einheit . . . des Gesichtes, die – wie Baudelaire sagt – ›das menschliche Wesen sofort der Statue, das heißt einem göttlichen, höheren Wesen näherbringt‹«.

Gedankens, der vom leeren Ich, das als Objekt diese leere Identität von sich selbst setzt, bis zur reinen Abstraktion zurückgeht‹, den Beinamen *caput mortuum* verlieh, einen Begriff, den er von den alten Alchemisten entlehnt hatte, die ihn auf jene Phase des Werkes anwandten, wo alles verdorben scheint und sich doch alles neu gebildet hat.« (Ebd.: 262)
Der Fetischismus – eine Perversion? 1908 hielt Fritz Wittels innerhalb der »Wiener Psychoanalytischen Vereinigung« einen Vortrag über »Sexuelle Perversion«. In der anschließenden Diskussion faßte Joachim zusammen: »Es sei fraglich, ob es überhaupt etwas anderes als Perversion gäbe. – Unter diesen Umständen könne man als normalen Sexualverkehr wirklich, wie Wittels meint, nur den auffassen, wo unter Vermeidung aller Formalitäten das Sperma direkt in den Uterus gelangt. – Alles Liebesspiel müßte als Perversion aufgefaßt werden.« (In: H. Nunberg und E. Federn [Hrsg.], *Protokolle der Wiener Psychoanalytischen Vereinigung,* Bd. II, Frankfurt/M. 1977: 54)
In der Ethnologie wird es, neben der systematischen und historischen Aufarbeitung bekannter Probleme (wie dem des Verhältnisses zwischen Ethnologie und Kolonialismus, zwischen lokaler Ethnographie der Betroffenen selbst und wissenschaftlicher Fremd-Ethnographie, zwischen dem ›Gegenstand: fremde Kultur‹ und den lebendigen fremden Systemen) immer mehr darauf ankommen, die Subjektivität, das Imaginäre und Verzerrende im ethnologischen und ethnographischen Aneignungsprozeß zu bestimmen. ›Normale Feldforschung‹ wäre eine, bei der unter Vermeidung alles Situativen die fremde Kultur direkt in den leeren Kopf des Forschers gelangte. Ethnologie, die sich darauf nicht verlassen kann, ist – in dem Sinne, wie das Wittels für die Sexualität ausführte – eine ›Perversion‹.

I. Erweiterungen ethnologischer Forschung

Das Auge des Ethnographen* (1930)

Am 11. Mai 1912 – ich war damals elf Jahre alt – nahmen mich meine Eltern ins Théâtre Antoine mit, um die *Impressions d'Afrique* von Raymond Roussel zu sehen. Es war die erste Aufführung in diesem Theater.

Der Skandal ist noch nicht vergessen, den diese vom Autor angefertigte Bühnenbearbeitung seines gleichnamigen Romans[1] auslöste. Einige Zeit vorher hatte man im Théâtre Fémina schon zwei Vorstellungsreihen dieses Stückes in jeweils kürzeren Fassungen gegeben. Beide waren mit

* ‹Der Text ist bei seinem Ersterscheinen in der Zeitschrift *Documents* von Leiris mit der Angabe: Paris, 17. November 1930 versehen. Die dortigen Abbildungen sind von der Redaktion der Zeitschrift in den Text eingefügt worden. G.-H. Rivière hatte die folgende Vornotiz verfaßt: »Die Presse hat von der bevorstehenden Abreise – zu Beginn des Jahres 1931 – der Expedition Dakar-Djibouti berichtet. Diese Expedition beabsichtigt, in etwa zwei Jahren den afrikanischen Kontinent vom Atlantik bis zum Indischen Ozean zu durchqueren. Ihre Reiseroute führt über den Senegal, Französisch-Sudan, die Elfenbeinküste, Ober-Volta, Dahomey, Togo, Niger, Tschad, Kamerun, Französisch-Äquatorialafrika, Belgisch-Kongo, den Englisch-Ägyptischen Sudan, Abessinien und Französisch-Somali. Die Expedition wurde vom Institut für Ethnologie und dem Museum für Naturgeschichte organisiert und steht unter der Schirmherrschaft mehrerer Ministerien und Kolonialverwaltungen sowie der höchsten wissenschaftlichen Organisationen (unter anderem dem Institut de France und der Universität Paris), von denen sie insgesamt auch finanziell getragen wird. Ihre hauptsächlichen Ziele sind folgende: das Zusammentragen von Sammlungen für das Museum für Naturgeschichte und das ‹völkerkundliche› Museum am Trocadéro, das Studium zahlreicher Völker, deren Bräuche vom baldigen Verschwinden bedroht sind (insbesondere die Nuer und die Shilluk sowie die Wohito am Tanasee), das Anfertigen von Dokumentarfilmen und die phonographische Aufzeichnung von Sprachen und Gesängen, die Stiftung von Beziehungen zwischen den Kolonialbeamten und den wissenschaftlichen Organisationen der Metropole, die für die Entwicklung der soziologischen Wissenschaften und der Naturkunde unabdingbar sind.

Die Leitung dieser Expedition hat unser Freund Marcel Griaule, der schon früher mit einer ethnographischen Forschungsarbeit in Abessinien beauftragt war. Neben verschiedenen Anmerkungen sind in den *Documents* bereits zwei bedeutende Artikel Griaules erschienen: »Abessinischer Totemismus«, 6, 1929 und »Bilderlegende der Königin von Saba«, 1, 1930, und das Institut für Ethnologie hat unlängst eine bemerkenswerte Studie Griaules über die abessinische Magie: »Das Rezeptbuch eines abessinischen dabtara« in seine Schriftenreihe »Travaux et Mémoires de l'Institut d'Ethnologie« aufgenommen.

Zum Personal der Expedition zählen zwei unserer Mitarbeiter: André Schaeffner, der Spezialist für musikalische Organologie des ethnographischen Museums am Trocadéro, und Michel Leiris, der die Expedition als Sekretär und Archivar begleitet.

Die Redaktion der *Documents* hielt es für angebracht, Leiris nach einigen Eindrücken von dem Unternehmen zu fragen an dem er teilnehmen wird – dem ersten französischen Forschungsvorhaben auf dem Felde der Ethnographie und Linguistik, das eine solche Größenordnung erreicht.›

[1] Raymond Roussel: *Impressions d'Afrique*, Paris (Alphonse Lemerre) 1910. Es ist anzumerken, daß Raymond Roussel, ganz im Gegensatz zu dem, was der Titel vermuten lassen könnte, noch nie nach Afrika gefahren war, als er das Buch schrieb. Er hatte lediglich Reiseerzählungen gelesen.

verächtlichem Gelächter von den Zuschauern aufgenommen worden, die nicht in der Lage waren, eine wunderbar frische und neue Poesie aufzufassen. Eine Poesie von derartiger Fremdheit allerdings, daß sie für jene Leute nichts als ein bloßes Gewebe von Extravaganzen darstellte. Das gleiche Schicksal – ja sogar in noch verstärktem Maße – hatte die Vorstellungen im Théâtre Antoine getroffen.
Der Inhalt des Stückes ist denkbar einfach: der Dampfer *Lyncée* erleidet vor der Küste des tropischen Afrika Schiffbruch; der Herrscher des Landes, der soeben mit einem feindlichen Stamm im Kriege liegt, nimmt die Reisenden, unter denen sich die Mitglieder einer großen Kuriositätentruppe nach der Art des Zirkus Barnum befinden, großzügig auf; sie planen eine Reihe von Schaustellungen für die Krönungsfeierlichkeiten, die stattfinden sollen, sobald ihr Gastgeber, der Kaiser von Ponukélé, das Königreich seines Rivalen Drelschkaff annektiert hat. Im letzten Akt sieht man dann, wie dieser Souverän, Talou VII., mit einem Prunkmantel bekleidet, der eine Landkarte Afrikas darstellt, die Krönungszeremonie auf dem großen Platz seiner Hauptstadt Ejur präsidiert. Der Platz ist zu dieser Gelegenheit mit Palissaden umgeben, und auf jedem Pfahl steckt ein abgeschlagener Kopf. Zuvor konnten die Zuschauer den Proben zu allen von den Passagieren geplanten Nummern, der Zurschaustellung sämtlicher Kuriositäten sowie einigen Hofintrigen und verschiedenen Spielarten einer Folter von mehr als raffinierter Grausamkeit beiwohnen, die über eine Handvoll Verräter verhängt wurde.
Zu den vorgeführten Erfindungen zählt die berühmte »auf Schienen aus Kalbslunge rollende Statue aus Korsettstangen«, die lange Zeit die Chronik der laufenden Ereignisse in Atem hielt, und unter den Foltern tritt jene hervor, bei der einem Fälscher der vollständige Text des gefälschten Dokumentes mit einem glühenden Eisen auf die Fußsohlen gebrannt wird.
Ganz abgesehen von der absoluten Genialität solcher poetischen Konstruktionen, besitzt dieses Werk Raymond Roussels – ohne daß der Autor dies wissentlich angestrebt hätte – das doppelte Interesse, einerseits ein Afrika zu zeigen, wie wir es uns etwa als weiße Kinder in unserer Phantasie vorstellen mochten, und andererseits ein Europa der Kuriositäten und verrückten Erfindungen darzubieten, wie man es vielleicht in den Köpfen derjenigen findet, die wir verächtlich als »Primitive« bezeichnen.
Meine ersten Eindrücke von Afrika gehen auf jene Zeit zurück, als ich mit begeistertem Interesse die Schriften Raymond Roussels las, den ich

als einen Freund meiner Familie persönlich kannte, als ich von fernen Ländern und komplizierten Entdeckungen träumte und das Abenteuer der wirklichen Reise und das poetische Abenteuer, das schließlich auch nichts anderes ist, als eine – noch enttäuschendere und viel weniger reale – Reise, auf derselben Ebene sah.
Lange danach, nachdem ich schon die Bekanntschaft Marcel Griaules[2] gemacht hatte und mich mit Ethnographie beschäftigte – dieser herrlichen Wissenschaft, die alle Zivilisationen auf dieselbe Stufe stellt und trotz der mehr oder weniger großen Komplexität des Überbaus oder des mehr oder weniger prononcierten Raffinements der sogenannten »Moralbegriffe« keine von ihnen als a priori wertvoller betrachtet als die andere: sie ist hierin die im allgemeinsten Sinne menschliche Wissenschaft, und da sie nicht, wie die meisten anderen, auf die weißen Menschen, auf ihre Mentalität, ihre Interessen und Techniken beschränkt bleibt, umgreift sie die Gesamtheit der Menschen, die sie in ihren Bezügen untereinander, und nicht etwa auf willkürlich individuelle Weise erforscht – lange danach, kurz bevor ich mein dreißigstes Lebensjahr vollendet hatte, in jenem Alter, in dem man anfängt, der eigenen Kindheit und all dem, was sie an Poesie enthielt, heftig nachzutrauern, hatte ich (dank einiger Personen, die für diesen ganzen kindlichen Märchenzauber genauso empfänglich sind wie ich) die Gelegenheit, das kleine Buch Helen Bannermanns mit dem Titel *The Story of Little Black Sambo*[3] in die Hand zu nehmen, einen Klassiker der Ammengeschichten, die in Afrika oder auch in Indien spielen – aber darauf kommt es nicht an. Ich fand in diesem Buch, unter einer anderen Form als derjenigen, die mich bei Roussel so sehr berührt hatte, nicht nur das Wunderbare meiner Kindheit, sondern auch die exotische Besessenheit wieder.

Geschichte von Little Black Sambo

Es war einmal ein kleiner Negerjunge, der hieß Little Black Sambo.
Und seine Mutter hieß Black Mumbo.
Und sein Vater hieß Black Jumbo.
Und Black Mumbo nähte ihm eine prächtige kleine rote Jacke und schöne kleine blaue Hosen.
Und Black Jumbo ging zum Bazar und kaufte ihm einen schönen grünen Regenschirm und ein entzückendes kleines Paar purpurfarbener Schuhe mit knallroten Sohlen und knallrotem Futter.

2 Ich sah Marcel Griaule zum ersten Mal im Juli 1929. Ein entscheidendes Datum in meinem Leben . . . Die ersten ethnographischen Werke hatte ich einige Jahre vorher zu lesen begonnen. Wie andere auch, bin ich auf dem Weg über die »Kunst der Neger« zur Ethnographie gestoßen.

3 Helen Bannerman: *The Story of Little Black Sambo*. Erstausgabe London, Oktober 1899.

Sah Little Black Sambo da nicht großartig aus?
Er zog also alle seine schönen Kleider an und ging im Dschungel spazieren. Bald aber begegnete er einem Tiger. Und der Tiger sprach zu ihm: »Little Black Sambo, ich werde Sie auffressen!« Und Little Black Sambo sagte zu ihm: »Oh bitte, fressen Sie mich nicht, lieber Herr Tiger, ich will Ihnen auch meine schöne kleine rote Jacke geben.«
Da sagte der Tiger: »Gut, einverstanden, ich werde Sie diesmal nicht auffressen, aber Sie müssen mir Ihre schöne kleine rote Jacke geben.« Der Tiger nahm dem armen kleinen Black Sambo also seine schöne kleine rote Jacke ab, ging weg und sagte: »Jetzt bin ich der großartigste Tiger des ganzen Dschungel.«
Und Little Black Sambo setzte seinen Weg fort und traf bald auf einen anderen Tiger, und der sagte zu ihm: »Little Black Sambo, ich werde Sie auffressen:« Und Little Black Sambo sagte zu ihm: »Oh bitte, fressen Sie mich nicht, lieber Herr Tiger, ich will Ihnen auch meine schönen kleinen blauen Hosen geben.« Da sagte der Tiger: »Gut einverstanden, ich werde Sie diesmal also nicht fressen, aber Sie müssen mir Ihre schönen kleinen blauen Hosen geben.« Der Tiger nahm dem armen kleinen Black Sambo also die schönen kleinen blauen Hosen ab und sagte, als er wegging: »Jetzt bin ich der großartigste Tiger des ganzen Dschungel.«
Und Little Black Sambo machte sich wieder auf den Weg und begegnete bald einem anderen Tiger, und der sagte zu ihm: »Little Black Sambo, ich werde Sie auffressen!« Und Little Black Sambo sagte zu ihm: »Oh bitte, lieber Herr Tiger, fressen Sie mich nicht. Ich will Ihnen auch meine schönen kleinen purpurfarbenen Schuhe mit roten Sohlen und rotem Futter geben.«
Aber der Tiger sagte ihm: »Was soll ich mit Ihren Schuhen machen? Ich habe vier Füße, und Sie haben nur zwei. Sie haben also nicht genug Schuhe für mich.«
Aber Little Black Sambo sagte zu ihm: »Sie könnten sie an Ihre Ohren hängen.«
»Ausgezeichnet«, sagte der Tiger, »das ist eine sehr gute Idee. Geben Sie mir die Schuhe und ich will Sie diesmal nicht fressen.«
Der Tiger nahm also dem armen kleinen Black Sambo seine schönen kleinen purpurfarbenen Schuhe mit den knallroten Sohlen und dem knallroten Futter ab, ging weg und sagte: »Jetzt bin ich der großartigste Tiger des ganzen Dschungel.«
Bald darauf stieß Little Black Sambo wieder auf einen anderen Tiger, und der sagte zu ihm: »Little Black Sambo, ich werde Sie auffressen!« Und Little Black Sambo sagte: »Oh bitte, fressen Sie micht nicht auf, lieber Herr Tiger, ich will Ihnen auch meinen schönen grünen Regenschirm geben.«
Aber der Tiger sagte: »Wie soll ich denn einen Schirm halten, wo ich alle meine Füße zum Laufen brauche?«
»Sie könnten einen Knoten in Ihren Schwanz machen und ihn so tragen«, sagte Little Black Sambo.
»Ausgezeichnet«, sagte der Tiger, »geben Sie mir ihn und ich werde Sie für dieses Mal nicht auffressen.« Er nahm also dem armen kleinen Black Sambo seinen schönen grünen Regenschirm ab und sagte, als er wegging: »Jetzt bin ich der großartigste Tiger des ganzen Dschungel.«
Und der arme kleine Black Sambo ging weinend weiter, denn die bösen Tiger hatten ihm alle seine schönen Kleider abgenommen.
Plötzlich hörte er einen schrecklichen Lärm, der sich wie ein langes »Gr–r–r–r–rrrrrr« anhörte, das immer lauter und lauter wurde. »Oh Gott«, sagte Little Black Sambo. »Die

Tiger kommen zurück und wollen mich auffressen! Was tun?« Und er lief schnell zu einer Palme und schaute hinter dem Baum hervor, um zu sehen, was los war.
Da sah er die Tiger, die miteinander kämpften und sich stritten, wer der großartigste sei. Sie wurden am Ende so wütend, daß sie alle aufeinander lossprangen, ihre schönen Kleider abwarfen und anfingen, sich mit ihren Krallen gegenseitig zu zerfleischen und mit ihren großen mächtigen weißen Zähnen zu zerbeißen.
Sie rollten und purzelten gerade bis an den Fuß des Baumes, hinter dem Little Black Sambo versteckt war; aber der sprang schnell hinter den Regenschirm. Und die Tiger packten sich alle gegenseitig beim Schwanz, zankten sich und bissen sich, so daß sie schließlich rund um den Baum herum einen Kreis bildeten.
Als dann die Tiger ganz klein waren und weit weg, sprang Little Black Sambo auf seine Füße und rief: »Heh, hoh, Tiger! Warum haben Sie ihre hübschen Kleider ausgezogen? Hätten Sie vielleicht keine Verwendung mehr dafür?« Aber die Tiger antworteten nur: »Gr–r–rrrr!«
Da sagte Little Black Sambo: »Wenn Sie sie brauchen, müssen Sie es sagen, sonst nehme ich sie mit.«
Aber die Tiger wollten ihre Schwänze nicht fahren lassen, so daß sie nur »Gr–r–r–r–rrrrrr!« sagen konnten.
Little Black Sambo zog also alle seine schönen Kleider wieder an und ging weg.
Und die Tiger waren sehr, sehr wütend und sie wollten ihre Schwänze immer noch nicht loslassen.
Und sie waren so wütend, daß sie rund um den Baum herum liefen und versuchten, sich gegenseitig aufzufressen, und sie liefen immer schneller und schneller, bis man vor lauter Laufen ihre Beine gar nicht mehr sehen konnte.
Und sie liefen so schnell und noch immer schneller, bis sie schließlich zerschmolzen und nur eine riesige Lache geschmolzener Butter (oder »ghi«, wie man in Indien sagt) rund um den Baum herum zurückließen.
In diesem Augenblick kam Black Jumbo mit einem riesigen Kupferkessel unter dem Arm von der Arbeit zurück, und als er sah, was von all den Tigern übriggeblieben war, sagte er: »Oh, was für eine köstliche Buttersoße! Ich will sie mit nach Hause nehmen, damit Black Mumbo etwas damit kochen kann.«
Er tat also alles in den riesigen Kupferkessel und trug ihn nach Hause, damit Black Mumbo etwas damit kochen konnte.
Wie freute sich Black Mumbo, als sie die geschmolzene Butter sah! »Da können wir heute abend Pfannkuchen essen«, sagte sie.
Sie nahm also Mehl und Eier, Milch, Zucker und Butter und machte ein gewaltiges, überwältigendes Gericht von wirklich ausgezeichneten Pfannkuchen. Und sie buk sie in der Buttersoße, die die Tiger hinterlassen hatten, und die Pfannkuchen wurden gelb und braun wie kleine Tiger.
Und sie setzten sich alle zum Essen hin. Black Mumbo aß siebenundzwanzig Pfannkuchen, und Black Jumbo aß fünfundfünzig, aber Little Black Sambo aß hundertneunundsechzig Pfannkuchen, denn er hatte einen so großen Hunger!

Der kleine, über seine gestohlenen Kleider weinende Negerjunge in dem Urwald voller Tiger, die ihn noch fressen könnten und die er doch mit dem Appetit eines kleinen Kannibalen selber aufessen sollte; die beiden

Negerkönige von Roussel, die sich, als Gretchen aus *Faust* verkleidet, im zweiten Akt des genannten Stückes im Duell gegenüberstehen (ich sehe noch ihre Spitzenhäubchen, ihre schwarzen, von herrlichen blonden Zöpfen umrahmten Wangen, und ich höre die schrecklichen Schreie, die sie ausstießen); die junge Verurteilte, die man im dritten Akt sterben läßt, indem man sie einem jener fürchterlichen Gewitter der tropischen Regionen aussetzt, am Kopf einen langen Blitzableiter und an den Füßen metallene Halbstiefel, die mit der Erde in Verbindung stehen; jener Herrscher der Wilden, der einem lange von den Plakaten entgegensah, mit einem Klappzylinder auf dem Kopf und mit tadellosen Manschetten, die in erstaunlichem Kontrast standen zu seiner bunt zusammengewürfelten Kleidung aus Flitterkram und den Wood-Milne-Absätzen, die unmittelbar an seinen nackten Füßen befestigt waren: alles in allem genommen sind diese Vorstellungen kaum phantastischer als diejenigen, die sich ein Durchschnittseuropäer von einem exotischen Land machen kann; denn auch wenn er gebildet ist, wird er kaum viel weiter sehen als bis *Malikoko, der Negerkönig,* dem Erfolg des Théâtre du Châtelet: seine europäische Kultur setzt ihm entstellende Prismen in den Kopf, er kann von seinen Spleens und rein lokalen Angewohnheiten nicht abstrahieren, und alles, was von Menschen anderer Regionen und Rassen stammt, nimmt er durch seine weiße Mentalität gefiltert wahr, das heißt, ohne daß er sich dessen bewußt wird, auf eine vollkommen phantasmagorische Weise.
Eine von ethnologischen Fragestellungen geleitete Forschungsreise – wie die von Dakar nach Djibouti, an der ich unter der Führung meines Freundes Griaule teilzunehmen gedenke <Leiris nahm an der Expedition »Dakar-Djibouti« (1931–1933) teil> – soll dazu beitragen, viele dieser Irrtümer zu beseitigen und hierdurch auch ihren Folgeerscheinungen, wie z.B. den Rassevorurteilen, deren Ungerechtigkeit man nie genug entgegentreten kann, einen Riegel vorzuschieben. Dies allein genügt, um dem Unternehmen, über sein wissenschaftliches Interesse hinaus, eine große menschliche Tragweite zu verleihen.
Ich meinerseits, der ich in dieser Reise nicht nur die beste Methode sehe, eine reale, lebendige Kenntnis zu erwerben, sondern mir von ihr auch die Erfüllung bestimmter Kindheitsträume erwarte, eine Möglichkeit zugleich, gegen das Altern und den Tod anzukämpfen, indem ich mich – um wenigstens imaginär dem Fluß der Zeit zu entgehen – rückhaltlos dem Raum anheimgebe und damit auch meine eigene, zeitlich beschränkte Person im konkreten Kontakt mit einer großen Anzahl an-

scheinend sehr verschiedener Menschen vergesse – ich würde mir wünschen (auch wenn ich am Proselytentum kaum Gefallen finde), daß möglichst viele meiner künstlerisch oder literarisch tätigen Freunde, die in der Mehrzahl von letzten Endes rein ästhetischen Fragen in Anspruch genommen werden oder in sterilen Streitereien zwischen den einzelnen Gruppen befangen sind, denselben Weg einschlügen wie ich: daß sie reisen, und zwar nicht als Touristen (was heißt, ohne Herz zu reisen, ohne Augen und ohne Ohren), sondern als Ethnographen, und daß sie dabei in einem allgemeineren Sinne menschlich und offen genug werden, um ihre mittelmäßigen kleinen »Manien der Weißen« (wie bestimmte Neger sagen) zu vergessen und auch das zu verlieren, was sie sich unter ihrer Identität als Intellektuelle vorstellen. Sie würden sich auf diese Weise dem vielleicht naiven, aber deswegen gerade um so bewundernswerteren Helden jener Songhai-Geschichte annähern, die mir so unendlich ergreifend erscheint[4]:

Ein Mann namens Abarnakat reiste mit seinen Gefährten. Er trug eine rote Schnur um den Hals und hatte eine rote Decke und einen Esel. Den Esel band er zu seinen Füßen fest und breitete seine Decke zum Schlafen aus.
Eines Tages, als er im Schlafe lag, stand einer seiner Gefährten auf und band seine Halsschnur los. Er legte sie sich selbst um, hob Abarnakat sachte hoch, um die rote Decke unter ihm hervorzuziehen, band den Esel los, ging unter einen Baum, breitete die Decke aus und band den Esel zu seinen Füßen an.
Als Abarnakat erwachte und diesen Mann sah, der eine rote Schnur um den Hals trug, zu dessen Füßen der Esel angebunden war und der auch selbst auf der roten Decke lag, sagte er: »Dieser Mann ist Abarnakat; und ich, wer bin ich?« – Und er stand weinend auf.

[4] Väter Hacquard und Dupuis: *Manuel de la langue songay*, Paris 1897, S. 75–76. Eine Songhai-Erzählung, die unter dem Titel »Simplicité« von Maurice Delafosse in *L'Ame Nègre*, Paris (Payot) 1922 abgedruckt wurde.

Die Nereide des Roten Meeres (1936)

Für Georges Limbour

Die Sonne die jeden Morgen aufsteigt im Osten
Und hinabtaucht jeden Abend im Westen
Unter das glattgezogene Bettuch des Horizonts
Verfolgt ihr kreisendes Geschick
Spiegel wo im goldenen Rahmen die Bilder erzittern
Von Männern und Frauen auf den Schatten der Erde geworfen
Vom Schatten einer die Macht nachäffenden Hand

Oh Strahlenbahnen
Zu lang schon berückt uns
Die Sonnenspinne am Senklot der Stunde
Stufe um Stufe
Steigt der Tod aus seinem Schacht
Und das reglose Rad enthüllt sein Skelett von Strahlen
Daß die Steine alle zerbersten
Und das Laubwerk sich neigt
Die bis aufs Gebein nackte Wahrheit zu grüßen
Eine Gestalt richtet sich auf
Über dem Brunnenkranz
Der die Tiefe umscheint

Von West nach Ost
Ging ein Reisender
Dicht hin am Äquator
Im Gegenlauf die Sonnenbahn wieder hinanzusteigen

Seine Blicke griffen nach den Wäldern
Kämmten ihr dunkles Haar
Und die im Gang seiner Füße sich wiegenden Arme
Liebkosten die Lichter wider den Strich
Als hätte er sich aufgemacht den Lauf seines Schicksals zu zwingen
Von Stunde zu Stunde und von Tag zu Tag
Im umgewandten Lauf

Von Ort zu Ort
Folgte ihm die müßige Nacht

Bärenführern gleich ließ er sie tanzen
Zum Lärm seiner Gedanken
Und wenn das müde Tier sich niederlegte zum Schlaf
Trat hoch oben auf der Erdkugel die Morgenröte hervor
Klare Nacktheit schimmernd und weiß

Vom Atlantik zum Roten Meer
Fliehend Europa
Ging der Reisende ohne Frau
Allein mit den Göttinnen denen Kerzen flammten in seinem Hirn
Und mit den erträumten Sirenen
Die im dunklen Wasser seiner Augen schwammen

Begraben schon seit langem war die Zärte
Des Mondlichts das sich um die langen Haare schlingt
Und die Liebe war ihm nur mehr Lager des Schreckens
Ob man allein darauf schläft oder zu zweit

Wie ein Nagelstrich zeichnet das Fallbeil der Tage
Den meergrün dämmernden Morgen Verhängnis den allzu rührenden Hoffnungen
Und aus ihren gezeichneten Kehlen quoll deine heisere Stimme
Guillotine des Himmels die du deine tückischen Arme breitest

Der Blitz sandte sein Geschlecht bis in die Erde
Die liegenden Kornfelder antworteten ihm sehnend
Goldene Haare und die liebenden Furchen des Donners
Vom Weinen zerrissen öffneten sich allen Winden

Es war die Pest und die Not. Schatten und Feuer jagten sich
In der Höhle des Tages wo das Licht verfault
Die bleiche Lepra am Hals des bettelnden Universums

Oh Sturm
Deine tiefen Falten konnten meinen bitteren Mund zerfurchen
Und das Herz zerreißen das zwischen meinen Rippen hängt
Wie das Fleisch an der Schlachtbank des Metzgers
Zu vieler Leidenschaften schlechter Wirt war mein Körper
Als daß ich heute anders schreiten könnte denn gesenkten Auges

Ewig Erniedrigter dessen Lust brüllt
Armseliger Liebhaber war ich immer der ungehobelte Kerl

Und ich trage noch Verwunderter Säufer
In der Höhle meiner Brust eine Rose die brennt

Wie vor der Nische mit dem schlafenden Heiligen aus Stein
Fötus der träumt mit seinem großen nackten Schädel
Und stumm in der Gebärmutter wie ein Toter in seiner Erde
Das Wachs rinnt Schweiß seiner Flamme

So auch vor dem Spiegel der das Paar von Schäfern
Viermal wiederholt ihre Küsse zwischen den Leuchtern
Verwandelt das fast erloschene Nachtlicht in Totenlaken
Die Leintücher des elterlichen Paars dessen Bettgestell kracht

Und das erwachte Kind fühlt wie das Schweigen lebt
Gestört allein durch den Lärm vom Dunghaufen der Glieder
Verschlungen in jener düsteren Wissenschaft
Der Liebe die den letzten Richtspruch keucht

Horchend auf sein zu stark schlagendes Herz denkt es
An das Grauen erwachsen zu sein aber in sich doch fühlt es
Wie einem Goldfaden gleich jene leichte und stets gezogene Flamme
Sich hinausstiehlt
Aufsteigt für das Ex-Voto oder den Kaminsims

Spiel der schwellenden Geschlechter das die Brut verewigt
In Ebbe und Flut der gestrandeten Kraken
Immer fürchtete ich die gemeine Wallung
Der zuckend liegenden Körper und des gesträubten Fleisches.

Umsonst fließt der Alkohol in meinen lachenden Adern
Wildwasser des Deliriums ohne Noahs Arche
Weder Droge noch Lust beschwichtigen meine heimischen Götter
In ihrer Sucht nach Gewinn wie ein Soldat nach vergossenem Blut

Ich gehe unter den Himmeln Ihr Schatten ist die Wüste
Und zusammen sind sie die traurige Sanduhr
Der doppelte Kegel wo die Zeit zum Schiff wird
Im Maelstrom versinkt der die Passagiere verschlingt

Denn die Nacht soll auf den Tag folgen
Der seine prangenden Zweige in die gebrannte Erde pflanzt
Und nach der Liebe auch folgen die Körper dem üblen Hang
Eines jeden Dings im Leiden um Ewigkeit

Wenn die Meteore stürzen fallen die Tiere in Schlaf
Aus der Weite verformen die Berge sich
Und ihr mit künftigen Gebeinen beladener Bauch
Macht die volle Frau zum wandelnden Grab

Alles läßt nach Der Regen ist die Agonie der Wolke
Die Scheibe des Mondes im Zunehmen wird kleiner
Der Himmel stirbt hin im Wind wenn die Wasser ihn verheeren
Und in langem gellendem Pfeifen gehen seine Falten

Der Wind erstirbt in Atem wenn zu viele Münder ihn trinken
In Dunst vergeht der Atem auf dem trüben Fenster
Wenn der Raum ihn aufsaugt das unfühlbare Skelett
Dem einziges Maß sind und Regel seine bleichenden Gebeine

Der Durst wird denn gestillt So verwelkt die Blume
Vom Zenit zum Nadir der gestillten Leidenschaften
Fällt besiegt das Geschlecht als kreisender Stern
Und als einzige unsterblich bleibt die Rose des Windes

Er sagte
Und seine Stimme verlor sich im Bähen der Ziegen
Dem Ruf des Hahns dem Lachen der Mädchen in den durchfahrenen Dörfern
Hinter ihm die Länder schlossen sich wie Lippen
Offen einen Moment für den Biß oder den Kuß

Afrika entblößte sich
Warf den Schmuck ab der zwischen seinen ausladenden Brüsten läutete
Und wie ein Wirbelwind
Schüttelten Gesänge es ganz
Wo zwischen den schweißnassen Beinen das schwere Blut der Opfer floß
Ewige gewaltsame Menstruationen

Lauernd auf die Zeichen des Vogelflugs
Seinem Kompaß treu mit der nachtblauen Spitze
Ging der Mann vorbei
Verschmähte die Frauen
Die hielten ihre muskulösen Körper feil
Ihre von uralten Bildern gefurchten Leiber
Ihr säuerlicher Nachgeschmack trotz all der Essenzen mit denen ihre Haut gesalbt ist
Wie ihre Erinnerung beladen ist vom Rückstand der Mythen

Einsamer noch als ein Senkblei
Durchlief er das Universum
Und überall folgte ihm sein Schatten
Das Doppel seiner selbst erdrückt von der Schmach
Jener Irrfahrt ohne Hoffnung in einem Leben ohne Herz

Weit gegen Norden
Ein Hafen am Mittelmeer
In der zwielichtigen Spelunke
Sang mit müden Kleidern ein Mann
Sang die Rose und das Kristall

Seine Stimme kroch bis zum Mund vor
Aus seinem Herzen heraus das in sein Fleisch sich einhing
Wie die Last einer Kugel in den Leib
Die Liebe bricht ihn entzwei wenn sie ihn berührt

Mit der schnellen Geste wenn er sein Weinglas leert
Trinke ich das klare Wasser meines Todes
Mit der Hand wenn er seinen Gürtel
Zurechtrückt vor dem Singen
Ist der Schmutz seines speckigen Jacketts dann
Auf Erden sein einziger Ballast

Der Schatten hängt an der Sonne
Wie ein Banner an seinem Schaft
Wie ein Neugeborenes an der nährenden Brust
Wie eine Liebende an den knotigen Armen die einen Rumpf lang machen

Der Mensch hängt an seinem Schatten
Wie ein Strick am Galgen
Ein Aas in der Schlinge
Wie ein Uhu im Türrahmen

So auch hängt der Mensch an der Sonne
Wie eine Trophäe an der Mauer
Ein Sommer an seinem Frühjahr
Wie ein Kopf an seinen Haaren

Und wenn die Mittagssonne den Schatten skalpiert
Ersteht er neu im Herzen des Menschen
Und wenn die niedersteigende Sonne den Menschen erstickt

So ersteht der Schatten neu Körper der Nacht
Deren Säulen die zur Liebe geöffneten Schenkel

Vermoderte Mauern ich liebe die langen Sternenspuren
Zerrissener Flakate den abblätternden Putz
Den Ruß der Kamine und die blumenübersäten Tapeten
Spitzen schmuddliger Unterröcke einer Frau

In seiner Erinnerung wo die Städte aufstiegen
Blinkend sämtlich von Lichtern und Frösteln
Breiteten Märkte ihre Waren auf den Plätzen aus
Und die Menge wogte wie ein Feld zur Ernte

Mit vollen Körben boten die Händler einem jeden
Die Reichtümer der Erde feil
Weidengeflecht unsere Leben in Rosetten gefaßt
Zerknickte Schuppen mimend den Erstickungstod der Fische

In den möblierten Zimmern wucherte das Röcheln
Paarender Liebender Oh Auster in der das Kleinod der Lust
Reift unter dem männlichen Perlmutt
Wenn die geschwätzigen Wogen ihre alten Teppiche klopfen

Die Gasse erwachte dem Ehezwist
Schreie und Schläge wie dichte Schauer nach der Ohnmacht
Das geschlagene Kind weinte aus seinen Augen
Schwer von den ockergelben Wolken die über den stinkenden Kerker
flogen

In fernen Zimmern nahmen graue Hebammen
Das Blutbad das sie allmorgendlich brauchen
Für ihre verkommenen Hände – kalte Zauberinnen
Die noch bitterer das Fleisch walken als die Huren

An den Scheiben klebten die mageren fahlen Gesichter der Waisen
Mit Knochen genährt in Kittel gehüllt
Farbe des unlöslichen fortlaufenden Unheils
Das der Reif der Scheiben unter ihre Stirn eindrückte

Große Vögel die Erde fliehend bauten Kreise
Aber noch immer zu eng
Für den Blick des Kindes wenn er an die Wand des großen Himmels stieß
Groß vom Leiden seines Auges
Wie ein vom Steinwurf verletzter Teich

Immer noch bist du das verlorene Kind Sohn deines Schattens
An deinen Füßen hängend Krake oder Kugel des Sträflings
Der sein Geschick ausmißt nach der Zahl der Ketten
An ihn gebunden als Schema dessen was er ist

Bist du von der Sonne geboren die durch die hellen Kleider stößt
Den Bauch bräunt und der Milch ihre Wärme gibt
Oder ist deine Mutter eine Wanze am Kreuzweg
Die an deinem Herzen nagt und dich auf immer entwöhnt

Kind das im Kreis läuft im Gefängnishof der Not
Schwarz auf weiß wie die Zielscheibe in den Blick kommt
Hast du endlich die Fibel des Schlüssellochs entziffert
Trächtige Höhle der Geheimnisse?

In jedem Stock dampft die Suppe in den Häusern
Die Mauer schwitzt der schmutzigweiße Teller blättert ab
Der väterliche Hut hängt an der Ablage
Auf den nahen Plätzen versteinern die Dunstnymphen
Und der Mond macht sie zu Fackeln

Weiter draußen die Vororte und ihre Ketten von Fabriken
Weiter draußen das Land
Grünes Wasser das verkohlte Atolle umfließt
Und badet mit dem Gischt seiner Blüten
Weiter draußen der Tau der ganzen Erde

Schmiedeeiserne Chrysaliden dunkle Gaslaternen
Am Abend treibt euer Kopf ab und die Flammen zünden ihn an
Brander gegen die Galionen der Straßen geschickt
Von Korsaren in phosphornen Meeresgewändern
Durchsichtige Rüstungen
Eine Feuerzunge im klaren Herz
Eures Helms

Von Sturzbach zu Sturzbach
Von Busch zu Busch
Mißhandelte er sein Herz
Schleppte es nach wie einen störrischen Hund
Fern jeder Möglichkeit eines bequemen Abenteuers
Oder sauberen Knochens beim Spiel mit dem man das schlimme Leben
vergißt

Die Städte die er gekannt hatte
(wenig Städte und wenig Frauen)
Schmolzen in eine selbe Flamme
Sein Gehör seinen Geschmack sein Tasten seinen Geruch seinen Blick

Brüssel mit dem fetten Lachen aus Eingeweiden
Rotterdam der Teergeruch
Amsterdam trocken wie Stein
London bitteres Getränk in wattiertem Schweigen

Le Havre offenes Lid auf das Meer

Und Paris wo ich geboren bin

Bern wo die berühmten Bären
Auf und ab gehen
Und mir gleichen

Mainz wo ich
Ohne den Rhein anzusehen
Lernte nicht mehr zu lieben

Marseille
Wo ich zum ersten Mal an Bord ging
Bei einem verrückten Wind

Missolonghi
Wo in einem Garten die Statue Byrons rast
Nahe dem Meer mit seiner Kruste aus Dreck
Die mir das Fieber gab

Mailand
Das ich im Wahn durchquerte
Mit Bauchweh und von der Malaria gepackt

Barcelona
Dessen heißes Viertel
barrio chino heißt
Obwohl es nichts Chinesisches hat
Massen von Lichtern und Blumen schlagen lange ihr Rad
Vor den Fassaden der Häuser von denen viele
Einschußspuren tragen
Breite Bißwunden Brandmäler oder Wunden wie Kratzer

Kairo
Wo mein von Weihen umschlossenes Zimmer wie ein Turm war
Während ich dort wohnte legte ein Mörder
Dario Jacoel
Das rote Hemd an für die zum Tode Verurteilten
Ich frage mich ob die Marter die er erleiden sollte nicht das Erwürgen war
In einer staubigen Nekropole
Ruhen Kalifen und Mamelucken
Hinter einem Berg von Dreck

Gondar
Hütten aus Stroh und Stein
In Ruinen die in Stücke fallen
Lange Tage
War ich verliebt in eine Abessinierin
Klar wie das Stroh
Kühl wie der Stein
Ihre so reine Stimme verdrehte mir Arme und Beine
Wenn ich sie sah
Zersprang mein Kopf
Und mein Herz auch
Stürzte ein
Wie eine Ruine

Djibouti
Sonnenmagma
Zerfressen vom Roten Meer wie von einer Säure
Die Frauen dort haben den Geruch der Ziegenmilch und den Geschmack des Salzes
Gierige Hündin
Mein rastloser Schatten treibt mich heute dorthin

Wenn ich dann sterbe
Im Spital
Auf einem Schiff
Zu Hause
Oder auf den Schlachtbänken der Armee
Nicht mein Kopf wird dann sondern mein Körper
Der wimmelnde Termitenbau sein

Gordischer Knoten meiner Eingeweide
Der Schmerz wird dich zerschlagen
Und der Rost alten Eisens
Oh Liebe wird dich verdecken

Keine Seidenhemden mehr
Noch englische Krawatten
Die alte Furcht der Kindheit
Die Finsternis wird mich verschlingen

Steckt mich in keine schwarzen Anzüge mehr
Noch in solche aus reinster Wolle oder auch nicht
Keine Mätzchen mehr keine Märchen
Keine Ticks keinen Schick
Mit der Erde will ich mich kleiden und mein Bart soll wachsen

Auf See am liebsten noch
Will ich sterben
Daß man mich den Fischen nur hinwirft
Zum Fraß

Das Schiff braßt dann auf
Und die Möwen werden fliegen
An den Himmel schreiben der mich verdammt
Gestorben für den Tod
Worte die mir genügen

Denn im Herzen des Roten Meeres
Liegt eine Frau mit gierigem Bauch
Mit verlorenen Augen kreisende Signale
In ihrem totfahlen Gesicht

Ein Rauch ihre Haare
Blutleer ihr lutschender Mund
Ihr Hals ist für immer getrennt
Aber ihre beiden Arme sind eine Klammer

Rechtes Bild der Schmeichlerin
Von der fast in der Wiege schon ich träumte
Ich gehe zu ihren schneeigen Lippen
Und sie soll mir mein Grab bauen

Krater meines Schmerzes
Wie der Vesuv oder der Ätna so groß
Und meine Seele so hohl
Wie die Schlucht von Padirac
Wo zwischen den Felsenwaben
ganz langsam
Der Fluß fließt

Gejagter Vagabund fliehend ohne je zu verstehen
Schweren Kopfes ging er hin auf jeden Tritt gehetzt
Von der Angst die wie ein Feuer unter der Asche schwelte
Und von seinem beharrlichen Schatten dem die Nacht die Arme breitete

In den tiefsten Gründen der See wachte mit lichten Zähnen
Welker Brust von Schluchzen geteert
Lauernd auf die Gemarterten die alte Nereide
Die man die Geliebte-mit-den-spiegelnden-Messern nennt

Die ich jedoch meine leeren Hände verfluchend
Weib meines Schattens nenne und zerschmetternde Mohnblüte
Denn ich werde in ihr schlafen bis zu den Iden
Des dämmernden Mondes wenn die Erde weit ihre Grüfte öffnet

Von Meer zu Meer durchquerte ich den Kontinent befühlte seine Lenden
Reich an Festen gespannt strammer noch als das Fell
Der dumpfen Trommel die zum Grab hin den Eroberer geleitet
Zusammenbrechend unter der Last der Langeweile und der Fahnen

Die Winde haben mir den brennenden Pfeil der Zukunft gesandt
Gemästet von Hoffnung und Worten
Doch bin ich der Gefangene des Schattens den die Gorgone leckt
Nur Knochen sind unter ihrer Haut

Ich nenne sie Mein Tod Glitzernde Handschellen aus Gold
Keller zu starken Alkohols Kaum zärtliche Mutter
Flechte auf den Trümmern die mich verfolgen
Tiefer Widerschein der Augen deren Tränen dann rinnen

Und ich brenne Gehe unter der Sonne höher noch
Durch die ewige Qual die meine Lungen bläht
Bis zu dem Tag wenn der Himmel und ich abbrechen
Härter als ein Fingernagel oder ein loser Zahn

Er ging zum Meer wütend gepeitscht
Von der Sonne die in all seinen Poren
Den Fetzen seines Schattens zerriß
An seine Schritte geschweißt wie der Körper des Pferds an den Rumpf
des Zentauren

Unten wehklagte und kreiste in ihrem Kerker
Die schluckende Gischt an den Enden seiner Schuhe
Oben verstrich der Tag auf die beiden Pole gestützt zwischen den
Wolken
die Stufen in den Himmel bauten

Von Aussatz oder Skrofeln befallene Mädchen
Stießen ihn an und lachten lauthals
Bis dann ihr Blick beschlug unter den widerspenstigen Tressen
Mit den silbernen Nadeln die erbebten wie Masten

Die Wellen palaverten und warfen die Falten ihrer Toga zurück
Über die Delphine Wogende Schultern
Und wie ein zeigender Finger erstarrte die Nadel des Kompaß
Genommen als einziges Maß für die Zeit

Pisten rissig wie Fingernägel Pfade
Boulevards Brücken Schienen Sog der Avenuen
Wege die ihr den Raum mit Fußtritten zerdellt
Die Zeit aus ihren Bahnen werft Und gebt uns das Blut
Des von ungekannter Äderung gebläuten Himmels
Unseren Augen die müde sind von seinem langen Kreisen

Er stürzte sich ins Wasser
Jedoch die Flut warf ihn wieder zurück
Denn das Wasser wollte ihn nicht
Vielleicht war er nicht fett genug
Rotes Meer
Oh recht genannt ist doch ein Meer nur der Puls der Welt

Allein
Sein Schatten versank

Aber ein neuer wuchs nach
Als er auf die Suche sich machte nach den Meteoren
Gebrochener noch als ein Souverän dessen Wappen zerschleißt
Und von dessen Szepter das Gold abfällt

Die Schornsteine zum Himmel gereckt
Fuhr ein Schiff

Aber nicht so ragt ihr
Revolver
An den Schläfen der Selbstmörder
Sondern parallel zum Horizont

Lange pfiff die Sirene
Und der Rauch stieg noch länger empor
Qualm wieder ausgespien von den Häfen
Der Schatten und die unterseeische Frau hatten ihre Arme verschlungen

Dampfer
Schlepper
Der Wind zaust eure schwarzen Mähnen
Wenn ihr euch liebt

Stößt so du dein Gift aus
Piratin des Roten Meeres

Ersteht so neu
Euer glühender Atem
Schatten der Verzweifelten?

Das abenteuerliche Leben des Jean-Arthur Rimbaud (1926)

Ich wüßte kaum, was Dichtung überhaupt sein könnte, wenn sie nicht der Ausdruck der grundsätzlichen Revolte eines Individuums gegen die absurden Gesetze des Universums wäre, in das es sich – ganz gegen seinen Willen – hineingeworfen sieht. Manche werden sich in Jeremiaden über die Traurigkeit des Lebens erschöpfen, aber darin besteht nicht die wahre Revolte: die Melancholie, die sie zerfrißt, läßt keinen Wunsch nach Zerstörung in ihnen aufkommen. Andere wieder werden sich darum bemühen, in ihrem Geist alle die Begriffe systematisch auszumerzen, die sie zur Handlung antreiben könnten: da, wie sie glauben, jede Handlung ein Minimum an Optimismus und einen gewissen Pragmatismus voraussetzt, der die Angelegenheit nach ihren Resultaten beurteilen läßt, komme man nicht umhin, sich dagegen, genau wie gegen das Übrige aufzulehnen; denn würde es nicht eine *Anerkennung* bedeuten, wenn man sich entschlösse, so zu verfahren? Jene werden ewig unbeweglich bleiben, triste Säulenheilige, den Fliegen preisgegeben und allen Insekten des Kompromisses, schon von vornherein geschlagen in allen Kaudinischen Engpässen des Lebens, weil sie nicht begreifen konnten, daß man sich für jene minimale Niederlage entscheiden muß (wenn überhaupt man von einer *Niederlage* sprechen kann), mit der die geringste Schmach verbunden ist, weil sie ein Höchstmaß an Zerstörung zu erzeugen vermag, wenn anders man nicht viele weitere und noch schlimmere Niederlagen erleiden will.

Man mag eine gewisse Zeit lang annehmen, in der Dichtung sei die *realste* Chance gegeben, seine Revolte zum Ausdruck zu bringen. Man glaubt, sich vom materiellen Universum zu lösen, nur noch durch das vage Band der Magie der Worte mit ihm verbunden zu bleiben und die Bezüge durch die Handhabung eben jener Worte umzustürzen, ja bisweilen eine neue Welt nach unserem Bilde zu erschaffen . . . Man meint, alle Ketten zerbrochen, alle Weisen der Anerkennung von sich gewiesen zu haben. Aber man vergißt dabei nur das Eine, daß unser System den Zwängen und Konventionen der Sprache (eine der erdrückendsten von allen) unterworfen bleibt und daß das materielle Universum in dem vielfachen Glanz seines Drecks immer noch da ist.

Im allgemeinen ist diese Verblendung jedoch von kurzer Dauer. Der

Hader des Dichters mit den Ideen, Sätzen und Wörtern zeigt ihm bald, welche großen Kompromisse er machte und wie lächerlich und irreal jener Zugriff auf das Universum war, den er auf dem Wege über die Wörter zu besitzen vorgab. Die Dichtung reicht nicht mehr hin, seine Revolte zu befriedigen. Er wird sich also der Welt zuwenden und nach Mitteln und Wegen suchen, deren verhaßte Gebote außer Kraft zu setzen.
Lebt er in einer Zeit oder in einem Land, wo er noch an die Kraft der Magie glauben kann, so wird er Hexenmeister oder Schwarzkünstler werden und einen Pakt schließen mit den höllischen Mächten, um der irdischen Welt seine Herrschaft aufzuzwingen. Wenn die »Aufgeklärtheit« seiner Zeit ihn aber daran hindert, ernsthaft auf diese Mittel zurückzugreifen, wird er rational den Bauplan seines Gefängnisses entwerfen und herauszufinden suchen, inwieweit er seiner Herr zu werden vermag.
Er stellt zunächst fest, daß die physikalischen Gesetze unmöglich zu verändern sind. Früher hätte die Halluzination ihm die Illusion ihrer Verwandlung verschaffen können, aber er weiß wohl, daß die Schwere beim Aufwachen nicht verschwunden ist, genausowenig wie das Jagen seines Herzens und der Wirbel des Blutes. Er wird sich also der zweiten Kategorie von Gesetzen zuwenden, deren Sklave er ist: denen der Gesellschaft. In ernormem Elan lehnt er sich gegen die unsinnigen Gesetze auf, welche die Menschen erfunden haben, sich gegenseitig Zwang anzutun, er wird zum Lykanthropen, Anarchisten und widersetzt sich allen sozialen Bezügen, die sich seiner Person aufdrängen. Er meint, das Joch abschütteln und zerbrechen zu können – eine neuerliche Utopie, denn er selbst wird fatalerweise von den Gesetzen zerbrochen, ohne daß er auch nur im geringsten ihre Starrheit hätte antasten können.
Wenn er dann die individuelle Revolte aufgibt, weil ihm klar geworden ist, daß sie nur zu seiner eigenen Zerstörung führen kann, ohne daß er an der Welt auch nur das geringste verändert, d.h. zerstört hätte, dann wird er sich der sozialen Revolution zuwenden, dem einzigen wirksamen Weg, seine Revolte zum Tragen zu bringen, dem einzigen Mittel zur Umwertung der Werte. Er wird verstehen, zu welcher Umwälzung des Universums er zumindest in seiner Sphäre beitragen kann, wenn er sich der unterdrückten Mehrheit anschließt in ihrem unerbittlichen Kampf gegen die Minderheit von Unterdrückern. Ob diese Umwälzung nun im Bezug auf das absolute Ganze beträchtlich ist oder nicht, sie ist jedenfalls die größtmögliche, die einem Menschen zu realisieren gegeben ist, und dies reicht aus, um dem Gefühl der Revolte hierin konkrete Gestalt zu

geben. Wo es vorher vage und abstrakt sein mochte, wird es jetzt präzise und greifbar werden: fähig, eine Falte wenigstens im Antlitz der Welt zu verändern.
Allein die Revolution kann uns von der schändlichen toten Last des Überlebten befreien. Eine vollständige Erneuerung der Beziehungen der Menschen untereinander muß aus ihr erwachsen. Das ganze alte, faulende Gerüst des zeitgenössischen Denkens wird durch sie zum Einsturz gebracht werden. Gründe genug, meine ich, mehr als genug, damit jeder wirkliche Dichter sich ihr mit Leib und Seele verschreibt.

All dies hat vielleicht nicht viel mit dem Buch von Jean-Marie Carré über das Leben Rimbauds zu tun.
Arthur Rimbaud, »fränzösischer Dichter und Reisender«, steht im Larousse. Ich möchte hinzufügen: und Revolutionär . . .
Alle wahre Dichtung ist von der Revolution nicht zu trennen.

Durch die »Traurigen Tropen«
Zu Claude Lévi-Strauss (1956)

Traurige Tropen. Dieser Titel, der auf den ersten Blick wie ein Augenwink für die Liebhaber der Exotik anmuten mag, entspricht in Wahrheit und ohne auch nur den Schatten einer Mogelei dem vorgezeichneten Gegenstand: Ein Buch, das nicht allein mit der Legende vom bequemen Leben in den Tropen aufräumt, sondern in dem – den Baumarten in der üppigen Flora eines tropischen Waldes gleich – zahlreiche literarische Gattungen nebeneinander bestehen. Als Reisebericht, der zugleich der Bericht eines Lebens ist, enthält dieser Essay neben autobiographischen Stücken und ethnologischen oder spekulativen Abschnitten – angereichert durch pittoreske Beobachtungen, formgerechte Porträts und Beschreibungen – einige kurze Gedichte epigrammatischen Charakters (die allerdings wie in Anführungszeichen dargeboten werden) und sogar den Entwurf zu einer Tragödie. Ein Buch zugleich, in dem trotz allen Überflusses an Ideen die Melancholie vorherrscht, obwohl auch der stechende Humor (ähnlich einem Buschland voller Stachelpflanzen) und die bukolische Frische durchaus ihren Platz darin finden. Es ist keineswegs ein Paradox, daß eine der bedeutsamsten Passagen dieses Werkes, das im wesentlichen auf die Erfahrung eines auf strengste Objektivität bedachten Beobachters gegründet ist, eine Hymne auf Jean-Jacques Rousseau ist: Wie Rousseau, den schon Emile Durkheim als einen Vorläufer der Soziologie ansah, beschränkt sich auch der Autor der *Traurigen Tropen* nicht auf einen reinen Verstandeshumanismus. Er versucht vielmehr, eine vollständige Ansicht des Menschen zu gewinnen, indem er ihn in seiner doppelten Existenz als Produkt der Kultur und als Bestandteil der Natur aufnimmt. Von Anfang an stellt er sich in eine Perspektive der Totalität, und sein Zeugnis – weit davon entfernt, der pure Ausfluß eines geschichts- und sozialwissenschaftlichen Expertengehirns zu sein – wird sich als eines der charakteristischsten Zeugnisse jener neuen Romantik erweisen, deren Entwicklung sich in unserem Jahrhundert abzeichnet (im Anschluß an die wegbereitenden Leistungen von Spezialisten mit weit gespannten Ambitionen wie Marx und Freud) und die man insofern *über-rationalistisch* nennen könnte, als sie auf eine Integration des Sinnlichen und des Rationalen abzielt. Es ist nur natürlich, daß in dieser freien und leidenschaftlichen Forschung die epische oder

lyrische Erzählung, die Anekdote, ja sogar der Kalauer neben den unmittelbar niedergeschriebenen Forschungsnotizen genauso ihren Platz finden wie die logisch argumentierenden Schlußfolgerungen daraus; denn um den ganzen Menschen zu erfassen, muß aus jedem Holz Feuer gemacht werden, wie der freie und passionierte Rousseau es als einer der ersten gezeigt hat.
Wie auf einem fliegenden Teppich versetzt uns der Autor vom Meer zur Savanne, von der Savanne zum Regenwald, vom Wald in die Stadt, er springt von einem ersten Beispiel tropischer Misere – illustriert durch das fast menschenleere Amazonasgebiet – zu einem zweiten: zum übervölkerten Südasien, er stellt mehrere seiner Reisen nebeneinander und geht von der noch naheliegenden Zeit, als die Neue Welt einen Zufluchtsort für die von der Expansion des Nationalsozialismus in die Emigration getriebenen Menschen darstellte, bis auf jene Epoche zurück, als dieser damals fast mythische Kontinent noch als das Land Eden in den Augen der europäischen Entdecker galt, die jene erstaunlichen Zivilisationen so restlos verwüsten sollten. Dieses anscheinend ziellos und ohne Rücksicht auf die zeitlich-räumliche Einheit drauflosgeschriebene Werk ist in Wahrheit architektonisch streng strukturiert. Wenn Claude Lévi-Strauss erklärt, daß er in der Ethnographie – einer Wissenschaft, deren Gegenstand die Kenntnis der menschlichen Kulturen in ihrer alle Orte, wenn nicht gar alle Zeiten einschließenden Diversität ist – eine »Geschichtsauffassung« gefunden hat, »die an ihren beiden Endpunkten mit der Geschichte der Welt und mit meiner eigenen zusammentrifft«, so legt er in diesen wenigen Worten das ganze Gefüge seines Buches offen. Noch zu Beginn stoßen wir in der Tat auf die »rege Neugierde« des jungen Lévi-Strauss für die Geologie, jene Wissenschaft von der Erde, die als Forschungspraxis bisweilen die tiefe Freude erfahren läßt, einer Art Verschmelzung von Raum und Zeit beizuwohnen, wenn man z. B. Fossilien aus zwei, Myriaden Jahre auseinanderliegenden Zeitaltern diesseits und jenseits der Nahtstelle zweier Erdschichten in einem Blick zusammenzufassen vermag, obwohl die Fossilien doch gleichzeitig deren immensen chronologischen Abstand bezeugen. Am Ausgang der Meditation des späteren Philosophen und wie aus der Notwendigkeit heraus, zu dem, was gewissermaßen das »Diesseits« des Humanismus war, als Pendant auch ein »Jenseits« zu setzen, verläßt Lévi-Strauss schließlich den Bereich des Menschlichen und wendet sich der Astrophysik und der Biologie zu, wenn er in einem schwindelerregenden Sprung die Entwicklung der Kulturen zur Uniformität als bloßes Moment und Beispiel

der Bewegung des Universums auf eine definitive Trägheit zu begreift. Auch seine eigene Person sieht er letzten Endes nicht als ein »Ich«, sondern als ein vorübergehendes Aggregat lebender Zellen, das selbst wieder nur ein beinahe ebenso prekäres »Wir« darstellt, gebildet von der Menschheit, in die sich dieses Pseudo-Ich integriert. Dazwischen, wie an den Gelenkstellen der Unendlichkeiten, in denen der Mensch sich verliert, kommt Lévi-Strauss selbst mit seiner Vergangenheit als Lehrer der Philosophie in den Blick, seine ethnographische Berufung, die Menschengruppen, die er beim Durchqueren jener Zone erforscht, die in der Geographie durch die Wendekreise bestimmt wird, die einzigartigen Personen, mit denen er in Paris oder anderswo in Verbindung tritt und die menschlichen Probleme, für deren Erhellung er sich mit seiner ganzen Intelligenz und seiner Person einsetzt.

Schon zu Beginn tritt das große Thema der Geologie mit einem Mal wie eine Ankündigung hervor, und eine Bewegung steter Erweiterung des Blickfeldes und Hebung der Diskussionsebene setzt ein. Was uns der Autor von seiner persönlichen Ausbildung mitteilt, bildet den Ausgangspunkt: ein Kapitel der Geschichte, die wirklich ihm eigen ist und doch zugleich ein Licht auf die seiner Generation wirft. Auf eine Bewertung des Buddhismus, des ältesten und zugleich höchsten Versuchs eines totalen Verstehens (denn das Wissen stößt hier an jene Grenze, wo es mit dem Nicht-Wissen eins wird) folgt die Konfrontierung des Buddhismus mit den anderen großen Systemen, wie Christentum, Islam und nicht zuletzt dem Marxismus (dem bei allem Pessimismus im allgemeinen Tonfall dieses Überblickes die Wohlbegründetheit auf einer bestimmten Ebene nicht abgestritten wird), um schließlich jenen Punkt zu erreichen, an dem die Betrachtung das Gebiet der eigentlichen Geschichte verläßt und sich der Geschichte der Erde zuwendet. Am Ende einer Reise um die Menschenwelt, die ihn zwar nicht von sich selbst entfernt, aber doch von einem, wenn man so sagen darf, rein zufälligen zu einem erweiterten Selbst geführt hat, das fähig ist, das Universale in sich zu begreifen, schließt er mit der Bestimmung, daß das höchste Gut des Menschen gleich welcher Gesellschaft in jener Fähigkeit zu sehen sei, momentan von den harten Zwängen der Geschichte »zurückzutreten« durch das kontemplative Erfassen jenes Bandes, das unser, fast ständig in einem »Bienenfleiß« befangenes Geschlecht mit den anderen Elementen der Natur verknüpft. In der Mitte dieser Reisebeschreibung steht die Erfahrung, die für den reisenden Philosophen ausschlaggebend gewesen zu sein scheint: die Beziehungen, die er in seinem Beruf als

Ethnologe zu mehreren Eingeborenenstämmen Brasiliens unterhielt, zu Gesellschaften, deren materielle Ausstattung zu den rudimentärsten überhaupt gehört, in denen man jedoch ganz Mensch ist; denn dort wird man weder von der Masse erstickt, noch von den Anforderungen einer mechanisierten Zivilisation entfremdet, und ein jeder findet ein Milieu nach seinem Maße.

Von den vier Gesellschaften, die in diesem eigentlich ethnographischen Teil, dem Kern des Buches, beschrieben werden, bieten Claude Lévi-Strauss die beiden ersten Gelegenheit zu zwei brillanten Demonstrationen, die wie an einer Tafel entwickelt werden. Die Untersuchung der Gesichts- und Körperbemalungen, die traditionell von den Frauen der Caduveo ausgeführt werden, und der Vergleich der Struktur dieses Stammes mit derjenigen von Nachbarstämmen zeigen, wie ein soziales Problem von den Betroffenen auf der (quasi traumhaften) Ebene der Kunst gelöst werden kann. Im Grunde muß man nämlich »die graphische Kunst der Caduveo-Frauen, ihre geheimnisvolle Verführungskraft und ihre auf den ersten Blick willkürliche Kompliziertheit als das Phantasma einer Gesellschaft erklären, die in ungestillter Leidenschaft nach dem Weg sucht, jene Institutionen symbolisch auszudrücken, die sie haben könnte, wenn nur ihre Interessen und ihr Aberglauben sie nicht daran hinderten« – eine Analyse, die der allgemeinen Lehre entspricht, welche der Verfasser aus dem Beispiel der Geologie, des Marxismus und der Psychoanalyse gezogen hat, wie er zu Beginn seines Buches darlegt. Für ihn »besteht Verstehen darin, einen Typ von Realität auf einen anderen zu reduzieren; denn die wahre Realität ist niemals diejenige, die offen daliegt, und die Natur des Wahren zeigt sich schon allein an der Sorgfalt, mit der es sich entzieht und verbirgt.« Die Untersuchung der Verteilung der Hütten in den Bororo-Dörfern (eine Art von Projektion der Sozialstruktur auf die Topographie) und das Studium der Bestattungskulte leiten dann zu jener anderen Wahrheit über, die ihrem Wesen nach auf eine Zerstreuung von Phantasmen und ein Abnehmen der Masken ausgeht: »Die Vorstellung, die sich eine Gesellschaft von dem Bezug zwischen den Lebenden und den Toten macht, ist nichts als ein Versuch, auf der Ebene des religiösen Denkens die wirklich zwischen den Lebenden herrschenden Beziehungen zu verbergen, zu verschönern oder zu rechtfertigen.« Man tut, meine ich, dem Denken Lévi-Strauss' keinen Zwang an, wenn man behauptet, daß eine nackte Wahrheit – falls es sie überhaupt geben sollte – nur die Wahrheit des Leeren sein kann, denn wenn einer jeden Wahrheit die Verkleidung inhärent ist, so kann die Erkenntnis (dazu verurteilt, eine unendliche Reihe von Entmystifizierungen zu durchlaufen) zu keiner anderen Wahrheit als der des Nicht-Wissens gelangen. »Jeder Versuch zu verstehen«, so schreibt er denn auch auf den letzten Seiten, »zerstört den Gegenstand, dem wir uns zugewandt hatten; er verlangt eine neuerliche Anstrengung, die den zweiten Versuch wieder zugunsten eines dritten aufhebt usw., bis wir schließlich den Zugang zur einzig dauerhaften Gegenwart finden, bei der der Unterschied zwischen dem Sinn und dem Fehlen des Sinnes sich auflöst: derselben Gegenwart, von der wir auch ausgegangen waren. Schon vor 2500 Jahren haben die Menschen diese Wahrheiten entdeckt und ausgesprochen.«

Wenn auch die den Nambikwara gewidmeten Kapitel als der unbeschwerte Moment des Buches betrachtet werden können (sein idyllischer Augenblick, denn die Begegnung mit diesem Volksstamm, bei dem er »so etwas wie den wahrhaftigsten und ergreifendsten Ausdruck der menschlichen Zärtlichkeit« zu finden glaubte, scheint für ihn eine Art Äquivalent zu jenem *grünen Paradies der kindlichen Lieben* gewesen zu sein, von dem Baudelaire sehnsuchtsvoll träumte) so ist Claude Lévi-Strauss doch der Ansicht, hier in der Erforschung der elementaren Formen des sozialen Lebens gescheitert zu sein, weil er gewissermaßen über das Ziel hinausgeschossen ist, das er sich – noch über das direkt wissenschaftliche Interesse des Unternehmens hinaus – gesteckt hatte, als er zu den Nambikwara aufbrach. Denn bei diesem Stamm, der ihm »eine der ärmsten sozialen und politischen Organisationsformen« vor Augen führte, »die man sich vorstellen kann«, und in dessen Einfachheit er jenen Zustand zu entdecken glaubte, von dem Rousseau sprach, einen Zustand, »der nicht mehr existiert, der vielleicht nie existiert hat, der möglicherweise nie existieren wird und von dem es doch unabdingbar ist, sich einen genauen Begriff zu machen, wenn man unsere gegenwärtige Lage richtig beurteilen will«, – angesichts dieser Erfahrung ist es gerade die soziologische Erkenntnis selbst, die sich entzieht: »Ich hatte eine Gesellschaft gesucht, die auf ihren einfachst möglichen Ausdruck reduziert wäre. Diejenige der Nambikwara war es so weit, daß ich lediglich auf Menschen traf.« Bei den Tupi-Kawahib schließlich, zu denen er unter vielen Mühen vorgedrungen war, erwartete ihn eine weitere Enttäuschung: »Ich hatte bis zum äußersten Punkt der Wildheit vorstoßen wollen; und war mein Wunsch nicht in Erfüllung gegangen bei diesen anmutigen Eingeborenen, die nie jemand vor mir gesehen hatte und die auch vielleicht niemand nach mir mehr sehen würde? Em Ende einer atemberaubenden Reise stand ich schließlich vor meinen Wilden. Aber leider – sie waren es nur allzusehr. Da ich erst im letzten Augenblick von ihrer Existenz Kenntnis erhalten hatte, stand mir nicht genügend Zeit zur Verfügung, sie kennenzulernen. Die beschränkten Mittel, über die wir verfügten, meine und meiner Gefährten physische Erschöpfung, die vom Fieber, das nach den Niederschlägen ausbrach, noch verschlimmert wurde, erlaubten mir nur eine kurze Visite anstelle von monatelangen Forschungen. Die Indios waren da, sie waren bereit, mir ihre Gebräuche und Glaubensvorstellungen zu offenbaren, aber ich kannte ihre Sprache nicht. Sie waren mir so nahe wie mein Bild in einem Spiegel – ich konnte sie berühren, aber verstehen nicht.«

Wie irritierend auch die Verdrießlichkeiten sein mögen, denen man sich aussetzt, wenn man sich mit Leib und Seele dem Beruf des Ethnographen verschreibt, um auf diesem Wege eine konkrete Ansicht der eigentlichen Natur des Menschen zu gewinnen – oder in anderen Worten: eine Ansicht des sozialen Minimums, das die Lage des Menschen ungeachtet aller Gegensätzlichkeit ihrer verschiedenen Kulturen insgesamt definiert – und obwohl der Ethnograph immer nur relative Wahrheiten anzustreben vermag (das Erreichen einer letzten Wahrheit wäre eine illusorische Hoffnung), so besteht hierin doch nicht die größte seiner Schwierigkeiten. Wenn seine Untersuchung nicht wegen mangelnder Objektivität ungültig werden soll, ist er in der Tat dazu verpflichtet, die Haltung des unparteiischen Beobachters einzunehmen, der sowohl von dem Wertsystem seiner eigenen Kultur, als auch von den erforschten Kulturen losgelöst bleibt. Für ihn scheint diese Haltung eine regelrechte Verstümmelung zur Folge zu haben, denn sie verbietet ihm tendenziell jedes Urteil und jeden aktiven Eingriff sowohl in seiner eigenen Gesellschaft, als auch in denen, über die er arbeitet, und verurteilt ihn letzten Endes dazu, in keiner von ihnen eine Rolle zu spielen – was darauf hinausläuft, ihn an der Erfüllung seiner eigentlichen Bestimmung als Mensch zu hindern. Die ethnographische Forschung selbst befreit ihn jedoch aus dieser tatsächlich unlebbaren Situation. Sie lehrt ihn, daß alle Gesellschaften »ihren Mitgliedern bestimmte Vorteile bieten, auch wenn ein Rest von Ungerechtigkeit bestehen bleibt, dessen Ausmaß ungefähr konstant zu sein scheint«, und daß, da keine von ihnen in dieser Hinsicht privilegiert ist, seine Aufgabe letztlich in dem Versuch besteht, die »unverrückbaren Grundlagen der menschlichen Gesellschaft« zu bestimmen. In dieser Perspektive gilt es, auf alle Kulturen zurückzugreifen, deren jeweilige Originalität anerkannt werden muß, und der Ethnograph hat sich einer subjektiven Entscheidung für seine eigene oder irgendeine sonstige Gesellschaft zu enthalten. Unter diesen Umständen ist er auch nicht mehr dazu verdammt, freischwebend im Leeren zu verharren: er kann zwar nicht mit dem Ziel einer Veränderung auf die anderen Kulturen einzuwirken suchen (denn eine solche, von außen kommende Intervention wäre definitionsgemäß mehr oder weniger destruktiv); er kann auch nicht seiner eigenen Gesellschaft eine andere als Modell vorhalten (denn keine einzige Gesellschaft, seine eigene inbegriffen, ist ausschließlich gut oder schlecht), aber er trägt dazu bei, uns in die Lage zu versetzen, das Wissen von der Gesamtheit der Gesellschaften zu gebrauchen, »um jene Prinzipien des sozialen Lebens freizulegen, die wir auf die Reform unserer eigenen Lebensformen anwenden können«, anders gesagt: auf die Strukturen der einzigen Gesellschaft, die wir »verändern können, ohne Gefahr zu laufen, sie zu zerstören, denn die Veränderungen, die wir in sie einführen, gehen auch von ihr selbst aus«.

Wie beschränkt also auch die Grenzen sind, die Claude Lévi-Strauss der Möglichkeit eines Engagements für den Ethnographen zieht, und bei allen Vorbehalten (vorsichtig gesagt), die er hier und an manchen anderen Stellen des Buches gegen den Fortschritt äußert, so läßt er deshalb doch eine Möglichkeit des aktiven Eingriffs offen. Da von den Zivilisationen aller Art keiner Recht gegeben wird und die Zunahme unserer Macht über das physische Universum als Grund einer noch größeren Untertänigkeit denunziert wird – denn jetzt erweist sich unser Geist selbst als der Gefangene des Determinismus, als beherrscht von dem, was er erobert hat –, scheint jede Perspektive einer Zukunft, deren Konstruktion es wert wäre, daß man sich ihr widmete, unwiderruflich verbarrikadiert zu sein. In einer dialektischen Wendung allerdings, die für sein Verfahren ausgesprochen charakteristisch ist, entdeckt Lévi-Strauss gerade in dem Moment einen Ausweg, als der Leser vermuten könnte, er mache von seinen durchdringendsten und hellsichtigsten Gedanken einen gewollt negativen Gebrauch: »Die Verfechter des Fortschritts laufen Gefahr, durch das geringe Aufheben, das sie davon machen, die immensen Reichtümer zu verkennen, die die Menschheit diesseits und jenseits der schmalen Spur angehäuft hat, auf die allein sie unentwegt starren. Da sie die Bedeutung vergangener Leistungen überschätzen, mißachten sie alle die, die uns noch zu vollbringen bleiben. Wenn sich die Menschen von jeher nur der einen Aufgabe gewidmet haben, eine Gesellschaft zu schaffen, in der es sich leben läßt, so sind die Kräfte, die unsere entfern-

ten Vorfahren bewegt haben, auch in uns gegenwärtig. Nichts ist verspielt, wir können alles wieder von vorne anfangen.«
Bei den Nambikwara und den Tupi-Kawahib mag Claude Lévi-Strauss vielleicht das nicht gefunden haben, was er als Soziologe gesucht hatte, aber er lebte brüderlich mit Menschen zusammen. In einer Gesellschaft wie der indischen dagegen, die sich zu grandiosen Schöpfungen fähig gezeigt hat, aber unter ihrer großen Bevölkerungsdichte wie an einer Krankheit leidet (dem Grund für das Kastensystem, einem Mittel, sich weniger eingeengt zu fühlen, indem man einem Teil der Menschheit die Eigenschaft des Menschseins abspricht), »sprengt die Kluft zwischen dem äußersten Luxus und der äußersten Not die menschliche Dimension«. Während das indianische Amerika trotz aller Verwahrlosung anziehende Beispiele ausgeglichener Menschengruppen bietet, wie sie im Zeitalter des geschliffenen Steins existiert haben müssen (als der Mensch in einem mittleren Zustand lebte, gleich weit entfernt von der Primitivität und unserer von der Mechanik bestimmten Epoche), gibt jener Teil der asiatischen Welt ein Schauspiel der Maßlosigkeit: ein Bild dessen, was uns erwartet, falls eine demographisch überlastig gewordene Gesellschaft in der Tat »ihren Weiterbestand nur durch die Erzeugung von Knechtschaft erkaufen kann« (wie es die Entwicklung Europas in den letzten zwanzig Jahren zu bestätigen scheint) und wenn wir jenem grassierenden Übel »der systematischen Entwertung des Menschen durch den Menschen« nichts entgegenzusetzen haben. Während Claude Lévi-Strauss im indianischen Amerika den Widerschein einer harmonischeren Vergangenheit entdeckt, bietet ihm Südasien eine beunruhigende Vorwegnahme unserer Zukunft, und es sieht ganz so aus, als wenn die beiden großen Typen von Reisen, die er materiell im Raume unternommen hat, mit imaginären Reisen in der Zeit in Korrelation stünden, die eine nach rückwärts, die andere nach vorn in die Zukunft. »Eine Reise schreibt sich gleichzeitig in den Raum, die Zeit und in die soziale Hierarchie ein«, bemerkt er in einem der einleitenden Kapitel, und er weist darauf hin, daß ein Reiseort durch seine Entfernung nicht nur exotisch wird: er evoziert eine bestimmte Epoche, die von der, in welcher wir leben, verschieden ist, und auch unser Lebensstandard ist nicht mehr derselbe, insofern wir dort fast immer entweder ärmer oder reicher werden, je nachdem, ob die Lebenshaltungskosten im Verhältnis zu unseren finanziellen Mitteln höher oder niedriger liegen. Die so verstandene Reise ist demnach keineswegs nur eine bloße Gelegenheit, anderswohin zu kommen, sie stellt vielmehr eine vielschichtige und sicher auch eine

der vollständigsten Erfahrungen dar, die einem bewußten Individuum zu machen gegeben sind. An welchen Ort auch immer sie führen mögen, und ohne daß dabei recht eigentlich die Notwendigkeit bestünde, sich von der Stelle zu rühren – für Claude Lévi-Strauss (den Verleumder der Reisen oder wenigstens dessen, was an ihnen bloßes Verreisen ist) sind es doch jedenfalls Erfahrungen dieser Art, die – wie die wiedergefundene Zeit bei Marcel Proust – die bevorzugten Momente darzustellen scheinen. Momente, die dem Leben noch einen Sinn zu geben vermögen, obwohl es doch von allen Seiten vom Un-Sinn untergraben ist, und die zugleich die Rechtfertigung und die Katalisatoren unseres Handelns sind.

Als Geologe die Berührungslinie zwischen zwei Erdschichten unterschiedlichen Alters zu verfolgen, im Aufsuchen eines Indiostammes (und trotz der Erfahrung, daß der moderne Reisende letzten Endes nichts als »ein Archäologe des Raumes ist, der vergeblich versucht, den Exotismus mit Hilfe von Bruchstücken und Trümmern wieder zu rekonstituieren«) das Abenteuer jener Männer des 16. Jahrhunderts nachzuleben, die die Neue Welt entdeckten, an jenen anachronistischen Bällen im brasilianischen Urwald teilzunehmen, zu denen die den Rest des Jahres in Lumpen gehüllten, zu diesem Anlaß aber kokett aufgeputzten Konkubinen der Gummisammler kommen, mittelloser, schrecklich ausgebeuteter Arbeiter, auf demselben Altar am Fuß der Berge Kaschmirs drei in verschiedenen Stilen gebildete Flachreliefs zu entdecken, die von der Aufeinanderfolge verschiedener Traditionen zeugen (Hinduismus, Hellenismus, Buddhismus), im Nachdenken über das Geschlecht der Menschen »das Wesen dessen zu ergreifen wissen, was es war und weiterhin ist, diesseits des Gedankens und jenseits der Gesellschaft«: hierin liegen sicherlich sehr unterschiedliche Erfahrungen, die verschiedenen Stadien in der Entwicklung von Claude Lévi-Strauss entsprechen. Sie haben jedoch das eine gemein, daß sie – ähnlich wie die Proustsche Aufhellung des Vergangenen – alle zusammen Erfahrungen darstellen, die es erlauben, den Fluß der Zeit in einem gewissen Grade in den Griff zu bekommen. Wenn Lévi-Strauss, nachdem er zu der entmutigenden Schlußfolgerung gekommen ist: »Der Sinn der Schöpfungen des menschlichen Geistes besteht nur in bezug auf ihn selbst, und sobald er verschwunden ist, gehen sie ins allgemeine Chaos über«, wenn er dann in einer unvermuteten Kehrtwendung – ähnlich der Hamlets, als diesem der Anblick der zum Blutbad schreitenden Truppen Fortinbras' seine Pflicht wieder in Erinnerung ruft – erklärt: »Aber ich existiere doch . . .«

und sich für jenes *wir* ausspricht, das keiner zu verwerfen wüßte, ohne sich selbst auf ein Nichts zu reduzieren, so beruft er sich fast unvermittelt auf derartige Momente und sieht in ihnen die einzige Chance der Menschheit. Was kann die Möglichkeit, die er dem Menschen schließlich zugesteht, in der Kontemplation eines Minerals, beim Einatmen eines Parfüms oder bei einem komplizenhaften Blickwechsel mit einem vertrauten Tier »zurückzutreten«, sich »loszulösen«, was kann dies anders sein als die Möglichkeit, zeitweilig die chronometrische Zeit abzuschütteln, in die Geschichte und Arbeit sich einschreiben, ihre Fessel abzuwerfen und unterzutauchen in der Natur, die uns räumlich umgibt und uns auch in jener Zeit umschließt, die mit der des Mythos und der Poesie verschwimmt?

Ob man nun mit dieser oder jener These übereinstimmt oder nicht, die in diesem komplexen Buch entwickelt werden, das ja (wie zu betonen ist) kein Referat *ex cathedra* darstellt, sondern die Aufzeichnung einer Forschung, und auch wenn man trotz der Behauptung des Verfassers, es verdanke sich gleichermaßen dem Wissen wie den Menschen, der Ansicht ist, es werde einer illusionslosen Träumerei ein zu großer Platz eingeräumt – zum Nachteil des unmittelbaren Handelns, das darauf abzielt, das materielle Wohlergehen aller zu verbessern –, so bleibt ein solches Zeugnis doch, über seine literarische Qualität hinaus, von grundsätzlichem Wert, wenn auch nur in dem Maße, wie wesentliche Probleme hier auf eine lebendige und zugleich hellsichtige Weise dargelegt werden und es gerade durch seine Vielfalt und Dichte zu heftigen und (wie zu erwarten steht) unendlichen Auseinandersetzungen Anlaß gibt. Denn jedes Denken, das wert ist, so genannt zu werden, fordert zur Diskussion heraus.

Für Alfred Métraux (1963)

Alfred Métraux[1] und ich trafen uns, glaube ich, zum ersten Mal im Jahre 1934. Er war gerade von einem langen Aufenthalt in Südamerika zurückgekehrt und ich von meiner ersten Reise nach Schwarzafrika. Ich hatte noch kein Diplom und war also ein Neuling, wenn nicht gar eine Art von Freischärler auf dem Felde der Ethnographie; denn nicht das Interesse für diese Wissenschaft als solche, sondern die Poesie und der Wunsch, das Joch unserer Kultur abzuschütteln, hatten mich zu diesen Studien geführt. Obwohl bereits anerkannter Ethnologe, behandelte mich Métraux doch auf brüderliche Weise. In der Ecole des Chartes hatte er eine Freundschaft mit Georges Bataille geschlossen, die auch dann noch fortbestehen sollte, als der eine ein großer Gelehrter und der andere ein großer Schriftsteller geworden war. Es mußte ihn freuen, einen der engsten Gefährten seines ehemaligen Mitschülers kennenzulernen, und er war sicher nicht minder davon angetan, mit einem Neopythen sprechen zu können, dessen im wesentlichen »surrealistische« Ausbildung sich grundlegend genug von der seinen unterschied, um darin gerade eine Ergänzung zu ihr darzustellen. Ich war meinerseits von der geistigen Offenheit eingenommen, die dieser Fachgelehrte bekundete, von der Reiselust, die ihn dazu brachte, geistig und materiell das Fremde zu suchen, von seiner äußerst lebhaften Neugierde, seinem Spürsinn für das Burleske und seinen unvermuteten Regungen, in denen zum Ausdruck kam, wie sehr sein eher puritanisches Benehmen als korrekter Beamter täuschen konnte.

Auf beruflichem Gebiet, wo er von seiner Qualifikation her der Ältere (obwohl eigentlich von den Jahren her etwas jünger) war, habe ich immer seine mittelbare oder unmittelbare Unterstützung erhalten und aus den Lehren Nutzen gezogen, die ich seinen vielseitigen Erfahrungen entnehmen konnte. Im übrigen bin ich diesem ganz seinem Beruf ergebenen Ethnologen erkenntlich dafür, daß er nichts unternommen hat – ganz im Gegenteil –, um mich zum Aufgeben der Literatur zugunsten der Wissenschaft zu bewegen. Es besteht kein Zweifel, daß für ihn die beiden Bereiche aneinandergrenzten und daß er über die Unterscheidung der einzelnen Disziplinen hinaus all dem ein leidenschaftliches Interesse entgegenbrachte, was den Menschen dazu verhelfen kann, sich selbst und die Gegenstände der Welt zu erkennen.

Nach langen Jahren herzlichsten Einvernehmens kam es schließlich zur effektiven Zusammenarbeit auf dem Gebiete des aktiven, auf genaueste Informationen gegründeten Humanismus und des Antirassismus, dessen hartnäckiger Verfechter Métraux zeitlebens war. So erschienen, herausgegeben von der Unesco, der Aufsatz »Rasse und Zivilisation« <in *Leiris 1*, S. 72ff.>, ein Beitrag, den ich auf seinen Wunsch hin für die Reihe *Die moderne Wissenschaft zur Frage des Rassismus* geschrieben habe, sowie später das von ihm mit einem Vorwort versehene Buch *Zivilisationskontakte auf Martinique und Guadeloupe.* Es war das Ergebnis eines Projekts, mit dem ich auf seine Veranlassung hin betraut wurde und das der Erforschung der Beziehungen zwischen Weißen und Farbigen auf diesen beiden Inseln der Antillen gewidmet war. Er selbst sollte sie später auf einer Erholungsreise besuchen.

[1] Die anläßlich der Versammlung zu Ehren von Alfred Métraux im Palais de l'Unesco gehaltene Ansprache, deren Wortlaut sich anschließt, war lediglich ein Zeichen meiner Freundschaft und macht keineswegs deutlich, was ich dem Verstorbenen verdanke.

Es steht gleichfalls außer Frage, daß mir die zahlreichen beruflichen und außerberuflichen Gespräche in Paris und auf Haiti, wo wir uns im Jahre 1948 gemeinsam aufhielten, bei der Klärung des Phänomens der Besessenheitskulte von größter Hilfe war, das sowohl wissenschaftlich als auch menschlich eines unserer großen gemeinsamen Interessen war und für das uns der äthiopische *zâr* und der haitianische Vaudou jeweils eines der schönsten Beispiele dargeboten hatten. Wenige Jahre bevor er sich entschied, seiner Drangsal durch eine tödliche Dosis Schlafmittel ein Ende zu bereiten, konnte ich in der Reihe *L'Espèce humaine* – in der schon vorher seine Schrift über die *Osterinsel* erschienen war – seine Arbeit über den Vaudou aufnehmen. Dieses Vergnügen verdankte ich allerdings nicht allein dem Umstand, daß er der Autor des Buches war: Métraux selbst hatte diese Reihe, für die mir später die Verantwortung übertragen wurde, zusammen mit Paul Rivet und Georges-Henri Rivière, noch vor dem Krieg gegründet, und er war es auch im wesentlichen, der ihr erstes Programm entworfen und ihren Charakter bestimmt hat.
In Anbetracht dessen, was ich Métraux nicht allein durch die Weite und Vielfalt seines nie von Pedanterie beschwerten Wissens, sondern auch im persönlichen Kontakt verdanke, ist dies jedoch wenig. Ich muß mich mit dem Bekenntnis begnügen, daß er und mein alter Freund Bataille zu den wenigen gehören, von denen ich gelernt habe, daß nichts wertvoller ist als jene nur in wenigen Individuen zustande gekommene Verschmelzung: eine ungestüme Leidenschaft zu leben, verbunden mit einem untrügerischen Wissen um das darin liegende Lächerliche.

Als ich zur angemessenen Würdigung Alfred Métraux' die Bücher, die ich von ihm besitze, neuerlich überlas, fand ich auf der ersten Seite meiner Ausgabe des *Vaudou haïtien* eine Widmung. Wie ich gestehen muß, hatte ich sie vergessen. Aber sie geht mir seitdem so beharrlich nach, daß es mich heute wundert, daß ich ihre volle Resonanz nicht sofort aufgefaßt habe: »Für Michel, als Erinnerung an unsere Irrungen, diese naiven Teufeleien, die uns trösten.«
Im Jahre 1948 hatte ich anläßlich eines kurzen Aufenthalts auf Haiti meinen alten Freund Métraux wiedergetroffen und in der Tat: unsere Irrungen in Port-au-Prince und Umgebung waren damals sehr zahlreich – ganz abgesehen von unserem Sprung hinüber zur Schildkröteninsel, dem ehemaligen Schlupfwinkel der Seeräuber. Mehrere Wochen lang hatte mich Métraux zu den Vaudou-Weihestätten mitgenommen, wo er entweder seinen Freunden unter den Vaudouanhängern einen Besuch abstatten wollte oder den Zeremonien beizuwohnen gedachte, in deren Verlauf wir zu interessierten und zugleich faszinierten Zeugen von Besessenheitsszenen wurden. Diese »naiven Teufeleien«, die uns aus dem einfachen Grund so erschienen, weil wir nicht an sie glaubten, waren deswegen doch begeisternde Schauspiele für uns. Sie boten nicht allein einen reichen Stoff für die Untersuchung: es war vielmehr ergreifend, diese Menschen zu sehen, die ein paar Stunden lang ihre verehrten Götter verkörperten und dabei ihre im allgemeinen miserable Lage verga-

ßen. Für die mehr oder weniger verklemmten Abendländer, die wir geblieben sind, war der Anblick dieser bewundernswert gefügten und geordneten Zeremonien, an denen doch gleichwohl die mythische Trunkenheit der Trance den Löwenanteil hatte, ein Trost.
Was mich an den paar Zeilen, die mir Alfred Métraux auf ein Exemplar dieses großen Buches *Le Vaudou haïtien* geschrieben hat, heute am meisten betroffen macht, ist ihre äußerste Melancholie.
»Unsere Irrungen«. Er setzte also das Kommen und Gehen, das schließlich in den Anforderungen unseres Berufes begründet lag, einer Art von Vagabundieren gleich. Als wenn das Motiv der Irrungen oder der Unmöglichkeit, sich an einem bestimmten Ort ruhig niederzulassen, für ihn ein Hauptthema gewesen wäre, ein Beweggrund, der ihn – über seine Wißbegierde als Wissenschaftler hinaus – zu so zahlreichen Reisen veranlaßt hatte und ihn dazu führte, die verschiedensten Regionen zum Feld seiner Beobachtungen zu wählen: Südamerika, Polynesien, die Antillen, Afrika.
»Diese naiven Teufeleien«. In diesen Worten ist sicher ein Bedauern ausgedrückt, eine Art von Heimweh nach dem, was Baudelaire das *grüne Paradies unserer kindlichen Lieben* nannte. Wohl verbietet der Rationalismus den Besessenheitskulten gegenüber jede andere Haltung als die der Ungläubigkeit; aber ist es nicht schade darum und wäre es nicht besser, sich – naiver als wir es sind – rückhaltlos auf diese fadenscheinigen Wunderwerke einzulassen?
Teufeleien, »die uns trösten«. In Ermangelung eines Systems, das es uns ermöglichen könnte, eine Mythologie zu leben, mag es für uns doch in gewissem Sinne tröstlich sein, daß es in anderen Regionen Menschen gibt, die, wie die meisten Vaudouanhänger, entgegenkommend und gastfreundlich genug sind, um uns an ihren Riten teilhaben zu lassen – Riten, die uns durch ihre Schönheit und ihre ernsthaften oder burlesken Auftritte, zu denen sie Gelegenheit bieten, in einem, für uns allerdings rein spielerisch bleibenden Sinne für das wieder entschädigen, was unser alltägliches Leben so erstickend macht.
Als ein Irrender, der weiß, von wo er zurückkehrt, und deshalb doch um nichts stolzer geworden ist, als jemand, in dessen tiefstem Inneren ein Kummer nagt, über den man ihn trösten müßte: so erscheint mit derjenige, der in ein paar Worten, und wahrscheinlich ohne daran zu denken, ein so außergewöhnliches Bekenntnis abzulegen wußte.
Um noch einmal auf meine Empfindung beim neuerlichen Überlesen der Werke Alfred Métraux' zurückzukommen: was offenbar neben ih-

rem dokumentarischen Wert das eigentliche Gewicht seiner Schriften ausmacht, ist die *affektive* Beziehung zwischen ihm selbst und dem Gegenstand seiner Forschung, die immer wieder durchscheint. Weder die Menschen noch die Orte werden je in die reine Rolle von Beobachtungsgegenständen gedrängt und Métraux geht der Vergangenheit genau wie der Gegenwart mit derselben Anteilnahme nach, wenn er sich etwa den Legenden und tragischen Begebenheiten zuwendet, von deren Aura bestimmte Gegenden geprägt sind, und wenn er das Schicksal dieser Landstriche bis hin zu den mißlichen Realitäten von heute verfolgt.
In der bekanntesten dieser Arbeiten wird das Studienobjekt unter einer ausgesprochen weitgespannten Perspektive in Angriff genommen. Sie umgreift zugleich die ganze Diversität des Objektes selbst, die Geschichte im eigentlichen Sinne und die Geschichtsschreibung, und nicht zuletzt seine persönliche Geschichte und sein eigenes Urteil, mit dem Alfred Métraux nie zurückzuhalten suchte, als sei er – noch bevor es ihm kulturell klar wurde – schon aus Intuition immer davon überzeugt gewesen, daß es keine Beobachtung gibt, die nicht einen Bezug darstellt zwischen jemand, der beobachtet, und etwas, das beobachtet wird.
Peru ist für ihn nicht zu trennen von dem Mythos von El Dorado und den grausamen Szenen, die sich zur Zeit der Inkaherrschaft und auch später, in der Epoche der Konquistadoren dort abgespielt haben; aber dieser Nimbus der Vergangenheit übt eine so große Faszination auf ihn aus, daß er nicht einfach einen Strich darunter zieht, und er beschließt das Buch, das er dem alten Andenreich gewidmet hat, mit der Heraufbeschwörung einer möglichen Wiederkunft der Inkamacht.
Von der Osterinsel hatte Métraux im Alter von zwölf Jahren zum ersten Mal gehört, jener Insel, auf der die Reisenden, die sie vor ihm besucht hatten, manche Abenteuer oder Mißgeschicke erfahren haben und auf der Métraux einer gewissen Anzahl von Einheimischen und anderen Personen begegnet ist, die, im Sinne seiner wissenschaftlichen Aufgabe, seine Informanten gewesen sind, aber doch zugleich mehr als bloße Informanten: lebendige Menschen, die er uns als solche vorstellt und von denen er uns den Eindruck vermittelt, wir selbst hätten sie persönlich kennengelernt.
Dasselbe gilt von den Vaudouanhängern, die seine Informanten waren, von ihren Versammlungsstätten, die er als Orte beschreibt, wo er seine eigenen Gewohnheiten hatte und an denen er sich letzten Endes selbst zu Hause fühlte.
Eine persönliche Anekdote, die ich mir zu erzählen die Freiheit nehme,

scheint mir das Bemühen Alfred Métraux' zu verdeutlichen, über die rein wissenschaftliche Beschreibung hinauszukommen und etwas Fühlbares und Lebendiges zu erreichen. Als wir zusammen in Port-au-Prince waren und den größten Teil unserer Zeit damit verbrachten, an Vaudou-Versammlungen in den einfachen Vierteln der Stadt teilzunehmen, von wo wir in der Regel ziemlich spät in der Nacht zu Fuß nach Hause kamen, fragte mich Métraux einmal – wie jemand, der einem Geheimnis auf der Spur ist und von seinem Gesprächspartner erwartet, daß er es ihm enthüllt –, auf welche Weise man nur das eigentliche Wesen dieser von uns so oft durchwanderten Straßen und den Anblick ihrer Häuser exakt wiedergeben könne. Ich habe ihn, glaube ich, etwas enttäuscht, als ich ihm antwortete, daß ich in dieser Hinsicht genauso ratlos sei wie er selbst und daß auch ich nicht wisse, mit welcher Zauberformel man diese Straßen und Häuser denen, die sie nie gesehen haben, wirklich greifbar und gegenwärtig zu machen vermöchte. Ein solches Bemühen von seiten Métraux' war nicht lediglich die Sorge des Spezialisten um möglichst große Präzision, sondern ein im eigentlichen Sinne *poetisches* Anliegen: sich nicht damit zu begnügen, die Dinge zu beschreiben, sondern sie vielmehr in ihrer ganzen eigentümlichen Realität zu erfassen und vor den Augen des Lesers zum Leben zu erwecken.

Ich bewundere deshalb an Alfred Métraux, daß er nicht allein ein skrupulöser Beobachter gewesen ist, jemand, dessen weite Bildung auch ihre pittoresken Winkel und Ecken besaß, und ein Ethnograph, der sich der menschlichen Pflichten bewußt war, die seine Wissenschaft ihm auferlegte, sondern zur gleichen Zeit auch das, was ich einen Poeten nennen möchte. Ich verstehe darunter weniger einen Verfasser von Gedichten, als vielmehr jemanden, der zu einer vollständigen Erfassung dessen gelangen möchte, worin er lebt, und der seine Isolation in der Mitteilung dieses Erfassens zu durchbrechen sucht. Vielleicht hat Alfred Métraux paradoxerweise ein solches Erfülltsein erreicht, als er ganz allein, an einem entlegenen Ort der Vallée de Chevreuse aus dem Leben schied.

Von dem unmöglichen Bataille zu den unmöglichen *Documents* (1963)

Die Bekanntschaft Georges Batailles machte ich über seinen Kollegen von der Bibliothèque Nationale Jacques Lavaud, einen ehemaligen Archivgelehrten (wie er selbst) und Autor einer Dissertation über Philippe Desportes. Im Laufe des Jahres 1924, im selben Jahr übrigens, in dem ich Surrealist wurde, machte uns Lavaud – den ich seit langem kannte und der mich, wesentlich älter als ich, in die moderne Literatur eingeführt hatte – miteinander bekannt, ein wenig (wie er mir später sagte), um als unbeteiligter Zuschauer zu beobachten, welch eigentümliche Reaktion aus diesem Zusammentreffen resultieren könne. Ort der Begegnung war das stille und sehr bürgerliche Café Marigny ganz in der Nähe des Palais de l'Elysée. Ich weiß nicht mehr, zu welcher Jahreszeit wir uns trafen, aber sicher nicht im Sommer, denn ich glaube mich zu erinnern, daß Bataille einen grauen Filzhut und dazu einen Überzieher mit schwarzweißem Fischgrätenmuster trug.

Sehr schnell freundete ich mich mit Georges Bataille an, der etwas älter war als ich. Ich bewunderte nicht allein seine Bildung, die viel weiter gespannt und vielfältiger war als die meine, sondern seinen nonkonformistischen Geist, geprägt vom damals allerdings noch nicht so bezeichneten »schwarzen Humor«. Ich war gleichfalls empfänglich für das Äußere seiner Person, die – eher mager und mit einer zugleich ins Jahrhundert passenden und romantischen Allüre – eine (damals natürlich noch jugendlichere und weniger diskrete) Eleganz besaß, die er nie verlieren sollte, auch dann noch nicht, als sein schwerfällig gewordenes Auftreten ihm jenes etwas bäurische Aussehen verliehen hatte, das die meisten an ihm gekannt haben: eine ganz in der Tiefe gründende Eleganz, die ohne Entfaltung eines besonderen äußeren Aufwandes in der Kleidung zutage trat. Zu seinen recht engstehenden und tiefliegenden Augen, erfüllt vom ganzen *Blau des Himmels,* kam sein seltsames Gebiß wie von einem Waldtier hinzu, das ein von mir (vielleicht zu Unrecht) für sarkastisch gehaltenes Lachen oft entblößte.

Paul Valéry, den Bataille als den perfektesten Vertreter des Akademismus betrachtete, war für ihn – aufgrund gerade dieser Perfektheit – ein Feind ersten Ranges. Auch Dada behagte ihm nicht eigentlich, und er sprach davon, wie angebracht es sei, eine *Ja*-Bewegung ins Leben zu rufen, die eine beständige Bejahung aller Dinge zum Inhalt haben würde und der von Dada repräsentierten *Nein*-Bewegung insofern überlegen wäre, als die dem Kindlichen einer systematisch provozierenden Negation entgehen müßte. Ein Projekt, dem wir eine Zeitlang nachhingen, das aber keine weiteren Folgen hatte, war die Gründung einer Revue. Uns ging es dabei genauso wie vielen jungen Intellektuellen, die sich gerade kennengelernt und eine bestimmte Anzahl gemeinsamer Ansichten über die Literatur und das Übrige entdeckt haben. Das Bemerkenswerteste an diesem Projekt war der Entschluß, wenn möglich ein Bordell des alten Viertels von Saint-Denis zum Sitz unserer Zeitschrift zu machen, ein Etablissement, zu dem uns ein nächtlicher Ausflug geführt und dessen ziemlich schmierige Verfallenheit uns zugesagt hatte. Wir hätten selbstverständlich versucht, sein weibliches Personal an der Redaktion der Revue zu beteiligen. Am 24. Dezember hatte ich, im Hinblick auf eine eventuelle Veröffentlichung, einige Träume aufgezeichnet, die zwei der Mädchen uns erzählt hatten. Von Gaby: »Ich hatte für einen Unterrock etwas gestickt und weichte es im Waschbecken ein, um es zu reinigen: die Wasserströmung riß es weg. Ich stürzte nach, um es zurückzuhalten, aber anstatt auf Wasser stieß ich auf Treppenhäuser, nicht enden wollende Treppenhäuser.« Gleichfalls von Gaby: »Ich kaufe einen Revolver, um den Freund meiner kleinen Schwester zu töten. Je mehr Blut ich sah, um so mehr wollte ich schießen.« Von Marinette: »Ich ging mit einer Herde von kleinen schwarzen Hunden und einer kleinen weißen Katze spazieren. Ich hielt die Hunde an der Leine. Die Katze lief so nebenher. Sie verwandelten sich in eine Wolke.«

Zu dieser Zeit war Bataille noch nicht als Schriftsteller hervorgetreten. Weder die *Geschichte des Auges*, noch der Artikel über die Azteken waren erschienen, den er anläßlich einer hochoffiziellen Ausstellung vorkolumbianischer Kunst geschrieben hatte und der die halb objektive, halb leidenschaftliche Schreibart ankündigt, die er in der Folge mit solcher Verve entwickeln sollte. Er sprach allerdings, als wir uns wohl noch nicht sehr lange kannten, von einem Roman, in dem er sich selbst in der Gestalt des berühmten Mörders Georges Tropman (dessen Name dem seinen teilweise gleich war) in Szene setzte. Der Roman nahm dann später die Form einer Icherzählung an, und vielleicht handelte es sich um W. C., dessen Manuskript er schließlich vernichtet hat. Von diesem Roman ist eine Episode erhalten geblieben, die Geschichte von *Dirty* (ganz offenbar eine absichtliche Besudelung des Namens »Dorothy«), die zunächst für sich publiziert wurde – mit einem vorangestellten Motto von Hegel und einer kurzen Anmerkung, aber praktisch nicht überarbeitet – und dann als Einleitung zum *Blau des Himmels* wiederaufgenommen wurde. Soweit ich mich erinnere, war diese Geschichte, deren Schauplatz das Savoy-Hotel in London ist, in dem Zustand, in dem ich sie ursprünglich kennengelernt habe, ein erstes Kapitel (unter uns nannten wir es das »Savoy-Kapitel«), gefolgt von einer flämischen Episode, in der man die junge, schöne und reiche Engländerin Dirty sich in Begleitung des Erzählers auf eine Orgie mit den Verkäuferinnen einer Fischmarkthalle einlassen sah, die direkt an der Arbeitsstätte dieser Frauen stattfand. Ein gewisser Aspekt »Mylord l'Arsouille« (der später in den Hintergrund trat, als Bataille sich – allerdings nicht ohne weiterhin unter dem Äußeren eines Weisen innerlich zu brennen – aller oberflächlichen Romantik entledigt hatte) kommt in der Abfolge dieser beiden Kapitel zum Ausdruck, wo alles zwischen den beiden Polen eines aristokratischen Luxus und einer wahrhaft unflätigen Vulgarität hin und her pendelt.

Ich bin nicht sicher, aber vielleicht war es schon in der ersten Zeit unserer Bekanntschaft, als Bataille mir ein Werk zu lesen gab, das er für grundlegend hielt: die *Aufzeichnungen aus dem Kellerloch* von Dostojewski, ein Buch, dessen Held und vorgeblicher Verfasser (wie man weiß) durch seinen Eigensinn fasziniert, gerade das sein zu wollen, was man in der Alltagssprache einen »unmöglichen« Menschen nennt, lächerlich und verächtlich über alle Maßen. Wie dem auch sei, Bataille – der damals Stammgast in den Spielhöllen war und mit Prostituierten vertrauten Umgang pflegte, wie viele Helden der russischen Literatur – schätzte Dostojewski jedenfalls so hoch, daß sich in der Geschichte Dirtys eine Anspielung auf den großen Romancier findet: »Die vorausgehende Szene war letztlich Dostojewskis würdig«, erklärt er in dem Augenblick, als er im *flash back* die Szene der Trunkenheit und der ruchlosen Erotik erzählt, die sich in dem Londoner Palast abspielt.

Kurz nachdem ich ihn kennengelernt hatte, führte ich Bataille in den Kreis ein ⟨1925⟩, der im Künstlerischen und Poetischen seit etwa zwei Jahren mein geistiger Nährboden war. Treffpunkt jener kleinen Gruppe war das in seiner Verfallenheit sehr dostojewskische Atelier des Malers André Masson, der schon damals der Schöpfer wunderbarer überhöhter Zeichnungen war, in denen die sexuelle Entfesselung eine Rückkehr zu den Ursprüngen der Erde evozierte. Masson sollte später der große Illustrator Batailles werden, für die *Geschichte des Auges* wie auch für die

Texte, in denen Erotismus, kosmogonische Lyrik und Philosophie des Heiligen zusammenfließen.
Als ich, nach Masson und kurz vor dem Beitritt seines Nachbarn Joan Miró, zur surrealistischen Bewegung gestoßen war, hielt sich Bataille abseits. Sein einziger Beitrag zur *Révolution Surréaliste* war die Präsentation einer Auswahl von »Fatrasien«, die in der Nummer 6 zusammen mit einer Anmerkung von ihm veröffentlicht wurde, die keinen Namen trägt, nicht einmal seine Initialen. Er verdankte die Kenntnis dieser kleinen Gedichte des französischen 13. Jahrhunderts, die man als Meisterwerke des *nonsense* ansehen kann, seiner Gelehrsamkeit als Archivar; schon früher hatte er mir von ihnen erzählt und sie dann auch mir übergeben.
Der zunächst mißtrauische, dann entschieden feindselige Bataille (zur Zeit, als er Generalsekretär der Revue *Documents* war, d. h. in den Jahren 1929–1930, wurde er zum Angelpunkt des Dissens), der einer Einladung der Surrealisten zu einem ziemlich weitgespannten Kolloquium über den »Fall Trotzkij« wie ein Eber lospreschend die Absage entgegenschleuderte: »Zu viele idealistische Stänker«, war später mit Breton und auch mit Eluard durch die Bande gegenseitiger Wertschätzung vereint; er arbeitete sogar literarisch mit ihnen in *Minotaure* zusammen, und politisch, als er die Initiative zu der antifaschistischen Bewegung *Contre-Attaque* ergriff – aber er gab deswegen doch keineswegs seine Distanz zur Gruppe auf.
Durch die Publikation der *Documents* sah sich Bataille zum ersten Mal in der Position des Anführers einer Gruppe. Obwohl er bei weitem keine unkontrollierte Macht ausübte, erscheint diese Revue heute nach seinem Bilde gefertigt. Eine janusköpfige Veröffentlichung, die ein Gesicht den hohen Sphären der Kultur zuwandte (deren Abkömmling Bataille wohl oder übel sowohl durch seinen Beruf als auch durch seine Ausbildung war) und die andere einer Zone des Wilden, in die man sich ohne Landkarte oder Reisepaß irgendwelcher Art hineinwagt.
Die von dem Kunsthänder Georges Wildenstein, dem Herausgeber der *Gazette des Beaux-Arts* publizierten *Documents* hatten als hauptverantwortliche Mitarbeiter neben Bataille selbst Georges-Henri Rivière, den damaligen Vizedirektor des ethnographischen Museums am Trocadéro, und den deutschen Dichter und Ästhetiker Carl Einstein, Spezialist für moderne westliche Kunst und Autor der ersten Arbeit über die »Kunst der Neger«. Die Mitarbeiter kamen aus den verschiedensten Umkreisen, denn neben Schriftstellern der vordersten Linie – die meisten waren

um Bataille versammelte Überläufer des Surrealismus – fanden sich Vertreter sehr unterschiedlicher Disziplinen (Kunstgeschichte, Musikwissenschaft, Archäologie, Ethnologie usw.), wovon einige Mitglieder des Instituts waren oder dem leitenden Personal der Museen oder Bibliotheken angehörten. Eine im eigentlichen Sinne »unmögliche« Mischung, weniger noch wegen der Vielfalt der Disziplinen – und der Disziplinlosigkeiten – als aufgrund der Verschiedenartigkeit der Mitarbeiter selbst: die einen waren offen konservativen Geistes oder neigten (wie Einstein) zu kaum mehr als rein kunstgeschichtlichen oder kunstkritischen Arbeiten, die anderen (wie Bataille, den Georges-Henri Rivière unterstützte und dem ich ein paar Monate lang als Redaktionssekretär sekundierte, als Nachfolger eines Dichters: Georges Limbour, und gefolgt selbst von einem Ethnologen: Marcel Griaule) bemühten sich darum, die Revue als Kriegsmaschine gegen vorgeprägte Meinungen und Ideen zu verwenden.
In der Vorankündigung, die anläßlich der Kreierung verbreitet wurde, scheinen einige Abschnitte ausdrücklich die Handschrift Batailles zu tragen: »Die irritierendsten, noch nicht klassifizierten Kunstwerke sowie bestimmte, bis jetzt vernachlässigte heteroklite Schöpfungen sollen Gegenstand ebenso strenger und wissenschaftlicher Untersuchungen werden wie in der Archäologie . . . Es sollen hier im allgemeinen die beunruhigendsten Phänomene beleuchtet werden, deren Konsequenzen noch nicht definiert sind. Der bisweilen absurde Charakter der Resultate und Methoden dieser verschiedenen Forschungen wird keineswegs verheimlicht, wie es die Rücksicht auf die Regeln der Wohlausgewogenheit immer gebietet, sondern soll bewußt, sowohl aus Haß auf die Seichtheit als auch aus Humor, unterstrichen werden.« Es genügt, die Sammlung der *Documents* in chronologischer Folge durchzublättern, um zu sehen, daß das Gewicht nach den vorsichtigen Anfängen auf diejenigen Artikel des Programmes verlagert wurde, die ursprünglich nur erst anzuzeigen schienen, welch offener Geist eine Zeitung bestimmen sollte, die in ihrem Wesentlichen doch den üblichen, an eine Kunstrevue gestellten Erwartungen entsprechen würde. Das Irritierende und Heteroklite, wenn nicht gar das Beunruhigende wurden unter dem Anstoß Batailles bald zu inhärenten Merkmalen der Publikation selbst und nicht nur zu bloßen Gegenständen der Forschung; ein seltsames Gemisch, in dessen Zusammensetzung manche ungereimten Elemente einflossen, sei es auch nur wegen ihrer Nachbarschaft zu anderen Texten, die auch weiterhin die strengste Wissenschaft vertraten, oder zu Repro-

duktionen alter oder moderner Werke, deren Wert kaum in Frage stand.

Mit zwei Artikeln, die anscheinend dem Attaché beim Münzkabinett und diplomierten Absolventen der Archivarschule, der er war, würdig waren, tritt Bataille zum ersten Mal in den *Documents* hervor: mit *Das akademische Pferd*, einer Abhandlung über die gallischen Münzen, und *Die Apokalypse des heiligen Severus*, der Beschreibung eines mittelalterlichen Manuskripts. Die Themen, die Bataille später entwickeln sollte, treten indessen schon klar zu Tage: widerborstige Formen (wie die der keltischen Pferdedarstellungen), die »eine Antwort der burlesken und schreckenerregenden Nacht des Menschen auf die Plattheiten und die Arroganz der Idealisten« darstellen; die stärkende Rolle der »schmutzigen und blutigen Elemente«, etwa derjenigen, die in den Heldenepen auftauchen oder in den Miniaturen, wie z. B. der des heiligen Severus.

In der Nummer 3 legt Bataille unter dem paradox idyllischen Titel *Die Sprache der Blumen* einen ersten Entwurf seiner aggressiv antiidealistischen Philosophie vor, die er auf die verschiedenste Weise vertrat, bis zu dem Moment, wo er, nach langen Meditationen über den Begriff des Heiligen ‹vgl. auch *Leiris 1,* S. 228–241›, jene Mystik des »Unmöglichen« zu erarbeiten begann (d. h. eine Mystik dessen, was die Grenzen des Möglichen überschreitet, und dem nachzugehen also reine Verschwendung bedeutet) und jene Doktrin – oder besser Anti-Doktrin – des »Nicht-Wissens«, mit denen er, zur vollen Reife gelangt, die bilderstürmerische Wut seiner jugendlichen Revolten überwand und all denen, die es vernehmen wollten, eine wirkungsvollere, weil an Erfahrung und Wissen reichere und besser in den Griff bekommene Lehre zu übermitteln wußte. Dieser gewissermaßen den Auftakt gebende Artikel bot seinem Autor die Gelegenheit, Reproduktionen von befremdenden Pflanzenformen vorzustellen (so, als ob die Befremdlichkeit keine Sache des Urteils wäre, sondern in der Natur selbst angelegt sei) und abschließend an die berühmte Geste des Marquis de Sade zu erinnern, der über einer Jauchegrube Rosen entblätterte. Man mußte allerdings die Nummer 4 abwarten, um Bataille – diesen hartnäckigen Bauern, der ganz harmlos aussehen mag, und deswegen doch keineswegs seine Idee fahren läßt – seine Karten offen auf den Tisch legen zu sehen.

Mit Photos bebildert, von denen eines eine unmöglich aufgemachte Kleinbürgerhochzeit zeigt und die anderen Theaterleute und sonstige Personen frühestens vom Ende des letzten Jahrhunderts, aber mit unglaublich verjährter Pose, ist der Artikel *Das Gesicht des Menschen (Figure humaine)* ein reines Attentat. Ein Angriff, den der Präsentator dieser komischen Galerie von Kreaturen mit »verrückt unwahrscheinlichem« Aussehen – die allerdings lediglich Männer und Frauen darstellen, die unsere Väter und Mütter sein könnten – gegen die beruhigende Vorstellung von einer Menschennatur verübt, deren Kontinuität »die Permanenz gewisser hervorstechender Qualitäten« voraussetzt, und darüber hinaus gegen die Vorstellung, »die Natur der rationalen Ordnung unterwerfen zu können«. Kurze Zeit darauf folgt *Der große Zeh (Le gros orteil)*, mit dem Bataille voll ins Fettnäpfchen tritt (wie man hier ja mit Recht sagen kann): mitten auf der Seite Reproduktionen von großen Zehen seiner Freunde und ein Kommentar, in dem er darlegt, daß der Fuß deshalb von Tabus umgeben und Gegenstand eines erotischen Fetischismus ist, weil er dem Menschen, dessen Füße im Schlamm stehen und dessen Kopf sich zum Himmel erhebt, in Erinnerung ruft, daß sein Leben nur »ein Hin und Her ist vom Dreck zum Ideal und vom Ideal wieder zum Dreck«. Diese antiidealistische Leidenschaft sollte ihren vollendeten Ausdruck in *Der niedere Materialismus und die Gnosis (Le bas matérialisme et la gnose)* finden, einem Text manichäischer Inspiration, der im Prinzip gnostischen Intaglien gewidmet ist: indem er »den abstrakten Gott (oder Gott als reine Idee) und die abstrakte Materialität, den obersten Gefängniswärter und die Mauern des Gefängnisses« gleichermaßen zurückweist, erkennt Bataille in den auf diesen Steinen dargestellten monströsen Gottheiten – unter anderem ein Wesen ohne Kopf, ein Motiv, dem er später einen hohen emblematischen Wert beimessen sollte – »die Darstellung von Formen, in denen es möglich ist, das Bild jener niederen Materie zu sehen, die allein es dem Verstand durch ihre Ungereimtheit und einen umwerfenden Mangel an Rücksichtnahme erlaubt, dem Zwang des Idealismus zu entgehen«.

Als Kunst-Zeitschrift erfüllten die *Documents* durchaus immer ihr Programm. Wirkliche »Dokumente« (wie die über den Skandal, den Courbet oder Manet zu ihrer Zeit hervorriefen, oder ein unveröffentlichter Text des Kubisten Juan Gris) fanden den ihnen zukommenden Platz. Die zeitgenössische Produktion von renommierten oder schon beinahe anerkannten Künstlern wurde unter neuen Gesichtspunkten angegangen (im Vergleich zu denen der traditionellen Kunstschriftsteller), und das unerschöpfliche Thema Picasso hatte das Material zu einer Sondernummer geliefert, für die sogar der große Soziologe Marcel Mauss einen

Beitrag geschrieben hatte. Darüber hinaus waren es z. B. auch die *Documents*, die, zumindest in Frankreich, als erste auf das Genie eines Antoine Caron sowie auf andere, zu dieser Zeit praktisch unbekannte alte Künstler aufmerksam machten und sich mit den damals, zur Zeit ihrer Anfänge, noch unbekannten Alberto Giacometti und Gaston-Louis Roux befaßten, ganz zu schweigen von Salvador Dalí (der zum großen Verdruß Batailles bald zu den Surrealisten stoßen sollte). Daß oft sehr marginale Phänomene abgehandelt wurden, die allerdings mehr oder weniger direkt zum Bereich der Ästhetik hinzugehörten und in das Gebiet der Ethnographie und der Folklore hinüberspielten, stellte keine Abweichung von der theoretisch vorgesehenen Linie dar, und im Hinblick auf seine schriftlichen Beiträge – wie immer auch die Schlußfolgerungen aussehen mochten, zu denen er gelangte – spielte Bataille selbst letzten Endes das Spiel mit, indem er die Form- oder Bildanalyse als Ausgangspunkt für die meisten seiner Artikel nahm. Es unterliegt allerdings keinem Zweifel, daß das Publikum von Kunstliebhabern, an das sich die Revue in erster Linie wandte, nicht allein von dem Inhalt der Texte Batailles und seiner engsten Gefährten aus der Fassung gebracht wurde, sondern auch von dem, was Ende dieser 20er Jahre auf dem Felde der Kunstzeitschrift einen schockierenden Bruch mit dem Herkömmlichen darstellte: das lebhafte Interesse für das afro-amerikanische, ja sogar das pariserische Revuetheater, für den Jazz, den Tonfilm, der gerade seine ersten Sprechversuche machte, für schöne Stars von Übersee, für manche Chansonstars der Cafétheater, für die volkstümliche Bildkunst im Stil der Umschlagsbilder von *Fantomas* oder der Klatschillustrierten oder für andere periphere Sujets (anachronistische Denkmäler unserer Gärten und Plätze, Kinderbücher, Fastnachtsmasken). Dazu kamen Photos, die Bataille – nicht ohne eine gewisse Eulenspiegelei – allein aufgrund ihres ungewöhnlichen, ja grotesken oder schrecklichen Aspektes mit aufnahm.
Untergebracht in den Räumen eines Betriebes, in dem wir uns wie eine schrullige Enklave ausnahmen, unsererseits schlecht organisiert und in Tendenzen gespalten (was an dem zusammengewürfelten Charakter unserer Equipe lag und zum Teil die Buntscheckigkeit einer eher unumwunden heterokliten als eklektischen Revue erklärte), nicht in der Lage, unseren Nummern die glänzende Aufmachung zu verleihen, die ihr ein geschlosseneres Aussehen gegeben hätte, wurden wir schließlich von unserem Verleger im Stich gelassen, den der Nonkonformismus der von ihm finanzierten Zeitschrift in gewissem Maße amüsierte (er schmei-

chelte ihm vielleicht ebenso, wie er ihn erschreckte), der sie sich aber nichtsdestoweniger gern rentabler gewünscht hätte.
In der letzten Nummer widmet Bataille Van Gogh einen umfangreichen Artikel, der eine Verbindung zwischen der Affäre mit dem abgeschnittenen Ohr und dem Thema der Sonne herstellt, das im Werk des Malers in bald offener, bald versteckter Form gegenwärtig ist. Man weiß, welches Gewicht das Motiv der blendenden Sonne, verbunden mit dem des Opfers als über sich hinausweisende Projektion in der Extase oder im Tod für das gesamte Werk des Schriftstellers besitzt, der – in einigen Punkten nachgiebig, aber unbeirrbar, sobald er den Leser mit einem bestürzenden Phänomen konfrontieren wollte – der Spielleiter war in jenem seltsamen Spiel des »wer verliert, gewinnt«, dem Abenteuer der *Documents.*
Diese Zeitschrift, deren wichtigste Mitarbeiter (Bataille und seine Anhänger mit ihren barocken und fast immer auf die eine oder andere Weise selbstherrlichen Schriften, Einstein mit seiner unzugänglichen und fast unübersetzbaren Sprache) fast alle dafür bezahlt zu sein schienen, ihr – jeder auf seine Weise – einen »unmöglichen« Anstrich zu verleihen, bewies ihre Unmöglichkeit im eigentlichen Sinne, als sie ihr Erscheinen nach der 15. Nummer einstellte.
Es ist wohl kein bloßes Spiel mit Worten, wenn man den Weg, den Bataille während der etwas mehr als dreißig Jahre seines zur Zeit unserer ersten Bekanntschaft sich erst entwickelnden literarischen Lebens zurückgelegt hat, auf folgende Weise definiert: nachdem er der Unmögliche gewesen war, fasziniert von all dem, was er an wirklich Inakzeptablem entdecken konnte, und nachdem er so die *Documents* geschaffen hatte, indem er sie zugleich abschaffte, erweiterte er seinen Gesichtskreis (seiner alten Idee gemäß, das *Nein!* des wutstampfenden Kindes zu überwinden) und machte sich, im Bewußtsein, daß der Mensch erst dann wirklich Mensch ist, wenn er in dieser Maßlosigkeit sein eigenes Maß sucht, zum Mann des Unmöglichen, begierig, den Punkt zu erreichen, wo im dionysischen Schwindel das Oben und Unten ineinander verschwimmen und wo die Entfernung zwischen dem Ganzen und dem Nichts sich aufhebt.
Aber da es sich um Bataille handelt, ist es sicher lächerlich, einen Weg definieren zu wollen, als ob sein Denken von so ärmlicher Linearität gewesen wäre, einen Ausgangs- und einen Zielpunkt zu besitzen. Sich von Anfang an unter das Zeichen des Unmöglichen stellend, hat Bataille um sich herum einen unüberschreitbaren Raum geschaffen und es gerade

hierdurch dem Freunde, der diese Zeilen signiert, unmöglich gemacht, etwas anderes als einen blassen und ungewissen Widerschein des verstorbenen Freundes zu übermitteln.

Georges Batailles Don Juanismus (1958)

Es hat mir immer gefallen, daß der *Don Juan* von Mozart und da Ponte den Untertitel *dramma giocoso* trägt. Ich glaube nicht, daß die Größe etwas dazugewinnen kann, wenn sie sich selbst als die Größe ausgibt. Ganz im Gegenteil: wer am weitesten geht und am höchsten steigt, hat sich beim Gehen und Steigen nicht mit klobigen Stiefeln beschwert. Wenn Georges Bataille sich oft auf Nietzsches Heiterkeit berief, so doch wohl deshalb, weil er wußte, daß die Größe sich nicht als solche zu erkennen geben kann, ohne sich schon allein dadurch einem Maß zu beugen.
Daß das ganze Werk Georges Batailles – oder doch zumindest sein größter Teil – unter das Zeichen des Erotismus gestellt ist, entspricht wohl einer persönlichen Vorliebe und wird darüber hinaus durch eine Philosophie gerechtfertigt (um einen, wenn auch nur minimalen Zugang zum Nichtsein des Todes zu gewinnen, gibt es keinen besseren Weg als den Erotismus, das Sich-Öffnen par excellence). Aber ich nehme zugleich an, daß darin eine bewußte Parteinahme liegt und daß diese Parteinahme eine Frage der Methode ist. Die körperliche Lust als zentralen Bezugspunkt zu nehmen, heißt dies nicht, sich absichtlich auf die Seite der Libertinage zu schlagen und jedes Risiko auszuschalten, sich in einer Größe zu verfangen, die zu eingeengt bleibt, um wirkliche Größe zu sein? Von Anfang an gegen jenes Grundverbot anzugehen (das den tierhaften Verkehr der Geschlechter reguliert und humanisiert), bedeutet dies nicht auch, zu verkünden, daß man die wahre Moral erst jenseits der Moral erreicht und daß jedes Vorgehen wertlos bleiben muß, das nicht Überschreitung einer Grenze ist. Und ist darin – im Provokativen eines Werkes mit derart unverschämter Ausrichtung – nicht zugleich von vornherein die Bedeutung der *Herausforderung* angezeigt, eines Mittels, sich ganz als sich selbst zu behaupten, auf eine Weise, die ihre extreme Ausprägung im Heroismus Don Juans findet, der selbst dann noch in seiner Infamie verharrt, als er der Statue des Komturs in ihrer schrecklichen Evidenz gegenübersteht?
Ich bin seit langem davon überzeugt, daß Georges Bataille, auch wenn er nicht diesen Weg der ungenierten Durchtriebenheit eingeschlagen hat, doch auf seine Weise ein Don Juan ist. Ich wüßte gegenwärtig keinen Schriftsteller, dessen Sprache, mit der er sich fast im selben Augen-

blick verhüllen und entblößen kann, in solchem Maße zum Instrument einer persönlichen Verführung geworden wäre. Wie Don Juan erschüttert und täuscht er, und oft auch erregt er Anstoß, wenn er die Ungeheuerlichkeiten von sich gibt, die einen Leporello erzittern machen. Aber gleich welches Register er zieht, das tragische, disputierende, humoristische oder blasphemische – dieser Verführer, der sich gern der Verkleidung des Pseudonyms bedient und bisweilen eine Herzog-Blaubart-Miene annimmt, die viele Opernsänger in der Tat der Gestalt des Don Juan verleihen, ist ein Schriftsteller von großer Faszination, und niemand würde bezweifeln, daß er nicht nach dem Beispiel dessen, der den steinernen Gast geladen hat, unablässig das große Spiel spielt.
Alle Formen des menschlichen Verlangens, die edelsten sowohl wie die gemeinsten (den Abstufungen der traditionellen Moral gemäß) gehen in die Sprache dieses Mystikers der Ausschweifung ein: Er neigt dazu, den Leser in seine Netze einzufangen und zu seinem Komplizen zu machen, wie es auch die »Tausendunddrei« der Registerarie – wenngleich widerstrebend – für Don Juan gewesen sind. Was an seinen Schriften so sehr in den Bann zieht, ist die Unendlichkeit jenes menschlichen Verlangens, in eine Sprache übersetzt, die ganz von »dem ewigen Ton, dem unvergänglichen und kosmopolitischen Stil« geprägt ist, von dem Baudelaire sprach. Früher oder später wird man diesen Stil als vorherrschend erkennen bei diesem üblen Spötter, der uns lehrt, daß man sein Leben nicht zu leben wüßte, wenn nicht auf jene schwindelerregende Weise, wie man seinen Tod lebt – und zugleich in einem Überschwang, der keine Fesseln kennt.

Wer ist Aimé Césaire? (1965)

»Mein Mund wird der Mund sein des wortlosen Unheils und meine Stimme die Freiheit jener, die dahinsterben im Kerker der Verzweiflung.«

Cahier d'un retour au pays natal

Es war André Breton, der in dem epochemachenden Text *Un grand poète noir* (Ein großer Dichter der Schwarzen) als erster auf die Bedeutung hingewiesen hat, die das Auftreten Aimé Césaires für die französischsprachige Dichtung und für die Dichtung im allgemeinen gehabt hat.

Im April 1941 entdeckt Breton, der auf dem Weg nach den Vereinigten Staaten ist und sich vorübergehend in Fort-de-France aufhält, wo er die Polizeischikanen des Vichy-Regimes über sich ergehen lassen muß, eine Nummer der Zeitschrift *Tropiques* und trifft in der Folge mit Aimé Césaire zusammen, dem Hauptverantwortlichen für diese Veröffentlichung. Ihr Inhalt bewies, daß es trotz der heftigsten Angriffe auf die Freiheit damals noch Stimmen von solcher Tragweite gab, unabhängig und durchdringend genug, um allein durch ihre Existenz von der Verzweiflung über das Geschick des Menschen abzuhalten. In der Person Césaires erkannte Breton einen großen Wortführer des Surrealismus, in dem, was immer dessen wesentliche Forderung gewesen ist: Der Mensch solle, anstatt sich knechten und zersplittern zu lassen, wie es in allen Regionen der Erde, wo die rationalistische und mechanistische westliche Zivilisation vorherrscht, der Fall ist, endlich zu einem vollständigen Menschentum gelangen, das ihm so lange verwehrt bleiben wird, wie man ihm unter fadenscheinigen Nützlichkeitsvorwänden weiter innere und äußere Ketten anlegt. Heißt dies aber, daß die Übereinstimmung zwischen den Anschauungen der Herausgeber von *Tropiques* und denjenigen der von Breton mehr als fünfzehn Jahre früher gegründeten Gruppe auch bedeutet, daß der außergewöhnliche Weitblick des »großen schwarzen Poeten« nur mit der Elle des Surrealismus gemessen werden könne?

Césaire verdankt dieser Bewegung zweifellos viel, wie auch einigen Schriftstellern der zweiten Hälfte des letzten Jahrhunderts, auf die die Anhänger des Surrealismus sich beriefen: Rimbaud zumal (die erste große Entdeckung des Rebellen, der Césaire von Jugend an gewesen ist) und Lautréamont (von dem er, wie mehrere seiner Frühschriften zeigen, einige Wendungen übernommen hat). Er entdeckte diese Autoren noch im Durcheinander der Jugendlektüre, die es dem Jungen, der nach allen Richtungen hin suchte, um sich eine neue Sprache zu schaffen, ebensowohl erlaubte, an dem Geschmack zu finden, was auch der katholische Claudel noch an »Rustikalem« zu bieten hatte, wie sie ihn andererseits auf Marx und Freud stieß, deren gemeinsamer Einfluß sich wie zuvor auf das Denken der Surrealisten auch auf das seine auswirkte. Und in Paris entdeckte er, dank eines jungen Senegalesen und Studenten wie er selbst, Léopold Sedar Senghor, in ethnographischen Arbeiten wie denen von Frobenius und Maurice Delafosse die Schönheit der negro-afrikanischen Zivilisationen. Diese Entdeckung war für Césaire ausschlaggebend.

In den Grundvorstellungen des Surrealismus fand er eine Sichtweise, mit der er nur sympathisieren konnte. Stand sie nicht in offenem Bruch zum Rahmen des westlichen Rationalismus, den die um Breton versammelten Intellektuellen als unerträgliche Tyrannei verwarfen? Und mußte dieser Rahmen für einen Antillaner schwarzer Rasse nicht noch unannehmbarer sein, denn historisch gesehen wurde er den von Afrika herübergebrachten Sklaven und ihren Nachfahren ja gewissermaßen von den Weißen *aufgesetzt*?

Im Literarischen war der Surrealismus einigen Martiniquanern der Generation Césaires als ein Ausweg erschienen, um den Akademismus ihrer Vorgänger zu überwinden, die sich, in dem Wunsch, ihre erlesene Kultur unter Beweis zu stellen, der bloßen Nachahmung der aus Europa kommenden Muster verschrieben. Es wäre naiv, diesem Akademismus den literarischen Gebrauch des Kreolischen gegenüberzustellen (wie manche dies getan haben), denn dies hieße nicht nur, einem oberflächlichen Exotismus zu huldigen, sondern auch, sich auf ein Idiom zu verlassen, das sich unter den erniedrigenden Bedingungen der Sklaverei ausgebildet hat und davon geprägt bleibt. Genau wie der Parnaß, der in Übersee manche Schüler gehabt hatte, war zwar auch der Surrealismus ein Produkt Europas, und man könnte also leicht behaupten, die Haltung der Martiniquaner, die von ihm eingenommen waren, unterscheide sich von derjenigen ihrer Vorläufer nur in der einen geringfügigen Hinsicht, daß Europa ihnen diesmal die Lehren einer *anderen* Schule überbrachte. Aber im Gegensatz zum Parnaß war diese aus Europa bezogene Neuheit in Wahrheit eine Kriegsmaschine gegen die vorgefaßten Meinungen und Ideen in Europa, und da sie sich darüber hinaus auf den

Wortautomatismus gründete, als Mittel, die eingepaukten Lektionen zu verlernen und ins Innerste seiner selbst vorzudringen, lieferte sie Césaire und den Seinen nicht etwa einen Bestand an nachzuschreibenden Schablonen, sondern eine Methode. Eine Methode, die vor allem eine Tabula rasa darstellen und es ihnen, ohne wieder von vornherein bestimmte Bahnen vorzuschreiben, erlauben konnte, ihre Entfremdung als Antillaner zu überwinden; denn von ihrer Kultur sind sie im wesentlichen Franzosen, zumindest durch einen Teil ihrer Vorfahren aber auch Afrikaner, und diese Methode ermöglichte es ihnen, die Authentizität wiederzufinden, um die sie sich betrogen fühlten.
Dies dürfte in etwa zeigen, inwieweit der Martiniquaner Césaire in der Schuld der Literatur des modernen Europa steht und in welchem Umfang er von Ideen beeinflußt wurde, die damals in jenem Teil der Welt hervorgetreten sind, der heute so viele seiner Privilegien verloren hat. Aber hat dieser Martiniquaner dafür nicht seinerseits einen im eigentlichen Sinne unersetzlichen Beitrag zu einer universalen Kultur geliefert?
Der europäische Surrealismus, der auf einer anderen als der Ebene unterschiedslosen Negierens den im Dadaismus unternommenen Versuch einer totalen Subversion von Literatur und Kunst wiederaufnahm, brachte die Revolte einer gewissen Anzahl von Intellektuellen zum Ausdruck. Keines der Ziele, welche die bürgerliche Gesellschaft ihren Mitgliedern vorsetzte, konnte diese Intellektuellen zufriedenstellen, und der Zustand der Welt, die sie umgab, widerte sie an: Empörung über die Buchhaltermoral, die jede Trunkenheit der Gefühle oder der Sinne als eine Bedrohung der Ordnung auffaßte, über die auf alles übergreifende Industrialisierung, die Ausbeutung des größten Teils der Menschen durch eine dümmlich anmaßende Minderheit, die die ersten Plätze einnahm, über die Kolonialkriege gegen Völker, deren einziges Verbrechen darin bestand, sich dem westlichen Zugriff zu widersetzen: Kriege, in denen die Gewalttätigkeit bis zu den äußersten Grenzen der Barbarei getrieben wurde. Der in offiziellen Ehren stehende Rationalismus wurde nicht nur durch die Fortschritte in den Natur- und Humanwissenschaften unterminiert, er erschien praktisch als Instrument und Deckmantel der unmenschlichsten Unternehmungen einer Zivilisation, die ganz auf die Technik und den Profit abgestellt war. Daher auch der große Wert, der dem Irrationalen beigemessen wurde (automatisches Schreiben und Traum), dem Mehr-als-Rationalen (z. B. der *Pataphysik* von Alfred Jarry) und sogar dem Paralogischen (Okkultismus): ein Affront zugleich gegen die carte-

sianische Tradition und ein Mittel, dasjenige teilweise zurückzugewinnen, dessen der Mensch in einer solchen Gesellschaft notwendigerweise beschnitten wird – wobei der noch bleibende Rest, der in Wahrheit freilich das Wesentliche darstellt, selbstverständlich auf einer anderen Ebene als der des Intellekts ausgetragen werden muß.
Die Surrealisten machten sicher in aller Aufrichtigkeit gemeinsame Sache mit dem Proletariat, dem einzigen positiven Faktor der Veränderung, auf den man bauen konnte. Aber ihre Revolte – anfänglich eine Revolte des Geistes, ein Protest und die Nichtanerkennung der von oben kommenden Werturteile – war nicht in dem Bewußtsein gegründet, tatsächlich einer benachteiligten Schicht anzugehören. Die Revolte Césaires dagegen, getragen auch sie von hohen Forderungen, ist zugleich ein Impuls, von dem man sagen könnte, daß er aus dem Innersten seines Körpers kommt: sie entspringt der Erfahrung einer tagtäglich gelebten Ungerechtigkeit. Einer Diskriminierung gerade jener Menschengruppe, zu der er zufällig gehörte und die die herrschende Klasse auf Martinique – unterstützt von der Metropole – fast gänzlich im Elend dahinvegetieren läßt, ja für die sie, um das Maß vollzumachen, bis hin zu den körperlichen Zügen nur Verachtung an den Tag legt. Es verwundert also nicht, daß der Surrealismus bei Césaire einen ausnehmend kompakten und schroffen Charakter annimmt: ein in gewisser Weise vulkanischer Ausbruch, der sich nicht »in den Dienst der Revolution« zu stellen brauchte, da er selbst ja ein Bestandteil dieser Revolution war, und der unter dem direkten Druck der harten Realitäten heranreifte, die den revolutionären Bewegungen den Weg bahnen.
Wie verwirrend sie auch durch ihre entfesselte Lyrik, ihre phantastische Üppigkeit und gewollt sibyllinische Form manchmal sein mag, so wendet sich die Dichtung Césaires – die sich im übrigen nach und nach geläutert, geklärt und von ihren barocken Auswüchsen befreit hat – doch niemals vom Konkreten ab. Gesehenes, gelebte Empfindungen und Gefühle wiegen weit schwerer als imaginäre Gebilde, auch wenn die große Freiheit des Ausdrucks und die oft apokalyptische Haltung den Eindruck erwecken könnten, der Dichter nehme die Gegebenheiten der Welt, in der er lebt, und die Art und Weise, wie er in ihr lebt, auf die leichte Schulter. Aufschwünge des Herzens, Beschwörung des heimatlichen Landes oder allgemeiner: der Tropen (als Antithese zum westlichen Maßstab), sei es in der ausdrücklichen Verwendung materieller Einzelheiten, oder durch eine Art von Mimetismus, der selbst das Gefüge der Aussage aufbricht und verwildert, Anspielungen auf das Schicksal der Neger, auf den afri-

kanischen Kontinent, von dem er wie besessen ist, auf die Dringlichkeit, eine freie und gerechte Gesellschaft zu erschaffen, auf den steinigen und verwachsenen Weg, der bis dahin noch zurückzulegen ist – diese Elemente bilden zusammen die bald unterirdische, bald offen hervortretende Grundstruktur von Gedichten mit fast immer sturzbachartigem und abgehacktem Rhythmus, reich an ungewöhnlichen Bildern und eigenartigen Wendungen. Auffällig ist die häufige Fremdheit der Worte in diesen Gedichten: Namen von Pflanzen- oder Tierarten, die Césaire ganz präzise bezeichnen möchte, um sich gegen das zu wenden, was er die antillanische »Unschärfe« nennt, und um die Sache selbst deutlicher hervortreten zu lassen, seltene Termini oder Neologismen, die ihm seine solide Bildung in lateinischer und französischer Literatur mit Leichtigkeit zu formen erlaubt. Diese Fremdheit zeugt jedoch weder von einer Vorliebe für das Preziöse noch von dem Wunsch zu überraschen, sondern bekundet lediglich den Willen, den Wortschatz und alle Reichtümer jenes wunderbaren menschlichen Werkzeuges der Sprache voll auszuschöpfen.

Unter den Themen, auf denen die Dichtung Césaires aufbaut (nicht als Rede über große Sujets, sondern als natürlicher Ausdruck dessen, was ihm am meisten am Herzen liegt) ist das zentrale Thema sicher die »Negritude«. Dieser Begriff war von ihm und seinem Freund Senghor in den Vordergrund gerückt worden, als sie zusammen mit dem Guyaner Léon Damas, der gleichfalls später zum antikolonialistischen Dichter werden sollte, *L'étudiant noir (Der schwarze Student)* publizierten, eine Schrift, die ihre aus Afrika oder aus der Neuen Welt stammenden Kommilitonen über die Gemeinsamkeiten aufklären sollten, die zwischen ihnen nicht allein aufgrund ihrer ahnenmäßigen Zusammengehörigkeit, sondern wegen ihrer gemeinsamen Lage bestehen: Sie gehören ausnahmslos zu einer Klasse von Menschen, die von der industriellen Zivilisation des Westens und dem aus ihr hervorgehenden Imperialismus nicht nur ausgebeutet, sondern auch zu Menschen gestempelt werden, die in den Augen der Weißen schon durch ihre Hautfarbe als minderwertig kenntlich sind. Es gilt, die eigene Negritude anzunehmen, die Scham abzuschütteln, schwarz zu sein, und erhobenen Hauptes seine Verbundenheit mit Afrika in Anspruch zu nehmen: dies ist der Kern der Botschaft, die Césaire sich weiterzugeben bemühte und die mit zunehmender Reife immer umfassender wurde und an Dichte gewann.

Der Begriff hat zu vielen Mißverständnissen geführt, und man muß betonen, daß die »Negritude«, so wie Césaire sie begreift, sich nicht mit einer Verabsolutierung des »Negertums« deckt und keineswegs das meint, was manche einen umgekehrten Rassismus nennen. In seinen Augen ist die schwarze Rasse genausowenig eine auserwählte Rasse wie alle anderen, und wenn sie ein unanfechtbares Privileg besitzt, das man ihr nicht streitig zu machen wüßte, so allein deshalb, weil sie mehrere Jahrhunderte lang (durch den Sklavenhandel und die Unterwerfung von fast ganz Afrika) materielle und geistige Einbußen hinzunehmen hatte, die aus den Schwarzen die Erniedrigten und Beleidigten par excellence machen. Es versteht sich von selbst, daß man seine Negritude nicht voll leben kann, ohne für den Wert der negro-afrikanischen Kulturen einzutreten. Wäre das, was die Schwarzen auf ihre technisch wenig entwikkelte Weise zu schaffen wußten, nicht der Beachtung wert, so erschiene die Ungerechtigkeit im übrigen als weniger schreiend und das klügste wäre dann zweifellos, gute Miene zum bösen Spiel zu machen. Aber ein jeder sollte wissen, daß diese Kulturen in vieler Hinsicht imstande sind, wertvolle Lehren zu erteilen. Und ist es letztlich nicht menschlich unmöglich, sich ganz als Neger zu sehen, ohne sich zu ihnen hingezogen zu fühlen? Was allerdings nicht heißen soll, daß man sie als überlegen ausgibt: nichts anderes als gleiches Recht ist für sie zu fordern, d. h. genauer gesagt: das Recht, zu sein, was sie sind, und *verschieden* zu bleiben.

Daß Césaire sich seiner Negritude bewußt ist und sich ihrer gerade als Martiniquaner bewußt ist, gibt ihm von vornherein zwei Zielsetzungen vor: auf politischem Gebiet die Befreiung seines Landes von Verwertungsformen, die die Massen dem Pauperismus anheimgeben, auf kulturellem Gebiet das Herausstellen einer antillanischen Eigenart. Das bedeutet, daß man sich – ohne die Rolle der westlichen Komponente zu unterschätzen – dem afrikanischen Erbe zuwendet, das von denjenigen farbigen Antillanern, die lediglich »vollwertige« Franzosen sein möchten, nur allzuoft vergessen oder verleugnet wird. Kraft einer Intelligenz, die ihn (gestützt auf die Kenntnis des Marxismus) den Gegenstand der Debatte immer erweitern und auf eine höhere Ebene tragen läßt, und dank jener Großzügigkeit, die in seiner Natur zu liegen scheint, macht Césaire jedoch hierbei nicht halt: genau wie für ein Individuum geht es auch für ein Volk nie darum, sein Heil allein für sich selbst zu suchen, und niemand darf sich rühmen, frei zu sein in einer Welt, in der die Freiheit noch immer mit Füßen getreten wird, solange auch nur für einige wenige die Unterdrückung weiterbesteht. Aus seiner eigenen Realität als Erniedrigter und Beleidigter heraus ergreift Césaire demnach Partei

für alle Erniedrigten und Beleidigten gleich welcher Rasse, und sein großes Ziel besteht darin, dem Aufbau einer vollkommen freien Welt vorzuarbeiten, in der niemand mehr die Nöte durchzustehen braucht, unter denen die Rasse der Neger gelitten hat. Er engagierte sich in diesem Sinne nicht nur als Schriftsteller, sondern auch mit seinem ganzen Handeln: er wurde Bürgermeister und Abgeordneter von Fort-de-France, zunächst in den Reihen der Kommunisten und dann als Führer der martiniquanischen Fortschrittspartei, wo er für seine Landsleute eintrat, aber auf eine Weise, die seine Arbeit zugleich zu einer Arbeit für alle Schwarzen und letzten Endes für alle Menschen werden ließ.
Durch alle Phasen hindurch, die für ihn eher einer Vertiefung als einer Entwicklung seines Denkens gleichkamen, zeigte sich Césaire als großer Humanist und Universalist. Der Wunsch nach Befreiung, der ihn bewegt und dem er niemals ethnische oder geographische Grenzen gesetzt hat, wurde immer auf den beiden Ebenen des Sozialen und des Psychologischen wirksam. Die Schaffung einer Welt, in der sich keine Menschengruppe und kein Einzelner mehr unterdrückt und beraubt fühlen kann und in der keine der inneren Möglichkeiten des Menschen niedergehalten bleibt, wie es in einer Zivilisation der Fall ist, die ganz um das technische Überangebot kreist, dies sind die leitenden Ziele, nach denen Césaire sein Handeln ausrichtet, und zwar nicht als Utopist, sondern als jemand, der verstanden hat, daß nichts Wertvolles zu leisten ist ohne den beständigen Willen nach Transzendierung und ohne auf eine genügend weite, das Ganze umfassende Perspektive.
Die Hoheit dieser Anschauungen und die Leidenschaft im Menschlichen sind, ausdrücklich oder zwischen den Zeilen, in allen Werken Césaires gegenwärtig: in den Schriften des Dichters und Dramatikers, in denen des Politikers, der auch als Historiker etwas zu sagen hat, und in den (leider fast vollständig verlorenen) Ansprachen des politischen Redners. Ist nicht gerade dies der Grund für die gleichbleibende Dichte und Resonanz, die er stets zu erreichen vermag, gleich in welcher Form er sich ausdrückt: ob er sich nun dem Gesang oder dem Schrei der reinen Poesie öffnet, ob er heftige Kritik übt, objektive Tatsachen berichtet oder eine shakespearesche Überlagerung verschiedener Modi gebraucht, wie es sein jüngstes Werk, die *Tragödie des König Christoph* überzeugend vorführt? Durch die Vielfalt der Tonlagen hindurch trifft man bei dem Césaire von heute genau wie bei dem der Anfänge auf »jene stets *gehobene* Qualität des Tones«, die Breton sofort bei ihm erkannte und die eng verwandt ist mit dem, was Baudelaire in den *Fusées* im Hinblick auf Cha-

teaubriand, Alphonse Rabbe und Edgar Allan Poe als »den ewigen Ton, den unvergänglichen, kosmopolitischen Stil« apostrophierte.
Césaire, der große Dichter der Schwarzen, wie ihn nicht allein Breton nannte, sondern auch die Afrikaner, die ihn als einen der ihren betrachten, ist Martiniquaner. Er wurde auf einer Insel geboren, die nicht nur ein Schmelztiegel verschiedenster Rassen und Kulturen ist, sondern als winziges und heute übervölkertes Land, die kärgliche Grundlage für eine Zivilisation von *Ausgesiedelten* darstellt. Niemand auf Martinique kann sich in der Tat heute als »bodenwüchsig« bezeichnen, denn die Indios, die ursprünglichen Bewohner der Insel wurden von den aus Europa kommenden Einwanderern vor kaum mehr als drei Jahrhunderten als Volksstamm ausgelöscht, und die Siedler griffen auf Afrika zurück, um sich mit Arbeitskräften zu versorgen, so daß die gegenwärtige Bevölkerung im wesentlichen aus einer kleinen Zahl von Weißen besteht, den Nachfahren dieser oder anderer, später gekommener Siedler, aus den schwarzen, die von den ehemaligen Sklaven abstammen, und aus einer großen Zahl von Farbigen, die aus der Vermischung der beiden Rassen hervorgegangen sind.
Wenn der Dichter sich wesensgemäß eine andere Welt erschaffen muß, weil er in dieser Welt nichts findet, in dem er wirklich Fuß fassen könnte, so möchte man annehmen, daß Césaire – er ist entwurzelter als jeder andere, denn er ist sich dessen bewußt, das Produkt einer disparaten und eingeengten Gesellschaft zu sein, die nicht nur durch Gewalt und Ungerechtigkeit, sondern unter dem Vorzeichen einer allgemeinen Aussiedlung entstanden ist – sich in einer geeigneteren Ausgangslage befand als irgend jemand sonst, um zum Dichter zu werden. Diese Bedingungen können ohne Zweifel erklären, warum die Suche nach einer Authentizität – letzter Beweggrund jeder großen Dichtung (die eigene Wahrheit aufdecken in der Formulierung der eigenen Sicht der Dinge), der in diesem Falle noch direkt auf die Brutalität der Tatsachen reagierte – für Césaire ein um so stärkeres Motiv gewesen ist, als sowohl für ihn wie auch für eine Vielzahl anderer Menschen in der gleichen Lage der Einsatz von unmittelbar entscheidender Bedeutung war. Sie machen auch verständlich, warum er – ausgehend von der Freiheit im Schreiben, die er der surrealistischen Praxis verdankte – so viele Gedichte verfassen konnte, deren zerrissener Charakter noch über ihren Inhalt hinaus seine Gespaltenheit und tiefe Unruhe widerspiegeln und zugleich den praktisch unauflösbaren Widerspruch, der zwischen dem Gebrauch des Französischen (seiner Muttersprache, die er auch als großer Klassiker

zu handhaben weiß) und seinem dringlichen Wunsch besteht, sich so weit wie möglich zu afrikanisieren. Dennoch handelt es sich dabei nur um Bedingungen, auf die andere als er auch wieder ganz anders reagiert haben; und wenn auch die Analyse dieser Grundvoraussetzungen dazu beitragen kann, den Sinn der Berufung Césaires und die genaue Tragweite seiner wesentlichen Themen sowie verschiedene Aspekte seiner Poesie verständlich zu machen, so wäre es doch vergebliche Mühe, von ihnen irgendeine Aufklärung über die eigentlichen Ursachen einer solchen Sprachgewalt zu erwarten. Das poetische Genie Césaires mit seiner Abstammung von Martinique erklären zu wollen, wäre genauso absurd, wie den Schlüssel zu Lautréamont in der Soziologie von Montevideo zu suchen oder in derjenigen von Charleville die Gründe für das Auftreten Rimbauds.

Wenn es außer Frage steht, daß Césaire ein großer Dichter nicht nur der Schwarzen, sondern auch der Dekolonisation ist, so muß man doch auch seine Negritude vergessen können und seine Stimme lediglich als die eines großen Poeten vernehmen. Und nichts eignet sich hierfür besser, als jene Haltung vollkommener Offenheit, von der er in seinem *Cahier d'un retour au pays natal (Zurück ins Land der Geburt)* sprach und die er bei jenen Menschen fand, die die Erde Afrikas – für Césaire der Gegenstand einer glühenden Sehnsucht – hervorgebracht hat:

Gebannt geben sie sich dem Wesen hin eines jeden Dinges
In Unkenntnis der Oberflächen aber gepackt von der Bewegung eines jeden Dinges
Unbekümmert zu herrschen aber spielend das Spiel der Welt
Wahrlich die älteren Söhne der Welt
Durchlässig allem Atem der Welt
Brüderlicher Raum für allen Atem der Welt
Bett ohne Abfluß für alle Wasser der Welt
Funken des heiligen Feuers der Welt
Fleisch auch vom Fleische der Welt erzitternd von der Bewegung selbst dieser Welt!

II. Martinique, Guadeloupe, Haiti

Martinique, Guadeloupe, Haiti (1950)

Die Zeitschrift *Les Temps Modernes* (Nr. 52, 1950) veröffentlichte Dokumente, die quasi zufällig, im Zuge des Sammelns oder des Lesens zusammengekommen sind und keinen Anspruch erheben, so etwas wie eine Anthologie darzustellen: Einige Gedichte von Autoren aus Martinique (Ménil, Desportes, Guannel, Calixte), aus Guadeloupe (Corbin) oder aus Haiti (Magloire Saint-Aude, Morisseau-Leroy, Dorcély) – von Autoren, die alle zumindest in einem gewissen Grade durch ihre Vorfahren mit Afrika verbunden sind; religiöse Gesänge aus Haiti[1] und profane Lieder aus Guadeloupe und Martinique; eine Liste von Fahrzeugnamen (Autobusse, Lastwagen), Ausdruck dessen, was Paul Eluard »unwillkürliche Poesie« und was andere nach ihm »natürliche Poesie« genannt haben; ein, von einem Architekten aus Port-au-Prince stammendes Traumprotokoll, in dem die spezifischen Ängste eines »Mischblutes« zum Ausdruck kommen, seine Revolte in einer Welt, die von den verheerenden Auswirkungen des Rassenvorurteils und noch manch anderer Form von Unterdrückung geprägt ist. Dies sind die Texte, oder besser Zeugnisse, die mit Ausnahme der Gedichte von Calixte und Corbin entweder von mir selbst (im Zeitraum vom Juli bis zum November 1948) oder von anderen Forschern bzw. von verschiedenen, auf den Antillen lebenden Personen ausschließlich am Orte aufgezeichnet wurden.
Bei einer großen Zahl von Gedichten oder Prosastücken poetischen Charakters wird wohl gerade das ins Auge fallen, was sich an ihnen dem Surrealismus verdankt, einer Bewegung, an der mehrere Martiniquaner (wie etwa der verstorbene Etienne Lero) aktiven Anteil genommen haben und die vielen antillanischen Intellektuellen der jüngeren Generation sowohl ästhetisch als auch psychologisch als Hilfe bei der Überwindung jenes Minderwertigkeitskomplexes erscheinen konnte, von dem René Ménil im Mai 1944 in einem Artikel der *Tropiques* sprach (einer Zeitschrift, die von Aimé Césaire zu der Zeit gegründet wurde, als Martinique noch unter dem Joch des Admirals Robert stand). Der genannte

[1] Die Präsentation dieser Gesänge ist Dr. Alfred Métraux vom Département des Activités sociales der Unesco zu verdanken; er hatte die Leitung bei der Realisierung des Volksbildungsprojektes, das die Unesco auf Haiti, im Tal von Marbial durchführte. Die Präsentation der anderen Texte habe ich übernommen.

Artikel erklärt die Entstehung dieses Komplexes und brandmarkt ihn als die Konsequenz der »*Verdrängung des ursprünglichen* [afrikanischen] *Geistes im Bewußtsein der Sklaven und der an seine Stelle tretenden Einsetzung einer den Herrn repräsentierenden Instanz,* die sich bis ins tiefste Innere der Gemeinschaft eingräbt und sie zu überwachen hat wie eine Garnison eine eroberte Stadt«. Der Versuch unbedingter geistiger Befreiung, den der Surrealismus in seiner Definition durch André Breton für Europa dargestellt hat, nimmt hier seine überhaupt positivste Bedeutung an: in der Hingabe an den Automatismus der Wörter entflieht man dem zu engen Rahmen des westlichen Rationalismus (einer Fessel, die sich auf den Antillen noch tyrannischer auswirkt, insofern sie den nach Amerika gebrachten Afrikanern ja letzten Endes von den Sklavenhaltern angelegt wurde), und in der Zurückweisung des Akademismus, in dem sich noch zu viele der im wesentlichen auf die Nachahmung der europäischen Muster bedachten farbigen Intellektuellen gefallen, öffnet sich der Weg zur Wiederentdeckung einer Authentizität. Die sogar in den wenigen, hier wiedergegebenen Gedichten auffallende Häufigkeit, mit der Elemente den lokalen Traditionen oder der natürlichen Umgebung entlehnt werden, das Vertrauen, das man (in bisweilen etwas übertriebenem Maße) in die lyrische Begabung setzt, die ziemlich allgemein als einer der charakteristischsten Züge des Genies der Neger angesehen wird, zeigen deutlich jenen Willen, zu den Quellen zurückzukehren und zugleich eine antillanische Eigenständigkeit zu bekunden. Unter den wahren »Antillanern« ist dabei natürlich nicht jene Minorität von einigermaßen unvermischten Weißen zu verstehen, die auf Martinique und Guadeloupe sowie auf den Inseln der Antillen (mit Ausnahme von Haiti) quasi die gesamte herrschende Klasse ausmacht, sondern die Nachfahren der Afrikaner, anders gesagt: die Masse der dunkelhäutigen Arbeiter, ohne deren Arbeitskraft die Pflanzungen der Farmer unfruchtbar bleiben würden und die – obgleich auch sie Söhne von Einwanderern sind – in jenen tropischen Ländern, deren Landschaftsbild vielerorts ebenso reich und üppig geblieben ist wie in Afrika, doch weit eher *bei sich zu Hause* sind als selbst die dort geborenen Weißen. Es bekundet sich hierin der Wille zur Rückkehr in ein »Ursprungsland«, das nicht nur der endlich *zur Geltung gebrachte,* endlich von allen Formen der Ausbeutung und des daraus resultierenden Pauperismus der Massen befreite Boden der Antillen wäre, nicht nur das kulturelle Erbe Afrikas mit seinen eigenen Weisen, zu fühlen und zu denken, das vielmehr in der eigentlichen Wesenstiefe des Menschen läge, wie sie erst dann wird zu

Tage treten können, wenn die Menschen von den Masken und eisernen Ketten – jenen Utensilien der Negersklavenhändler – befreit sind, die ihnen von einer allein auf Gewinn und beständige Übersteigerung abgestellten Zivilisation aufgebürdet werden. Ähnlich wie auch beim europäischen Surrealismus hatte dieser Wille für mehrere jener Intellektuellen den Beitritt zum Kommunismus zur Folge, als ihnen klar wurde, wie sehr eine bestimmte Form des – historisch veränderbaren – ökonomischen Systems auf ihnen lastete und sich bis in ihren Geist eingegraben hatte, und als sie erkannten, daß eine wirkliche Befreiung so lange nicht denkbar ist, wie nicht in einer gleichgerichteten Anstrengung aller Unterdrückten gleich welcher Rasse und gleich welchen Landes die klassenlose Gesellschaft erschaffen ist. Von den eigentlichen Initiatoren dieser entscheidenden Bewußtwerdung ist als der bekannteste der große Dichter Aimé Césaire zu nennen, den sein leidenschaftlicher Wunsch, eine lebenswertere Welt entstehen zu sehen, und zwar nicht nur für die Bewohner der Elendsquartiere von Martinique, sondern für die Menschen aller Länder, schon seit mehreren Jahren zur Übernahme der undankbarsten und langwierigsten politischen Aufgaben gebracht hat.
Man bemerkt, daß sich auf Haiti wie auch auf den französischen Antillen *kein einziger* der surrealistischen oder sonstigen Repräsentanten der vereinfachend als moderne Lyrik zu bezeichnenden Dichtung auf Kreolisch ausdrückt. Wenn bei diesen Schriftstellern der Wille besteht, mit den literarischen Formen zu brechen, die an die offiziell gelehrten Kulturmodelle gebunden sind, so könnte dieser, auf eine offene Zukunft gerichtete Wille doch schwerlich folkloristische Formen annehmen. In dem Wunsch vor allem, die ihnen eigene Botschaft literarisch zum Ausdruck zu bringen und – wenigstens bei einigen von ihnen ist dies der Fall – Wortführer einer Rasse mit noch verkannten Möglichkeiten zu werden, verschmähen sie die Künstlichkeit, als Intellektuelle, deren Ausbildung fast ausschließlich in französischer Sprache erfolgt ist, auf ein Idiom zurückzugreifen, dessen Verwendung für sie kaum mehr als etwas bloß Angelerntes darstellen würde.
Das Kreolische, die auch heute noch von allen mehr oder weniger verstandene, aber nur von den Ungebildeten, die kein Französisch können, ausschließlich gesprochene Volkssprache, scheint schon jetzt dazu verurteilt zu sein, früher oder später zum Anachronismus zu werden, wenn sich die Volksbildung (wie langsam sie auch wegen der überall zu geringen Zahl der Schulen, wegen des Mangels an öffentlichen Bibliotheken und des oft sehr niedrigen Niveaus des materiellen Lebensstandards

voranschreiten mag) in den benachteiligten Schichten der Bevölkerung erst weit genug verbreitet haben wird. Den Dichtern, von denen hier die Rede ist, geht es keineswegs darum, zu wahren »Antillanern« – im Sinne einer pittoresken Mundartdichtung – zu werden, indem sie sich einer erborgten Sprache bedienen, die trotz all ihrer möglichen inneren Qualitäten keine Ausstrahlungskraft nach außen hin besitzt. Ihr Anliegen besteht vielmehr darin, den von den übelsten Vorurteilen behafteten Weißen gegenüber, deren Hochmut sich immer deutlicher als ungerechtfertigt erweist, die Integrität ihrer eigenen Person zu behaupten, so wie sie sich in einem Milieu herausgebildet hat, in dem die verschiedensten Faktoren synkretistisch zur Wirkung kommen, Faktoren, von denen kein einziger – ja nicht einmal das Eindringen der westlichen Kultur mit der französischen Sprache als ihrem Beförderungsmittel – radikal ausgeschlossen werden könnte, ohne daß gerade dasjenige stark beeinträchtigt würde, was die eigentliche Originalität dieses Teiles der Erde ausmacht, auf dem diese Dichter großgeworden sind.
Unter den zusammen mit diesen Gedichten wiedergegebenen Gesängen allerdings – ganz gleich, ob es sich hierbei um Gesänge handelt, die in den Riten des haitianischen Vaudou eine Rolle spielen, um Lieder aus Guadeloupe oder um die im Karneval verwendeten »Biginen« *(biguines)* von Martinique, deren satirischer Charakter sie nicht allein in die Nähe der »calypsos« von Trinidad rückt, sondern auch sehr stark an die bedeutende Rolle erinnert, die die Satire in Schwarzafrika spielt (wo z. B. die Griots, eine Art von Barden, denen man bei zahlreichen Völkern begegnet, sehr gefürchtete Leute sind, denn sie sind imstande, all die mit Beleidigungen und Spöttereien zu überschütten, die es ihnen gegenüber an der genügenden Großzügigkeit fehlen lassen – unter diesen im wesentlichen volkstümlichen Gesängen, von denen die einen im eigentlichen Sinne durch die Tradition überliefert sind, die anderen im Zuge der aktuellen Geschehnisse und nach den von der Tradition bereitgestellten Mustern erfunden wurden, gibt es keinen einzigen, der nicht kreolisch wäre.
Das Kreolische, das aus den sprachlichen Beziehungen entstanden ist, die die Sklaven notwendigerweise mit ihren europäischen Herren oder deren untergebenen Chargen unterhielten, erweist sich in manchen charakteristischen Zügen seiner Syntax und Morphologie als eine Sprache negro-afrikanischen Typs, wohingegen die Großzahl seiner Vokabeln verschiedenen französischen Dialekten entstammt (den Dialekten der Herkunftsgebiete jener Abenteurer, die sich zu Beginn des 17. Jahr-

hunderts auf den Antillen niederließen oder sie mit Arbeitskräften versorgten). Der spezielle Wortschatz der Seeleute hat gleichfalls einen bedeutenden Beitrag geleistet. Für zahlreiche Intellektuelle stellt sich die Frage, ob das Kreolische eine wirkliche »Sprache« ist oder nur eine »Mundart« – und sie stellt sich insbesondere für die haitianischen Intellektuellen, denn hier berührt das Problem das eigentliche Prestige einer Nation, die sich auf dem Wege der Revolution gegen eine europäische Macht herausgebildet hat. Ein Idiom wie dieses überschreitet in seiner Verbreitung nicht nur den Rahmen der offiziell französischsprachigen Inseln (denn man gegegnet ihm ebensogut auf den Dominikanischen Inseln, die unter britischer Oberhoheit stehen), es stellt gleichzeitig auch eine Sprache dar, die vielen der auf den Antillen lebenden und aufgrund ihrer beruflichen Betätigung mit den ungebildeten Teilen der Bevölkerung in Kontakt stehenden Personen verschiedenster Nationalität (Europäern, Amerikanern, Syriern usw.) gemeinsam ist. Kann eine solche Sprache wirklich zu Recht als Mundart bezeichnet werden? Und wenn man die umfangreiche mündliche Überlieferung in Betracht zieht, die im Kreolischen ihren Ausdruck findet, so dürfte seine Kennzeichnung als bloßes Sprachgemisch auch kaum mehr zu rechtfertigen sein. Wie auch immer die Antwort lauten mag, die man auf diese Frage gibt, und selbst wenn man dem Kreolischen die Würde einer Sprache aberkennt, so bleibt dieses Idiom doch beim gegenwärtigen Stand der Dinge das einzige Ausdrucksmittel für eine Masse von kleinen Leuten auf Haiti und anderswo, und es bleibt gleichfalls der unbestreitbare Reichtum dieser mündlichen Überlieferung bestehen, die in der Form von Erzählungen (für die man Parallelen sowohl in Westeuropa als auch in Afrika und Amerika findet), von Rätseln, Sprichwörtern und Liedern auf den Antillen eine beträchtliche Rolle im Leben des Volkes spielt.

In diesen Ländern, in denen die soziale Kastenbildung und Undurchlässigkeit bis zum Extrem gesteigert ist und wo die krassen Besitzunterschiede offen zutage liegen (denn entweder befinden sich, wie auf Martinique, 4/5 des Bodens in den Händen weißer, feudal denkender Großgrundbesitzer, oder aber es hat sich, wie auf Haiti, eine ausgesprochen arrogante Mulattenbourgeoisie herausgebildet, die sich von der in meist ärmlichsten Verhältnissen lebenden schwarzen Bauernschicht deutlich abgrenzt) – in diesen Ländern sind es die Neger[2], die ziemlich

[2] Oder besser: diejenigen, die man gewöhnlich als solche bezeichnet, die jedoch aufgrund der großen Vermischung auf den Antillen wohl nur ausnahmsweise reine Nachfahren von Afrikanern sind.

ausschließlich die sozial am stärksten benachteiligte und zugleich zahlenmäßig stärkste Klasse bilden. Wenn bei der Mehrzahl der Mulatten eine Tendenz zur weitestmöglichen Verwestlichung oder zur Amerikanisierung zu beboachten ist – denn alles, was an originär Afrikanischem in den Bräuchen auf den Antillen noch fortbestehen mag, ist für sie ein Gegenstand der Verachtung oder gar der Abscheu (bzw. im günstigsten Falle der distanzierten Neugier) – so erweisen sich im Gegensatz dazu die Neger auf dem Gebiete der Folklore als wesentlich konservativer. Dies erklärt sich in erster Linie aus der desolaten ökonomischen Lage, in der sich die Masse der schwarzen Bevölkerung befindet, ganz gleich, ob es sich dabei um die Agrararbeiter der Plantagen auf Martinique oder Guadeloupe handelt oder um die Kleinbauern von Haiti, die auf ihren mit archaischsten Mitteln bestellten winzigen Stückchen Land dahinvegetieren. In Anbetracht der Enge des Horizontes, die solche Lebensweisen ganz allgemein gesehen mit sich bringen (eine Enge, die noch unerbittlicher auf jenen Inseln sichtbar wird, auf denen die Kommunikationsmittel kaum entwickelt sind und wo es trotz einer sehr hohen Bevölkerungsdichte nur wenige größere Ballungsgebiete gibt), sind die Bedingungen für die Bewahrung der verschiedensten Bräuche, Traditionen und Glaubensüberlieferungen in einem solchen Milieu offensichtlich wesentlich günstiger.

Aufgrund dieser Lage der arbeitenden Massen, deren Sprache das Kreolische geblieben ist und die nicht im selben Ausmaße wie die bessergestellten Klassen mit der europäischen Kultur in Berührung gekommen sind, lassen sich auf den Antillen noch manche Charakteristika einer Zivilisation afrikanischen Ursprunges beobachten; und wenn man anerkennt, daß auf kulturellem Gebiet die äußeren Einflüsse einen der hauptsächlichen Faktoren der Fortentwicklung bedeuten und daß das Aufeinandertreffen von Elementen verschiedenster Herkunft ein Unterpfand der Fruchtbarkeit darstellt, so sind die Antillen – als echter kultureller Kreuzungspunkt – unter der Perspektive des menschlichen Werdens gesehen von unschätzbarem Interesse.

Von all diesen negro-afrikanischen Zügen, die sich trotz der zerstörenden Auswirkungen der ganzen Kolonialperiode bewahrt haben, ist der Vaudou auf Haiti sicher das beeindruckendste Beispiel: eine Religion dahomeischen Ursprungs (wie nicht nur der Name *vodu* selbst anzeigt, sondern auch mehrere Namen von Gottheiten, verschiedene Elemente der speziellen Terminologie und bestimmte rituelle Analogien), eine Religion, die der katholische Klerus formell verdammt, die jedoch nie

von Protestanten, sondern ausschließlich von Männern und Frauen römisch-katholischer Konfession praktiziert wird und sowohl in ihr Ritual als auch in ihre Liturgie viele christliche Elemente aufgenommen hat. Diese Mischung verdankt sich ursprünglich dem Zustand, daß zur Zeit des Sklavenhandels die sofortige Taufe der neuangekommenen Negersklaven gesetzlich vorgeschrieben war; und sie zeigt sich außer in den französischen und lateinischen Gebeten und Kirchenliedern – die zusammen mit den eigentlichen Vaudou-Gebeten und -Gesängen auf Kreolisch oder in einer mehr oder weniger schwarzafrikanischen Spezialsprache bei den Zeremonien verwendet werden – auch in dem häufigen Vorkommen von Kruzifixen in den Weihestätten (neben Sakralgegenständen heidnischen Ursprungs) und in dem Gebrauch von katholischen Andachtsbildchen (Farblithographien, die in der Regel aus Kuba stammen) zur bildlichen Darstellung der *lwa.* Diese, nach einem ziemlich präzisen Zuordnungssystem mit den katholischen Heiligen in eins gesetzten *lwa* – man nennt sie auch »Mysterien« oder »Heilige« – bilden zusammen das Vaudou-Pantheon, und ihr Kult findet seinen Platz neben demjenigen der Toten und der *marassa* oder Zwillinge, die auf Haiti genauso verehrt werden, wie auch in Dahome und in zahlreichen anderen Gegenden Afrikas. Der Synkretismus geht dabei sehr weit, denn in den symbolischen Zeichnungen, die bei den Opfern mit weißem Mehl oder mit Asche auf den Boden gezeichnet werden, findet man nicht zuletzt freimaurerische Motive wieder.
Genau wie viele afrikanische Kulte, die namentlich in Abessinien, im Gebiet des mittleren Niger und in Westafrika praktiziert werden, hat auch der haitianische Vaudou – es mag von einigem Interesse sein, daß sich sein Klerus und auch seine Gläubigen nicht ausschließlich aus dem Milieu der Schwarzen rekrutieren – einen schamanistischen Charakter: die *lwa* haben angeblich nicht nur einen Einfluß auf das alltägliche Leben, sie sollen sich vielmehr auch offen in den durch sie hervorgerufenen Zuständen der Besessenheit bekunden, denen insbesondere bestimmte bevorzugte Personen unterworfen sind, die in gewisser Weise zu berufsmäßigen Besessenen werden und als Individuen betrachtet werden können, welche je nach der mehr oder weniger rechtmäßigen Ausrichtung ihres Tuns die Funktion entweder von Priestern oder von Magiern erfüllen.
Im Hinblick auf das allgemeine Problem der rituellen Besessenheit – oder genauer: auf das Problem der Abwägung, wie groß der Anteil des Konventionellen und des künstlichen Arrangements bei diesen beson-

deren Zuständen ist, die, den im Milieu ihres Auftretens geläufigen Vorstellungen und dem dahinter stehenden komplexen religiösen System entsprechend, der Tatsache zuzuschreiben sind, daß die Patienten angeblich vorübergehend von Geistern bewohnt werden – im Hinblick auf dieses Problem, das sich, wenn man es nicht überhaupt nur für ein Scheinproblem hält, zugleich der Religionssoziologie und der Psychologie stellt, läßt die Untersuchung der haitianischen Institution des Vaudou (ganz zu schweigen von dem eigenständigen Interesse, das der Vaudou aufgrund seines Reichtums an Riten und des hohen künstlerischen Wertes seiner Manifestationen an sich schon bietet) verschiedene Faktoren klar hervortreten, aus denen offenbar sowohl der Psychologe als auch der Ethnograph zumindest bestimmte Hinweise und Winke methodischer Art entnehmen kann.

Man muß zunächst festhalten, daß es verschiedene Kategorien von Vaudouanhängern zu unterscheiden gilt. Um die Professionellen, die den Beruf von Heilspezialisten, Wahrsagern oder ganz allgemein von Magiern ausüben, sowie um diejenigen herum, die ihnen als Zeremonienmeister, Chorleiter oder Musiker zur Seite stehen (Fachleute, die selbst oft den Rang eines *houngan* oder einer *mambo*, d. h. eines Priesters oder einer Priesterin anstreben) scharen sich eine gewisse Anzahl von Eingeweihten beiderlei Geschlechts: einesteils Leute, die gleichfalls zu Professionellen werden möchten, und andererseits Personen, die lediglich mit dem *houngan* oder der *mambo*, deren Haus sie besuchen, in Kontakt stehen, weil sie von ihnen gepflegt und beraten wurden oder anderweitig ihren Dienst in Anspruch genommen haben und ihnen aus diesem Grund verbunden und zu Dank verpflichtet sind. Außerhalb dieses harten Kerns muß man noch eine mehr oder weniger umfangreiche und beständige Kundschaft hinzurechnen, bestehend aus Leuten, die zu den Versammlungen kommen und gelegentlich auf die Kenntnisse des Hausherren oder der Hausherrin zurückgreifen. Die Besessenheitskrisen lassen sich im Prinzip bei Personen aus all diesen Kategorien beobachten, aber sie sind selbstverständlich bei den Professionellen oder Halbprofessionellen häufiger, entweder weil sie gerade eine bestimmte Veranlagung dazu geführt hat, diesen Beruf zu ergreifen oder ganz einfach weil der zwingende Zusammenhang des Ritus – von der Zuflucht zur frommen Betrügerei ganz zu schweigen – in ihrem Falle eine größere Rolle spielt als bei beliebigen anderen Leuten. Gerade aus diesem Grunde scheint es wünschenswert, wenn der Beobachter sich nicht darauf beschränkt, Besessenheitskrisen zu beschreiben (oder die Abfolge der Krisen, wie sie nacheinander im Laufe einer Versammlung auftreten), sondern so viele Auskünfte wie möglich über die Identität und die Persönlichkeit der von diesen Krisen heimgesuchten Individuen zusammenträgt. Dabei müßte es idealiter gelingen, eine Reihe von Biographien zu erstellen, die nicht nur den Lebenslauf der jeweiligen Person vom Standpunkt seiner Vaudou-Betätigung aus enthalten dürften, sondern eine detaillierte Beschreibung seines Lebens mit Angabe des vollständigen familiären und sozialen Kontextes: dies würde auf den funktionellen Charakter der Besessenheit bei jedem der betrachteten Fälle ohne Zweifel ein erhellendes Licht werfen.

Wenn es professionelle Besessene gibt, die allseits als Simulanten bekannt sind, und andere sich nicht allein den Touristen gegenüber entgegenkommend zeigen, sondern von der religiösen Ebene sogar so weit zu derjenigen des Theaters hinübergleiten, daß sie sich bei folkloristischen Darbietungen öffentlich produzieren, so gibt es doch wieder andere, deren strenge Gläubigkeit nicht in Zweifel gezogen werden kann, selbst wenn es bei ihnen ganz so aussieht, als wären sie gewissermaßen »willentliche Besessene«, die fähig sind, beinahe zu jedem Zeitpunkt den jeweiligen Geist zu verkörpern, dessen Bekundung entweder vom Ritus gefordert wird oder der gerade auszudrückenden Gemütslage entspricht. Im Gegensatz zu diesen Spezialisten – Technikern der Trance, deren Krisen definitionsgemäß immer etwas suspekt bleiben werden – gibt es viele Leute, bei denen die Besessenheit ein bis zu einem gewissen Grade spontanes Phänomen zu sein scheint, das wohl die von der Tradition festgelegten Formen ausfüllt, zugleich aber doch keinen Anlaß zu der Vermutung gibt, es handele sich dabei um ein wirklich abgekartetes Spiel. Dr. Louis Mars, ein haitianischer Psychiater, der sich auf das Studium des Vaudou aus psychopathologischer Sicht spezialisiert hat, erzählte mir z. B., daß er sich eines Tages am Ort eines Autounfalles befand: Noch während er die Verletzten behandelte, sah er, wie einer der Verunglückten unter der Einwirkung des emotionalen Schocks mitten auf der Straße von einer »*lwa*-Krise« gepackt wurde (mit Gestikulieren, spasmischen Krämpfen, gestammelten, unverständlichen Reden). Dies erinnert an die Funktion der mehr oder weniger willentlichen Zuflucht zur »Nervenkrise« in unseren Zivilisationen, einen Ausweg, der es erlaubt, einer unangenehmen Situation zu entfliehen. Im übrigen scheint durchaus kein Grund vorzuliegen, bestimmte, bei den Sitzungen auftretende Krisen, wie z. B. die dem Einfluß der »*lwa bossales*« zugeschriebenen, als Komödienspiel aufzufassen. Die »*lwa bossales*« sind Geister, die man mit den ehemaligen »Bossal«-Sklaven in Zusammenhang bringt, d. h. mit gerade an Land gebrachten und noch nicht getauften Sklaven – was die Bezeichnung durch ein Eigenschaftswort erklärt, das im Spanischen für die noch ungezähmten Haustiere gebraucht wird. Diese Krisen treffen vornehmlich die Nichteingeweihten, bzw. die Eingeweihten niedersten Ranges, Individuen also, die noch keine reguläre Einübung in die Trance erfahren haben. Die jeden Augenblick unerwartet ausbrechenden und durch ihre zügellose Heftigkeit auffallenden Krisen lassen sich – ohne daß man dabei irgendeine Schwindelei von seiten des Patienten unterstellen oder solche Trancen von vornherein zu den krankhaften Phänomenen rechnen müßte – mit Leichtigkeit aus der durchaus natürlichen Erregung erklären, die sich der Musik, den Gesängen und der gesteigerten religiösen Spannung verdankt, zu der sich die Stimmung in den Versammlungen aufschwingt.

Ohne dabei unterschlagen zu wollen, was die Vaudou-Zentren als Brutstätten des Obskurantismus und als Quellen mehr oder weniger zweifelhafter Einkünfte der Offizianten auch an Schaden anzurichten vermögen (aber kann man den gleichen Vorwurf nicht allen Religionen gegenüber erheben?), so läßt sich doch fragen, ob nicht allgemein gesehen die Tatsache, sich in einem von den Bräuchen festgesetzten Rahmen derartigen paroxistischen Anfällen hingeben zu können, einen, dem psychischen Gleichgewicht der Patienten eher förderlichen Faktor darstellt und ob die Vaudou-Sitzung nicht auf verworrene Weise auch die Auslösung einer *Katharsis* anstrebt wie die griechische Tragödie. Es scheint, daß sowohl Individuen als auch Gemeinschaften das Bedürfnis verspüren, ihre Kräfte in bestimmten Abständen in der Entfesselung des Festes zu verausgaben: es sind dies unerläßliche Momente der Lockerung, wenn man bedenkt (wie Konfuzius es im Blick auf die bäuerlichen Dorffeste formuliert), daß »der Bogen nicht immer gespannt gehalten werden darf, ohne daß man ihn jemals entspannt, oder immer schlaff, ohne daß man ihn je anzieht«. Außerdem darf man annehmen, daß die Vaudou-Versammlungen – die nach einer beständig wachsenden Erregung dann in großer Gelöstheit zu Ende gehen – für viele kleine Leute nicht nur eine Gelegenheit zur Entspannung darstellen, sondern auch ein Mittel, der Mediokrität ihres Lebens zu entgehen, ganz gleich, ob sie lediglich Zuschauer sind, vor deren Augen sich die »Mysterien« abspielen, oder Mitwirkende, die auch dann noch zum Zentrum der Aufmerksamkeit und des Bemühens aller werden, wenn die von ihnen verkörperten Geister nicht besonders großartig sind. Man beobachtet übrigens,

daß der Besessenheitszustand häufig die Rolle eines Alibis spielt, das Dinge zu tun oder zu sagen erlaubt, für die man anschließend nicht die Verantwortung zu übernehmen braucht, denn es soll ja der beherrschende Geist gewesen sein und nicht der Patient, der gehandelt oder geredet hat, und der Patient erinnert sich ja angeblich auch nicht an das, was er während seiner Besessenheit gesagt oder getan hat. Man würde folglich in die Irre gehen, wenn man die für »authentisch« zu haltenden Fälle von Vaudou-Besessenheit und vergleichbaren Trancen als notwendigerweise der Psychopathologie zuzurechnende Phänomene betrachten wollte. Obwohl sich unter denen, die den Klerus und die Anhängerschaft des Vaudou-Kultes und der in anderen Ländern anzutreffenden vergleichbaren Religionsgemeinschaften, unzweifelhaft Psychopathen befinden (und es ist immerhin hinzuzufügen, daß bestimmte dieser Nerven- oder Geisteskranken von den anderen Adepten übrigens auch als solche betrachtet werden), so muß man sich doch vor Augen führen, daß diese Besessenheitszustände – im Zusammenhang gesehen nicht mit unseren Gewohnheiten, zu denken und zu handeln, sondern mit denjenigen des Milieus, in welchem sie auftreten – Phänomene sind, die sich auf absolut normale Weise in ein Ensemble von Glaubenssätzen und religiösen Praktiken einschreiben, die einen anerkannten Brauch darstellen und eine Rolle im Funktionsablauf des sozialen Lebens spielen. Es gibt also keinen Grund, ihnen jenen wesensmäßigen Charakter der Abweichung von einer Norm zuzuschreiben, den man mit dem Pathologischen in Verbindung bringt.
Auf rein ästhetischem Gebiet beobachtet man im Vaudou-Zeremoniell die Koexistenz von Tänzen eindeutig afrikanischen Typs mit einem System kreisender Begrüßungsfiguren, die unweigerlich das Bild der höfischen Tänze des europäischen 17. Jahrhunderts erwecken (eine bestimmte Figur der »Allemande« vor allem, eines im Paris der zweiten Hälfte des 18. Jahrhunderts sehr in Mode stehenden Tanzes, den Saint-Aubin in seinem *Bal paré* (Maskenball) aus dem Jahre 1773 vorgestellt hat). Die Frage nach dem genauen Ursprung dieser Figuren bleibt allerdings ungelöst; man muß jedoch betonen, wie sehr bei den Zeremonien und einfachen Tanzversammlungen im Umkreis des Vaudou-Kultes (einer Religion, von der man bisher vornehmlich die finsteren und blutigen Aspekte herausgestrichen hat) gerade der Ballettcharakter des Rituals zu fesseln vermag – zumindest während eines Großteils der Zeremonie und zumal, wenn die Versammlung eher im städtischen als im bäurischen Milieu stattfindet und bei einem Spezialisten, der großen Zulauf hat: ein

Ballett, das trotz des von bestimmten Besessenheitskrisen manchmal bewirkten Durcheinanders und trotz der Paroxismen, zu denen sich der – von Chor und Schlagzeug getragene – Tanz zu steigern vermag, keineswegs den Charakter eines Bacchanals besitzt, den man ihm so oft zuschreibt. Es bleibt vielmehr im großen und ganzen geordnet und stellt sich letzten Endes als ein außerordentlich vatiationsreiches und zugleich durchaus ausgeglichenes Spektakel dar, bei dem heftige Krisen und Momente der Begeisterung, die sich in Schreien und Sprüngen ausdrücken, mit den erwähnten anmutigen Begrüßungsgesten und mit typisch afrikanischen choreographischen Elementen abwechseln. Eine lange Reihe von dramatischen oder komödienhaften Bühnenauftritten, deren Protagonisten Götter verkörpernde Adepten sind und bei denen sämtliche dramatischen Gattungen miteinander vermischt werden: das Epische mit seinen Ogoun (kriegerischen Geistern), das Humoristische mit seinen Guédé (deren Friedhofcharakter zusammen mit ihren obszönen Späßen an die entfesselte Phantasie der Clownsgestalten Shakespeares erinnert), das Mythische mit dem wie eine Schlange kriechenden Damballah Wedo, das Galante mit der verliebten Erzilie und das Phantastische in bestimmten Elementen des *petro* genannten Rituals. Diese letzteren erinnerten mich jedesmal – wenn ich sie im Laufe dieser Zeremonien, die sich durch ihren düster-schaurigen Aspekt von denjenigen des *rada*-Rituals unterscheiden, zu Gehör bekam – unweigerlich an die berühmte Höllenjagd aus der Oper »Der Freischütz« von Carl-Maria von Weber, eines der stärksten Werke der romantischen Musik und sicher einer der Höhepunkte des Musiktheaters überhaupt.
Ein bewundernswertes Gelingen und vielleicht die beste Veranschaulichung dessen, was das Aufeinandertreffen sehr unterschiedlicher Kulturen am Kreuzungspunkt der Antillen an Erregendem und Kostbarem hat hervorbringen können.
Außer dem Vaudou, jener durch und durch afrikanischen Institution, die – wie behauptet wird – an der Revolution von Santo Domingo nicht unbeteiligt war (denn mehreren Führern dieser Revolution, Bouckman unter anderen, soll ihr Prestige als große Vaudoupraktikanten zu Hilfe gekommen sein) und die auf Haiti in ihrer ungebrochenen Lebendigkeit selbst außerhalb der Sphäre des einfachen Volkes, ja bis hinein in das Gebiet der Politik einen merklichen Einfluß auf das öffentliche Leben der Bevölkerung bewahrt hat – neben dem Vaudou findet man auf Haiti zahlreiche kulturelle Eigenheiten, denen man wohl mit Recht einen afrikanischen Ursprung zuweisen kann. Als eine der charakteristischsten

läßt sich – im Anschluß an andere Autoren – die Verbreitung des *wari*-Spieles anführen, eines Spieles mit Körnern, die immer wieder umgeschichtet werden, nachdem man sie zuvor auf eine Reihe von zwölf Löchern aufgeteilt hat. Dasselbe Spiel ist auch in Schwarzafrika sehr weit verbreitet; es wird dabei entweder ein besonderes, aus einem Holzblock gefertigtes Instrument benutzt, in das eine Doppelreihe von je sechs schalenförmigen Vertiefungen eingeschnitzt ist, oder man behilft sich ganz ohne ein speziell angefertigtes Instrument und gräbt die Schalen einfach in einen Felsblock oder in die bloße Erde ein (wie im Dorf der Vallée, wo ich das Spiel auf einer, mit Alfred Métraux unternommenen Reise zur Schildkröteninsel beobachten konnte). Die Institution des »combite« andererseits – ein nach dem spanischen *convite* geformtes Wort (abgeleitet aus *convidar*: einladen, auffordern), das man auch in Kolumbien wiederfindet, wo es genau wie auf Haiti eine Versammlung von Bauern zur Ausführung einer gemeinsamen Arbeit bezeichnet – diese Institution des »combite« (d. h. die Erfüllung einer im allgemeinen landwirtschaftlichen Arbeit auf der Basis gegenseitiger Hilfe und begleitet von Musikdarbietungen, Gesängen und einem vom Nutznießer der Operation gestifteten Essen) erinnert – was auch immer ihr eigentlicher historischer Ursprung sein mag – an die in manchen afrikanischen Gesellschaften zu beobachtenden Verfahren: die gemeinsame Feldarbeit (des Rodens oder Pflügens z. B.), die von Trommeln und Gesängen begleitet und von einem Festmahl beendet wird, das Ganze auf Gegenseitigkeit beruhend und nach einem Zyklus wechselseitiger Hilfeleistungen geregelt.

Auf Martinique genau wie auf Guadeloupe stellt sich die afrikanische Kultur aus noch weiter zu klärenden Gründen in einem viel fortgeschritteneren Stadium der Zersplitterung dar als in der Republik Haiti. Abgesehen von verschiedenen, sehr allgemeinen Tendenzen im familiären Leben (übliche Vorrangstellung des Mannes, Häufigkeit einer gewissen faktischen Polygamie, Geburt zahlreicher Kinder), abgesehen von bestimmten Gewohnheiten des Ausdrucks (die Art zu lachen, Betonung der Wörter usw.) und von bestimmten Körperhaltungen (den Gesten z. B. des Tragens von Lasten auf dem Kopf oder auf der nach hinten zurückgebogenen Handfläche) – all dies Züge, die auf allen drei Inseln zu beobachten sind und zu denen man neben den Bräuchen der gegenseitigen Hilfeleistung noch den Festcharakter der Totenwachen und die dem Totenkult ganz allgemein zuerkannte Bedeutung hinzufügen muß, wird ein Afrikanist auf den französischen Antillen den afrikanischen Ur-

sprung nur in wesentlich zerstreuteren kulturellen Merkmalen wiederfinden können als auf Haiti.
Für Martinique läßt sich der »laggia« oder Kampftanz anführen, der auch »damier« genannt wird, wenn er keinen richtigen Kampf darstellt, sondern eine bloße spektakuläre Vergnügung. Der »laggia« wird von Gesängen und vom Schlagzeug, typisch negro-afrikanischen einfelligen Trommeln, begleitet; nach der Beschreibung Lafcadio Hearns wird die in horizontaler Lage befindliche Trommel (dem gebräuchlichen Ausdruck gemäß) von dem Trommler »geritten«. Er sitzt rittlings auf dem Instrument und schlägt mit seinen flachen Händen auf das Fell, auf das er außerdem noch die Ferse seines nackten linken Fußes setzt, um Dämpfereffekte zu erzielen; der hintere Teil der Trommel wird dabei gleichzeitig von einer anderen, hinter dem Instrument hockenden und mit zwei kurzen Trommelstöcken, den sogenannten »ti bois«, versehenen Person geschlagen. Die beiden Gegner, die durch die Gesänge und von den ringsum sitzenden Zuschauern angefeuert werden, führen zu Beginn eine Art von Tanz, die Mimik eines stilisierten Kampfes auf. Dann beginnt der eigentliche Zweikampf, der allerdings oft in ein bloßes Gerangel ausartet, obwohl der Stil im Prinzip – bei den Afrikanern wird ihm ein derartiger Wert beigelegt, daß er gegebenenfalls über taktische Erwägungen der Wirksamkeit den Vorrang gewinnt – bei diesem Kampf eine ausschlaggebende Rolle spielt.
Auf Martinique lassen sich gleichfalls mehrere, auf die Bäume bezügliche Glaubensvorstellungen und Praktiken feststellen, deren Ursprung man zu Recht in Schwarzafrika ansetzen kann, wo die Bäume in magisch-religiöser Hinsicht überall eine bedeutende Rolle spielen. Der Kapokwollbaum z. B., der nicht nur in Afrika vorkommt (wo er oft als die Wohnstätte von Geistern betrachtet wird), sondern auch auf Haiti (wo man ähnliche Vorstellungen mit ihm verbindet), wird als der bevorzugte Aufenthaltsort der »Teufelinnen« angesehen, weiblicher Geister, die hauptsächlich um Mittag oder nachts sichtbar werden, die Gestalt einer sehr aufreizenden Frau annehmen und auf diese Weise alle am Baum Vorbeikommenden vom Wege abbringen und gegebenenfalls, wenn sie – gebannt von ihrer Schönheit – leichtsinnig genug sind, ihr zu folgen, in einen Abgrund stürzen. Außerdem werden bei der Geburt eines Kindes die Plazenta der Mutter und die Nabelschnur vor dem Strauch beerdigt – einer Bananenstaude z. B. –, der als das Eigentum des Kindes betrachtet wird; auf Haiti stellt der Erlös aus dem Verkauf der Baumfrüchte die erste dem Kinde gehörende Sparsumme dar. In Haiti

läßt sich gleichfalls beobachten, daß der Mittelpfosten (»poteau mitan«) d. h. der geschmückte Holzposten, der die zentrale Stütze des Peristyls bildet, in dem in der Regel die Kultversammlungen stattfinden, im Vaudou-Ritual ein Element ersten Ranges darstellt. Solche Pfosten sollen auch in den Häusern bestimmter Zauberer auf Guadeloupe vorkommen und manchmal sogar von Zeichnungen umgeben sein, die mit Kreide oder Mehl direkt auf den festgestampften Erdfußboden gemalt sind – was selbstverständlich an die heiligen Zeichnungen erinnert, die bei den Vaudou-Zeremonien eine Rolle spielen. Auch bei den Schwarzen Afrikas, aber man muß hinzufügen, daß dies keineswegs nur bei ihnen der Fall ist, sondern auch bei manchen anderen, weder schwarzen noch afrikanischen Völkern, läßt sich beobachten, daß der Hauptstützpfosten des Hauses mit einer religiösen Bedeutung besetzt und oft mit symbolischen Figuren geschmückt ist.

Auf den französischen Antillen wie auch auf Haiti bemerkt man, daß die in Afrika hochentwickelten plastischen Künste bei den Nachfahren der nach dort gebrachten Sklaven sich nicht oder nur in kaum nennenswertem Ausmaße bewahren konnten. Ohne Zweifel sind die Gründe für das Verschwinden dieser Künste, für die so viele afrikanische Völker eine glänzende Begabung gezeigt haben, in den Bedingungen der Sklaverei zu suchen, in der dadurch bedingten Umwälzung des ganzen sozialen Lebens, in gewissen genau bestimmbaren Hindernissen, wie z. B. dem Verbot der afrikanischen Kulte, die dort, wo sie frei ausgeübt werden, die Anfertigung so vieler Skulpturen motivieren, oder einfach darin, daß es mangels Material oder genügender freier Zeit unmöglich war, Gegenstände zu behauen, zu schnitzen oder zu gießen. Wie dem auch sei, außer den indianischen Steinen und Terrakottafiguren aus der Zeit vor Christoph Kolumbus, außer den schmückenden Statuen in den Kultstätten der Hindus (den Nachfahren jener »coolies«, die nach der Abschaffung der Sklaverei als Arbeitskräfte angeworben wurden) oder Nippsachen ohne jeglichen künstlerischen Wert, wie z. B. den Hunden aus bemaltem Gips, die den Touristen von den Straßenhändlern in Port-au-Prince angeboten werden – außer diesen Objekten wird man heute auf den Antillen jedenfalls nur mit großer Mühe ein paar Beispiele wirklicher Bildhauerkunst finden können. Für Martinique lassen sich allerhöchstens die sehr bescheidenen Holzpferde der Karusselle anführen, die zusammen mit dem Würfelspiel, bei dem ziemlich beträchtliche Summen gewonnen oder verloren werden, eine der hauptsächlichen Attraktionen der Kirchweihfeste darstellen. In der Regel aus ein paar grob zusammenge-

fügten und mit brauner Farbe bemalten Holzteilen gefertigt und eventuell mit einem Roßhaarbüschel als Schwanz versehen, erreichen diese äußerst rudimentären Skulpturen, bei denen alles auf das unabdingbare Mindestmaß reduziert zu sein scheint, dank ihrer Kargheit eine Art von Klassizität; bisweilen sind sie ergreifend gerade durch ihre Einfachheit.
Auf Haiti begegnet man einer Volkskunst hauptsächlich in Verbindung mit dem Vaudou. Neben den Gemälden, die die Wände der Weihestätten schmücken, sind ihre bemerkenswertesten Beispiele wohl die schmiedeeisernen Menschenfiguren, die bei bestimmten Zeremonien eine Rolle spielen und von denen zwei sehr schöne Exemplare in der vom Bureau d'Ethnologie d'Haïti zusammengetragenen ethnographischen Sammlung zu sehen sind: die Darstellung des Meister Cançon Fer und der Dolch von Inglessou Bassin-Sang; daneben zwei weitere Darstellungen von Vaudou-Gottheiten: die Büste der Göttin Erzulie Boumba und die Holzstatuette von Ti-Jean Pied-fin; die beiden letzteren erinnern in ihrer Faktur in nichts an die negroafrikanische Bildhauerkunst oder jedenfalls nur auf sehr undeutliche Weise.
Obwohl es sich hierbei nicht um eine direkt an eine Tradition gebundene Kunst handelt und man eher noch als von eigentlicher Volkskunst von autodidaktischen Werken sprechen könnte, darf doch nicht unerwähnt bleiben, daß in Port-au-Prince ein Kunst-Zentrum besteht, wo unter der Leitung des Amerikaners de Witt Peters verschiedene Künstler – vornehmlich Maler – vereinigt sind, von denen die einen sich einer eigentlich haitianischen Kunst mehr oder weniger folkloristischen Charakters zuwenden, wobei der Wille zur lokalen Färbung bisweilen vielleicht etwas gefährlich Systematisches annimmt, und die anderen sich in den modernsten westlichen Techniken versuchen. Unter diesen Künstlern bleibt Hector Hyppolite, den sein abenteuerliches Leben nach Kuba, New York und Afrika geführt hat und der schließlich vor etwa zwei Jahren auf Haiti verstorben ist, der glänzendste Vertreter der heute üblicherweise als »naiv« bezeichneten Malerei; als praktizierender Vaudou-Priester hat er zu wiederholten Malen auf äußerst lebendige Weise Motive, Personen und Szenen aus dem Umkreis des *lwa*-Kultes aufgegriffen. Roland Dorcély, ein Metzgersohn, der, als ich nach Port-au-Prince kam, erst 18 Jahre alt war und der zugleich Dichter und Maler ist, kann seinerseits als eine Hoffnung jener jungen antillanischen Generation betrachtet werden, die der modernen Kunstbewegung so oft ein brennendes Interesse entgegenbringt, die aber zugleich in ihrer Insellage

gefangen bleibt und leider nicht über ausreichende Informationsmöglichkeiten verfügt.

Im Gegensatz zur Bildhauerkunst sind Musik und Tanz, die im sozialen Leben der Schwarzen Afrikas einen so hervorragenden Platz einnehmen, sowohl auf den französischen Antillen als auch auf Haiti sehr lebendig geblieben. Was Haiti anbetrifft, so sind die Trommeln, Tänze und Gesänge des Vaudou-Kultes sowie die musikalisch rhythmisierte Arbeit im Rahmen der »combite« schon erwähnt worden, und auch die »bamboches«, d. h. die rein profanen Tanzveranstaltungen, werden von Trommeln und von Gesängen afrikanischen Typs begleitet. Auf den französischen Antillen findet man neben einer im wesentlichen schwarzafrikanischen Musik (die Trommeln, auf denen die martiniquanischen »damiers« und »laggias« begleitet werden, sind hierfür ein charakteristisches Beispiel) auch eine viel bunter zusammengewürfelte Musik, die sowohl von den großen Orchestern gespielt wird, der sogenannten »großen Musik« der öffentlichen Volksbälle, auf denen die Bigine getanzt wird, als auch von den bescheideneren Orchestern der Pferdekarusselle, die gewöhnlich aus einem Klarinettisten, einem Flötisten, einem Trommelspieler mit einer zylindrischen, zweifelligen Trommel, einem *chacha*-Spieler (*chacha* bedeutet »Nagelbüchse«) und außerdem einer wechselnden Anzahl von Amateur-Mitwirkenden besteht, die mit kurzen Holzstäben auf einen Bambuszylinder trommeln, der horizontal zwischen zwei das Dach des Karussells tragenden Pfosten aufgehängt ist. Bei den Biginen-Orchestern war ich, beiläufig gesagt, sehr erstaunt über die Entsprechungen zwischen bestimmten Jugenderinnerungen, die mir der Vizebürgermeister von Fort-de-France, Georges Gratiant, erzählt hat, und dem, was die beiden amerikanischen Autoren William Russell und Stephen W. Smith in einem Aufsatz der *Temps modernes*[3] über die Anfänge des Jazz in New Orleans berichtet haben: die öffentlichen Konkurrenzkämpfe von Orchestern während der stürmischen Karnevalszeit, von Orchestern, die genau wie in New Orleans auf Karren oder Lastwagen durch die Straßen zogen und versuchten, so viel Kunden wie möglich für das jeweilige Ballhaus anzuwerben, für das sie spielten. Die Rivalität des von dem berühmten Klarinettisten Stellio geleiteten Orchesters (Stellio ist eine Zeitlang auch in Paris, beim Ball der Rue Blomet aufgetreten) mit demjenigen der Brüder Loulou, von denen einer im »Select

[3] »La musique de la Nouvelle-Orléans«, den Vereinigten Staaten gewidmete Sondernummer (11–12, August–September 1946, S. 543–568)

Tango«, am Ufer der Rivière Madame, und der andere in einem Tanzlokal der Rue du Pavé spielte, dem »Grand Casino« oder – nach dem Namen seines Besitzers – »Casino Bagoé«, diese Rivalität erinnert an die heute schon beinahe legendäre Zeit, als Buddy Bolden im Johnson-Park auftrat und, sobald er auch nur die Trompete an die Lippen gesetzt hatte, die ganze Kundschaft vom Lincoln-Park abzog, wo das Orchester seines Konkurrenzen John Robichaux spielte. Genau wie es in bestimmten Friseurläden von New Orleans angeblich Musiker gab, die die Kunden unterhielten – und war nicht Buddy Bolden selbst von Beruf Friseur? –, so geschieht es auch nicht selten, daß man in irgendeiner Straße von Fort-de-France vor einem Friseursalon vorbeikommt und eine Banjo-, Mandolinen- oder Akkordeonmelodie vernimmt, die von improvisiertem Schlagzeug begleitet wird, einem Handtuch oder einer zusammengerollten Zeitung, mit denen jemand auf irgendein Möbelstück schlägt. Obwohl es sich in diesem Fall nicht um extra angestellte Musiker handelt, sondern um den Chef selbst und seine Gesellen, verdient diese Ähnlichkeit dennoch Erwähnung: es ist darin ein Charakteristikum mehr zu sehen, das zu erkennen gibt, wie sehr die Folklore der Antillen derjenigen des ehemaligen französischen Gebietes Louisiana nahegeblieben ist, das während der Zeit des Sklavenhandels gleichfalls einen starken Zustrom von verschleppten Afrikanern erlebt hat.

Wenn das Studium der kreolischen Literatur neben Elementen schwarzafrikanischen Ursprungs schon die Präsenz einer Vielzahl von Motiven und Formen aufweist, die unserer eigenen Folklore entlehnt sind, so zeigt der bloße Blick auf den Kalender, auf die Abfolge der Feste im Laufe des Jahres und die ihnen korrespondierenden Bräuche, daß man auf den französischen Antillen und auf Haiti – in Ländern, die drei Jahrhunderte lang von unserer Kultur geprägt wurden und deren Einwohner in der großen Mehrzahl praktizierende Katholiken sind – fast vollständig all jene Marksteine der periodischen Feste wiederfindet, die bei uns hauptsächlich im ländlichen Bereich das soziale Leben gliedern und die, obwohl sie meist in direktem Bezug zum Christentum stehen, doch bisweilen noch heidnische Traditionen erkennen lassen.

Bei den offiziellen katholischen Festen und wenn man lediglich die großen Linien in Betracht zieht, kann diese Übereinstimmung als vollständig angesehen werden; nichtsdestoweniger gibt es aber doch gewisse Unterschiede, die sich einesteils von der jahreszeitlichen Verschiebung herleiten (Fehlen des Mai-Festes z. B.) und die zum anderen jener allgemeinen Regel zuzuschreiben sind, wonach auf dem Gebiet der kulturellen Kontakte eine Kultur eine andere niemals vollständig ersetzt: die durch die geschichtlichen Wechselfälle in den Hintergrund gedrängte Kultur bewahrt vielmehr einige der Züge, die ihr eigen waren, oder sie verleiht den von ihr angenommenen neuen Zügen eine noch ungekannte Färbung.

So ist für die französischen Antillen genau wie für Haiti festzuhalten, welche außerordentliche Bedeutung die Festtage des Karnevals mit ihren Maskeraden und Umzügen weiterhin besitzen, denn alle sozialen Klassen beteiligen sich an diesem Fest, das einen Moment regsten gesellschaftlichen Lebens darstellt. Eine lange Zeit der Ausgelassenheit, deren Ausdehnung eher an das erinnert, was sich noch in Afrika oder in anderen Ländern mit nicht-industrialisierter Zivilisation beobachten läßt als an die jämmerlichen Volksvergnügungen unserer Breiten, wo die Kunst der Festlichkeit offensichtlich in gänzlichem Verfall begriffen ist – ein unvermeidlicher Mangel bei einer Zivilisation, die derartig auf den Profit abgestellt ist und so sehr mit ihrer Zeit geizt, daß die Freizeit zu einer reinen Privatangelegenheit geworden ist, falls sie nicht im Hinblick auf einen politischen Nutzeffekt hin organisiert wird, und sich zunehmend nicht mehr im Sinne von Prachtentfaltung und Aufwand definieren läßt, sondern als die unabdingbare Ruhepause, die man notwendigerweise einem jeden Getrieberädchen der Maschine von Zeit zu Zeit zugestehen muß.

Allerheiligen stellt auf den 3 Inseln gleichfalls eines der wichtigsten Feste des Jahres dar. Zu diesem Anlaß versammeln sich Verwandte und Freunde, die manchmal von sehr weit hergekommen sind, auf den Friedhöfen, wo alle Gräber erleuchtet und zu regelrechten Empfangsstätten geworden sind. Auf Haiti sieht man am 2. November, dem Tag der Toten, die angeblich von den Guédé, den Totengeistern, besessenen Personen (in der Regel Frauen) in burlesker Vermummung mit Trauerkleidern einherwandeln. In der Tatsache, daß zumindest auf dem Lande die Totenwachen den Charakter eines Festes annehmen, bei dem reichlich viel Rum genossen wird – auch der Verstorbene bekommt seinen Teil davon ab –, und dies den eigentlichen Moment darstellt, zu dem die (auf Martinique »craqueu'«, Geschichtenerzähler, und auf Haiti »maît' conte«, Märchenmeister, genannten) Erzählspezialisten ihre Geschichten und Rätsel zum besten geben, ist ebenso wie auch in der großen Bedeutung, welche die Antillaner Allerheiligen beimessen, ein möglicher Rest jener Totenkulte zu sehen, die im religiösen Leben der afrikanischen Neger einen so entscheidenden Platz einnehmen.

Der »samedi Gloria« schließlich, d. h. der Ostersamstag ist überall Anlaß für eine Reihe von Praktiken, zu denen sich bei uns für diesen Tag meines Wissens keine Entsprechung finden läßt und die mit alten Fruchtbarkeitsriten in Zusammenhang zu stehen scheinen. Wenn auf Martinique die Glocken zu läuten anfangen, die wie bei uns angeblich aus Rom zurückkommen, macht man einen Kopfsprung in den Fluß oder ins Meer, oder aber man besprengt sich das Gesicht mit Wasser und besprengt auch die Anderen; man springt in die Luft, um zu wachsen; die Kinder werden aus dem gleichen Grunde vom Boden hochgehoben, und die Pflanzen werden begossen, um ihr Wachstum zu beschleunigen. Im Fischerdorf Grand-Rivière im Norden der Insel ist der »samedi Gloria« der bevorzugte Tag, an dem die Kinder das Spiel des »bois-flot« (Schwimmholz) spielen: Knaben und Mädchen vergnügen sich damit, über die Brandungswelle zu kommen und miteinander Geschwindigkeitswettkämpfe auszutragen; sie benutzen dabei als Schwimmer Stücke des »bois-flot« genannten Baumes, deren eines Ende sie schräg zugeschnitten haben und die so bemalt worden sind, daß sie den Kanus der Erwachsenen ähnlich sehen; genau wie diese Kanus (die nicht die einzigen Fahrzeuge auf den Antillen und auf Haiti sind, denen Namen gegeben werden, denn das gleiche gilt auch für die Landfahrzeuge) tragen auch die, von den Kindern zum samedi Gloria verfertigten »bois-flot« einen Namen; die Jungen von Grand-Rivière, die mich hierüber aufgeklärt haben, nannten mir den *Polarstern*, den *Nordexpreß* und die *Liebe* als Beispiele von Namen, die sie ihren Schiffchen gegeben hatten. Auf Guadeloupe ist das Scenario des Samedi Gloria ungefähr dasselbe wie auf Martinique: Nachdem man in der Kirche mit Weihwasser besprengt wurde, geht man nach Hause und badet sich in einem Wasser, in dem zuvor verschiedene Kräuter ausgelaugt worden sind, oder aber man nimmt ein »bain démarré«, d. h. man zählt sieben Wellen ab und stürzt sich dann ins Meer, wobei das Ziel der Operation darin besteht, die unheilvollen Einflüsse auszuschalten. Im übrigen wird mit Wasser und aromatischen Kräutern eine Reinigung des Hauses vorgenommen. Auf Haiti bietet der »samedi de l'eau bénite« (Weihwassersamstag) genau wie Allerheiligen die Gelegenheit, sich durch das Abbrennen von Kerzen und Lichtern auf den Friedhöfen den Toten zu nähern; darüber hinaus werden mit Stoff, Wolle usw. ausgefütterte Puppen öffentlich verprügelt, die niemand anderen als die »Juden« darstellen sollen, d. h. die Israeliten, die für den Tod Jesu Christi verantwortlich sind.

Wie man sieht, erscheint also die Zivilisation der Antillen als eine der

vielschichtigsten überhaupt. In die Form eines quasi europäischen Lebens gegossen, das durch seine Übertragung in die Tropen schon a priori etwas von seiner kontinentalen Spielart abweichen mußte, maßgeblich bestimmt von den sozialen Auswirkungen des großangelegten Zuckerrohranbaus auf Martinique und Guadeloupe (er ist der Grund dafür, daß man auf diesen beiden Inseln einer Masse von Proletariern gegenübersteht, deren Lebensbedingungen in mancher Beziehung oft schlechter sind als die der Bauern Schwarzafrikas, die zumindest im Besitz eines Stück Ackerlandes sind und trotz Kolonialisierung in vielen Fällen auch dann noch über eine größere seelische Ausgeglichenheit verfügen, wenn es ihnen in materieller Hinsicht am Nötigsten mangelt), besitzt diese Zivilisation zahlreiche Züge, die man für ursprünglich afrikanisch ansehen kann – neben den Spuren – vom archäologischen Erbe soll hier nicht die Rede sein –, die von den Indios hinterlassen wurden, welche den Archipel vor der Besiedlung durch die weißen Kolonisten bewohnten. Ziemlich schwache Spuren, die sich eher im Bereich der bäuerlichen und handwerklichen Techniken erkennen lassen als auf dem Gebiete der eigentlichen kulturellen Überlieferungen. Anbau von Maniok, Mais und Erdnüssen; Kunst der Töpferei und Formen der Korbflechterei wie etwa die sogenannten »karaibischen« Körbe und bestimmte Fischreusen; Verwendung des »gommiers« (Gummibaumes), d. h. der an beiden Enden hochgezogenen und spitz zulaufenden Piroge mit einem Mast und rechtwinkligem, von einer Querrahe gespannten Segel; Verwendung des Wurfnetzes zum Fischfang und der Hängematte, die gleichfalls ein Erzeugnis des Seilerhandwerkes ist; Gebrauch von Gift zum Fischen in den Flüssen; Zubereitung eines gegorenen Getränkes aus dem »bois mabi« – dies sind in aller Kürze die Zeugnisse, welche die Ethnographie über das fragmentarische Fortleben eines gewissen karaibischen Erbes zusammengetragen hat, Zeugnisse vom Vermächtnis eines Volkes, das im Laufe all der Wechselfälle und Schicksalsstürme, denen die Antillen ausgesetzt waren, fast vollständig verschwunden ist.[4]
Auf dem Gebiet der Kultur im geläufigen Sinne des Wortes zeigt sich heute, daß zahlreiche Intellektuelle der Antillen sich des Außergewöhnlichen bewußt geworden sind, das – obwohl keine Zivilisation ohne irgendwelche Entlehnungen von anderen Zivilisationen entstanden ist – gerade durch die sehr große Vielseitigkeit der einander gegenüberste-

[4] Die Mehrzahl dieser Angaben entnehme ich dem grundlegenden Werk von Eugène Revert *La Martinique. Etude géographique*, Paris (Nouvelles Editions Latines) 1949.

henden Elemente in einer solchen Mischung gegeben ist: das auf technische Perfektion und Rationalismus ausgerichtete christliche Europa, Schwarzafrika mit seinem ganzen Erbgut an animistischen Traditionen und den bemerkenswerten künstlerischen Fähigkeiten der Neger, das Ganze vor dem Hintergrund des indianischen Dekors jener »westindischen Inseln«, auf denen (durch die Hindus und Chinesen) sogar Asien gegenwärtig ist. In der Poesie Aimé Césaires, den literarischen und ethnologischen Schriften des so früh verstorbenen Haitianers Jacques Roumain, in der Malerei Wilfredo Lams (der auf Kuba geboren ist und von dem ein Elternteil der gelben und das andere der schwarzen Rasse angehört), in einer populären Institution wie dem Vaudou, die im übrigen zu einer Inspirationsquelle für die haitianischen Dichter und Künstler wird, zeichnet sich schon deutlich genug ab, welche glanzvollen Perspektiven der den Antillen offenbar natürliche Synkretismus zumindest auf ästhetischem Gebiet eröffnet. Unglücklicherweise verdankt sich diese so seltene Mischung keineswegs einem besonders glücklichen Geschick, das gerade den Antillen zuteil geworden wäre; sie ist vielmehr ursprünglich unter dem Zeichen der Sklaverei entstanden, und von da her lastet eine Art von Hypothek auf jenen Inseln, die trotz der juristischen Abschaffung dieser besonders abscheulichen Form der Zwangsarbeit immer noch nicht gehoben ist. In der Republik Haiti, deren Unabhängigkeit das Werk Toussaint Louvertures und des Nationalhelden Jean-Jacques Dessalines ist, auf den Inseln Martinique und Guadeloupe, die dank Victor Schoelcher von der Sklaverei befreit wurden und seit drei Jahren den Status französischer Départements innehaben, grassieren noch immer Übel, die, wie der sehr ausgedehnte Pauperismus einerseits und der Kastengeist andererseits, als direkte Folgen der Sklavenhalterzeit erscheinen.

In diesen drei Ländern scheinen allgemein die gehobenen Klassen sich mit ihrer ökonomisch besseren Stellung allein nicht begnügen zu wollen, sondern darüber hinaus den besitzlosen Massen nur Verachtung entgegenzubringen und im übrigen dazu zu neigen, sich für die einzigen »Zivilisierten« zu halten. Man könnte einwenden, daß diese Geisteshaltung in unserer kapitalistischen Welt universell verbreitet ist (betrachtet sich nicht die Mehrzahl der Bourgeois aufgrund der Kultur und der ganzen Erziehung, die sie erhalten haben, als Vertreter eines, dem Bauern oder Arbeiter überlegenen Menschentyps?); sie lastet jedoch noch schwerer auf den Antillen, insofern die in etwa mit der rassischen Diskriminierung sich deckende Klassendiskriminierung von ihren Nutznießern tendenziell als »natürlich« hingestellt wird, denn es versteht sich, daß so ungehobelte Individuen wie die Neger sich definitionsgemäß auch mit den rudimentärsten Lebensbedingungen begnügen können. Dies erklärt auch – trotz der Wunder der Natur und des Überflusses an ergreifenden menschlichen Schauspielen auf den Inseln – den Eindruck des Alptraums, dessen sich der Reisende oft nicht erwehren kann, wenn ihn seine Sensibilität erst einmal dahin geführt hat, nicht allein bei dem pittoresken Dekors stehenzubleiben, sondern den *tatsächlichen* Lebensbedingungen der Bevölkerung eine, wenn auch noch so geringe, Aufmerksamkeit zu widmen.

Hunger leidende Bauern so mancher Berge und Täler Haitis, Arbeiter, die auf den Pflanzungen der großen Weißen Martiniques »untergebracht« sind und in Hütten leben, deren Ärmlichkeit gräßlichere Züge annimmt als dies bei den afrikanischen der Fall ist: an der Anse Céron z. B., in der Nähe des Prêcheur, habe ich tatsächlich in einem Elendsquartier, dessen Dach kaum baufälliger war als das der übrigen Hütten des Viertels, ein geneigt stehendes Bett gesehen; dies sei, wie die Frau des Hauses erklärte, günstiger für den Abfluß des Wassers während der Regenzeit. Dazu kommt, daß die Krankenhäuser auf Martinique zu klein, zu alt und selbst für die elementarsten Dienste schlecht ausgerüstet sind. Das Drama der Schulen, die nicht in genügender Zahl vorhanden sind, um alle Kinder aufzunehmen, und oft in winzigen und verdreckten Räumlichkeiten untergebracht sind: in La Chapelle, einem Dorf in der Nähe des Gros-Morne, ist die Schule eine in drei oder vier Klassenzimmer unterteilte Bretterbaracke; das Zimmer für den Grundkurs trug zur Zeit der Ferien, als ich es besichtigte, eine Kreideinschrift auf einer der Trennwände: 6,25 m × 3,40 m, 20 Jungen, 18 Mädchen; woraus zu entnehmen war, daß dieser Raum von knapp 20 Quadratmetern für beinahe 40 Kinder vorgesehen war. Frauen von Fort-de-France, die als Schauerleute im Hafen arbeiten und Bananenstauden, schwere Lasten an Kohlen, Steine usw. schleppen. Brotträgerinnen, die auf den Straßen gehen und Körbe mit einer bisweilen astronomischen Zahl von Zweipfundbroten auf dem Kopf tragen.[5] Zuckerrohrschneider, die in brennender Sonne und mit nackten Füßen arbeiten, was die Verletzungen durch Zuckerrohrsplitter oder schneidende Pflanzen erklärt. Farbige mit ausgesprochen erlesener Kultur, die von der Gesellschaft der

[5] 56 ist die höchste Zahl (ein Rekord allerdings), die Dr. Etienne Montestruc, der Leiter des Institut Pasteur, auf einer Straße von Fort-de-France gezählt hat.

Weißen entfernt gehalten werden, für die vor allem Fragen des Geldes und der Hautfarbe den Ausschlag geben (wenn ein »béké« schon einmal einen Farbigen bei sich zu Hause empfängt, so läßt er ihn nicht weiter als bis auf die Veranda kommen). Einfache Angestellte der Lebensmittelkleinhändler, deren Gehalt im August 1948 noch unter dem damaligen Lebenshaltungsminimum von 6000 F für 200 Arbeitsstunden lag (in einem Land, in dem die Lebenshaltungskosten viel höher sind als in Frankreich). Armseligkeit der Märkte, von denen man zu Unrecht annehmen würde, sie entsprächen in dem Überfluß und der Vielseitigkeit ihrer Waren der tropischen Üppigkeit des Landes. Mietpreise, die sowohl auf Guadeloupe, als auch auf Martinique immer untragbarer werden: eine Bretterhütte mit zwei Räumen ohne Elektrizität und zwei, mit Wellblech notdürftig überdachten, zweifelhaften Anbauten, das Ganze an einem steilen Abhang zum Tal der Rivière aux Herbes hin gelegen, kostete die darin wohnende Frau zur Zeit, als ich Basse-Terre besuchte, die monatliche Mietsumme von 600 F. Im selben Jahr – und alles ist seitdem viel teurer geworden – kostete eine Wohnung oder ein bescheidenes Häuschen in Fort-de-France oder in den Vororten bereits zwischen 40 000 und 80 000 Francs pro Jahr. Ein Bild der Schmach und der Not, für die allerdings die französischen Antillen und Haiti nicht das Monopol innehaben, denn man findet ganze Viertel von Elendsquartieren sowohl in San Juan, einer sehr modern erscheinenden und an manchen Orten luxuriösen Stadt des amerikanischen Puerto-Rico, als auch in Saint-John, der Hauptstadt von Antigua (einer britischen Besitzung, auf der die Vereinigten Staaten einen Luftstützpunkt unterhalten, der eine regelrechte territoriale Enklave bildet).
Die am wenigsten resignierten Vertreter der antillischen Intelligenzija – d. h. diejenigen, die den Status quo nicht akzeptieren und die, obwohl sie über den begrenzten Provinz-Horizont hinausblicken, doch im Lande geblieben sind, weil sie keine Lust oder keine Möglichkeit hatten, in weniger unwirtliche Gegenden aufzubrechen, wie so viele andere – wenden sich in Anbetracht einer solchen Situation in die verschiedensten Richtungen . . . Einige von ihnen schauen nach den Vereinigten Staaten hinüber, angezogen vom Dollar und ohne zu merken (oder wahrhaben zu wollen), daß der amerikanische Einfluß nicht allein eine verstärkte rassische Segregation mit sich bringen würde, sondern daß es auch nicht einmal sicher wäre, ob er sich materiell nicht lediglich zugunsten einer hinreichend domestizierten Minderheit auswirken würde. Die Idee einer karibischen Föderation macht in den Köpfen bestimmter Personen

ebenfalls ihren Weg, so als wäre es möglich, ein ökonomisch lebensfähiges Ganzes durch den Zusammenschluß von Inseln herzustellen, von denen kaum einzusehen wäre, wie sie sich gegenseitig ergänzen könnten (denn auf allen findet man dieselben Produktionen) und als wenn eine jede dieser Inseln nicht – ob man es nun will oder nicht – eine entscheidende Prägung durch das Volk erfahren hätte, unter dessen Herrschaft sie stand oder noch steht (Amerikaner, Engländer, Spanier, Franzosen, Holländer). Wieder andere schließlich neigen dazu, ihre Probleme in einem größeren Rahmen zu sehen und sind sich darüber im klaren, daß es keiner Menschengruppe der modernen Welt darum gehen kann, ihr Heil ganz für sich allein zu suchen (jedenfalls nicht auf Dauer): sie sehen im Kommunismus den einzigen Weg, der es den antillanischen Massen ermöglichen würde, in den Vollbesitz ihrer Fähigkeiten und ihrer Identität als Menschen zu gelangen. Interessant ist, daß diejenigen der antillanischen Intellektuellen, welche sich für den letzteren Weg entschieden haben – oder zumindest die, deren Einfluß am größten ist: Jacques Roumain und Aimé Césaire –, in ihren Schriften auch ein sehr starkes Gewicht auf jene negroafrikanische Komponente gelegt haben, die lange in den Hintergrund gedrängt wurde, obwohl sie für die Kultur der Antillen eine grundlegende Bedeutung besitzt. Beim einen wie beim anderen – beide Männer gaben es schnell auf, nur Schriftsteller zu sein, denn sie erkannten schon sehr bald, daß ein Intellektueller unserer Zeit nicht bei den großen öffentlichen Konflikten abseits stehen kann und daß er vor sich selbst die Pflicht hat, für die Masse des Volkes als Aufklärer zu wirken – scheint die antirassistische Empörung gegen die rein sozial begründeten Ungerechtigkeiten eng mit dem Willen verbunden zu sein, ihre eigene Verwurzelung aufzudecken und wirklich zu Antillanern im vollen Sinne zu werden, in deren Persönlichkeit die Entfremdung durch den Konformismus gegenüber der bürgerlichen westlichen Kultur ganz überwunden wäre. Für sie wie für manche anderen Intellektuellen, die dem von ihnen gegebenen Beispiel eines militanten Humanismus gefolgt sind, ergab sich hieraus, daß sie in der Überwindung jedes ethnischen Partikularismus zu Streitern nicht nur für die vom Imperialismus geknechteten Menschen schwarzer Hautfarbe wurden, sondern für alle Kolonialisierten überhaupt und das ganze Proletariat: für die armen Verwandten, denen man bis heute eher ihren Teil am *Passivum* als am *Aktivum* unserer Zivilisation zugestehen mochte.

Ein Gedicht Aimé Césaires mit dem Titel »2. Oktober«, veröffentlicht in Fort-de-France zugunsten der Männer und Frauen Martiniques, die zu Opfern der Polizeiübergriffe geworden waren (als Vorwand für diese Ausschreitungen dienten die letzten Kantonalwahlen, die mit Hilfe eines ausgeklügelten Systems der Wahlkreiseinteilung zur weitestmöglichen Reduzierung der Vertretung der Massen in den neuen überseeischen Départements aufs genaueste vorbereitet waren), ein in der Mitte gefaltetes Blatt bescheidenen Formats mit ein paar gedruckten Zeilen, das ich vor wenigen Wochen in der Hand hatte – dieses Gedicht scheint mir in seinem geringen formalen Aufwand der ergreifendste und literarisch bewundernswerteste Ausdruck dieser Geisteshaltung:

mein Volk

wann
frei der fremden Tage
wirst du deinen ganz deinen Kopf aus den wieder atmenden Schultern treiben
und deine Sprache

der Abschied gegeben den Verrätern
den Herren den Hirten
zurückerstattet das Brot das Meer gewaschen
die Erde genommen

wann
wann nur wirst du aufhören der dunkle Spielball zu sein
beim Karneval der Anderen
oder in den Feldern der Anderen
das altüberkommene Schreckbild

morgen
wann nur morgen mein Volk
weder Präfekt noch Präfektin
die Flucht der Söldner
weder weiß noch blau
endige das Fest
der Büttel der Spitzel der Scherge der CRS

aber die Röte des Ostens im Herzen der canna indica

Volk des dann gebrochenen schlechten Schlafes
der wieder aufgestiegenen Abgründe
der gebändigten Alpträume
nächtliches Volk liebend die Wut des Donners
höher morgen sanfter und weiter

und die jagende Dünung deiner Erde
dem lösenden Pflug des Gewitters

Ein Stieropfer bei dem Vaudou-Priester Jo Pierre-Gilles* (1951)

Port-au-Prince, 19. Oktober 1948

... Mme. Rigaud soll mich morgen zu einem *houngan,* einem Vaudou-Priester, mitnehmen, der in der Gegend des Missionskreuzes wohnt. Als Bestandteil eines schon seit mehreren Tagen andauernden »Gottesdienstes«, in dessen Rahmen auch ein dem Gott *Agwé* geweihtes kleines Schiffsmodell auf See hinausgeschickt worden war, gibt er an diesem Tage ein Mahl. Es handelt sich dabei um einen *houngan,* der, wie Mme. Rigaud meint, zwar etwas kommerziell geworden ist (wie es übrigens bei den meisten der Fall ist), bei dem die Zeremonie aber – aufgrund des entfalteten Aufwandes und der zahlreichen *houngan* und *mambo,* die zusammen mit ihren Gefolgsleuten daran teilnehmen – sicherlich von großem Interesse sein wird.[1]

* Die folgenden Zeilen sind fast unverändert den Aufzeichnungen entnommen, die ich als Abgesandter des Außenministeriums (Sektion für kulturellen Austausch) im Rahmen der Aktivitäten des von Simon B. Lando geleiteten französischen Institutes in Port-au-Prince während eines Aufenthaltes auf Haiti vom 24. September bis zum 26. Oktober 1948 niedergeschrieben habe.
Mein Dank geht an meine Freunde Alfred Métraux vom Départment des Sciences Sociales bei der Unesco und an Mme. Odette Mennesson-Rigaud, die mich beide in die Kreise der haitianischen Vaudou-Anhänger eingeführt haben: Ihnen habe ich es zu verdanken, wenn ich in einem Zeitraum, der für tiefergehende Studien zu beschränkt war, doch zumindest einige Beobachtungen habe machen können, die mir im Hinblick auf die Erforschung der afrikanischen Besessenheitskulte interessante Vergleichsmomente geliefert haben: Derartige Kulte findet man deutlich ausgeprägt auf mehreren Inseln der Antillen und in manchen anderen Gegenden der neuen Welt wieder, wo sie einen Teil der kulturellen Erbschaft der zur Zeit des Sklavenhandels nach Amerika gebrachten schwarzen Bevölkerung darstellen.
Für die Abfassung der zusätzlichen Kommentare – die keineswegs das Resultat einer systematischen Untersuchung sind – habe ich die beiden folgenden, von haitischen Autoren geschriebenen Arbeiten verwandt, die es mir erlaubten, meine eigenen Beobachtungen partiell zu kontrollieren und zu vervollständigen: Milo Marcelin, *Mythologie vodou (rite arada),* 2 Bde., Port-au-Prince (Editions Haïtiennes) 1949; Pétionville (Editions Canapé-Vert) 1950. Louis Maximilien, *Le Voudou haïtien (rite radascanzo),* Port-au-Prince (Imprimerie de l'État).

1 *Houngan* und *mambo:* Namen, mit denen man die Priesterinnen und Priester des Vaudou-Kultes bezeichnet. Ihre Gehilfinnen und Gehilfen werden *hounsi* genannt. *Agwé:* Gott des Meeres. Die *houngan* sind dazu verpflichtet, jedes Jahr eine Reihe von Opfern oder »Mählern« *(mangers)* für die verschiedenen *lwa* oder Geister zu geben, denen sie »dienen« – d. h. von denen sie regelmäßig besessen sind, denen sie einen Kult weihen und mit denen sie folglich in beständiger Verbindung stehen. Nach Mme. Rigaud sollen die im vorausgegangenen Jahr von Jo Pierre-Gilles zelebrierten »Gottesdienste« *(services)* prächtiger gewesen sein als die diesjährigen, für deren Teilnahme ich ihr nichsdestoweniger großen Dank schulde. <Die in Klammern stehenden, kursiv gesetzten Ausdrücke sind die entsprechenden kreolischen Termini.>

1. Ein Besessener. (Photo: A. Métraux).

20. Oktober

... Gegen halb zehn kommt Mme. Rigaud mit ihrem Auto, um mich abzuholen. Wegen des Regens (der möglicherweise die vorgesehene Zeremonie verzögert, wenn sie nicht überhaupt ganz aufgeschoben werden muß) hat sie sich etwas verspätet. Sie erklärt mir, daß der *houngan,* zu dem wir fahren, Jo Pierre-Gilles heißt und daß sein *hounfor* sich in der Nähe desjenigen von Mme. Ildevert befindet. Er besitzt neben seinen Familien-*lwa* auch noch »gekaufte« *lwa,* soll angeblich »beidhändig arbeiten« und wird sogar mehr oder weniger für einen Werwolf gehalten.[2]

[2] *Hounfor:* Weihestätte des Vaudou mit den dazugehörigen Komplexen (Gebäuden und eventuell Anbauflächen), die zusammen das Anwesen eines Priesters, einer Priesterin oder eines Paares Priester-

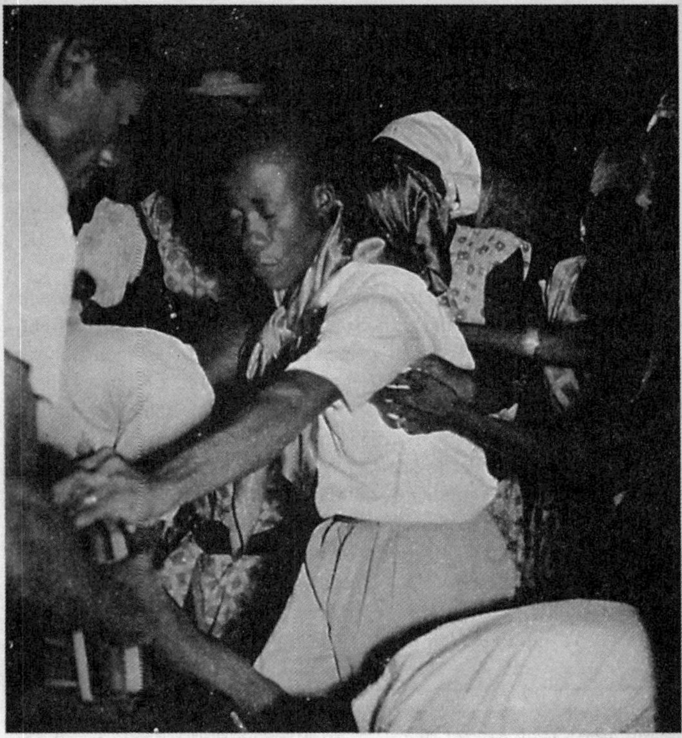

2. Eine Assistentin hilft einem Besessenen (Photo: P. Verger).

Das heutige »Mahl« ist für *Ogoun Badagri* bestimmt, dessen Symbolfarbe Rot ist.[3]

Priesterin ausmachen. Mme. Ildevert war zur Zeit meines Aufenthaltes auf Haiti eine der reichsten *mambo* in der Umgebung von Port-au-Prince. Familien-*lwa:* Geist, den man geerbt hat. »Gekaufter« *lwa:* Geist, den man zur Ausübung der Magie erworben hat. »Beidhändig arbeiten«: zugleich die weiße Magie (mit der rechten Hand als der heilbringenden Seite) und die schwarze Magie (mit der linken Hand, als der unheilbringenden Seite) ausüben. Wie die mehrzahl der *houngan* übt auch Jo Pierre-Gilles den Beruf eines Heilspezialisten aus und steht außerdem in dem tristen Ruf, ein Hexenmeister oder Werwolf zu sein.

3 *Ogoun Badagri:* Kriegsgott. Man stellt ihn in militärischem Gewande und mit einem Säbel in der Hand dar. Er liebt den Rum und raucht dicke Zigarren.

Wir machen in der Stadt halt, um eine für unsere Gastgeber bestimmte Flasche Rum zu erstehen, und fahren dann zum Missionskreuz, von wo aus wir der linken Straße folgen bis zur Einmündung des kleinen Sträßchens, das zwischen dem *hounfor* von Mme. Ildevert und ihren Besitzungen hindurchführt. Ein etwa dreißigjähriger, in Lumpen gekleideter Mann mit schiefstehenden Zähnen erwartet uns dort.
. . .Die besagte Person führt uns auf einem sehr schlammigen Pfad, der links an dem Gelände des *hounfor* Ildevert vorbeiführt und eine Reihe von Feldern oder Gärten durchquert, bis hin zum Anwesen Jo Pierre-Gilles, wo sich erst wenige Leute eingefunden haben.
Mme. Rigaud stellt mich Pierre-Gilles vor, der mit einer hochgekrempelten Hose aus gelblichem Drillich und einem gleichfarbigen Hemd bekleidet ist und als Kopfbedeckung einen riesigen, mehrfarbigen Bauernstrohhut trägt: ein hagerer, mittelgroßer Mann mit kalten lebhaften Augen und hervorstehenden Backenknochen. Er ist nicht sehr dunkelhäutig und hat jenes leicht mongolische Aussehen, das man bei vielen Menschen hier beobachten kann. Ich bin ziemlich sicher, in ihm den *houngan* wiederzuerkennen, der anläßlich der Einweihungsfeier bei Clerzinie zusammen mit dem *houngan* François die Zeremonie leitete und auch die Oberaufsicht über das Ganze innezuhaben schien . . .[4]
Von den Orten, zu denen mich Mme. Rigaud geführt hat, sind, aus der Erinnerung, mehrere *bagui*[5] zu erwähnen, die oft verschiedene Altäre oder *pè* enthalten. In derselben *caye* und nur durch einen Vorhang von-

[4] Alfred Métraux, der am 23. Oktober mit mir zusammen einem anderen, diesmal zu Ehren von *Simbi,* dem Gott der Quellen, gegebenen Stieropfer beiwohnen sollte (einem Opfer, das zur selben Reihe von »Mählern« gehörte), beschreibt Jo Pierre-Gilles folgendermaßen: »intelligentes, kaltes, leicht spöttisches Gesicht, sehr jung wirkend«. Als ich am 25. September an der Einweihungsfeier des *hounfor* teilnahm, den eine gewisse Clerzinie im Viertel der Salinen in Port-au-Prince soeben eröffnet hatte, fiel mir meinerseits die ausnehmende Eleganz dieses doch sehr einfach gekleideten und schon verhältnismäßig alten Mannes auf: »Ein anderer *houngan* greift mit ins Geschehen ein, eine sehr elegante Gestalt, in Hemdsärmeln und mit heruntergeschlagener Hutkrempe wie die anderen.« Der große Strohhut mit Farbbändern (bzw. aus verschiedenfarbigem Stroh wie derjenige, den Jo Pierre-Gilles am 20. Oktober trug und der sich im übrigen sehr von dem Stadthut des 25. September unterschied) ist eine von den »Bewohnern« der Berge getragene Kopfbedeckung, die zu den Attributen des bäuerlichen Gottes *Zaka* gehört. Anzumerken ist hierbei, daß Jo Pierre-Gilles Mme. Rigaud zufolge unter dem Namen *Zaka* »schlechte *lwa* verdeckt«, d.h. verbirgt, in deren Dienst er steht. »Schlechte *lwa*« sind *lwa*, die wie diejenigen von der Art der *Zaka* leichter als andere zu unheilvollen Zwecken gebraucht werden können, die man jedoch nicht eigentlich selbst als böse oder schlecht bezeichnen könnte, denn ein *lwa* ist an sich weder gut noch schlecht.

[5] *Bagui:* Der Teil des *hounfor,* der das Allerheiligste bildet und in der Regel aus einem Raum besteht, der hinter dem sogenannten »Peristyl«, einer Art von weiträumiger Veranda, gelegen ist. In jedem *hounfor* gibt es mehrere *bagui,* die man auch *caye mystère,* »Haus der Mysterien (anders gesagt: der Geister)« nennt.

3. Der Kriegsgott Chango aus der Familie der lwa-Nago. Wandbild.

einander getrennt befinden sich unter anderem: ein linksstehender, *Ayda* und *Damballah Wedo* geweihter Altar (auf jede der rechtwinklig aufeinandertreffenden Wände ist eine Schlange und ein Regenbogen gemalt – die erstere für *Ayda,* der letztere für *Damballah* – sowie ein gelbes, ebenfalls gemaltes Ei, das genau in den Winkel gesetzt ist)[6] und ein rechtsstehender, *Ogoun Badagri* geweihter Altar, dessen rotgrundierte Wandflächen mit Verzierungen bedeckt sind. Eine andere, *Agwé* geweihte *caye:* die linke Seite des Altars ist mit Muscheln besetzt (ähnlich den Lambi, aber kleiner), auf dem Altar steht an der linken Wand eine Trompete, gegen die Wand sind zwei blau angemalte Ruder *(zavirons)* gelehnt; unmittelbar rechts neben dem Muschelteppich ein großes, blau bemaltes Horn der Lambischnecke.[7] Eine dritte, *Zaka* ge-

[6] *Damballah Wedo:* Gott der Fruchtbarkeit, dessen Embleme die Natter und das Ei sind. Seine Gemahlin ist *Ayda Wedo,* die Göttin des Regenbogens.

[7] Das Horn der Lambischnecke wird sowohl in Haiti als auch auf den französischen Antillen als Blasinstrument verwendet; da es aus dem Meer stammt, symbolisiert es den Gott *Agwé* genau wie die anderen Muscheln, die um das Wasserbecken herumgelegt sind, welches sich auf der linken Seite der, den Altar bildenden gemauerten Bank befindet. Ein paar Tage vor der beschriebenen Zermonie, am 5. Oktober, als wir mit einem Segelschiff an der Küste der Schildkröteninsel entlangfuhren, hatten meine Kameraden und ich gesehen, wie einer unserer Seeleute in ein Lambihorn stieß, um die Brise herbeizulocken und uns aus der totalen Windstille zu erlösen. Genau wie die Ruder ist auch die Trompete eines der Attribute von *Agwe,* dessen Embleme außerdem das Schiff und der Fisch sind und dessen Symbolfarbe das Blau ist.

weihte *caye:* an der linken Wand sind mehrere Bauernstrohhüte und Korbtaschen mit Troddeln befestigt, eine Tasche ähnlicher Machart ist mit weißer Farbe auf die hintere Wand gemalt;[8] auf der rechten Seite ist eine Art von Becken in den Altar eingelassen: eine dort sich aufhaltende ältere Frau, sicher eine *hounsi,* schöpft mit einer verzierten Kürbisflasche Wasser aus dem Becken, damit wir – zuerst Mme. Rigaud und dann ich – Trankopfer vornehmen können: ein wenig Wasser nach links, ein wenig Wasser nach rechts, ein wenig Wasser in die Mitte; wir machen das beide zweimal, zuerst vor dem linken und dann vor dem rechten Teil des Altars.[9]

In einer jeden dieser *caye* ist vor dem Altar ein kreisrunder Graben gezogen; mehrere von diesen Gräben enthalten Speiseüberreste (Knochen vor allen Dingen) und Blätter[10]

Wir besuchen gleichfalls ein Erzilie geweihtes Schlafgemach mit ihrem Toilettentisch.[11]

Unter den zahlreichen Farbbildchen, die die verschiedenen *caye* ausschmückten, fiel mir ein alles andere als religiöses Bild auf, das zwei nackte Frauen an einem Flußufer vorstellte und in einer der *caye* in zweifacher Ausfertigung vorhanden war.[12]

[8] Die Korbtaschen gehören zum Hausrat der Bauern und zählen deshalb auch zu den Attributen von *Zaka.* Bei Jo Pierre-Gilles ist die *caye* der *Zaka* zugleich *Baron Samedi,* dem Gott der Friedhöfe geweiht. Alfred Métraux notiert am 23. Oktober (einen Tag nach dem Opfer für die *Guédé,* die Todesgottheiten, zu denen auch *Baron* gehört): »Der Altar ist schwarz bemalt und trägt ein schwarzes Kreuz mit versilberten Lampen [Attributen von *Baron*]. Die eine Seite des Altars wird von einer Vertiefung eingenommen, die eine Art Becken bildet. Auf dem Kreuz hängen Bauernstrohhüte. Vor den Altar ist ein *vèvè* [eine heilige Zeichnung] gemalt worden.« In dieser *caye* sind zwei Fahnen aufgestellt, deren Stangen statt des gewöhnlichen liegenden S an der Spitze die Darstellung eines Vogels tragen. Der Altartisch ist auf der linken Seite mit Zeichnungen nach der Art des *vèvè* geschmückt, die wahrscheinlich Vögel mit ausgebreiten Flügeln darstellen; auf der rechten Seite des Altars befinden sich rechts und links von dem Becken und ein wenig nach vorne gesetzt zwei meilensteinartige, unregelmäßig geformte Klötze – der linke größer als der rechte –, die in einer ziemlich gebrochenen, aber doch mehr ins Ocker gehenden Farbe bemalt sind. Hinter dem linken Klotz ist im Hintergrund ein vom Wasser geformter Stein (oder eine schwere Hacke aus geschliffenem Stein?) aufgestellt und mit seiner Grundseite in den Altartisch eingelassen. Einer der *Zaka, Azaka Médé,* wird »Donner-Azaka« genannt, was vielleicht die geschliffene Hacke erklärt, die an die in den afrikanischen Regenriten so häufig verwandten »Steine des Blitzes« erinnert.

[9] Noch vor jedem Trankopfer wird der Krug »ausgerichtet« *(orienter)* d.h. man hält ihn nacheinander in alle vier Himmelsrichtungen *(orients).* Die Opfertiere (Hähne, Ziegenböcke) werden gleichfalls »ausgerichtet«.

[10] Die zur Aufnahme der Opferspeisen dienenden Gräben werden in der Folge zugeschüttet: das dem Gott bestimmte »Mahl« wird so »beerdigt«.

[11] *Erzilie:* Göttin der Liebe, die unter anderem *Damballah Wedo, Agwé* und *Ogoun Badagri* zu Liebhabern gehabt hat. Schmuckgegenstände und Toilettenaccessoires sind ihre Attribute, und ihr Emblem ist das Herz.

[12] Die Wände der *caye mystère* sind gewöhnlich mit katholischen Andachtsbildern geschmückt: Sie

Es gibt bei Jo Pierre-Gilles zwei »Peristyle«: das eine *pétro,* das andere *rada,* in dem auch die heutige Zeremonie stattfindet. Seine hintere Wand trägt – zwischen zwei gemalten Wappen von Haiti mit dem Motto »Einigkeit macht stark« – eine Inschrift und eine dazugemalte Windrose: »Gesellschaft des Polarsternes, der den vier Himmelsrichtungen vorsteht. Das ist Agouet-Minfort Ayannan-Minfort. Es lebe der heilige Jakob von der heiligen Familie.« Auf dem rechten Teil der Wand hängt ein Photo des Präsidenten Estimé und die ganze Decke ist mit kleinen, teils roten, teils blauen Papierfähnchen geschmückt . . .[13]
Im Laufe unserer Besichtigung zeigt mir Mme. Rigaud auch mehrere von einer gemauerten Umrandung eingefaßte »Ruhealtäre« sowie ein Kreuz aus schwarzem Holz, das in einer isolierten, nischenartigen Vertiefung steht und an die üblicherweise *Baron* geweihten Kreuze erinnert.[14]
Frau Rigaud führt mich auch zu einer Hütte, in der sich seit mehreren Tagen eine große, sehr dunkelhäutige und noch recht junge Frau von intelligentem Aussehen aufhält: eine gewisse Mme. . . . , eine begüterte Frau aus der Gegend von Thomazeau, die gekommen ist, um als Dank für Pierre-Gilles Pflege bei der Folge von »Gottesdiensten« helfend mitzuwirken.[15]
Wir kehren zum Peristyl *rada* zurück. An der Wand des Eingangs stehen Tische mit den üblichen Speisen (Brot, Zwieback) und Getränken.[16]

stellen Heilige vor, mit denen die Vaudou-Gottheiten synkretistisch in eins gesetzt werden. Mir ist nicht bekannt, auf welche *lwa* sich das Bildchen mit den beiden nackten Frauen bezog.

13 Es gibt zwei hauptsächliche Riten zum Dienste der *lwa: rada* (der Ritus, der den afrikanischen Traditionen anscheinend am nächsten steht – was in seinem von »Allada«, einer in religiöser Hinsicht sehr bedeutenden Stadt in Dahome, abgeleiteten Namen zum Ausdruck kommen soll) und *pétro* (der zur schwarzen Magie neigt und dessen Entstehung wahrscheinlich jüngeren Datums ist). Bei Jo Pierre-Gilles grenzt die *Damballah Wedo, Ayda Wedo* und *Ogoun Badagri* (sowie *Ossangne,* einem weiteren Gott aus der Reihe der *Ogoun,* und *Agassou,* einer Süßwassergottheit) geweihte *caye* unmittelbar an das den *radà*-Zeremonien vorbehaltene Peristyl an. Dasselbe gilt für die *caye* der *Agwé,* während die von *Zaka* und *Baron* sowie eine weitere, den *Simbi* geweihte *caye* (in der zahlreiche magische »Pakete« *(paquets)* aufgestellt sind) neben dem Peristyl *pétro* liegen. Das Personal des *hounfor* bildet zusammen eine »Gesellschaft«, deren Namen, gemeinsam mit dem »Heldennamen« *(nom vaillant)* oder Pseudonym des *houngan* (in diesem Falle »Agouet-Minfort Ayannan-Minfort«) in der Inschrift wiedergegeben ist. Der hier erwähnte »heilige Jakob« ist wahrscheinlich der heilige Jakob der Ältere, der mit dem Oberhaupt der Ogoun gleichgesetzt wird. Das Wappen der Republik Haiti und das Porträt des Staatschefs gehören zu der üblichen Ausstattung eines *hounfor.*

14 Jeder Geist hat seinen »Ruhealtar« (reposoir), d.h. einen Baum oder eine Pflanze, die als sein bevorzugter Aufenthaltsort angesehen werden.

15 Mme . . . bot uns vorzüglichen Kaffee an, der von einer sie begleitenden Dienerin zubereitet wurde.

16 Diese Tische bilden eine Art Buffet, an dem sich die Gläubigen im Laufe der Zeremonie gegen ein Entgelt stärken können.

Ein Mann, den mir Mme. Rigaud als *houngan* vorstellt und der in der Folge auch die Gebete spricht, den Bock tötet und dem Stier den Halfter anlegt, ist damit beschäftigt, mit weißem Mehl einen *vèvè* zu zeichnen. Dieser *vèvè* besteht im wesentlichen aus einem großen, gleichseitigen Dreieck, dessen Spitze den »Mittelpfosten« berührt und dessen Basis dem Eingang zugewandt ist. In der Mitte des Dreiecks eine sinnbildliche Darstellung des Stieres: Sein Körper ist abwechselnd mit vertikalen Streifen und dem in Afrika so verbreiteten Zickzackmuster geschmückt; über dem Stier das freimaurerische Symbol des Kompaß mit eingeschriebenem Winkelmaß; darunter ein in horizontaler Lage dargestellter Säbel.[17] Um den Pfosten herum ist ein vergilbter Palmenzweig gewunden.

Kurz nach 11 Uhr, als der *vèvè* fertiggestellt ist, kommt ein Mann in die Mitte des Peristyls und läutet wie zum Signal eine Glocke. Dann geht ein anderer mehrere Male außen um das Peristyl herum und schlägt dabei in regelmäßigen Abständen auf ein *ogan.*[18] Dem Signal folgend, beginnen die *hounsi* und die Gäste herbeizuströmen.

Unter den Gästen mehrere *houngan* und *mambo* – unter anderem Mme. Ildevert, gelassen und majestätisch wie immer, mit ihrem Strohhut und ihrem schwarzen Kleid mit weißen Blümchen; Mme. Elie (die ehemalige Mme. Henri), eine berühmte *mambo,* die schon seit Beginn da ist und eine hervorragende Stellung einzunehmen scheint; ein großer Koloß mit dickem Bauch, sehr schwarz und mit einem dichten grauen Schnurrbart. Die *hounsi* tragen alle kurze Kleider aus weißem, sehr sauberem Stoff.[19] An sie und viele der anwesenden Frauen werden große

[17] Jeder *lwa* hat ein bestimmtes *vèvè,* eine emblematische Zeichnung, die ihm eigen ist und die bei jeder Zeremonie, an der er beteiligt ist, auf den Boden gemalt wird. Der hier beschriebene *vèvè* enthält außer dem Säbel von *Ogoun Badagri* und den (bei dieser Art von Figuren häufigen) freimaurerischen Symbolen als wichtigstes Motiv ein Konterfei des Opfertieres. Da der *houngan,* der den *vèvè* gezeichnet hatte, die Geschlechtsteile des Stieres vergessen hatte, machte Mme. Rigaud eine anwesende *mambo* (Mme. Elie, alias Mme. Henri) mit einem Scherz darauf aufmerksam: »Ist das tatsächlich ein Stier, den ihr da opfern wollt?« Woraufhin alle lachten und der Zeichner sich beeilte, das Versäumte nachzuholen. Der »Mittelpfosten« (poteau mitan) ist der im allgemeinen reich geschmückte zentrale Pfosten, der das Dach des Peristyls trägt. Sein unteres Ende ist von einem runden, gemauerten Block umgeben, der den Sockel bildet und auf den bei den Zeremonien – zusammen mit einer brennenden Kerze – die Vase mit Wasser, der Teller mit Mehl und weiteres rituelles Zubehör gestellt werden.

[18] Der *ogan,* ein in der linken Hand gehaltenes Glöckchen aus Eisen, das mit einem in der rechten Hand gehaltenen Stock angeschlagen wird, ist ein Bestandteil des Orchesters der *rada*-Zeremonien, dessen wesentlichster Bestandteil eigentlich drei Trommeln sind.

[19] Diese kurzen Kleider, die in den *hounfor* in der Regel heute von den *hounsi* getragen werden, hält Mme. Rigaud für häßlich; sie zieht ihnen die langen Kleider nach der früheren Mode vor, wie sie noch in bestimmten ländlichen und traditioneller gebliebenen *hounfor* getragen werden. Bei dem *houngan*

Schleifen aus roten (Ogoun-farbenem) Stoff verteilt, die sie an ihre Bluse stecken. Einige von ihnen tragen über der Schulter einen roten Schal. Auf der Seite des Eingangs sitzt ein bürgerliches Ehepaar: Leute von ungefähr 30 Jahren oder etwas mehr, er in einem sehr korrekten Anzug aus Kaki-Tuch, sie mit einem Straßenkleid und einer roten Schleife im Haar.

Keine Trommler, denn es ist Werktag. Musik wird unter anderem mit einer Kiste gemacht, die auf der Vorderseite eine runde Öffnung hat; vor dieser Öffnung sind breite Lamellen aus Metall angebracht, die an die afrikanischen Sanzas erinnern. Während ein Mann diese Lamellen in Schwingung versetzt, schlägt ein zweiter, rechts von ihm sitzender Mann mit zwei kurzen Schlagstöcken auf die – von den Zuschauern aus gesehen – linke Seite der Kiste; ein dritter ist mit einem *ogan* versehen.[20]

Die *hounsi* stehen meist hinter dem Orchester. Vor dem Orchester befindet sich wie gewöhnlich die *hounguénikon,* eine große magere und ziemlich alte, aber sehr dynamische Frau.[21]. Ingesamt sind ungefähr 50 *hounsi* zugegen.

Die erste Folge von Gesängen beginnt mit: »Famille, semblez!«[22]

In der Nähe des rechten Eingangs[23] wird draußen ein prächtiger, feuerfarbener Ziegenbock angebunden; man hängt ihm eine scharlachrote

André Baskia (der in Port-au-Prince in der Nähe der Rundfunkstation einen ziemlich luxuriösen *hounfor* leitete und im übrigen für seine etwas besonderen Sitten bekannt war) habe ich selbst drei, Fahnen tragende *hounsi* gesehen, die lange, aus mehrfarbigen und anscheinend sehr alten Stoffen gefertigte Kleider anhatten.

20 Die Vaudou-Versammlungen sind in Port-au-Prince offiziell nur Samstags und Sonntags abends gestattet. Deshalb werden die (zu lauten) Trommeln die Woche über durch das *manounba* genannte Instrument ersetzt. Die Musiker saßen mit dem Rücken zu den *caye mystère,* am äußersten Ende des Peristyls, auf der dem Eingang gegenüberliegenden Seite.

21 *Hounguénikon:* Chorleiter und Vortänzer, ein Mann oder eine Frau, die in der Hierarchie unmittelbar nach dem *houngan* oder der *mambo* kommen. Er (oder sie) ist mit einem *asson,* einer als Klapper dienenden Art von Kürbisflasche versehen.

22 Nach Louis Maximilien (op. cit., S. 94–95) lädt der Gesang

La famille, semblez, agoe
Eya! guinin va aider nous

die von den Adepten gebildete Gemeinschaft dazu ein, sich zusammenzufinden. Der Ausdruck »guinin« (Guinea) bezeichnet Afrika und die Götter der Ahnen.

23 Das Peristyl ist in diesem Falle ein mit einer seiner Schmalseiten an die »Häuser der Mysterien« angrenzendes Rechteck: der Haupteingang befindet sich gegenüber, in der Mitte der anderen Schmalseite; das Peristyl ist mit einem Dach bedeckt, das von mehreren Pfosten – darunter dem »Mittelpfosten« – und auf den beiden großen Seiten sowie auf der Eingangsseite von dünneren Holzpfählen getragen wird; die Pfähle übersteigen eine etwa 1 Meter hohe Umfassungsmauer, die auf der vom Eingang aus gesehen rechten Seite zwei Durchlässe hat. Hier handelt es sich um den Durchlaß, der den *caye mystère* am nächsten liegt.

Satteldecke über und windet einen rosa Schal um seine Hörner. Mehrere große Hähne (vier?) mit buntscheckigen, aber doch überwiegend feuerfarbenen Federn werden von *hounsi* gehalten.[24]
Ankunft des »la place« (eines jungen Negers mit weißem Hemd und weißer Hose, der selbst *houngan* ist, wie Mme. Rigaud mir erklärt) und der beiden Fahnenträger.[25] Die üblichen Begrüßungen: Küssen des Bodens, zu zweit oder zu dritt ausgeführte Drehungen um die eigene Achse[26], Küssen des Säbels des »la place«, der Fahnenstange und der Fahne, Küssen des »Mittelpfostens«. Die Küsse werden in der Regel zu dritt gegeben.
Die Musik setzt aus und die Gebete beginnen: Anrufung der katholischen Heiligen zunächst und dann der *lwa.*
Musik und Gesänge gehen weiter. Verschiedene Trankopfer werden dargebracht und an mehreren Punkten des *vèvè* werden Opfergaben niedergelegt: Wasser, Drei-Sterne-Rum Barbancourt, Sirup, Kaffee, Körner, Mehl.
Anschließend werden alle Anwesenden eine kürzere oder längere Zeit lang mit den Hähnen »ventiliert« *(ventaillés):* eskortiert von den beiden Fahnenträgerinnen nimmt der »la place« selbst das »Ventilieren« *(ventaillage)* vor: Er hält einen Hahn in jeder Hand und führt mit einer synchronen Bewegung der beiden Arme die Hähne am Körper der jeweiligen Person entlang, zuerst von oben nach unten und dann von unten nach oben.[27]

[24] Fell (oder Federkleid) und Ausschmückung der Opfertiere sind, der Symbolfarbe der Ogoun entsprechend, rot.

[25] Der »la place« oder Zeremonienmeister wird von zwei Frauen begleitet, die die Fahnen mit den Emblemen der zu ehrenden Geister tragen.

[26] Die Begrüßung mit einer (in dem Verb »virer« ausgedrückten) Drehbewegung wird der Reihe nach von allen bedeutenden Adepten und Anwesenden ausgeführt (die von dem »la place«, dem *houngan,* der *mambo* oder irgendeinem Eingeweihten im Zustand der Besessenheit zu dieser Begrüßung aufgefordert werden). Ausgeführt wird sie auf die folgende Weise: Der »Obere«, der die Begrüßung entgegennimmt, indem er die linke Hand des vor ihm stehenden »Unteren« mit seiner erhobenen rechten Hand festhält, läßt ihn langsam eine doppelte Drehung in einer Richtung beschreiben (die durch eine leichte Beugung der Kniekehlen der sich gegenüberstehenden Partner beschlossen wird) und dann anschließend in der Gegenrichtung dieselbe Doppeldrehung ausführen (die entweder auf dieselbe Weise beschlossen wird wie die vorherige oder aber mit einem Kniefall des Unteren endet, der nahe den Füßen des Oberen die Erde küßt und von diesem wieder aufgerichtet wird, wobei die ganze Zeit über die rechte Hand des Oberen seine linke Hand nicht losgelassen hat). Man kann auch zwei Personen gleichzeitig »drehen« *(virer),* indem man mit der rechten Hand die linke der einen und mit der linken Hand die rechte der anderen festhält. Das Ganze vollzieht sich im Takt, nach dem vom Orchester vorgegebenen Rhythmus.

[27] In einer ähnlichen Operation werden die Hähne über den Kopf und die Schulter des Patienten hinweggehoben, wobei erst der eine und dann der andere Arm bewegt wird. Dieses Verfahren wird »pas-

Nach dem »Ventilieren« werden die Hähne wieder Mme. Elie übergeben, die sie alle miteinander an den Opfergaben picken läßt.
Der geschmückte Ziegenbock ist ins Peristyl geführt und an einen Pfosten links vor dem Orchester angebunden worden. Zerstäubung von Rum mit dem Mund.[28] Die Spannung steigt: Das Spiel des Orchesters und die Gesänge werden wilder. Mehrere *hounsi* geraten in Trance, wanken, brechen schreiend in den Armen ihrer Gefährtinnen zusammen. Tanzend, springend, singend, die Arme hochwerfend, schreiend und gestikulierend nehmen sie das ganze Peristyl ein.
... Einer der *houngan* gießt auf der Seite des Orchesters, in der Nähe des Mittelpfostens Rum auf den Boden und zündet ihn an. Die tanzenden *hounsi* zertrampeln die Flammen mit ihren nackten Füßen und eine etwas ältere von ihnen durchschreitet das Feuer mit zur Schau getragener Langsamkeit, tritt mitten in die Flammen hinein ...[29]
Nach den Hähnen hinüberblickend bemerke ich, daß sie inzwischen getötet worden sind und jetzt auf dem *vèvè* liegen. Wie Mme. Rigaud mir erklärt, sind sie auf die übliche Weise getötet worden durch Brechen der Glieder, Herausreißen der Zunge und Umdrehen des Halses.[30]
Jetzt ist der Ziegenbock an der Reihe. Man bindet ihn los und führt ihn in die Nähe des *vèvè*, wo er mit Rum besprengt und mit Maismehl und

ser« genannt, wohingegen man »ventailler« sagt, wenn sich die beiden Arme auf die beschriebene Weise synchron zueinander bewegen. Louis Maximilien (op. cit., S. 107) zufolge ist diese Operation »eine symbolische Art, den Kontakt zwischen den Menschen und den zu opfernden Tieren herzustellen«. Bei beiden Verfahren (»ventailler« und »passer«) – genau wie bei dem Tanz, der der einen oder anderen dieser Operationen vorausgeht – werden jeweils die Beine der beiden Hähne in einer Hand zusammengefaßt; der Kopf hängt nach unten und die Flügel öffnen sich in einer natürlichen Bewegung.

[28] Diese *foula* genannten Pulverisierungen geschehen auf die folgende Weise: Der *houngan* (oder sonst ein Eingeweihter von gewissem Rang) gebraucht seinen Mund, den er zuvor mit scharf gewürztem »clairin« (weißem Rum) gefüllt hat, wie eine Sprühdüse, indem er mit geblähten Backen einen Nebel feinster Tröpfchen ausbläst. Er wiederholt dies mehrere Male und in alle Richtungen. Wenn er nach rechts hin bläst, wirft er mit einer arroganten Bewegung seinen rechten Vorderarm über die linke Schulter und dann mit derselben Bewegung seinen linken Vorderarm über die rechte Schulter, wenn er nach links bläst. Ein starker Geruch von Alkohol und Gewürz verbreitet sich auf diese Weise im ganzen Peristyl.

[29] Wie alle *Ogoun* (und insbesondere *Ogoun Feraille,* der Schutzpatron der Schmiede) steht auch *Ogoun Badagri* mit dem Feuer in Verbindung.

[30] Mme. Rigaud versäumt es nicht, sich über mich, den berufsmäßigen Ethnographen lustig zu machen, der ich diesen bedeutenden Moment hatte vorübergehen lassen, ohne ihn zu bemerken; ich war in der Tat vollauf damit beschäftigt, das Verhalten der *hounsi* zu beobachten.
Auch am 23. Oktober ging dem Stieropfer die Opferung mehrerer Hähne und eines Ziegenbockes voraus. Alfred Métraux merkt an, daß das Blut der Hähne in einem Teller voller Sirup aufgefangen wurde und daß Mme. Henri, nachdem sie den Trank umgerührt hatte, einige Schlucke zu sich nahm.

Körnern (dem *»dior*-Mahl«)[31] bedeckt wird. Nacheinander streicht jeder der anwesenden Notabeln mit einem Zweig über seinen Kopf (in der Mehrzahl der Fälle von oben nach unten und dann von links nach rechts). Der Zweig wird ihm anschließend hingehalten, damit er einige Blätter davon abfrißt.[32] Alle *hounsi* küssen im Halbkreis vor dem Bock den Boden. (Es ist dazu anzumerken, daß auch während des Gebetes jeder dreimal mit den Fingerspitzen seiner rechten Hand den Boden berührt, wenn ein bedeutender *lwa* des Hauses erwähnt wird . . .)
Der »la place« und einer der *houngan* bemächtigen sich des Bockes: Der eine packt ihn bei den Hinterbeinen, der andere bei den Hörnern, und dann laufen sie mit ihm durch das Peristyl und schaukeln ihn dabei hin und her. Immer noch laufend dringen sie zweimal in die *caye* von *Ogoun Badagri* ein, kommen aber gleich wieder heraus. Bevor er derart hin und her geschleppt wurde, hat man dem Bock seinen Schmuck abgenommen. Mit einer Machete werden ihm jetzt vom Opferleiter die Geschlechtsteile abgeschnitten, das Hin- und Herlaufen geht noch einen Augenblick lang weiter und schließlich wird der immer noch über dem Boden schwebende Bock in die Nähe des *vèvè* gebracht, wo ihm der Opferleiter mit der Machete die Gurgel quer durchschneidet.
Der noch festgehaltene Bock zuckt auf dem Boden und sein Blut fließt auf die Erde.[33] Drei gebeugt dastehende Männer machen sich an ihm zu schaffen; der Opferleiter, der seine rechte Hand in das Blut getaucht hat, nähert sich den drei Männern von hinten und streckt einem nach dem anderen die blutbefleckte Hand zwischen den Beinen durch, um von unten her an ihre Geschlechtsteile zu fassen. Alle lachen über diesen Scherz und Mme. Rigaud sagt mir, daß dies etwas »Modernes« sei, das man sich früher nicht herausgenommen hätte.
(Es ist anzumerken, daß bei der Verehrung eine alte *hounsi* oder *mambo* den Bock nicht nur mit dem Zweig gestreichelt, sondern ihn auch bei den Hörnern gepackt und einen Augenblick lang ihre Stirn gegen die seinige gelegt hatte.)

[31] Der wesentliche Vorgang bei der Weihe der Opfertiere besteht darin, sie »kreuzzuzeichnen« *(croiciner,* nach frz. croix-signer). In Kreuzesform werden erst kleine Mengen von verschiedenen Flüssigkeiten über sie ausgegossen (Wasser, Rum, Sirup, Kaffee usw.) und dann auf ihrem Rücken ein paar Fingerspitzen von den heiligen Speisen ausgebreitet, die man im *rada*-Ritual als *»dior*-Mahl« bezeichnet.

[32] Bei dem betreffenden Zweig handelt es sich um einen Zweig des Mombin, einer Pflanze, die nach Louis Maximilien (op. cit., S. 108) Afrika symbolisieren soll.

[33] Den Aufzeichnungen Alfred Métraux' zufolge wurde am 23. Oktober das Blut des Bockes in einem hölzernen Trog aufgefangen, den man sofort wegtrug. Wir haben nicht erfahren können, zu was er verwendet wurde.

Man führt den Stier herein, der bis jetzt in ein paar Meter Entfernung etwas rechts hinter dem Peristyl angebunden war: ein rötlicher Stier mit einer rosa oder hellroten Satteldecke über dem Rücken und einem gleichfarbigen Schal um die Hörner gewunden.

Er wird am Mittelpfosten festgebunden und eine sehr alte Frau – ziemlich klein, ganz verhutzelt, mager und mit einem mürrischen, etwas an einen Nußknacker erinnernden Gesicht (nach Mme. Rigaud handelt es sich um die Mutter von Jo Pierre-Gilles) – fängt in der Mitte des Peristyls zu tanzen an. Sie beginnt schon bald, »trunken«[34] zu wanken und ein paar kurze Schreie auszustoßen: Anzeichen ihrer Besessenheit durch *Ogoun Badagri*. Mit Rum und Sirup nimmt sie dann die Trankopfer vor und schüttet verschiedene feste Stoffe über den Rücken des Stieres. Sie gießt ihm etwas »Barbancourt Drei Sterne« über den Kopf, hebt dann den Kopf gewaltsam hoch, steckt den Flaschenhals in sein Maul und zwingt ihn so zum Saufen: Der Rum rinnt an der Wamme des Stieres hinunter. Mit der Flasche in der Hand lehnt sich die Alte dann rücklings an die rechte Flanke des Stieres und wirft ihren Oberkörper in einer triumphierenden Pose nach hinten. Einen Augenblick verweilt sie in dieser Stellung und kehrt darauf an den Platz zwischen dem Mittelpfosten und dem Standort der *hounsi* zurück, wo sie selbst ziemlich ausgiebig aus ihrer Flasche trinkt.

In einem Halbkreis um den Stier herum küssen alle *hounsi* den Boden.[35]

... Während der Weihe des Stieres laufen der »la place« und die Fahnenträgerinnen vom Peristyl zur »Barriere« und von der »Barriere« wieder zurück zum Peristyl.[36]

Während des ganzen zweiten Teils der Zeremonie, spätestens aber seit

[34] Man sagt von einer Person, sie sei »trunken« *(soûlée)*, wenn sich eine beginnende Besessenheit bei ihr abzeichnet, die sich entweder zu einer kompletten Trance entwickeln oder aber in diesem Anfangsstadium verharren kann. In der Regel springt die »trunkene« Person mehrmals auf einer Ferse, als wenn sie ihr Gleichgewicht verlöre und es wiederzufinden suche; nach diesem Hin- und Herschwanken legt sie oft ihre Hände vor das Gesicht wie jemand, der wieder zu sich kommen möchte, und setzt sich dann hin. Die Formen der vollständigen Trance – die je nach den Geistern, von denen der Patient angeblich besessen ist, variieren – sind zu vielfältig, um hier beschrieben werden zu können.

[35] Das nunmehr geweihte Opfer, das der (von Pierre-Gilles Mutter verkörperte) Gott soeben entgegengenommen hat, wird genauso verehrt wie der Gott selbst.

[36] Die »Barriere«, d.h. die Tür der äußeren Umzäunung, durch die man in den eigentlichen Bereich des *hounfor* und seines Peristyls eintritt, steht unter der Aufsicht des auch »Papa Legba« genannten Gottes *Atibon Legba*, dem Herrn der Wegkreuzungen und Straßen. Nach Milo Marcelin (op. cit., I, S. 15) ist er es, der es den Menschen ermöglicht, mit den anderen Göttern in Verbindung zu treten. Deshalb muß man vor Beginn jeder Zeremonie und jedes rituellen Tanzes erst seine Erlaubnis einholen.

der Weihe des Stieres, übernimmt Pierre-Gilles selbst (ohne *asson* und ohne Glöckchen) die Rolle des *hounguénikon* . . .
Der Stier wird des ganzen Tandes entledigt, mit dem man ihn behängt hatte. Man bindet ihn los und legt ihm ein Halfter um den Hals. Die rechte Halbwand (aus Holz wie die linke und die auf der Seite des Eingangs) hat zwei Durchlässe: den einen in der Nähe des Eingangs und den anderen in der Nähe des Orchesters. Der Stier ist genau wie der Bock durch die zweite Öffnung hereingeführt worden; nachdem die dort sich aufhaltenden Leute den Weg freigegeben haben, wird er jetzt schnell durch die erstere am Halfter wieder hinausgezogen, gefolgt von einem ganzen Zug von Leuten: dem »la place«, den beiden *hounsi,* die die Fahnen tragen, allen anderen *hounsi* und einem Teil der Anwesenden (darunter mir selbst).
Der zum Laufen gezwungene Stier wird von mehreren Männern eskortiert. Der Geleitzug zerstreut sich in den verschiedenen Höfen und wird zu einem regellosen Lauf mit wildem Gestikulieren, Lachen und Schreien. Nach einigen Augenblicken vollständiger Verwirrung kommt der Stier wieder in Sicht, der – immer noch gezogen und zum Laufen angetrieben – aus dem Umkreis der Häuser weggeführt wird; alle Teilnehmer des Geleitzuges, mit dem »la place« und den Fahnenträgern an der Spitze, nehmen daraufhin seine Verfolgung auf. Ein Zuckerrohrfeld wird durchquert . . . und man gelangt zu einem Platz, auf dem nichts angebaut wird, wo auf der einen Seite ein großer Baum und auf der anderen ein Gebäude steht. Nachdem er die richtige Stelle ausgesucht hat, stößt ein Mann beinahe vertikal die Klinge seiner Machete in den Hals des Stieres: hinter den Hörnern und etwas weiter hinter der Stelle, wo die Matadore den *descabello* genannten Stoß ansetzen. Der Stier stürzt zu Boden, bricht jedoch nicht schlagartig zusammen. Mit einem Messer wird ihm dann tief unten der Hals weit aufgeschnitten. Sein Blut fließt auf den Boden.[37]

[37] Nachdem der Stier das Peristyl verlassen hat, wird er schnell zur »Barriere« geführt. Die ihn antreibenden Leute machen dann kehrt und führen ihn im Laufen zur Opferstelle, gefolgt von den Adepten und sonstigen Teilnehmern der Zeremonie, die nach einigen Momenten der Verwirrung hinter ihm einen Geleitzug bilden. Die Tötung erfolgt sofort.
Den Notizen zufolge, die Alfred Métraux anläßlich des, in seinem Ritual vergleichbaren Opfers vom 23. Oktober aufgezeichnet hat, macht der Opferleiter das Zeichen des Kreuzes, bevor er den Todesstoß gibt. Beim Stierkampf ist der *descabello* ein Gnadenstoß, den der Matador dem vom Degen zu Tode getroffenen, aber noch aufrechtstehenden Stier versetzt: Es wird dabei die Spitze eines speziellen Degens zwischen die beiden ersten Halswirbel gestoßen und die Verlängerung des Rückenmarkes zerschnitten, woraufhin der Stier wie vom Blitz getroffen zusammenstürzt. Bei dem Stier vom 23. Oktober wurde der Stoß mit einem Messer und an der Stelle gegeben, wo man in den Corridas üblicherweise

Während der Zerlegung des Stieres, die von keinem besonderen Ritual begleitet zu sein scheint (obwohl einer der *houngan*, der auf meinen Wunsch hin von Mme. Rigaud befragt wurde, erklärte, dieser Moment sei sehr gefährlich und die Männer, welche die Zerlegung vornehmen, müßten sehr viel Rum trinken), bringt jemand Bananenblätter herbei, um damit das Blut abzuwischen[38]; auch im Peristyl wird das Blut des Ziegenbockes mit Erde zugedeckt, die dann gemeinsam mit den Überresten der Opfergaben von einer Frau zusammengekehrt und nach draußen gebracht wird. Die Hähne und der Bock sind bereits weggeschafft worden.

Hier und da brennen die Herdfeuer in den Küchen.[39]

Ich bleibe einen Augenblick lang an dem Ort, wo man den Stier geopfert hat. Die *hounsi* zerstreuen sich allmählich. Einige von ihnen zanken sich scherzend in der Nähe des Gebäudes und machen lachend Miene, aufeinander einzuschlagen. Zwei oder drei Männer beteiligen sich an ihrem Herumalbern. Auch die große und magere *hounguénikon*, die jetzt sehr fröhlich aussieht, ist noch auf dem Opferplatz. Einen Moment lang bin ich in der Nähe des bürgerlichen Ehepaares, das richtig glücklich zu sein scheint.[40]

den Gnadenstoß ansetzt: Die Wirkung trat deshalb auch fast schlagartig ein, was bei dem Stier am 20. Oktober nicht der Fall war. Sowohl am 20. als auch am 23. Oktober wurde aber nach dem ersten Stoß noch die Gurgel des Opfers aufgeschnitten. Anzumerken ist, daß weder Jo Pierre-Gilles noch seine Mutter, noch irgendeine der anwesenden wichtigen Persönlichkeiten der Tötung beiwohnten.

[38] Der von Mme. Rigaud befragte *houngan* war ein gewisser Isena, ein Mann in der Blüte seiner Jahre, der in seinem Beruf als ziemlicher Experte galt. Das Zerlegen wird genau wie das Opfer für gefährlich gehalten, weil im Augenblick des Blutvergießens der Kontakt mit den heiligen Mächten am intensivsten ist. Für die eigentlichen Offizianten ergibt sich daraus die Notwendigkeit eines größtmöglichen Schutzes. Das Trinken von Rum wird von dem *houngan* Isena wahrscheinlich aus solchen Sicherheitsgründen für prinzipiell wünschenswert gehalten.

[39] Das Fleisch des Stieres wird von den Teilnehmern der Zeremonie gegessen, was den Sinn einer Kommunion hat.

[40] Bei diesem Opfer – genau wie bei dem am 23. Oktober – war ich überrascht, daß sofort nach der Tötung des Stieres die überschäumende Atmosphäre, die seit Beginn der Zeremonie unablässig an Intensität zugenommen hatte, übergangslos von einem Zustand vollkommener Entspannung abgelöst wurde. Während bei anderen Opfern, an denen ich – auf den Antillen und anderswo, insbesondere in Abessinien – habe teilnehmen können, die Tötung nur einen Höhepunkt darstellt, dem (nach dem noch von Marcel Mauss entworfenen Schema) eine lange Phase zunehmender Sakralisierung vorausgeht und eine ebenso lange Phase der Desakralisierung folgt, schienen die Riten der Desakralisierung bei den Zeremonien dieser beiden Tage auf ein Minimum reduziert, oder gar – zumindest bei den Teilnehmern, die ich habe beobachten können – überhaupt nicht vorhanden zu sein. Der Grund dafür ist möglicherweise in der Tatsache zu suchen, daß diese beiden Zeremonien, als Episoden in einer ganzen Reihe von über eine beträchtliche Anzahl von Tagen sich hinstreckenden Opferhandlungen, letzten Endes nur Bruchstücke eines umfangreicheren rituellen Ganzen darstellen, das sich aus der Gesamtheit der »Gottesdienste« zusammensetzt, die in diesem Abschnitt des Jahres von Jo Pierre-Gilles nacheinander abgehalten werden.

Ich kehre zum Peristyl zurück, wo sich Mme. Rigaud bereits eingefunden hat. Ein Streit ist im Gange: Die Mutter von Pierre-Gilles läuft mit wütender Miene im Peristyl herum; sie meckert, stößt Verwünschungen aus und kaut dabei auf einer Zigarre, die man ihr zuvor angezündet gegeben hat. Als wir wieder draußen sind, erklärt mir Mme. Rigaud, daß es *Ogoun Badagri* ist, der sich solcherweise beklagt, dieses Jahr keinen »service« erhalten zu haben. Das gerade dargebrachte Opfer sei in Wirklichkeit gar nicht oder nur teilweise für ihn bestimmt, sondern vor allem für *Ossangne Bakoulé*, einen »gekauften« *lwa.*[41] Mme. Rigaud berichtet mir auch, daß Pierre-Gilles wegen der Vorhaltungen *Ogoun Badagris* geweint hat. Ich bemerke, ohne mich Mme. Rigaud gegenüber darüber zu äußern, daß die Mutter von Pierre-Gilles durchaus den Eindruck macht, betrunken zu sein.
Abfahrt gegen 14 Uhr 30, nachdem wir uns von Pierre-Gilles verabschiedet haben.

[41] *Ossangne Bakoulé* gehört zur Gruppe der *Ogoun*, und ein in den Farben auf *Ogoun Badagri* abgestimmtes Opfer ist deshalb auch für *Ossangne Bakoulé* angemessen. Die Mutter von Pierre-Gilles (oder vielmehr *Ogoun Badagri* selbst, der durch ihren Mund spricht) ist der Ansicht, daß im Zuge dieser Möglichkeit zur doppelten Bestimmung des Opfers der Familien-*lwa*, von dem sie besessen ist, zugunsten des anderen *lwa* aus derselben Gruppe benachteiligt worden ist – eines *lwa*, den Pierre-Gilles zur Ausübung seines Geschäftes erworben hat und der ihm nur persönlich zu eigen ist. Wie ich in Abessinien habe feststellen können, ist dies eine, in den Besessenheitskulten sehr geläufige Art der Anschuldigung, denn die verschiedenen Geister, denen geopfert wird, werden von Personen dargestellt, die von diesen Geistern angeblich besessen sind.

Zum Gebrauch der katholischen Andachtsbilder im haitianischen Vaudou (1953)

Wie nicht allein sein Name beweist – der von dem Fon-Wort *vodoun* abstammt und ganz allgemein die »Geister« bezeichnet –, sondern auch zahlreiche, in den Riten, Tänzen und Gesängen sowie in den Namen der Gottheiten und in verschiedenen Elementen der speziellen Terminologie zu beobachtende Übereinstimmungen anzeigen, hat sich die gemeinhin »Vaudou« genannte Religion, für die Haiti eines der hauptsächlichsten Zentren darstellt, von einem Kern von Glaubensüberlieferungen und -praktiken dahomeischen Ursprungs her ausgebildet. Obwohl sie von der offiziellen Kirche verdammt wird und von der Regierung bestenfalls geduldet, wird diese auf Besessenheitskulten beruhende Religion – die trotz des üblen Rufs, in dem sie bei vielen steht, als eine Art von Nationalkult des haitianischen Volkes betrachtet werden kann – beinahe offen von einer großen Anzahl von Menschen praktiziert, die zugleich der römisch-katholischen Kirche angehören, und erweist sich in ihrem Ritual wie auch in ihrer Liturgie als stark von christlichen Elementen geprägt. Die Verwendung katholischer Kirchenlieder und Gebete bei den Zeremonien zusammen mit den eigentlichen Vaudou-Gebeten und -Gesängen, die Kruzifixe in den *hounfor* oder Weihestätten und der Gebrauch von katholischen Andachtsbildern (Farbdrucken, die meist aus Kuba stammen) zur Darstellung der *lwas* oder »Mysterien«, die, da man sie synkretistisch mit Heiligen der katholischen Kirche in eins setzt, auch »Heilige« genannt werden, legen auf frappierende Weise Zeugnis ab von dieser Mischung. Ihr Ursprung ist – unbeschadet der späteren Entwicklungen – mit dem Umstand in Verbindung zu bringen, daß die Taufe zur Kolonialzeit den Sklaven gesetzlich aufgezwungen wurde, kaum daß sie die Insel Santo Domingo betreten hatten.

Während meines kurzen Aufenthaltes auf Haiti (vom 24. September bis zum 26. Oktober 1948, unter der Schirmherrschaft des von Simon B. Lando geleiteten französischen Kulturinstitutes von Port-au-Prince) war es mir möglich, einige Beobachtungen darüber anzustellen, wie die Verbindung zwischen einem *lwa* und einem bestimmten katholischen Heiligen, so wie er auf den Farbdrucken abgebildet ist, zustande kommt. Ich ging dabei von einer Reihe von 15 Bildern aus, die alle merklich von gleichem Format sind (Höhe: 25,5 bis 26,5 cm; Breite: 18,5 bis 20 cm) und die ich bei verschiedenen Besuchen in der Markthalle von Port-au-Prince erstanden habe: diejenigen auf dünnem Papier für einen halben Piaster und die auf festem Papier für einen Piaster (d.h. 1/5 Dollar). Neun von den Bildern stammen aus Kuba (sieben sind mit den Buchstaben »L.N.V.« gekennzeichnet, eins mit »Missiones Parroquiales Cuba« und »La Nueva Venecia« und ein weiteres trägt keine besondere Kennzeichnung), wohingegen die sechs anderen (die zusammen mit einer winzigen Vignette die Auszeichnung »C.G.« tragen) in Italien gedruckt wurden.

Über jeden dieser heute in der Bildabteilung des Musée de l'Homme hinterlegten Farbdrucke, von denen ich während meines Aufenthaltes zahlreiche ähnliche Exemplare an den Wänden der Räume gesehen habe, die in den *hounfors* als *cay'mystère* oder »Haus der Mysterien« bezeichnet werden, (eine Art von Allerheiligem, das sich jeweils auf eine besondere Gruppe von Gottheiten bezieht) – über all diese Bilder habe ich Erkundigungen eingezogen, um herauszufinden, welchem *lwa* jedes von ihnen genau entsprach. Ich wandte mich dabei entweder an die Frauen, die sie auf dem Markt feilboten, oder (zur vergleichenden Nachprüfung) an sonstige Informanten. Die so vorgenommenen Identifizierungen und die spontan angegebenen Gründe zur Rechtfertigung dieser Äquivalenzen scheinen den Schluß zuzulassen, daß die Assimilierung eines Heiligen mit einer der Gottheiten des Vaudou-Pantheons zumindest in gleichem Maße auf einer Gemeinsamkeit der visuell einleuchtenden Attribute oder Dekorelemente beruht wie auf einem allgemeinen Entsprechungssystem, das von solchen formellen Übereinstimmungen unabhängig ist.

Papa Legba, der Gott der Wegkreuzungen und Straßen, der es den Menschen ermöglicht, mit den anderen Göttern in Verbindung zu treten, und den man sich als einen auf einen gegabelten Stock gestützten Greis vorstellt (was der von ihm besessene Adept in den Zeremonien auch immer nachmacht), wird z.B. von meinen Informanten mit den Bildern folgender Heiligen in Bezug gesetzt: mit dem heiligen Lazarus (»San Lazaro«), dargestellt als alter Mann, mit Wunden bedeckt (die zwei Hunde lekken), einen Verband um die Stirn und beim Laufen auf Krücken gestützt, in der linken Hand eine Holzklapper; mit Sankt Antonius dem Einsiedler (»San Antonio Abate«), der ein grobes Wollkleid anhat, einen langen Stab mit einem Glöckchen trägt und – vor einem Waldhintergrund mit brennendem Haus – dabei ist, eine Schar von Haustieren zu segnen; mit Sankt Antonius von Padua (»San Antonio«) im Mönchsgewand, der das Jesuskind väterlich in seinen Armen hält, hinter sich ein Gebetbuch und Blumen, offenes Land mit einer großen Wolke, in deren Höhe Engelchen erscheinen. Dasselbe Bild von Sankt Antonius dem Einsiedler, auf dem zusammen mit anderen Tieren (Pferd, Esel, Rind, Schaf, Hund, Hahn, in einem Weiher sich tummelnde Enten) auch das den Heiligen begleitende Schwein abgebildet ist, soll zugleich *Simbi Petro* darstellen können, einen Geist, dessen »Dienste« einerseits die Opferung eines Schweines erforderlich machen (wie es für die *lwas* der *pétro*-Reihe die Regel ist) und andererseits immer in der Nähe eines Teiches stattfinden.[1]

Damballa Wedo, der Gottheit der Quellen und Flüsse, deren Symbol die Natter ist, entspricht Sankt Patrick (»San Patricio«), den man in prunkvollem Bischofsgewand und auf der Jagd nach Meerschlangen dargestellt sieht, von denen Irland heimgesucht wurde.[2] Ausschlaggebend scheint hier einfach der Umstand zu sein, daß der Heilige mit Schlangen zusammen dargestellt wird; und zwar ungeachtet der Tatsache, daß er ihnen nicht als Freund, sondern als Feind gegenübersteht.

Ayda Wedo, die Gattin von Damballa, wird von meinen Informanten in einem Bild der heiligen Elisabeth von Ungarn erkannt (»Sante Elisabeta – Regina d'Ungheria«), deren Haupt eine Krone trägt und von einem

[1] Nach Milo Marcelin, *Mythologie vodou (rite arada),* I, Port-au-Prince (Les Editions Haïtiennes) [1949] S. 16, »wird Legba im allgemeinen mit Sankt Antonius dem Einsiedler identifiziert (wegen seiner sexuellen Frigidität, wie es heißt), oder mit Sankt Antonius von Padua, der auf den Andachtsbildern von Haustieren aller Art umgeben ist. Einem *houngan* (Vaudou-Priester) zufolge aber, von dem ich diese Information erhielt, wird zur Darstellung Legbas im *rada*-Ritus das Bild von Sankt Antonius dem Einsiedler gebraucht, und im *pétro*-Ritus das Bild von Sankt Antonius von Padua.« Jacques Roumain seinerseits schreibt in seinem Buch: *Le Sacrifice du tambour-Assoto(r),* Publication du Bureau d'Ethnologie de la République d'Haïti, Nr. 2, Port-au-Prince (Imprimerie de l'Etat) [1943], S. 19: »Während Legba in Dahome ein phallischer Gott ist, hat er diesen Charakter auf Haïti verloren, und in Kuba wird er sogar wegen seiner sexuellen Frigidität mit Sankt Antonius identifiziert.«

Der zur Magie tendierende *pétro*-Ritus soll jünger sein als der *rada*-Ritus, der nach dem Major Louis Maximilien *(Le Vaudou haïtien. Rite Radas-Canzo,* Port-au-Prince, o. J., Imprimerie de l'Etat, S. 150) »in seinem fundamentalen Aspekt die wirklichen dahomeischen Religionsüberlieferungen fortleben läßt«. Derselbe Autor merkt an (S. 151), daß »zahlreiche lwas pétro Nachbildungen der lwas radas sind«.

Eines der von mir gesammelten Andachtsbilder, das den Heiligen von Tieren umgeben zeigt, ist ein Bild von Sankt Antonius dem Einsiedler (und nicht von Sankt Antonius von Padua); für die Informanten Marcelins wie für die meinen bezieht sich das Bild mit dem Schwein jedenfalls auf einen *lwa pétro* (entweder auf Simbi, oder auf den im *pétro*-Ritus angerufenen Legba).

[2] Nach Marcelin (op. cit., S. 97) ist für bestimmte Gläubige Damballa Wedo, den man sich als Weißen vorstellt, »nicht Sankt Patrick, sondern angeblich dessen Sohn Odan Damballah Oueddo. Sie identifizieren ihn mit dem aus dem Wasser erretteten Moses, denn wie es heißt, stottert er genau wie Moses. Ein *houngan* [...] hat mir versichert, daß Damballah Ouedo als *lwa rada* Sankt Moses ist und Damballah La-Flambeau, auch »Saint-Blanc« (Der weiße Heilige) genannt wird, als *lwa pétro* aber Sankt Patrick entspricht.«

Heiligenschein ziemlich großen Durchmessers umgeben ist, der aus einer sehr feinen, kreisförmigen, sich vom Himmel abhebenden Doppellinie besteht – ein Attribut, das an den Regenbogen erinnert, mit dem Ayda und Damballa Wedo in Verbindung stehen.[3]

Ein Bild von »Nuestra Señora de la Caridad del Cobre« (auf dem man als Hauptfiguren die auf einem Halbmond stehende Jungfrau Maria und einen jungen, anbetenden Schwarzen sieht, der in einem Nachen kniet, in dem zwei Ruderer gegen eine stürmische See ankämpfen) bietet komplexere Interpretationsmöglichkeiten, und man kann in Anbetracht der Vielfalt seiner Motive und Figuren mit einer vielfachen Verwendungsmöglichkeit rechnen; denn neben den schon genannten Gestalten sind noch drei Engelchen zu sehen sowie zwei Mädchen in blauen Tuniken, die ein Spruchband mit der Aufschrift *Mater Caritatis In Fluctibus Maris Ambulavit* halten. Bestimmte meiner Informanten berücksichtigten in der Tat hauptsächlich den Nachen, und sie bezogen das Bild symbolisch auf den Meergott *Agwé Taroyo* (dessen wesentliche Attribute ein Boot und ein Ruder sind); andere wieder achteten insbesondere auf die wichtigste der himmlichen Gestalten, in der sie *Clermézine* oder *Clémerzine* wiedererkannt haben, die Tochter des Wassergottes *Clermeil,* die in einem Bezug zum Mond stehen soll. Diese beiden Interpretationen sind jedoch keineswegs widersprüchlich (denn der *Général Clermeil* wird als der Befehlshaber der Leibwache von Agwé betrachtet und gehört infolgedessen zur selben Reihe wie dieser Gott); es ist jedoch noch eine dritte Möglichkeit zu erwähnen, die einen Gott mit anderer Zugehörigkeit ins Spiel bringt: die Interpretation des bereits erwähnten haitianischen Forschers Milo Marcelin, wonach »bestimmte Vaudou-Anhänger in Port-au-Prince Agaou [den Gott des Windes und des Gewitters, der zur Folge des Bauern-Gottes *Zaka Médé,* dem Bruder des *Cousin Zaka* gehört] mit Sankt Rochus identifizieren, andere mit dem heiligen Michael und wieder andere schließlich mit dem kleinen Neger, der auf den Bildern der Jungfrau von Caridad mit betend gefalteten Händen in einem Nachen kniend zu sehen ist.«[4]

Erzilie Fréda oder der *Großen Erzilie* (wie ihrem Homonym oder Dou-

[3] Marcelin (op. cit., S. 69) identifiziert diese Gottheit mit »Notre Dame von der unbefleckten Empfängnis, die auf den katholischen Bildern sternengekrönt, in Blau und Weiß gekleidet, mit einer Natter zu ihren Füßen aufrecht auf einer Erdkugel stehend und vor einem Halbmond dargestellt wird«.

[4] »Les grands dieux du vaudou haïtien«, *Journal de la Société des Américanistes,* nouvelle série, Bd. XXXVI, S. 51–135. Demselben Autor zufolge (*Mythologie* . . ., S. 80–90) ist »die Jungfrau von Caridad als Göttin des Meeres wahrscheinlich ein Double von Erzilie. Sie *geht* mit Agoué zusammen«; in Kuba soll sie mit der afro-kubanischen Gottheit *Chun* identifiziert werden, die man sich als »Mulattin

ble *Maîtresse Erzilie*), der Göttin der Liebe, der alle möglichen Luxus- und Schmuckgegenstände zustehen und deren Symbol in den ihr geweihten Emblemen, den mit weißem Mehl ausgeführten Zeichnungen oder *vèvè*, ein Herz ist – jeder *lwa* hat sein ihm eigenes Emblem –, Erzilie schließlich korrespondiert ein Bild der Mater Dolorosa (»Dolorosa con joyas«), die mit reichen Juwelen geschmückt und, neben zahlreichen weiteren Ex-Voto, von mehreren Herzen umgeben ist.[5]

Eine doppelte Interpretation seiner Nebenfigur ermöglicht auch ein Bild von Sankt Jakob dem Älteren (»San Santiago«, wörtlich »Sankt Sankt Jakob«, der Ortsname Santiago, der eine unter der Schirmherrschaft des spanischen Sankt Jakob von Compostella stehende kubanische Stadt bezeichnet, ist in diesem Falle zum Namen des Heiligen selbst geworden), ein Bild, auf dem man den die Ungläubigen bekämpfenden Sankt Jakob zu Pferde sieht, mit Schild und Schwert und in Beleitung eines gepanzerten Ritters, der ein rotes Banner mit weißem Kreuz trägt. Meine Informanten halten die Hauptfigur für den Gott der Schmiede und Kriegsgott *Ogoun Ferraille* oder *Ogoun Fer* (der als wesentliches Attribut einen Säbel hat und dessen Farbe wie bei den anderen Ogoun das Rot ist), aber für die einen ist die Hintergrundsfigur *Ogoun Badagri*, der Bruder von Ogoun Ferraille, während die anderen eher einen *guédé*, einen Geist der Friedhöfe in ihm sehen möchten, weil der Helm mit gesenktem Visier anscheinend an das Kinnband und an sonstige Leichenattribute erinnert (wie etwa die Watte in den Nasenlöchern) mit denen sich die Adepten, welche die *guédé* verkörpern, häufig ausstaffieren – was alles zusammen genommen übrigens verständlich machen würde, warum die *guédé* angeblich immer durch die Nase sprechen.[6]

mit langen, geschmeidigen und glänzenden Haaren« vorstellt. Von Erzilie, der Hüterin des Süßwassers, die zahlreiche Liebesbeziehungen gehabt haben und namentlich die Frau von Agwé gewesen sein soll, würde man also wieder zur grundlegenden Vorstellung einer Beziehung zwischen dem Andachtsbild der »Jungfrau von Caridad« und den Wassergottheiten zurückfinden.

5 Nach Marcelin (*Mythologie* . . ., S. 77) wird »Maîtresse Ezili« ebenfalls mit zwei schwarzen Marienfiguren in eins gesetzt: derjenigen von Altagracia (auch »Jungfrau von Higuey« genannt, nach dem Namen einer Stadt der Dominikanischen Republik) und Notre-Dame du Mont Carmel.

6 Nach Marcelin (*Les grand dieux* . . ., S. 85ff.). »Die den mit einer Rüstung bewehrten heiligen Jakob den Älteren vorstellenden Andachtsbilder werden als Bildnisse von Ogoun Ferraille interpretiert. Für die einen ist das Visier seines Helmes eine Augenbinde, die ihn am Sehen hindert und damit seinen Ingrimm in Schranken hält, andere wieder halten es für einen Schleier, mit dem ihn Badagri, sein Vater [und nicht sein Bruder] bedeckt hat, weil er eifersüchtig ist, daß sein Sohn Maîtresse Erzilie beharrlich den Hof gemacht und schließlich ihre Gunst erworben hat. Dieser eisenbewehrte Ritter wird auch Sankt Philipp genannt und man will in ihm den Zwillingsbruder von Sankt Jakob dem Älteren sehen.« In diesem mit dem Bruder von Sankt Jakob in eins gesetzten, eisengepanzerten Ritter haben einige meiner Informanten *Ogoun Badagri* und andere einen *guédé* erkannt.-

In einem »San Miguel, Arcángel« mit rotem Mantel, der in der linken Hand eine Waage und in der rechten ein Schwert hält, mit dem er sich anschickt, den Dämon niederzustrecken, erkennen einige der von mir befragten Personen einen *Ogoun*, bzw., wie sie vermuten, *Badagri* selbst. Ein »San Giorgio Martire«, die Darstellung eines ebenfalls mit rotem Mantel bekleideten und mit einem Degen bewehrten Reiters, der einen Drachen tötet, wird gleichfalls für einen *Ogoun* gehalten, und vielleicht für denjenigen, den man *Balinjo*[7] nennt.
Cousin Zaka, ein ländlicher Gott, von dem eines der hauptsächlichen Attribute ein *alfor*, eine Korbtasche, ist, wird mit Sankt Isidor (»San Isidor«) identifiziert, der als Bauer dargestellt ist, eine Ledertasche umgehängt trägt und – ein Knie auf der Erde – mit gefalteten Händen betet, während im Hintergrund ein Engel einen von zwei Ochsen gezogenen Pflug führt.
Baron Samedi, der Vater der *guédé*, der ein Grabkreuz zum Emblem hat und auch »Roi Degonde« genannt wird (nach der Heiligen Radegonde, der Begründerin des Klosters vom Heiligen Kreuz) wird in Sankt Expédit (»San Espedito«) wiedererkannt, der als römischer Heeresbefehlshaber dargestellt wird: in der linken Hand trägt er seinen Palmzweig des Märtyrers und in der rechten ein Kreuz mit der Aufschrift Hodie; sein rechter Fuß hält einen Raben nieder, der im Schnabel ein Spruchband mit der Aufschrift *Cras* trägt, und zu seiner Linken steht auf dem Boden ein Helm mit offenem Visier. Die Identifizierung beruht im wesentlichen auf der Gegenwart des Kreuzes und des Helmes, den man mit einem Schädel in eins setzt – den einen zufolge, weil seine Form, wenigstens für Leute, die wie die »Bewohner« der haitianischen Berge noch nie einen Helm gesehen haben, zu Verwechslungen Anlaß gibt, und nach den anderen, weil auf den früheren Exemplaren desselben Andachtsbildes tatsächlich ein Schädel zu sehen war. Nach Emile Marcelin[8] soll allerdings auch die Analogie zwischen dem Namen des Heiligen und dem

[7] Harold Courlander (*Haiti singing*, Chapel Hill (The University of North Carolina Press) 1939, S. 40) erwähnt *Ogoun Balindjo* als den Bruder von Ogoun Badagri. Alle beide sind Krieger und Schmiede, und es ist stark anzunehmen, daß die Darstellung von Flammen auf dem Bild von Sankt Michael (die Feuer der Hölle) wie auch auf dem des heiligen Georg (Feuerzungen, die aus dem Rachen des Drachen hervorschießen) bei der Identifizierung eine Rolle spielt. Der Brauch will es in der Tat, daß die von den Ogoun besessenen Personen unter Beweis stellen, daß sie das Feuer nicht scheuen, indem sie durch die Glut gehen oder rotglühende Eisenstangen in die Hand nehmen. Man muß allerdings anmerken, daß bei den Interpretationen des mit Papa Legba identifizierten Bildes von Sankt Antonius dem Einsiedler die Darstellung des Brandes nicht berücksichtigt wurde.
[8] *Les grand dieux* . . ., S. 120–121.

Wort »expédition«, das die Hexenriten bezeichnet, in denen Baron Samedi eine große Rolle spielt, mit für die Identifizierung bestimmend sein.
Auf ähnliche Weise wird auch der *lwa Brave Guédé,* dessen sämtliche Attribute schwarz sind, in einem Bild erkannt, auf dem der mit einer blauschwarzen Soutane bekleidete und ein langes Holzkruzifix in der linken Hand haltende Sankt Gerhard (»S. Gerardo Majella«) seinen rechten Ellbogen auf einen Tisch stützt. Auf dem Tisch liegen, zusammen mit einem Kasteiungsinstrument, Lilien und andere weiße Blumen, Substitute des Totenkopfes, der (so scheint es) auf den alten Ausgaben desselben Bildes dargestellt gewesen sein soll.
Ohne weiteres wird man auch die *marassa* oder Zwillinge (denen wie in Dahome und in zahlreichen anderen Regionen Afrikas auch in Haiti ein Kult geweiht wird) in einem Bild von Sankt Kosmas und Sankt Damianus (»SS. Cosma e Damiano«) wiedererkennen, die Seite an Seite nebeneinanderstehen und beide in reiche, goldbestickte Gewänder gekleidet sind (eine Art von grünem Kaftan und roten Pallium bei dem einen, rotem Kaftan und grünem Pallium bei dem andern) und außer ihren Palmzweigen der Märtyrer je ein Ziborium oder ein Buch tragen.
Es kommt gleichfalls vor, daß ein und dasselbe Bild Anlaß zu mehreren, vollkommen entgegengesetzen Interpretationen bietet, je nachdem, ob die Betonung auf das eine oder das andere Detail gelegt wird. Dies ist z.B. der Fall bei einem meiner Farbdrucke, auf dem im Schatten eines großen Baumes ein junger Sankt Johannes der Täufer (»S. Giovanni Battista«) zu sehen ist: mit einem Schafsfell bekleidet, ein Lamm auf seinen Knien und in seiner linken Hand ein aus zwei Ästen zusammengefügtes Kreuz mit der Aufschrift *Ecce Agnus Dei.* Die einen behaupten, das Bild stelle den *lwa Ti Jean Pétro* vor, und man darf annehmen, daß hier nicht nur die Ähnlichkeit des Namens eine Rolle spielt, denn *Ti Jean Pétro* ist ein Baumgeist, den man sich als kleines Männchen ohne Füße oder mit nur einem Fuß vorstellt[9], und dieser doppelten Eigenschaft könnten sowohl der Baum, als auch die scheinbare Beinlosigkeit des sitzend wiedergegebenen Sankt Johannes der Täufer entsprechen; andere wieder geben an, es handle sich nicht um einen *lwa* der *pétro*-Reihe (Geister, denen, wie man oben gesehen hat, in der Regel Schweine geop-

[9] Eine Eigenheit, der man wohl zu Recht einen afrikanischen Ursprung zuschreiben kann, denn der Glaube an Geister, die die großen Bäume bewohnen und die manchmal nur mit einem Bein oder mit einem Bein das länger ist, als das andere, vorgestellt werden, findet sich in Westafrika in der Form des Glaubens an die *dyinous.*

fert werden), sondern wegen des Schafes um einen *lwa* der *rada*-Gruppe.

Ich muß noch hinzufügen, daß ich neben anderen katholischen Andachtsbildern, die ich bei einer berühmten *mambo* oder Priesterin des Missionskreuzes in der Nähe von Port-au-Prince gesehen habe – Mme. Ildevert, oder mit ihrem »nom vaillant« (d.h. ihrem Kriegernamen): Soustinie Minfort –, ein Bild der »Nuestra Señora de Montserrate« bemerkt habe, umgeben von vier jugendlichen und mit schwarzen Kleidern und weißen Chorhemden bekleideten Sängern und sechs ebenso ausgestatteten jugendlichen Musikern. Das Bild stellte offenbar die Göttin Erzilie dar. Etwa einen Monat zuvor hatte ich nun gesehen, daß ein Exemplar dieses selben Bildes in einem analogen synkretistischen Verfahren in der Kapelle von Changy nahe Carangaise de la Guadeloupe Verwendung fand, einer der wichtigsten Kultstätten, an denen sich die Nachfahren der »coolies« versammeln, Menschen von im allgemeinen drawidischer Rasse, die nach der Abschaffung der Sklaverei als Lohnarbeiter aus Indien nach den französischen Antillen kamen. Während es sich für die haitianischen Vaudou-Anhänger um Erzilie handelte, gebrauchten jene Hindus von Guadeloupe das Bild zur Darstellung der *Maryemen* (oder *Madyemin,* bzw. *Mayêmé,* »Marie aimée [geliebte Maria]«?), einer weiblichen Göttin, die sie mit der Jungfrau Maria gleichstellen – wie es im Vaudou für Erzilie der Fall ist – und der auf dem Hauptaltar der Kapelle eine Statue aus schwärzlichem Stein geweiht ist. Die Figur ist ganz mit einem großen weißen Schleier bedeckt, der nur das Gesicht frei läßt, und stellt sich bei abgenommenem Schleier als eine Statue mit vier Armen heraus: in der äußeren rechten Hand (derjenigen, die vom Körper am weitesten entfernt ist) trägt sie einen degenähnlichen Gegenstand, in der inneren rechten Hand ist eine Verdickung, die eine goldene Scheibe darstellen soll, in der äußeren linken Hand hält sie einen Zweig »indischen Flieders« (oder *vêpêlé)* und in der inneren linken Hand einen Dreizack (all dies Attribute, von denen keines an die Spiegel und die verschiedenen Schmuck- und Schminkgegenstände erinnert, die man in den haitianischen Weihestätten so oft auf dem Erzilie geweihten Frisiertisch stehen sieht). In dieser Gottheit – deren Kapelle gelegentlich auch von Guadeloupern afrikanischer Abstammung besucht wird, die sich unter die Gläubigen mit hinduistischen Vorfahren mischen – scheint man eine Göttin der Blattern ausmachen zu können: *Mâriyammei* oder »die Mutter Tot«, d.h. eine der *grâmadevatâs,* »Dorfgottheiten«, die – mit dem Vegetationskult in Verbindung stehend und hauptsächlich im drawidischen Lande verbreitet – teilweise in die schiwaitische Theologie aufgenommen wurden[10]: schon allein der Name dieser Göttin mit ambivalent mütterlichem Charakter muß ihre Identifizierung mit der Jungfrau Maria erleichtert haben.

Ich möchte schließlich noch anmerken, daß man, obwohl sich unter den Farbdrucken in den Vaudou-Weihestätten fast nur Andachtsbilder und insbesondere Darstellungen von Heiligen finden, gleichfalls Bilder antreffen kann, die vom Standpunkt der katholischen Religion aus gesehen durchaus profan sind. Beim Besuch des *hounfor* des *houngan* oder Vaudou-Priesters Jo Pierre-Gilles (beim Missionskreuz, nicht weit von Mme. Ildevert) habe ich denn auch in einer der *pétro*-Reihe und – wenn ich mich recht erinnere – den *Simbi,* Gottheiten des Süßwassers und des Regens[11], geweihten *cay',* inmitten von anderen Bildern mit frommem Sujet, zwei Exemplare eines Farbdrucks gefunden, der zwei nackte, am Ufer eines Flusses stehende, badende Frauen (oder Nymphen) in einer grünenden Landschaft zeigte.

Die summarische Untersuchung anhand der 15 in Port-au-Prince gekauften Farbdrucke scheint also darauf hinzuweisen, daß sich die Übereinstimmung zwischen *lwa* und Heiligem häufig von einem rein zufälligen Detail aus einstellt oder sich gewissermaßen aus einem Spiel nicht mit den Worten, sondern mit den Dingen her ergibt (so z.B. bei dem geschlossenen Visier des Helmes, das mit dem Kinnband eines Toten in eins gesetzt wird); damit ein derartiger Bezug sich herstellt, bedarf es keineswegs einer inhaltlichen Analogie des Symbols: eine oberflächliche, fragmentarische und letzten Endes zufällige Kongruenz scheint in vielen Fällen auszureichen. Der Gebrauch eines bestimmten Farbdruk-

[10] Louis Renou und Jean Filliozat: *L'Inde classique*, I, Paris 1947 (Payot) [1949], S. 487. Diese Gottheit verlor die Fähigkeit, flüssige Substanzen zu schöpfen, indem sie sie durch die Berührung ihrer Hände verfestigte, als sie von der Schönheit *gandharvas* erschüttert wurde, dessen Spiegelbild sie im Wasser gesehen hatte; von ihrem Gatten dazu verurteilt, lebendigen Leibes verbrannt zu werden, von ihrem Sohn jedoch gerettet, behielt sie die Narben, die ihren Körper bedeckten, und wurde zur Göttin der Blattern. Der Bezug zwischen dem Wasserelement und dem weiblichen Prinzip ist zwar sehr allgemein; es ist aber dennoch interessant, diesen Mythus heranzuziehen, der aus der auf Guadeloupe wiedergefundenen drawidischen *Mâriyammei* eine wie die haitianische Erzilie mit den Wassern in Verbindung stehende Göttin macht. Erzilie besitzt denselben ambivalenten Charakter und ist im übrigen auch eine verpflanzte Gottheit, denn die Vaudou-Gesänge apostrophieren sie als »Dahomin« oder »Dahome«.

[11] Der Wassercharakter dieser Gottheiten kommt namentlich in der Tatsache zum Ausdruck, daß ihr Oberhaupt, *Papa Simbi,* im allgemeinen mit Sankt Christopher identifiziert wird, der mit dem Jesuskind auf den Schultern einen Wasserlauf durchwatet. Von demselben Gott wird behauptet, daß er Kinder gefangen nimmt, die zum Baden oder Wasserholen zu bestimmten Quellen oder Flüssen gehen (Marcelin: *Les grands dieux* . . ., S. 131–135).

kes zur Darstellung eines bestimmten *lwa* ist offenbar zum großen Teil eine Sache der Bequemlichkeit, und die Unbeständigkeit gewisser Identifizierungen wird recht deutlich durch einen, von Milo Marcelin angeführten Vorgang illustriert[12]: Der Seegottt Agwé, der durch ein Boot oder aber durch einen Fisch symbolisiert und deshalb in Sankt Ulrich wiedererkannt wird (dieser wird auf den Andachtsbildern immer mit einem Fisch in der Hand gezeigt), wurde während des letzten Krieges mit Sankt Ambrosius identifziert, da die Bilder von Sankt Ulrich nur noch sehr schwer aufzutreiben waren. Die Händler von Andachtsbildern verkauften also als Darstellung Agwés korrigierte Bilder von Sankt Ambrosius: man malte einen Fisch dazu, den der Heilige in der Hand hält. Die Vielzahl der Attribute und der Name für ein und dieselbe Gottheit oder für denselben Heiligen – was ein sehr ausgedehntes und komplexes Spiel von Elementen ergibt, zwischen denen Identifizierungen hergestellt werden können –, die extreme Elastizität der Angleichungsmöglichkeiten, die wie in dem gerade genannten Fall selbst unabhängig von jeder Gemeinsamkeit der Attribute gegeben sind, die Wandelbarkeit der an eine bestimmte Gottheit geknüpften Interpretationen und die Wandelbarkeit in der Interpretation der Formen legen den Schluß nahe, daß man buchstäblich auf alles gefaßt sein muß, sobald die geschichtlichen Umstände und die sozialen Bedingungen einen synkretistischen Prozeß begünstigen. Eine systematische Untersuchung der Art und Weise, wie die Bilder der katholischen Heiligen bei den verschiedensten Menschengruppen zur Darstellung nicht-katholischer Gottheiten verwendet werden, würde sicher interessante Einblicke in die oft verborgenen, indirekten Mechanismen ermöglichlichen, nach denen die Systeme von Entsprechungen zwischen einer Religion und einer anderen zustande kommen.

[12] *Mythologie* . . ., S. 103.

III. Afrika

Der Stier für Sayfu-Čangar (1933)

In Abessinien werden die meisten Krankheiten der *zâr*-Besessenheit zugeschrieben. Die *zâr* sind männliche oder weibliche Geister, die man sich als unsichtbare Menschen vorstellt. Sie sollen im allgemeinen im Buschland und an bewaldeten und felsigen Orten hausen, und eine große Anzahl der von ihnen heimgesuchten Personen weiht ihnen einen Kult, um ihre Gunst zu erwerben und gesund zu werden. Frauen werden vom *zâr* häufiger angegriffen als Männer. Die übliche Form einer *zâr*-Sekte ist deshalb auch eine Gruppe von Frauen, die das Haus einer großen, zur Heilspezialistin gewordenen Besessenen besuchen und zu festgesetzten Zeitpunkten, anläßlich der wichtigsten Feste der offiziellen Religion zusammenkommen. Die gewöhnliche Behandlung besteht darin, die kranke Person in Trance zu versetzen und den auf sie »herabgestiegenen« Geist so lange immer wieder zu befragen, bis er durch den Mund der kranken Person seine Identität zu erkennen gibt: man bittet ihn alsdann um Vergebung und bietet ihm dafür ein Opfer an, dessen Natur – hinsichtlich der Art und Farbe des zu wählenden Tieres – er selbst bestimmen soll. In der Folge hat die Besessene ihrem *zâr* ein jährliches Opfer darzubringen.

Von den christlichen Priestern wie auch von den Moslems verdammt, stehen diese Sekten in ziemlich schlechtem Rufe, aber die sogenannten Kranken des *zâr* sind so zahlreich, daß lediglich die berufsmäßigen Besessenen (Heilspezialisten und -spezialistinnen) ein besonderes Milieu für sich bilden. Die Frau, »die den *zâr* hat«, wird in fast allen Familien respektiert und spielt eine bedeutende Rolle: man fragt sie bei Interessenkonflikten und rechtlichen Angelegenheiten um Rat, sie spielt bei den Eheschließungen, Scheidungen, Entbindungen eine Rolle, oft weissagt sie die Zukunft. Der erbliche *zâr* wird meist von der Mutter auf die Tochter übertragen, aber er kann auch auf einen Verwandten in der Seitenlinie übergehen und sogar vom Vater auf den Sohn.

Diese Institution, in der Religionen fortbestehen, die dem Christentum in diesem Land vorausgingen, scheint ein riesiges Verbreitungsgebiet zu haben. Man findet den *zâr* in Abessinien, Arabien, Ägypten, Eritrea, in Französisch-Somali, im Englisch-Ägyptischen Sudan . . . Man kennt im übrigen den *bori* im Gebiet der Haussa und bis hin nach Marrakesch, Tunis und Tripolis.

Die Expedition Dakar-Djibouti, die an verschiedenen Punkten ihrer Reiseroute und namentlich in Französisch-Sudan[1] die Existenz sehr ähnlicher Sekten nachweisen konnte, hat den *zâr* in Gondar (Nordäthiopien) und in Französisch-Somaliland erforscht. <Vgl. auch S. 299 und Leiris I, S. 135 ff.>

Der folgende Text ist lediglich ein Kommentar von 12 Bildern, die zu den von der Expedition während ihres Aufenthaltes in Gondar zusammengetragenen Dokumenten gehören. Das erste ist die Wiedergabe einer farbigen Tintenzeichnung, angefertigt von dem Kirchenvorsteher Enqo Bârey, der trotz seiner Eigenschaft als Geistlicher Mitglied der bedeutendsten *zâr*-Sekte von Gondar ist (Vorderseite des Blattes 10 des Manuskriptes

[1] In Kita und Bamako die Sekte der *dyédounou* oder »Wassertrommel«; in Mopti diejenige des *ollé horé* oder »Tanz der Verrückten«. Die zweite unterscheidet sich von der ersten dadurch, daß sie eine gemischte Sekte mit einer ungefähr gleich großen Anzahl von Männern und Frauen darstellt.

Nr. 332 der Dokumentensammlung <in der Bibliothèque Nationale, Paris>: einer Reihe von *zâr*-Porträts, die bei Enqo Bâhrey in Auftrag gegeben worden waren). Das zweite ist eine Photographie von Malkâm Ayyahu, einer alten Heilspezialistin, die Oberhaupt der Sekte war, zu der Enqo Bâhrey gehörte, und die unsere hauptsächliche Informantin in dieser Frage war. Die zehn folgenden sind Photographien, die Marcel Griaule anläßlich des Opfers für ‹den *zâr*› Sayfu-Čangar am 8. Oktober 1932 gemacht hat.

Zur Abfassung dieses Artikels dienten mir neben meinen eigenen Aufzeichnungen die Notizen auf Amharisch des gelehrten Abessiniers Abba Jérôme, den der Kaiser zur Expedition abgeordert hatte, um ihr bei ihren Forschungen beizustehen. Die Aufzeichnungen, die Abba Jérôme entweder bei den Befragungen mit mir zusammen oder im Verlaufe der Zeremonien gemacht hat, an denen wir dank seiner Vermittlung teilnehmen konnten, bilden das Manuskript 236 (A,B,C,D) der Sammlung. Ich habe sehr große Anleihen bei diesen Notizen gemacht, die Abba Jérôme und ich selbst noch an Ort und Stelle übersetzt haben, wobei wir jedesmal, wenn es notwendig erschien, auf unsere Informanten zurückgriffen.

Ein solcher, notgedrungen übereilter Artikel vermag bestenfalls ein paar grundlegende Aspekte der Frage aufzuzeigen.

Erstes Bild. – Sayfu-Čangar im Prunkgewand, umgeben von seinen adligen Wachen oder *werêzâ.* Auf der Stirn trägt er das Kreuz und in der Hand hält er seinen Degen, den er aus der goldenen Scheide gezogen hat. Nach Malkâm Ayyahu, seinem »Pferd« (d.h. der von ihm besessenen Frau), ist er das Oberhaupt aller *zâr.* Wenn er auf jemanden herabsteigt und diese Person in Trance gerät, wenn Sayfu, der durch den Mund des Besessenen spricht, seinen *fukkarâ* macht, d.h. seinen Kampfspruch aufsagt, wie ein Soldat oder Jäger, der sich vorstellt, indem er sich seiner Siegestaten rühmt, dann sagt er zunächst: »Im Namen des Vaters, des Sohnes und des heiligen Geistes, dreieiniger Gott«, und darauf:

Führer der Vierzig
Organisator der Vierzig
Der tausend verwundet
Der tausend verwunden läßt
Der tausend auspeitscht
Der tausend auspeitschen läßt
Sayfu-Čangar
Gebälk des Daches der *awlyâ*[2]

oder aber:

Der in das Meer vordringt
Der den Djinn in höchste Not bringt
Seyfié Djima Djima
Der nicht heimkehrt ohne getötet zu haben

[2] Großer *zâr* oder großer Erleuchteter.

1. Sayfu Čangar.

Den Büffel und den *doukoula*[3]
Töter des Schattenauges[4]
Organisator der *zâr.*

Er kann gleichfalls sagen:

Schänder der Priester
Entheiliger der Altäre

und:

Der die Toten erweckt
Wie der Schöpfer

[3] Antilopenart.
[4] Spielart von bösen Geistern.

Sayfu-Čangar ist der größte aller *zâr*. Er gebietet unmittelbar über die »Vierzig«, die das sogenannte »rechte Haus« bilden und mittelbar über die »Achtundneunzig« des linken Hauses. Er ist der erklärte Feind der Djinn oder Wasserdämonen; man nennt ihn deshalb auch »Spalter des Meeres und Töter der Djinn«. Als er nach vierzehnjährigem Studium in Jerusalem zu seiner Mutter Wourer in die Nähe des Tanasees zurückkehrte, befreite er seine Schwester Rahêlo (den Geist der Pest und der Cholera), die von einem Djinn entführt und in das »Meer« des weißen Nils getragen worden war. Er tötete den Djinn mit seinem Pfeil und sprach dabei: »Im Namen des Vaters . . .« Mit Rahêlo befreite er gleichzeitig auch die 5 Kinder, die sie mit dem Djinn gehabt hatte. Diese fünf, im Meer geborenen Kinder gehören zum linken Haus.
Sayfu ist ein guter Christ. Gott hat ihm die Macht verliehen, diejenigen zu »brechen« – bevor er sie den anderen *zâr* überliefert –, die er krank machen will: sie haben sich entweder nicht recht verhalten oder den *zâr* verachtet, oder aber er selbst will sie besitzen (bzw. von einem der Seinen besessen machen), um sie dem Einfluß der bösen Geister zu entziehen. Nach seiner Rückkehr aus Jerusalem, wo er gelernt hatte, nach dem Ritual der Amhara die Messe zu lesen, war er lange unschlüssig, denn er wußte nicht, auf welche Weise er sein Priesteramt als Oberhaupt der *zâr* ausüben sollte – es verstand sich, daß er sich nicht der Gesänge und Tänze bedienen konnte, die zum christlichen Ritual gehören. Zusammen mit seinem Bruder Seyd Kader ging er den großen Heiligen Abbo um Rat fragen, und dieser empfahl ihnen als Mittel zur Besänftigung der *zâr* die *wadâğâ* eine nächtliche Versammlung, auf der man die *zâr* anlockt, indem man nach Art der Moslems singt. Sayfu zufolge »heilt die *wadâğâ*, was gebrochen und versehrt ist; es ist das große Heilmittel«. Deshalb werden bei den großen Besessenen, die die Rolle von Heilspezialisten spielen, *wadâğâ* veranstaltet, wo die Kranken zum Zwecke der Heilung durch Trommeln und Händeklatschen in Trance versetzt werden. Und man sagt von Sayfu, der genausogut zu beschützen wie zu bestrafen weiß:

Der bricht, um wieder zusammenzufügen
Der zerreißt, um wieder zu flicken

Dem Kirchenvorsteher Enqo Bâhrey zufolge hat »Sayfu mit Abbo einen Pakt geschlossen. Abbo trat dem Pakt bei und sagte: ›Mit Donner und Blitz werde ich den für dich zerschmettern, der nicht an den Heiland der Welt glaubt, der Michael und Gabriel nicht ehrt oder die Feste nicht begeht.‹ Und Sayfu schwor gleichfalls, seine Gebote einzuhalten, den zu

bestrafen, der die Feste entweiht, der den Sonntag nicht feiert, den Leib und das Blut Christi nicht ehrt – ihn zu bestrafen, indem er zur Krankheit und zur Epidemie wird, seiner Schwester Rahêlo mit ihren ganzen Heeren, den *Chankalla*[5] gebietet, indem er als Bauchweh, Kopfweh, Seitenstechen, Leibschneiden in den Körper eindringt, durch das Rheuma, den *bouda*[6], den *zâr* bouda, den *zâr*, die Pest (die das ganze Haus zu Boden legt, die alle niederwirft), durch den plötzlichen Anfall, den *methat*[7], den bösen Blick, das Goldauge, durch den *shotalay*[8], den Schattenblick. Indem er so in sie eindringt, bringt er die Priester und das Volk in große Not. Wenn sie ihre Pflicht nicht erfüllen, macht er sich zum Richter und bringt sie in große Not bei den Gesängen in der Kirche, an der Weihestätte und zumindest während ihres Gebetes und während sie die Messe lesen. Er tötet die, die sich nicht zum Guten bekehren wollen und die, welche sich nicht bescheiden mögen. Wenn sie nicht gefügig sind, läßt er sie im Zorne reden, er schickt ihnen die Unzucht und bewirkt, daß sie aus dem Kloster gehen, damit er sie niederwerfen kann.«
Das Sayfu-Čangar zustehende Tieropfer bringt man ihm entweder als *maqwadasha* car (eine Opfergabe, die der *zâr* durch den Mund der von ihm krank gemachten Person anfordert und bei dem diese Person das Fleisch zur Zwecke der Heilung allein verzehrt) oder als *dichata:* eine Opfergabe, die der *zâr* von einer Person erhält, die sich seines Schutzes versichern möchte, wobei die Zeremonie eher den Charakter eines gemeinsamen Weihemahls annimmt, denn das Fleisch wird an die Person, auf die der *zâr* herabsteigt und an die Beisitzer verteilt. Das spezifische Opfer für Sayfu-Čangar, das ihn auszeichnet und ihn und die Seinen von den anderen *zâr* unterscheidet, ist ein Ziegenbock, ein Widder oder ein roter Stier mit weißem Stirnbein. Wenn möglich soll das Tier zwei gleiche Hörner haben, sowie weiße Flecken am Schwanz und an den Fesseln. Wenn es ein Stier ist, muß die Wamme rot sein.
Außerdem liebt Sayfu Räucheropfer mit *sandal*-Holz und scheint mit der Zitrone in Verbindung zu stehen.

Das Gefolge von Seyfié ist aus Zitrone
Sein Gefolge ist aus zarter Zitrone

wird gesungen. Oder:

5 Verächtlicher Terminus, mit dem die Abessinier die Menschen negroider Rasse bezeichnen.
6 Ein Geist, der das Blut der Person trinkt, die er besitzt, oder sie unsichtbar das Blut der Anderen trinken läßt. Wer vom *bouda* besessen ist, soll sich leicht in eine Hyäne verwandeln können.
7 Verhexung, die schnell zum Tod im Delirium führt.
8 Ein Geist, der die Frauen steril oder für Fehlgeburten anfällig macht oder aber bewirkt, daß die von ihnen geborenen Kinder nicht lebensfähig sind.

Zitronen im Überfluß vor seiner Tür
Ohne Sayfu-Čangar, wird man sie pflücken?

Zweites Bild. – Malkâm Ayyahu. Geboren in Gondar als Tochter eines gondarianischen Vaters, der Kirchenvorsteher der Baâtâ-Kirche war, und einer tigreanischen Mutter. Malkâm Ayyahu ist viel gereist: nach Eritrea, bis zum Golf von Massaouah, nach Schoa, nach Kaffa (von wo sie drei Sklaven mit zurückbrachte, Geschenke von Dorfältesten, denen sie ihrerseits Korbwaren mitgebracht hatte). Ihr erster Mann fiel in der Schlacht von Adouah, wo er auf italienischer Seite gekämpft hatte.
Als Sayfu-Čangar zum ersten Mal auf Malkâm Ayyahu herabstieg – so erzählt eine ihrer Adeptinnen –, aß sie drei Jahre lang nur *Tchat*-Blätter (eine Pflanze mit berauschenden Qualitäten, die, genau wie bei den Moslems, von den großen Besessenen genossen wird) und »Blumen« geplatzten Maises. Der *zâr* bekannte sich ledigleich als »Tchengerié«, ohne seine genaue Identität zu enthüllen. Ein Geistlicher namens Tasamma unterwarf sie während ihrer Trancen dem vorgeschriebenen Verhör und konnte die verschiedenen *zâr,* von denen sie besessen war, einzeln bestimmen. Zu Beginn ihrer Besessenheit durch Tchengerié – sie verdankt ihm den Namen, bei dem sie gemeinhin genannt wird: mein Vater Tchengerié – war Malkâm Ayyahu wie verrückt. Da ihr Gatte Tabak schnupfte und dies dem *zâr* mißfiel, machte er, daß sie von zu Hause weglief; er ließ sie auf Bäume steigen und sich hinunterstürzen, so daß man sie für tot hielt.
Das einzige noch lebende Kind Malkâm Ayyahus ist die sehr schöne Tochter Emmâwwâyeš die – was in Abessinien die Regel ist – mehrmals geschieden ist. Manche meinen, daß die bereits besessene Emmâwwâyeš als Heilspezialistin die Nachfolge ihrer Mutter antreten und ihrerseits ein *gandâ* eröffnen wird. *Gandâ* bedeutet »Tränke«, d.h. ein Tablett zum rituellen Servieren des Kaffees; es ist das hauptsächliche Attribut der großen Erleuchteten. Aber Emmâwwâyeš scheint nichts von einer solchen Erbschaft zu halten. Sie könnte ihre eventuelle Wiedervermählung verhindern, denn die Männer scheuen sich in der Regel davor, besessene Frauen zu heiraten.
Heute noch trägt Malkâm Ayyahu ein verknöchertes Kind in ihrem Leibe. Der große *zâr* Abbâ Yosêf verwandelte den Fötus in Knochen, als er Besitz über sie ergriff: es ist ein sehr religiöser *zâr,* und er hat, wie Malkâm Ayyahu sagt, »sein Pferd abtreiben lassen, weil er nur reine Orte betreten will«.

2. Malkâm Ayyahu.

Die anderen großen Geister, von denen Malkâm Ayyahu besessen ist, sind: Rahêlo, die Schwester von Sayfu; Abbâ Qwasquwes, der Malkâm Ayyahu dazu anhielt, Häuser zu bauen, um sie anschließend zu verkaufen; die Negerin und Dienerin von Rahêlo, Čankit, von der sie während ihrer Reise nach Kaffa, wo es viele Chankalla gibt, besessen wurde. Ein jeder dieser *zâr* spielt im Leben Malkâm Ayyahus eine genau bestimmte Rolle. So versieht sie als Tchengerié ihren *gandâ* der Heilspezialistin, als Abbâ Yosêf erfüllt sie ihre christlichen Pflichten und regelt Rechtsangelegenheiten, als Abbâ Qwasqwes tritt sie bei Auseinandersetzungen über materielle Fragen hervor, als Čankit trägt sie denen, die ihr Haus besuchen, Speisen und Getränke auf.

Obwohl sie durch ihre Eigenschaft als *bâla-zâr* (»die/der den *zâr* hat«, d.h. als Besessene) und auch aufgrund der Tatsache, daß sie als Heilspe-

zialistin alle möglichen Leute bei sich empfängt, etwas in Mißkredit gebracht wird: ihr Haus ist zugleich ein Hospital, in dem Pensionsgäste wohnen, die sehr oft Prostituierte sind, oder Frauen, die sich prostituieren müssen, weil ihr Mann sie wegen ihrer Krankheit verlassen hat, ein Hotel (denn im Haus eines *awlyâ* ist der Fremde immer willkommen) und auch ein Café, das Männer besuchen kommen, die durch die wadâğâ angelockt werden (denn bei diesen Adeptenversammlungen gibt es Frauen in Trance zu sehen, die tanzen, singen und die Männer provozieren) – trotz alledem gehört Malkâm Ayyahu doch zu den Notabeln von Gondar. In der Tat stammt sie von den Kaisern ab und hat den Rang einer *balabbat,* d. h. einer Inhaberin von erblichen Gütern.
Wie bei allen anderen Besessenen muß man auch sie in der männlichen Redeform anreden, wenn ein männlicher *zâr* »auf ihr« ist. Neben anderen Familienangelegenheiten verschiedenster Art war der ausschlaggebende Faktor bei der Scheidung ihrer Tochter, daß ihr erster Gatte aus Geringschätzung Malkâm Ayyahus angefangen hatte, sie »Frau Tchengerié« zu nennen, anstatt »mein Vater Tchengerié«.
Das Opfer, das wir Sayfu-Čangar am 8. Oktober 1932 im Hause Malkâm Ayyahus in der Pfarrgemeinde Baâtâ in Gondar darbrachten, war nicht das erste dieser Art. Außer einem Schafsopfer für ihre Tochter, bzw. deren *zâr* Abba Moras Worqié hatten wir Malkâm Ayyahu schon ein weißes Mutterschaf für Rahêlo sowie mehrere, verschiedenfarbige Hühner für die *zâr* einiger Adepten gestiftet. Später habe ich noch dem *zâr* der Lepra Azzâj Deho einen rotweiß gescheckten Widder geopfert und von Sayfu-Čangar als Dank für den Griaule dargebrachten Stier zwei weiße Hähne erhalten. Sie waren dem moslemischen *zâr* Seyd Kader bestimmt, den mir Malkâm Ayyahu als Schutzgeist zuerkannt hatte.
Die folgenden Bilder beziehen sich auf das Opfer vom 8. Oktober, das zentrale Ereignis einer Zeremonie, die eine ganze Woche lang andauerte.

Drittes Bild. – Im Hof Malkâm Ayyahus, gegen zehn Uhr morgens. Bis spät in die Nacht wurde »die *wadâğâ* herbeigeholt« und gesungen:

Schau sein Blut, schau sein Blut
Schau den Stier des Herrn
Schau sein qellié[9] schau sein *mora*[10]
Schau den *mora* des Herrn

[9] Das Fell des Tieres, das je nach der Art des Opfertieres entweder dazu dient sich daraufzusetzen oder sich daraufzulegen.
[10] Zwerchfell.

3. Der Kampf, in dem der Stier zu Boden gezwungen wird. Der Jäger Kassahoun, der Bedienstete Abba Jérômes, biegt den Kopf des Stieres nach hinten. Eines der Hörner berührt seine Hüfte.

sowie viele andere Gesänge. Es haben sich viele Geister bekundet. Sie sind auf die weiblichen Adepten, aber nur auf wenige anwesende Männer herabgestiegen. Sie ließen die Frauen den *gurri* machen, eine kreisende Bewegung des Kopfes oder ein Pendeln des Oberkörpers von hinten nach vorn, beide charakteristisch für die Trance.[11] Während Malkâm

[11] Malkâm Ayyahu führt die Entstehung des gurri auf den Ursprung der *zâr* zurück. Als Eva, die mit Adam dreißig Kinder gehabt hatte und befürchtete, Gott möchte sie der Unzucht beschuldigen, die fünfzehn schönsten Kinder verborgen und Gott sie verflucht hatte, indem er zu ihr sagte: »Die du verborgen hast, sollen verborgen bleiben!« – was den Ursprung der *zâr* darstellt –, da flohen die verborgenen Kinder in den Busch und machten den *gurri*, um ihre Zufriedenheit zu bekunden. »Wie jemand, der die Hochzeit seines Sohnes mit vielen Lustbarkeiten begeht, so ist auch das *gurri*-Machen ein Zeichen der Freude. Wenn die *zâr* die sichtbaren Menschen bewohnen, nachdem sie sie überwunden und besiegt haben, machen sie den *gurri*, weil sie zufrieden sind, gesiegt zu haben. Wenn ein Jäger das Wild verwundet hat, bricht es zu Boden und wirft sich hin und her, bevor seine Seele entweicht: dies ist die Bedeutung des *gurri*. Wenn der *zâr* seinen Schatten auf einen Kranken wirft, so läßt er ihn als Zeichen der Unterwerfung und des Sieges den *gurri* machen. Wie ein geköpftes Huhn entspringt und um sich schlägt, bevor seine Seele entflieht, so versetzt auch der *zâr* sein Pferd, nachdem er es besiegt hat, in Angst und läßt es den *gurri* machen.« Bestimmte Adepten halten den *gurri* für schmerzhaft, andere sehen ein Vergnügen darin, der Freude vergleichbar, einen Verwandten wiederzutreffen, für andere wieder ist er eine Lustempfindung, und sie halten ihn für eine Art von Koitus zwischen der Besessenen

Ayyahu Gebete sprach, wurde rituell der Kaffee serviert. Dauerten die Tänze zu lange, oder waren sie zu wild, so unterbrach man sie mit den Worten: »Das Kreuz ist errichtet«.

Nach einem neuerlichen Kaffeeausschank – der Kaffee wird, wie es der Brauch vorschreibt, dreimal serviert – legte Malkâm Ayyahu an diesem Morgen einen mit einer Löwenmähne besetzten Stirnreif an. Den Adepten in Trance hat sie nach der Erteilung des Segens die den adligen Wachen Sayfus zukommenden Schmuckgegenstände ausgehändigt und ist anschließend zur Opferstätte gegangen.

Das Bild zeigt den Stier unmittelbar vor seiner Tötung. Seine beiden Vorderbeine sind schon zusammengebunden. Ein Mann reißt den Kopf des Tieres nach hinten, während ein anderer sich anschickt, seine Hinterbeine zu fesseln. Oben auf dem Photo sind die Adepten zu sehen, die um die sitzende Malkâm Ayyahu herumstehen. In den Händen hält sie die Peitsche, die Sayfu-Čangar gebraucht, »um die unwissenden *zâr*, die nicht studiert haben« zu züchtigen, und mit der er »die Ungläubigen auspeitscht, die dem Willen des Herrn zuwiderhandeln«. Ein großer, auf der Erde stehender geflochtener Korb enthält weiche, mit Butter und Berberi-Soße übergossene Sorghum-Fladen, die nach der Opferung zusammen mit anderen festen Nahrungsmitteln an die Anwesenden verteilt werden: verschiedene Sorten von gerösteten Körnern, *dabbo* genannte Brote, Bällchen mit Honig und mit *noug*.

Der Kampf mit dem Stier dauert lange. Er fällt zunächst auf die linke Flanke, aber man muß wieder von vorne anfangen, denn allein die rechte Seite ist die gute Seite. Wenn das Opfertier schließlich richtig gefesselt ist und sich nicht mehr rühren kann, hält sich der Priester Ayyêlé, der Bruder der Heilspezialistin, bereit, es zu töten.

Viertes Bild. – Es ist ungefähr viertel nach zehn. Das Tier ist gerade geopfert worden. Man sieht noch die Männer mit den Riemen, mit denen seine vier Beine gefesselt wurden. Links im Vordergrund und mit dem Rücken zum Betrachter stehend, hält der Kirchenvorsteher Enqo Bâhrey in der rechten Hand die Tasse mit dem Blut, das er an der Wunde aufgefangen hat. Hinter ihren Schleiern verborgen, wird Malkâm Ayyahu – als Sayfu-Čangar – dann das Blut trinken. Daraufhin verläßt sie der Geist wieder, denn der große *zâr* ist nur in dem Augenblick zuge-

und dem männlichen *zâr*, der sie heimsucht. Die *zâr* des rechten Hauses lassen den *gurri* rechts herum machen (d.h. vom Beobachter aus gesehen im Uhrzeigersinn), die des linken Hauses lassen ihn links herum machen.

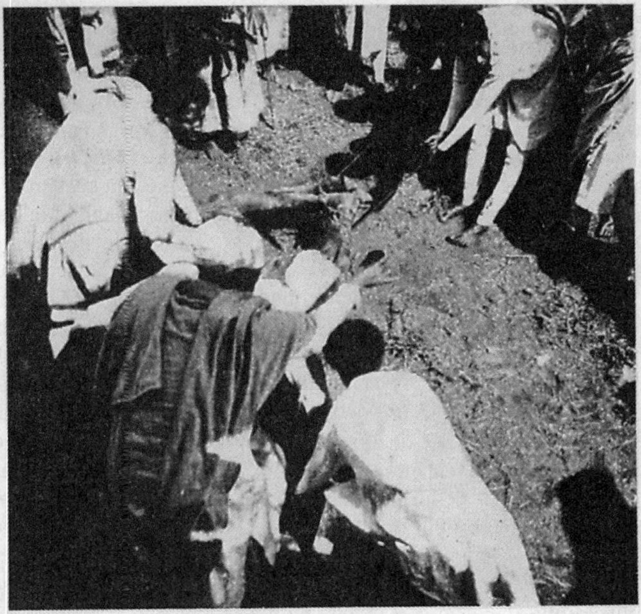

4. Die Tasse mit dem Blut.

gen, wenn das Blut genossen wird. Er überläßt den Platz dann einem Vertreter, der das Fleisch verzehrt (eine rohe Mischung aus den zwölf Teilen: Leber, Lungen, Schwanz, Lenden, Zunge, Schulterstücke, Nieren, Rückenstücke, zubereitet mit Salz, Butter und Berberi-Soße), und an seine Stelle treten später verschiedene Geister, die den jeweiligen Phasen der Zeremonie entsprechen.

Fünftes Bild. – Todeskampf des Stieres. Zwei weibliche Adepten sprengen aus Karaffen, die sie in der Hand halten, Honigwasser und Bier auf die Wunde. Beide tragen sie die entsprechenden Schmuckelemente ihres *zâr* sowie Tuniken und Stirnbänder. Es ist ein gefährlicher Augenblick, denn – angelockt vom Blut – können die Dämonen kommen und den einen oder anderen der Anwesenden niederwerfen. Männer, die an der

5. Besprengen der Wunde.

Opferung beteiligt waren, werden als erste mit Honigwasser und Bier besprengt.

Sechstes Bild. – Zwei Männer bedecken das verflossene Blut mit Zweigen. Die Halswunde des Stiers folgt dem Verlauf der Luftröhre. Während bei einer normalen Schlachtung der Hals quer durchschnitten wird, öffnet man ihn bei der Tötung für einen awolia der Länge nach. Man schlitzt zunächst das Fell an der Oberfläche auf und zieht anschließend die Ränder der Wunde auseinander, um die Luftröhre freizulegen. Dann erst wird diese aufgeschnitten. Es heißt, daß dieses Verfahren dem Schöpfer nicht genehm ist: das Entweichen der Seele wird dadurch länger hingezogen, aber man muß es anwenden, denn nur so kann das Fell, das in der Folge zum »Abbild« des Tieres wird, in seiner Ganzheit bewahrt werden.

6. Auf das Blut werden Kräuter gelegt.

Im Hintergrund ist eine Adeptin zu sehen, die über den für die Kommunion der Anwesenden bereitgestellten Krug mit Bier gebeugt steht, sowie Malkâm Ayyahu, die sich hinter einem von Adeptinnen aufgehaltenen und ihr als Sonnenschutz dienenden Schleier darauf vorbereitet, selbst die Speisen zu verteilen.

Siebentes Bild. – Man bindet die Beine des toten Stiers los. Die bei der Freilegung der Lufröhre zurückgeschlagene Haut läßt auf der linken Seite der Wamme die Wunde erkennen. In der zweiten Reihe rechts reicht eine Adeptin jemandem eine Karaffe mit einem Getränk. Ganz hinten fährt die vor dem Korb mit *dabbo* sitzende Malkâm Ayyahu in der Verteilung der Speisen fort.

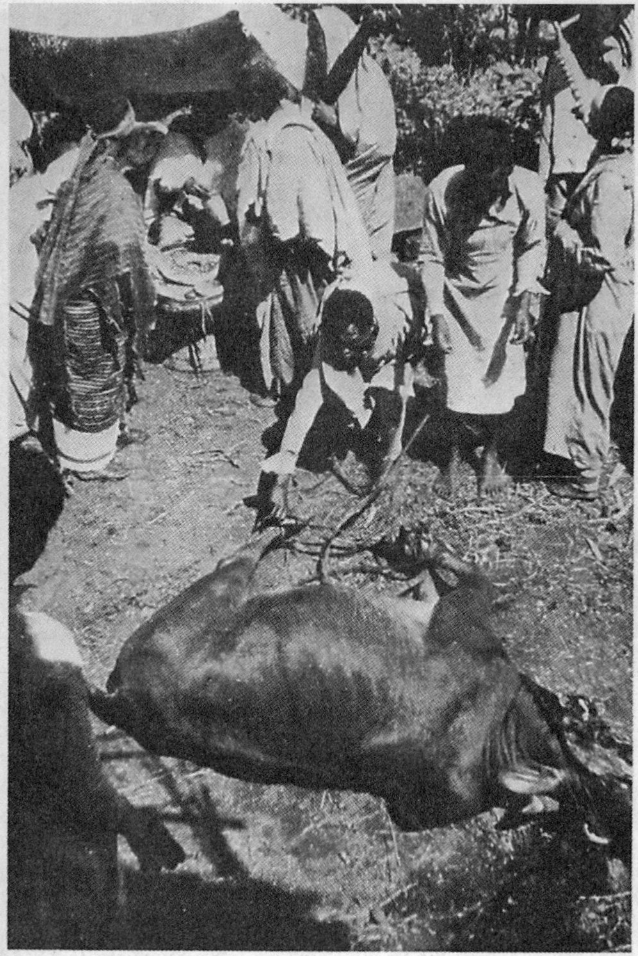

7. Der Stier wird losgebunden.

Achtes Bild. – 10 Uhr 30. Beginn der Zerlegung des Stieres. Das Fell ist schon abgezogen. Der im Profil dastehende Priester Ayyêlé hält nach-

8. Beginn der Zerlegung des Stiers.

lässig das Opfermesser, das man in seiner linken Hand sieht. Von Adepten umgeben, die sich eifrig um sie scharen, gibt Malkâm Ayyahu immer noch Speisen aus und erteilt ihren Segen.

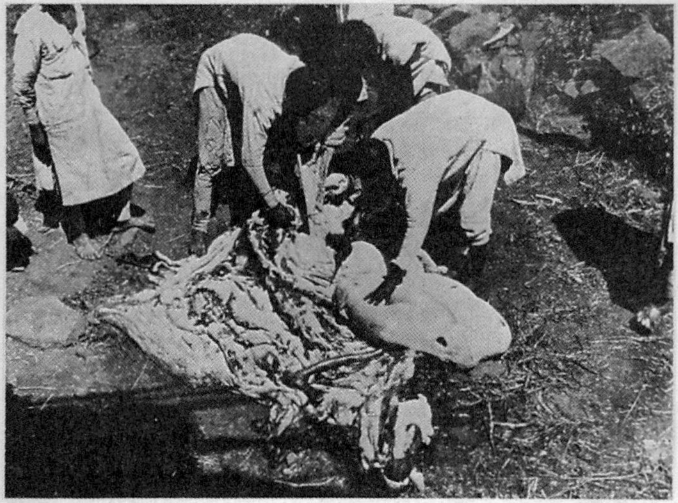

9. Das Zwerchfell, oder – in der Fachsprache der Schlächter –die »Toilette« <die Lappen> wird herausgetrennt. Die Knochen des Tieres werden sorgfältig vergraben. Hörner und Hufe werden zu Räucheropfern verwendet. Wenn die Knochen von den Hunden benagt würden, müßte der Nutznießer des Opfers unter Gliederschmerzen leiden.

Neuntes Bild. – 10 Uhr 55. Malkâm Ayyahu ist weggegangen. Von ihren Adepten gefolgt, ist sie unter den *das,* den zeitweiligen Unterstand, zurückgekehrt, der mit Zeltleinwand für die Zeremonie errichtet wurde. Im Hof zerlegen die Hausbediensteten mit Messern und Beilen den Stier. Zwei von ihnen trennen das Zwerchfell heraus: sie ziehen daran und einer schneidet es mit dem Messer ab, das er in der rechten Hand hält. Der junge Diakon Tebabou, der Enkel Malkâm Ayyahus, schaut zu (links auf dem Bild).[12]

[12] Über den gefährlichen Charakter des Opfers und sogar der Riten der offiziellen Religion, erklärt Tebabou, der für seine Mutter Emmâwwâyeš das Opfer vornimmt: »Während ich das Schaf töte, spreche ich folgendes Gebet: ›Im Namen des Vaters, des Sohnes und des heiligen Geistes, dreieiniger Gott‹, und das Tier wird christlich. Nur die Christen essen davon, die Moslems nie. Obwohl ich die Priesterweihen empfangen habe: wenn ich das Tier unter Gebeten absteche und sein Blut vergieße, befürchte ich doch, daß die Dämonen und die *zâr* mich stechen und sich dabei auf das Blut stützen. Deshalb höre ich nie auf, leise zu beten. Wer die Weihen empfangen hat, wird von den Dämonen und den *zâr* unerbittlich verfolgt. Bei einem Ungebildeten und Nichtsahnenden sagen sie: ›Er gehört uns‹ und kümmern

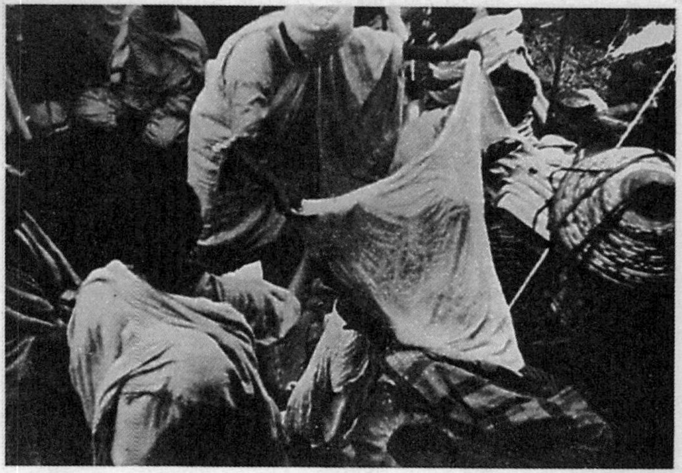

10. Der Priester Ayyêlé legt Malkâm Ayyahu das Zwerchfell oder den *morâ* über den Kopf. Erst von diesem Moment an kann man sagen, daß der *morâ* »erfüllt«, d.h. das Opfer vollbracht ist. Vor diesem Ritual haben die Adepten Malkâm Ayyahu Schilfzweige auf den Kopf geworfen, die sie zuvor an sie verteilt hatte.

Zehntes Bild. – Unter dem *das.* Malkâm Ayyahu sitzt auf ihrem Ruhebett, inmitten ihrer Adepten. Vor ihr steht ihr Bruder, der Priester Ayyêlé und legt ihr das Zwerchfell wie einen Schleier über den Kopf. Derart geschmückt, ißt sie dann das erwähnte Gemisch aus den zwölf Teilen des Stieres, das ein Adept unter seinem Umhang verborgen hält.

Elftes Bild. – Unter dem *das.* Auf dem mit Schilf bedeckten Boden steht

sich nicht mehr um ihn. Derjenige, der die Weihen empfangen hat, riecht nach Weihrauch, wenn er aus der Kirche kommt. Deshalb ist es gefährlicher für uns, und sie lauern uns auf. Wir verlassen die Kirche nicht allein. Wenn wir allein aus der Kirche kommen, müssen wir ganz leise die Anbetung Marias vom Montag und das Gebet des Glaubens aufsagen. Dank dieser leise gesprochenen Gebete kommen von rechts und von links Engel herbei. Aber wenn man mit lauter Stimme betet, stülpen die Dämonen das Gebet um und machen, daß man alles verkehrt herum auffaßt. Sie lassen uns die Anbetung Marias aufsagen und stellen das Hinterteil an den Anfang und sie drohen, uns zu schlagen . . . Wenn ich einen Ziegenbock oder ein Schaf getötet habe, bleibe ich nicht ruhig neben dem vergossenen Blut stehen, damit die Dämonen und die *zâr* mir nicht feindlich gesinnt sind. Ich gehe zur Seite, wo die Wand ist, und wenn ich auf der Bank sitze, lehne ich mich an, denn die Hauswand ist etwas, das schützt und unterstützt. Wenn ich eine Zeitlang so dagesessen habe, stehe ich wieder auf und ziehe das Fell vom Fleische ab.«

11. Der rituelle Kaffeeausschank.

der *gandâ*. Auf dem *gandâ* die Tassen für den Kaffee. Darunter eine etwas größere, die ganz mit Kaffeesatz gefüllt ist und *wamber,* d.h. »Thron« oder »Richter« genannt wird. Dieser Kaffeesatz wird zu medizinischen Zwecken verwendet: Massagen, Einsalben von Wunden usw. . . . In gewissen Fällen scheinen die Adeptinnen ihn als Khol zu verwenden, um sich die Augen zu schwärzen. Will man jemanden »beim *gandâ*« verfluchen, so stülpt man die Tasse auf dem heiligen Tablett um.

Kaffee und Tchat sind die spezifische Nahrung der awlyâ. Ihr Gebrauch wurde von den Eremiten des Buschlandes eingeführt. Tchat und Kaffee legen bei den *zâr* Fürsprache ein und beruhigen sie: es ist ihre bevorzugte Speise. Man singt:

Das mit Tchat und Kaffee gebaute Haus
Stürzt nicht ein, wenn man es anstößt und daran rüttelt.

Ein großer moslemischer Scheik, genannt Abba Wa (der »Großvater«), den manche für das Oberhaupt aller awlyâ halten, hat in der Provinz Tigré, wo er seinen Wohnsitz hat, ein großes *gandâ.* Wer zu ihm pilgert und ihm eine bestimmte Zeit lang als *kaddâm* dient, in seinem Haus wohnt, den Kaffee ausschenkt und verschiedene niedrige Dienste verrichtet, den ermächtigt er, den »*gandâ* auszubreiten«, d.h. der Schüler kann an einem von Abba Wa bestimmten Ort einen eigenen *gandâ* eröffnen und seinerseits die Kranken pflegen. Man sagt: den *gandâ* »ausbreiten« oder »öffnen«, so wie die Priester sagen, daß sie den David »ausbreiten« oder »öffnen«, wenn sie das Buch aufschlagen, um die Gebete zu verlesen.

Es wird erzählt, daß ein anderer, in der alten Zeit lebender Erleuchteter einen besonderen *gandâ* besaß, der sieben großen »alten, weißbärtigen und fetten« Schlangen vorbehalten war, die er bei sich beherbergte. Wenn die Sonne anfing zu wärmen, kamen die Schlangen selbst zum *gandâ,* um dort ein eigens für sie zubereitetes Gemisch aus Wasser und Tchataufguß zu trinken. Jedesmal wenn ein Rind geopfert wurde, nahmen die Diener den *gandâ* und füllten ihn mit warmem Blut, um den großen Schlangen zu trinken zu geben.

Der *gandâ* muß immer rechteckig sein und einen erhöhten Rand haben, denn die aus den Tassen geschwappten Kaffeetropfen sind das Getränk der niederen Geister. Malkâm Ayyahu erzählt, daß ihr großer *zâr* Rahêlo im Busch einen *gandâ* besitzt, der von den Jägern gebraucht wird. Er befindet sich in einer Höhle und wird von einer Schlange bewacht. Der ursprüngliche *gandâ* soll ein von Wourer, der Mutter aller *zâr* gestohlenes heiliges Altarbrett sein.

Solange man sich noch auf dem Schilfbelag befindet, von dem gesagt wird, daß er das Blut aufgenommen hat, sind alle möglichen Verbote in Kraft. Die Überschreitung des Verbots, Stengel dieser Pflanzen aufzuheben und zu zerbrechen, würde bedeuten, daß man »das Glücksholz des *zâr* zerbräche«. Weiterhin gelten die Verbote, die Schilfzweige auseinanderzuschieben und mit dem Ende eines Stockes die Erde aufzukratzen oder Löcher zu bohren oder sich damit die Hände abzuwischen; Ungeziefer zu töten, denn »im Haus des *awlyâ* dürfen nur Tiere getötet werden, die man essen kann«, d.h. nur eßbare Haustiere bzw. Opfertiere und Jagdwild. Solange der *gandâ* aufgedeckt ist, gilt auch das Verbot, »sich hinzusetzen und dabei die Füße auszustrecken, außer wenn man ohne Bewußtsein ist, weil man vom Schlaf übermannt wurde«. Und man darf auch nie selbst seine Tasse auf die Erde oder auf das Tablett zurückstellen, wenn man getrunken hat; man hat sie vielmehr der als *kaddâm* fungierenden Adeptin zu reichen.

Auf dem Photo ist der *gandâ* zu sehen. Das Tuch, mit dem er bedeckt ist, wenn er nicht gebraucht wird, ist abgenommen. Eine in ehrfürchtiger Haltung davor hockende Adeptin, die als *kaddâm* an der Reihe ist,

schenkt den Kaffee aus und verteilt die Tassen. Links neben dem *gandâ* die Kaffeekanne aus gebranntem Ton. Rechts eine Töpferschale, in der Weihrauch brennt.
Eine in Verzückung dastehende alte Frau aus Addis Alam, dem moslemischen Viertel von Gondar, redet irre. Sie lebt von Almosen und gilt sogar in den Augen der anderen Besessenen als verrückt. Da sie Moslem ist, kann sie vom Fleisch des Stieres, der von den Christen geschlachtet wurde, nichts abbekommen.
Im Vordergrund rechts der Kopf von Malkâm Ayyahu. Sie trägt noch nicht den *mora* (das Zwerchfell); man bemerkt ihre Löwenmähne und auf dem Rücken den gestickten Schmuckbesatz. Zu ihrer Rechten sitzt ein bärtiger Mann, ein großer Besessener, der den Beruf des Heilspezialisten ausübt. In der schönen Jahreszeit betätigt er sich als Wegelagerer; aber dieses Jahr hatte er kein Glück, denn der *zâr* hat ihn mit einer Hodenentzündung geschlagen, so daß er Gondar nicht verlassen konnte. Er wird der Infant Mangoustou genannt und stammt von den Kaisern ab.

Zwölftes Bild. – Malkâm Ayyahu thront, ihr Kopf ist mit dem Zwerchfell bedeckt, das ihr bis in den Rücken hinabhängt. In ihrer Nähe die Frau von Enqo Bâhrey, die zum Photographen schaut und die ihre fortgeschrittene Schwangerschaft vorige Nacht nicht daran gehindert hat, einen wilden *gurri* zu machen.
Etwas später wird Malkâm Ayyahu mit einer Art Umhang bekleidet, der aus dem gut gewaschenen und getrockneten und vorne mit einer Sicherheitsnadel zusammengehaltenen Magen des Opfers gebildet wird.
Beim Opfer eines weißen Mutterschafes für Rahêlo sagte Enqo Bâhrey, als er sah, wie Malkâm Ayyahu den aus dem Zwerchfell und den zusammengerollten Eingeweiden bestehenden Helm abnahm: »Es ist genauso schwer wie die Krone . . .« Und in der Tat: der *zâr* ist an dem Tag, wo er das Blut in Empfang nimmt, wie ein König. Das bleibt so sieben Tage lang, gleich ob der *zâr* persönlich anwesend ist, ob er auf eine Besessene herabgestiegen ist oder durch diesen oder jenen seiner Vertreter auf sie Einfluß nimmt.
Die ganze Woche über wird gefeiert. Mit Gesängen, Trancen und Vergnügungen, mit burlesken Prozessen anläßlich der Übertretung bestimmter Verbote oder den Komödien, in denen man sich über den Klerus und die religiösen Riten lustig macht. Die Adepten, die die Sprache der *zâr* sprechen, gebrauchen verballhornte Wörter oder aber Ausdrücke, die man im umgekehrten Sinne verstehen muß – z.B.: »Das ist

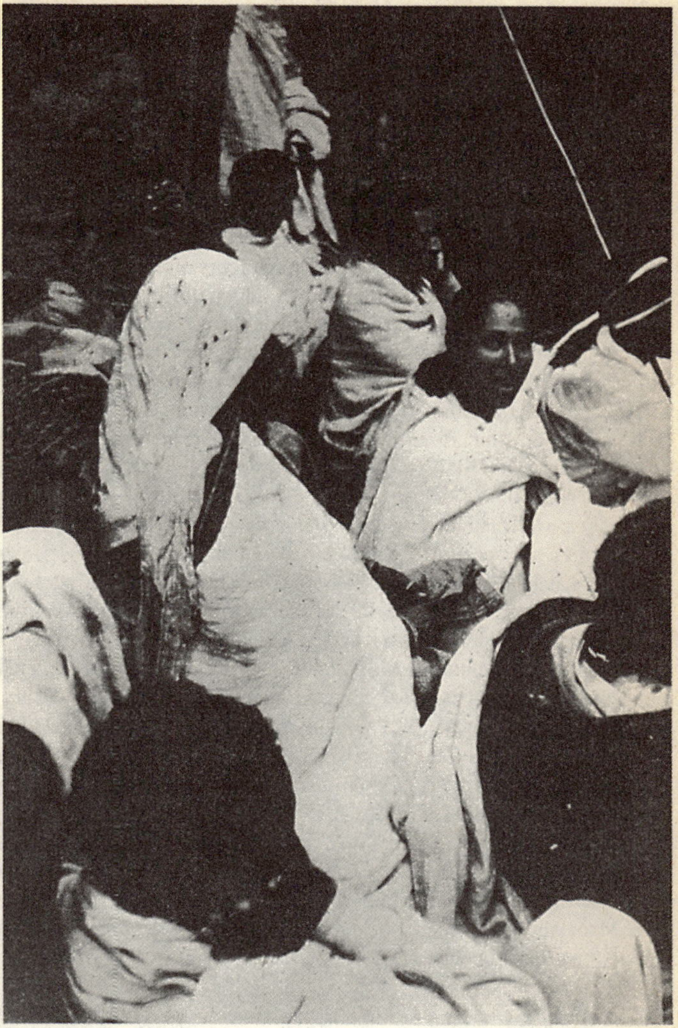

12. Die thronende Malkâm Ayyahu.

ein Narr«, um zu sagen: »Das ist wahr«, oder das Wort *Amen* wird so entstellt, daß es »wir sind verrückt geworden« bedeutet. Die Nicht-Besessenen, gleich ob Männer oder Frauen, werden von ihnen in der weiblichen Redeform geduzt.

Am Morgen des dritten Tages werden die Zweige auf dem Boden des *das* von den Sklaven entfernt, eingeschlagen in eine Rindshaut, die nach draußen geschafft und in einen Busch geworfen wird.[13] Unter dem *das* wird Weihrauch verbrannt und man begibt sich anschließend in einer von Malkâm Ayyahu angeführten Prozesion in eine der Wohnhütten. Wenn dann Fantây – eine Adeptin, die mich immer an eine alte Jungfer aus einem Katholischen Stift erinnerte – von den drei Tagen spricht, die man auf den Schilfzweigen verbracht hat, sagt sie: »Wir sind drei Jahre im Busch gewesen und kehren nun nach Hause zurück«.[14]

Ein wie eine Skulptur gestalteter Kuchen aus verschiedenen Getreidesorten ist dem leprakranken *zâr* Azzâj Deho geweiht, der in der Herdasche haust und Blutkehrer genannt wird. Der Kuchen wird von Azzâj Deho selbst, der auf Malkâm Ayyahu herabgestiegen ist, an alle Anwesenden verteilt.

Man trägt ihn in einem Holztrog auf, der auf drei Steine, die die Quadersteine des Herdes vorstellen sollen, vor Malkâm Ayyahu niedergesetzt wird. Der Kuchen hat merklich die Form einer Halbkugel und ist mit einem runden Helmdach gekrönt, das die »Kuppel« genannt wird und dessen Spitze mit einer kleinen Kugel geschmückt ist. Rund um die Kuppel herum sind weiter unten drei andere, ein Dreieck bildende kleine Kugeln angebracht. Und noch weiter unten wieder drei. Nach Enqo Bâhrey »wird der Kuchen mit drei Klößen zubereitet, die drei Steine vorstellen, damit die Kuppel die Erde nicht berührt. Die drei weiteren Klöße auf dem Kuchen stellen die drei Haarbüschel Čankits und die noch nicht aufgebrochenen Leprageschwüre Azzâjs dar.« Nach Emmâwwâyeš soll die Kugel oben auf der Spitze die Tonkuppel darstellen, die den First des Hauses überragt. Malkâm Ayyahu behält die »Kuppel« für sich und knetet aus der Masse des Kuchens die Klöße, die sie an die Gehilfen verteilt. Man läßt auch einen Becher mit einem Brei aus unvergorenem Gerstenbier herumgehen. Die Reste des Kuchens werden von den

[13] Genau wie auch bei dem *danqarâ* genannten Opfer ein schwarzes Huhn in ein Dickicht geworfen wird, damit einen die erstbeste Person, die daran vorbeikommt, von seiner Krankheit befreit und sie sich selbst zuzieht.

[14] »Es gibt dort Elefanten und Löwinnen, an deren Brüsten wir trinken. Der awlyâ ist ein Sohn Adams; er ist der Freund der Tiere des Busches, denn sie sind an ihn gewöhnt« (Malkâm Ayyahu)

Adepten an die Leute von draußen verteilt. Nach Beendigung des Rituals fragt Malkâm Ayyahu die Adepten und Gehilfen:

Das ist euer Recht. Habt ihr erhalten?
Wir haben erhalten.
Habt ihr den Anteil der vierzig erhalten?
Wir haben erhalten.

Nach sieben Nächten, die zum größten Teil als wadâğâ verbracht wurden, werden am Morgen des siebenten Tages auch die Kräuter zusammengekehrt, die den Boden der Hütte bedeckten, und man geht auseinander.

Beschneidungsriten der Namchi[1] (1934)

Die *Namči* oder *Namzi* gehören zu den *Kirdi* genannten Völkern des nördlichen und mittleren Kamerun, nicht-islamisierten Völkern, die untereinander recht verschieden sind und außer diesem Namen *Kirdi,* mit dem sie von den Fulbe und den anderen Moslems bezeichnen werden, sonst kaum eine Einheit aufweisen. Obwohl der Name *Kirdi* häufig für die Völker der Ebene – wie etwa die Moundang – gebraucht wird, ist diese Bezeichnung geläufiger für die heidnischen Völker der Berge und insbesondere der Berge, die sich längs der Grenze Nigerias erstrecken. Ein Teil dieser Stämme untersteht den moslemischen Sultanaten, und die französische Kolonialverwaltung hat bis jetzt diese Politik begünstigt.

Der natürliche Wohnort der Kirdi-Namchi ist das Bergmassiv des Namchi auf dem rechten Ufer des Faro, eines Nebenflusses der Benue. Den Unterlagen zufolge, die der Expedition Dakar-Djibouti am 10. Februar 1932 von dem Leutnant Le Brun, dem Chef des Bezirks der Namchi-Alantikas, überreicht wurden, ergab die letzte Erhebung eine Bevölkerungszahl von 11 156 Personen. Es sind im wesentlichen Bauern. Sie praktizieren die Beschneidung der Jungen, aber nicht die Exzision der Mädchen.

Das Material des vorliegenden, auf die Beschneidungsriten beschränkten Artikels wurde wie folgt zusammengetragen:

1. Für das Dorf Poli-Kirdi (83 Einwohner) bei dem Militärposten von Poli, dem Hauptort des Bezirkes, von Marcel Griaule und mir. Wir hielten uns dort vom 23. bis zum 29. Januar 1932 auf. Mehrere alte und erwachsene Männer des Dorfes dienten als Informanten; ein gewisser *Silęy,* seiner Abstammung nach Toucouleur, Dolmetscher des Militärpostens, war der Mittelsmann.

[1] System der Notierung. – Die in der vorliegenden Arbeit für die Übertragung der Namchi-Wörter in Lautschrift verwandten Zeichen sind identisch mit denen, die in den *Instructions sommaires pour les collecteurs d'objets ethnographiques,* Paris (Musée d'Ethnographie und Mission Dakar-Djibouti) Mai 1931, angegeben sind.

Ich habe allerdings eine stimmlose, leicht mouillierte Spirante, die dem polnischen ś entspricht, mit ś notiert und mit ź eine analoge, stimmhafte Spirante. Das Zeichen b entspricht einem stark nasalisierten b.

Die Zeichen für lange (¯) und kurze (˘) Vokale wurden im Fall besonders langer oder besonders kurzer Vokale verwandt. Das gleiche gilt für den Betonungsakzent (').

2. Für das Dorf *Sewe* (37 Einwohner) nahe *Walteçsse* (225 Einwohner) in Garoua, vom 30. Januar bis zum 7. Februar 1932. Mein Informant war ein gewisser Nyāko, 24 Jahre, Krankenpfleger und Veterinär, geboren in Séwé als Sohn des Bauern *Wésulõ* und seiner Frau *Nagāze;* er war im Alter von 19 Jahren in Séwé beschnitten worden und dann nach seiner damals zwei Jahre zurückliegenden Ansiedlung in Garoua zum Islam übergetreten. Der junge Ia Omarou, ein Fulbe, Schüler der Religionsschule von Garoua, diente als Dolmetscher.

Unter den von Leutnant Le Brun übermittelten Dokumenten befinden sich die vom 10. Mai 1930 datierten *Ethnographischen Auskünfte,* verfaßt von Leutnant Bastian, dem damaligen Chef des Bezirkes Namchi-Alantikas. Ich zitiere daraus die folgende auf die Beschneidung Bezug nehmende Passage:

»Außer den Bestattungsfeierlichkeiten begehen die Namchi drei Feste.
1. Das Fest der ersten Hirseernte des Jahres . . .
2. Das zweitägige Fest der Beschneidung. Die neu Beschnittenen, die bis zur vollkommenen Verheilung keine Kleider tragen können, leben mehrere Monate lang außerhalb des Dorfes (vier Monate ungefähr, von der Aussaat bis zur Ernte der roten Hirse).
3. Das Fest der Rückkehr der neu Beschnittenen in ihr Dorf.
Die beiden letzteren Feste und die Bestattungsfeierlichkeiten bieten die Gelegenheit zu großen Versammlungen in den Dörfern, in denen die Feste gefeiert werden. Man kommt von weither um daran teilzunehmen. Es wird getrunken und getanzt, und man geht paarweise in den Busch, weit weg von den Gatten.«

Es lassen sich bei der Beschneidung vier Phasen unterscheiden:
1. *Vorbereitung*
2. *Operation*
3. *Zurückgezogenheit*
4. *Wiedereingliederung*

Diese vier Phasen erstrecken sich über einen größeren Zeitraum: er beginnt mit dem Moment, wo der gewöhnliche Lebensablauf des künftigen Beschnittenen unterbrochen wird, und er endet mit dessen Eingliederung in das gesellschaftliche Leben der Erwachsenen. Bei den verschiedenen Stämmen nehmen die vier Phasen jeweils eine kürzere oder längere Zeitspanne in Anspruch.

1. Vorbereitung

Die Beschneidung wird in einem reichen Erntejahr auf Beschluß der Alten und des Dorfältesten hin vorgenommen. Sie findet nach der Ernte statt (d.h. am Ende der Regenzeit), für alle Personen am selben Tag: für die aus den Bauernfamilien und auch für diejenigen, die der Kaste der Schmiede angehören. In Séwé hat seit 1927, in Poli seit 1924 keine Beschneidung mehr stattgefunden.

Das Alter der Patienten ist sehr unterschiedlich. Zwischen 10 und 20 Jahren, den Informanten zufolge, die allerdings hinzufügen, daß manche schon verheiratet und Väter seien und daß Vater und Sohn sogar zusammen beschnitten werden könnten.

Vor einer Beschneidung läßt der Dorfälteste nach der üblichen Methode der Brandrodung von seinen Söhnen neues Ackerland urbar machen. Das ganze Dorf beteiligt sich an der Aussaat und der Ernte auf dem neuen Ackerland, auch die Verwandten aus den anderen Dörfern, die der Dorfälteste um Hilfe bitten kann. Als Nutznießer der so bestellten Felder spendiert er den Arbeitenden Hirsebier.

Das der Beschneidung vorausgehende Fest findet bei den Namchi von Séwé eine Woche, und bei denen von Poli ungefähr einen Monat vor der Operation statt; aber die Genauigkeit dieser Angaben der Informanten ist nicht sehr groß.

In Séwé zeichnen sich die ersten drei Festtage durch Tänze und Gelage mit Hirsebier *(búme)* aus, an denen alle Dorfbewohner (Männer, Frauen, Kinder) und die Verwandten aus den anderen Dörfern teilnehmen. Jede Familie ißt bei sich zu Hause Hirsekuchen. Die Tänze finden auf dem üblichen Tanzplatz in der Nähe des Eingangs zum Geviert des Dorfältesten statt. Die künftigen Beschnittenen sind mit dem doppelten Schurz (in Poli *bandilyó* genannt) bekleidet, der zusammen mit dem Penisfutteral die übliche Kleidung der Männer und Jungen darstellt; auf dem Kopf tragen sie einen weiteren Schurz; an den Fingern selbstgekaufte Ringe *(banewāyo)*, um den Hals und die Arme Glasketten und Armreifen, die sie von den Frauen der Familie ausgeliehen haben. Wenn

TAFEL 1

1. Position der Antilopenhörner am Nacken eines Beschnittenen (Poli-Kirdi). / 2. Kirdi beim Überziehen des Penisfutterals. / 3. Tanzende Namchi-Frauen. / 4. Tanzender Junge im Kostüm vom Vortage der Beschneidung (Region Kirdi, Nord-Kamerun).

1

2

3

4

sie müde sind, schlafen sie nicht in ihrer gewöhnlichen Hütte, sondern auf dem Tanzplatz.
Nach diesem Fest machen die künftigen Beschnittenen jeweils zusammen mit ihren Brüdern eine Besuchstournee in die Dörfer, in denen sie Verwandte haben. Sie sind mit ihren Schurzen bekleidet und tragen eine Peitsche *(pōtiŏ)* aus Nilpferdleder und ein Messer *(da)*. Ihre Onkel mütterlicherseits *(pábi)* nehmen sie auf und schenken ihnen einen Schurz und Pfeile *(sīyo)*.[2]
Zwei Tage später kehren die zu Beschneidenden mit den Onkeln mütterlicherseits wieder ins Dorf zurück. Diese Rückkehr gibt den Anlaß zu Tänzen auf dem Platz. Am selben Tag gehen die künftigen Beschnittenen zusammen mit den Onkeln und Brüdern die *gōkõ*-Blätter holen, mit denen sie während der Periode der Zurückgezogenheit nach der Beschneidung bekleidet sind.
Die Blätter werden ins Dorf gebracht.
In Poli geben die Informanten eine durchaus vergleichbare Version der der Beschneidung vorausgehenden Ereignisse. Ungefähr einen Monat vor der Zeremonie ein großes Fest. Der Dorfälteste – der während der ganzen Dauer des Festes nicht aus dem Hause geht – läßt in seinem Geviert von seinem ältesten Sohn ein halbes Dutzend Zicklein und ein Rind *(náyo)* schlachten; dem Brauche gemäß schließt der Opfernde mit seiner Hand das Maul des Tieres, um das Ausfließen des Blutes zu verhindern.[3]
Das Fleisch wird unter allen aufgeteilt. Der Dorfälteste ißt nicht; die Köpfe der geopferten Tiere fallen ihm zu, aber er gibt sie seiner Frau. Gegen 15 Uhr, nach einem Trankopfer mit Bier und Hirsebrei auf der ins Dorf führenden Piste, verteilt der Dorfälteste an die unter dem *bági dǫndu* (= [2]großen [1]Unterstand) versammelten Männer Bier, das bei ihm zubereitet worden ist. Auch die Frauen bekommen Bier, trinken es aber abseits.
An diesem Tag gehen die künftigen Beschnittenen ihre Verwandten in den Nachbardörfern besuchen, und sie erhalten von ihnen Kattunbänder *(kómesyo)* und Speisen (Bier, Hirsebällchen, Geflügel usw.), die die Besucher zusammen mit den Besuchten verzehren. Gegen Mittag kehren sie ins Dorf zurück, nehmen aber an dem Gelage nicht teil.
Von 17 Uhr bis Mitternacht finden in dem Pferch für das Vieh, der den Eingang des Dorfes bildet und gewöhnlich als Tanzplatz dient, Tänze

[2] Der Junge selbst fertigt den Bogen an und der Vater gibt ihm den Köcher *(kósunyo)*. *Société des Africanistes.*

[3] Es wird in einem Gefäß aufgefangen und gesondert verzehrt.

statt, an denen alle teilnehmen. Die zu Beschneidenden sind mit Kostümen aus *śeko*-Blättern bekleidet, die aus einer Maske und mehreren Röcken bestehen. Die Blätter wurden von allen gemeinsam auf dem Wege zu den Verwandten gesammelt.

Sie tragen diese Kostüme den ganzen Monat[4] über, der der Beschneidung vorausgeht, und schlafen draußen im Eingangskraal; es ist ihnen verboten, mit irgendeiner Frau geschlechtliche Beziehungen zu unterhalten. Die Blätterkostüme werden jeden Tag gewechselt; beim Tanz besteht das Kostüm außerdem aus Stofflappen, die mit einer mehrmals gewundenen Kordel aus Fasern an den Knöcheln festgehalten werden, aus einem runden Lastring und zwei Armreifen mit Schellen *(kọrõnse)*.

Vortag der Beschneidung. – Nyāko zufolge soll dieser Tag in Séwé der achte Tag des Festes sein. Die zu Beschneidenden, die auf dem Tanzplatz geschlafen haben, verbringen den Morgen nur mit ihrem Penisfutteral *(meryo)*[5] bekleidet. Die Onkel mütterlicherseits rasieren ihnen die Kopfhaare ab. Mit einem blauweißen Boubou *(dímnāne)* bekleidet, wie ihn die Fulbe tragen; auf dem Kopf eine Schechia *(gúrmasio)*, die ebenfalls von den Fulbe stammt; an den Füßen Schellen, einen Baumwollappen, der von einer um das Bein gewickelten Kordel aus *sótole*-Fasern gehalten wird, und auf dem Kopf Lastkissen *(kale)* aus *sose*-Fasern; um den Hals eine Kette aus vier Paaren von Koba (sọmo)-Hörnern, die jeweils zwei zu zwei mit Lederriemen zusammengebunden sind[6], werden

[4] Möglicher Irrtum des Informanten; er sagt im übrigen, daß der verheiratete Mann, der beschnitten werden soll, sich während der *fünf Nächte* vor der Beschneidung des geschlechtlichen Verkehrs mit seiner Frau enthalten muß. Im allgemeinen sind die Angaben der Informanten von Poli konfuser als diejenigen Nyākos.

[5] Dieses Futteral wird aus der Röhre eines Kürbisses gebildet *(dabtyó)*, die innen mit einem Büschel Bohnenfasern *(yak sirę)* ausgepolstert ist. Das Büschel ist an einem Ende zu einer Schnur geflochten, die durch das enge Ende der Röhre führt. Um das Futteral überzustreifen, hält man mit der einen Hand das Ende der Schnur fest (die Eichel ist von dem Fasernbüchel umhüllt), holt mit der anderen Hand die Kürbisröhre an den Körper heran, so daß der Penis, geschützt von dem Büschel, das bei dieser Bewegung zusammengepreßt wird, hineingleiten kann.

Den Informaten von Poli zufolge wird das Penisfutteral von dem Moment an getragen, wo man fähig ist, mit einer Frau zu schlafen, gleich ob beschnitten oder nicht. Wenn ein Mann stirbt, wirft der Schmied sein Penisfutteral (nicht aber seine anderen Kleider) weit weg in den Busch. Ein Mann in Trauer (der einen Monat lang die Blätterbündel der Frauen trägt, anstatt des Schurzes der Männer) zieht das Futteral nicht an.

[6] Diese bei den Fulbe gekauften Hörner sollen angeblich die Heilung beschleunigen. In Séwé werden die Antilopenhörner, die die Beschnittenen beim Tanz um den Hals tragen, auf dem Tanzplatz verwahrt. Sie werden an den großen *dõrę* gehängt. Die *dõrę* sind gegabelte *śęko*-Stämme (ful: *koi)*, deren Enden zugespitzt und mit rotem Stein *(betu obo)* gefärbt sind; sie werden um den Baum herum aufgestellt, auf dem man auch die Trommeln verwahrt. Am Fußende ist in den großen *dõrę* ein Motiv eingeschnitzt, das einen Kaiman *(zābu)* vorstellt. Davor liegt ein großer runder Stein *(béti kimto)*, mitge-

die künftigen Beschnittenen um 14 Uhr zum Beschneidungsplatz geführt, der außerhalb des Dorfes liegt, ein kreisrundes, grasloses Gelände mit einem *tarko* Baum (ful: *kǫzili).* Sie sind allein mit dem Beschneider *(yętoyayo),*[7] der ein Kostüm aus orangefarbenen *díblio*-Fasern (ful: *barkeze)* und auf dem Kopf ein mit Hühnerfedern geschmückte Mütze trägt. Der Beschneider ist immer ein Schmied *(namõ);* während der fünf Tage vor der Operation und der zehn Tage, die darauf folgen, hat er keusch zu bleiben. Mit dem Messer in der Hand nähert sich der Beschneider einem jeden der künftigen Beschnittenen, nimmt ihm das Penisfutteral ab, kneift in seine Vorhaut und sagt:

nékre vegezé kagé yosíg(i)re i^{g}b$^{((w))}$ę^{g}b^{w}e

»Heute spielen wir! Morgen schneide ich!«

Dann führt er die zu Beschneidenden zum Tanzplatz zurück.

Die Mütter übergeben den Onkeln die Speisen für die künftigen Beschnittenen: getrocknetes Fleisch *(nǫmmūtyo),* Hirsebier. Dann legen sich die Beschnittenen wie gewöhnlich um den Baum des Tanzplatzes herum, auf dem die Trommeln verwahrt werden, zum Schlaf nieder; auch die Brüder schlafen dort.

In Poli haben die zu Beschneidenen dasselbe Kostüm wie in Séwé; die Informanten fügen allerdings noch hinzu, daß sie auf dem Rücken ein Pantherfell *(nāmyo)* tragen. Um 6 Uhr morgens Tänze im Eingangskraal, an denen alle Dorfbewohner sowie die Verwandten aus den Nachbardörfern teilnehmen. Teil des Festes ist ein Gelage mit Bier und ein reichlicher Verzehr von Fleisch (6 Zicklein und 1 Rind).[8] Um 16 Uhr Ruhe; die künftigen Beschnittenen schlafen im Kraal.

bracht vom Dorfältesten, der ihn in einem Bach in den Bergen gefunden hat; nach Nyāko nimmt man wegen der Ähnlichkeit mit einem Menschenkopf einen kugelförmigen Stein, und auch die Gabelenden laufen spitz aus, weil sie den Antilopenhörnern ähnlich sehen sollen. Der Schmied wird »Meister des *dõrę*« genannt *(dzan dõrę yayo);* er selbst fertigt den *dõrę* an, weiht ihn und führt auch die verschiedenen Riten durch, die an ihn geknüpft sind. Frauen und Nicht-Beschnittene dürfen den *dõrę* nicht berühren, wenn sie es doch tun, schlägt sie der Schmied mit einem Stock. Alle *dõrę* zusammen werden *dorvo* genannt.

In Poli sind die *dõrę* die Posten des (im Zaun freigelassenen) Durchganges, der den Eingangskraal mit dem Geviert des Dorfältesten verbindet; über diesen Pfählen werden die von den Beschnittenen getragenen Antilopenhörner angebracht.

[7] Die Frauen sagen *dźęyoyayo* und nicht *yętoyayo,* aus Scham, denn *yętoyayo* soll »Klitoris (?) Vulva« und *dźętoyayo* dagegen »Brunnen Vulva« oder »Fluß Vulva« bedeuten.

[8] Die gleiche Anzahl von geschlachteten Tieren wie bei dem Fest einen Monat – oder fünf Tage – vor der Operation. Vielleicht handelt es sich nur um ein einziges Fest, das ohne Unterbrechung mehrere Tage dauert?

2. *Operation*

Der Krankenpfleger Nyāko erzählt den folgenden Mythos über den Ursprung der Beschneidung *(nák inabo)*.

Eine alte Namchi, die Frau eines Barbiers *(ź(ü)l t(ü)l (u) kyāde)*, bemerkte, daß der Penis ihres etwa zehnjährigen Sohnes anschwoll. Um dieses Kind, das sie sehr liebte, zu heilen, beschnitt sie es, ohne daß ihr Mann etwas davon erfuhr, und sie gebrauchte als Messer den Splitter einer Zuckerrohrrinde.[9] Sie nahm keine Heilmittel, wusch aber jeden Tag die Wunde in ihrem Geviert. Als der Vater sah, daß sein Sohn eine Wunde hatte, ließ er ihn sein Glied vorzeigen; dann rief er alle Männer des Dorfes zusammen und sagte ihnen, daß drei Kinder beschnitten werden sollten. Drei Kinder wurden also von ihren Vätern in den Busch geführt und von dem Barbier beschnitten; dann ließ man sie unter der Aufsicht eines Mannes aus dem Dorf im Busch. Als die Väter heimkamen, sagten sie den Müttern nichts davon; aber alle Männer des Dorfes ließen sich und ihre Kinder von dem Barbier beschneiden.

Der Tag der Beschneidung beginnt in Séwé vor dem Sonnenuntergang mit einer Schlachtung; ein Rind *(nāvõ)*, fünf Schafe *(tamõ)*, zehn Ziegen *(iśio)* werden von dem ältesten Sohn des Dorfältesten vor dem Eingang zu dem Geviert dieses letzteren geschlachtet. Das in einer Kürbisflasche aufgefangene Blut wird gekocht; die Familie verzehrt es mit dem Fleisch zusammen. Weder die Frauen noch die künftigen Beschnittenen sind zugegen. Nachdem jeder seinen Teil erhalten hat, kehren die Familienoberhäupter zu ihren Karrees zurück und schlachten selbst auf die gleiche Art ein Schaf oder eine Ziege. Auf dem Tanzplatz verzehren die künftigen Beschnittenen und ihre Brüder einen Teil des Fleisches der getöteten Tiere zusammen mit Bier und Hirsekuchen. Sie legen das folgende Kostüm an: Röcke aus *gōkõ*-Blättern, Schechias; um die Knöchel: Schellen, Lastringe, Baumwollappen; am Hals und an den Armen: Glasketten und eiserne Armreifen *(ínse)*, die von den Frauen der Familie ausgeborgt wurden; in der Hand: ein an einem Ende gebogener Stock gleich aus welchem Holz, den der Junge ein paar Tage vor dem Tanz abgeschnitten und an einem Ende zurückgebogen und festgebunden hat, um die Biegung dauerhaft zu machen. Von ihren Vätern begleitet gehen die zu Beschneidenden in diesem Kostüm zu einem außerhalb des Dorfes stehenden Tamarindenbaum. Sie tanzen dort und legen dann bis auf

[9] Man bedient sich häufig solcher Splitter zum Schneiden des Fleisches.

das Penisfutteral all ihre Kleider ab. Kleider und Schmuckgegenstände werden ins Dorf zurückgebracht. Begleitet von allen Männern, begeben sie sich zum Beschneidungsort; der Beschneider ist schon anwesend, er trägt dasselbe Kostüm wie am Vortag und sitzt in der Nähe des Baumes, ohne in eine bestimmte Richtung zu schauen. Einer nach dem anderen werden die Patienten von vier oder fünf Männern zum Beschneider geführt. Den Anfang macht der jüngste oder, falls vorhanden, der Sohn des Schmieds; den Schluß macht der Sohn des Dorfältesten. Im Augenblick der Operation stellt sich ein Mann hinter den Patienten, der mit dem Gesicht nach Osten gewandt steht. Er hält die Arme des Patienten über der Brust gekreuzt und seine Füße geschlossen, indem er sie mit seinen eigenen Füßen zusammenschließt. Ein weiterer, hinter ihm hockender Mann hält ihm die Knie zusammen. Der Operateur stellt seinen Fuß auf die beiden geschlossenen Füße des Patienten und zieht mit der linken Hand dessen Vorhaut in die Länge. Mit seinem Messer *(dãngo)* in der rechten Hand trennt er die Vorhaut ab und, während er mit der linken Hand immer noch den Penis des Patienten festhält, schlitzt er dann an der Oberseite die Haut durch einen Einschnitt in Längsrichtung auf und schält sie anschließend rund herum ab, wobei der Operateur sein senkrecht zum Geschlecht des Patienten gehaltenes Messer wie eine Reibe zu sich heranzieht und auf die gleiche Weise auf allen Seiten des Gliedes verfährt, das nach beendeter Operation beinahe in seiner ganzen Länge abgeschabt ist. Die Hautstücke werden vom Operateur weggeworfen.
Es kommt vor, daß ein furchtsamer Junge davonläuft und ins Dorf zurückkehrt; in diesem Falle wird er wieder eingefangen und an Händen und Füßen gebunden zurückgebracht, um die Operation über sich ergehen zu lassen. Er wird *dotosiayo* (ful: *merezo* = faul, feige) geheißen, und seine Kameraden beschimpfen ihn:

ᵐbámo ᵇóbyo = »Dein Vater ist ein Feigling!«

Um ihre Standhaftigkeit unter Beweis zu stellen, nehmen die Älteren ein kleines Bündel *yęto utu* (oder *díblio)*-Fasern zwischen die Zähne, bewahren es dort die ganze Operation über und geben es dann dem Nächsten.
In Poli ist das Ritual, zumindest in den großen Linien, identisch. Um 5 Uhr morgens läßt der Dorfälteste von seinen Söhnen die in dem großen Baum des Eingangskraals verwahrten Trommeln schlagen. Männer, Frauen und Kinder versammeln sich. Die Frauen stehen gegen Norden,

die Männer gegen Süden. Vor den Frauen stehen die künftigen Beschnittenen. Sie sind mit ihren großen Boubous bekleidet und tragen Schechias, Halsketten usw. Während der drei vorausgegangenen Nächte hat der Beschneider die Hütte der Schmiede nicht verlassen. Ungefähr eine halbe Stunde lang Tanz im Eingangskraal. Dann werden die zu Beschneidenden von den Söhnen des Dorfältesten zum Beschneidungsort gebracht. Sie werden den Fluß entlang in einer Reihe aufgestellt. Der Beschneider nimmt die oben beschriebene Operation mit einem kleinen, besonders gearteten Messer vor. Der älteste Sohn des Dorfältesten führt ihm jeden Patienten nackt vor. Er beginnt mit dem Jüngsten, oder falls vorhanden, mit dem Sohn des Schmiedes. Wenn ein Sohn des Dorfältesten unter den zu Beschneidenden ist, so kommt er nach dem Schmied an die Reihe.[10]

Zwischen die Schneidezähne desjenigen, der gerade beschnitten wird, steckt der älteste Sohn des Dorfältesten ein kleines Stück Leber *(bãtyo)* von den am Morgen geschlachteten Zicklein *(iśyo)*. Wenn der Beschnittene das Leberstück fallen läßt, nennt man ihn feige *(bʷōbo:* »Er hat Angst«). Der mutige Beschnittene *(gābsé:* »Er hat keine Angst«) gibt das Stück Leber nach der Operation dem Sohn des Dorfältesten wieder zurück. Dieser brät die zurückerstatteten Stücke und ißt sie auf, während er die auf den Boden gefallenen liegen läßt.

Wie in Séwé wirft der Beschneider die Stücke der Vorhaut weg, und man kümmert sich nicht darum, sie einzugraben.

Nach der Operation. – In Séwé bleiben die Beschnittenen drei Tage lang an dem Beschneidungsort, ohne sich auf irgendeine Weise zu waschen oder gewaschen zu werden. Sie bleiben mit gespreizten Beinen, ohne Kleider und ohne Penisfutteral auf dem Boden sitzen; ihr Glied ist mit *bátele* (ful: *gabay)*-Fasern umwunden. Sie schlafen mit gespreizten Beinen in der Nähe des Beschneidungsbaumes, auf der westlichen Seite. Wer im Schlaf die Beine zusammennimmt, wird von einem der Wächter

[10] Den Informanten von Poli zufolge soll der Sohn des Dorfältesten bis zu ihrer Wiedereingliederung, d.h. zwölf Monate lang mit den Beschnittenen im Busch schlafen; während dieser zwölf Monate soll er wie die Beschnittenen das Blätterkostüm tragen und angeblich keinen sexuellen Verkehr mit irgendeiner Frau haben; auch seine Frau dürfe nicht mit anderen Männern schlafen. Ein solcher Zeitraum von 12 Monaten scheint in der Tat sehr lang. Da der Informant aber hinzufügt: »wenn die Frau mit jemand anderem schläft, *bevor die Kinder geheilt sind,* dann heilen sie nie«, darf man annehmen, daß das sexuelle Verbot für den ältesten Sohn des Dorfältesten in Wirklichkeit nur bis zu dieser Heilung gültig ist, oder lediglich drei Monte lang, für die Zeitspanne, während der die Beschnittenen ein deutlich abgesondertes Leben führen. Die Informanten bestreiten im übrigen, daß es zwischen dem ältesten Sohn des Dorfältesten und den Beschnittenen homosexuelle Beziehungen geben könnte.

oder *yoko* mit Tamarindenzweigen geschlagen. Die *yoko* sind die – im allgemeinen verheirateten – jungen Leute der voraufgegangenen Beschneidung, und sie stehen dem ältesten Sohn des Dorfältesten in seiner Rolle als Aufseher bei. Dieser letztere (der schon seit fünf Tagen vor der Operation keinen geschlechtlichen Verkehr mit seiner Frau mehr haben durfte) bleibt drei Monate mit ihnen im Busch, und während dieser Zeit schläft er mit keiner Frau. Die Männer, die mit den Beschnittenen zusammen die ersten drei Tage und Nächte verbringen, bringen ihnen Trinkwasser und Hirsebier.
In Poli müssen die Beschnittenen unmittelbar nach der Operation mit geschlossenen Fersen und hinter dem Nacken verschränkten Händen eine halbe Stunde lang stehenbleiben, dann setzen sie sich mit geschlossenen Beinen auf die Erde, die Hände zwischen den Knien. Der älteste Sohn des Dorfältesten geht zum Fluß, um Wasser für sie zu holen, und gibt ihnen zu trinken; er geht auch zum Dorf, um ihre, von den Müttern zubereitete Nahrung zu holen. Alle schlafen um den Baum herum, auf der Seite liegend; der Sohn des Dorfältesten schläft bei ihnen.[11] Vom zweiten Tag an baden sich die Beschnittenen morgens und gegen 15 Uhr im Fluß.[12]

3. Zeit der Zurückgezogenheit

Da die Wiedereingliederung »12 Monde« nach der Beschneidung stattfinden soll, beträgt die Zeit der Isolierung insgesamt ein Jahr. Die Beschnittenen sind diese ganze Zeit über mit dem Blätterkostüm bekleidet.
In Poli besteht dieses Kostüm aus einem Rock und einer Maske aus *buko*-Blättern; der Gurt und die Schnüre, welche die Stengel der Zweige, die die Masken bilden, oben auf dem Kopf zusammenfassen, sind aus *bálę*-Fasern. Zu dem Kostüm kommen noch verschiedene Zubehörteile: ein ungefähr 1,10 m langer, an einem Ende schräg zugeschnittener Stab (sōlę) aus Bambus *(zēbu)* – geschnitten vom ältesten Sohn des Dorfältesten –, eine unter der linken Achsel getragene Tasche *(sāyó)* aus Bohnenfasern für die Nahrung und das Wild, wenn sie auf die

[11] Vgl. Anmerkung 10.
[12] Vom zweiten Tag an sollen die Beschnittenen auch – jeder in seinem Feld – den Kürbis *(dábtyo)* und die Bohnenfasern *(susę)* schneiden gehen, die zur Anfertigung des Penisfutterals dienen. Nyāko zufolge sollen die Beschnittenen das Futteral vom vierten Tag nach der Operation an tragen.

Jagd gehen, eine Kürbisflasche, aus der der Beschnittene trinkt und die mit einer Kordel oben auf der Maske festgebunden ist. Dieses ganze Zubehör wird bei der Feuertaufe anläßlich der Wiedereingliederung verbrannt.

In Séwé sind die entsprechenden Kostüme aus *g(w)õko*-Blättern. Dem Krankenpfleger Nyāko zufolge sind die Blätterbündel, die die Frauen hinten und vorne tragen, in der Regel aus *śęko*-Blättern (ful: *koi);* es wäre nicht gut für sie, *g(w)õko*-Blätter zu verwenden; die Beschnittenen allerdings könnten ohne weiteres *śęko*-Blätter nehmen. Die Blätterkostüme für die Beschnittenen wurden von einem *yoko* erfunden, der die Frauen im Dorf mit dieser Kleidung sah und den Einfall hatte, entsprechende Röcke für die Beschnittenen zu machen, die wegen ihrer Wunde keinen Schurz tragen können. Diese Kostüme sind heute Gegenstand von Späßen der Beschnittenen untereinander; sie behaupten z.B., daß sie bei der Rückkehr ins Dorf weder ihrer Mutter, noch den Männern sagen dürften, daß sie diese Kostüme getragen haben; wenn sie es ihrer Mutter sagten, würden sie sterben; falls sie es den Männern sagten, so wäre das nicht gut. Wenn die Frauen nichts davon erfahren dürfen, daß die Beschnittenen das Blätterkostüm anhatten, so ist nach Nyāko, der Grund dafür in der Tatsache zu sehen, daß es sich dabei um das Kostüm der Frauen handelt.[13]

Rekonvaleszenz (20 bis 30 Tage). – In Séwé morgendliche Waschung im Fluß, vom vierten Tag an. Diese Waschungen (eine alle 2 Tage) werden 21 Tage lang vorgenommen. Am ersten Tag der Waschung wird dem ältesten Sohn des Dorfältesten von den *yoko* geholfen, wenn er die Beschnittenen (dǫmᵇyo) behandelt; an den anderen Tagen stehen ihm zwei beliebige Männer bei, denen die Väter später Bänder aus Baumwollstoff zum Geschenk machen (kǫmasyo). Am 10. Tag medizinische Pflege; die Wächter graben die Erde auf, um *kílēsę* zu finden (rote Wurzelknollen, die von den Schweinen gefressen werden; deshalb in der Kanouri-Sprache *goro gadŭe:* »Kolanuß der Schweine« genannt), und machen Pulver daraus, indem sie sie mit Steinen zerstoßen; dann wird das auf diese Weise gewonnene feuchte Mehl mit der Hand über der Wunde ausgepreßt, so daß die Flüssigkeit darauf fließen kann. Am 12. Tag gießt man über die Wunde eine weitere Flüssigkeit, die aus den mit Steinen abgeschlagenen und einen Tag lang in Wasser eingeweichten Rindestücken des *tarko*-Baumes (ful: *koɣolí)* gewonnen wurde.

[13] Als ich Nyāko danach frage, ob das Tragen des Blätterkostüms durch einen Mann etwas Schandbares habe, antwortet er, es sei nicht schandbar, aber so als wenn man nackt wäre.

Am 4. Tag ziehen die Beschnittenen in die Hütte *(dūle)* außerhalb des Dorfes, die die Männer am Beschneidungstag für sie gebaut haben: eine runde Hütte aus »Seko« mit kegelförmigem Dach und Mittelpfosten *(dūl^{e}téo)*. In dieser Hütte wird kein Feuer gemacht. Am selben Tag gehen Väter und Brüder Tamarindenblätter pflücken und machen Röcke *(pasé)* für die Beschnittenen daraus. Die Väter bringen ihnen Bögen und Pfeile mit.
Die Nahrung besteht aus Hirsekuchen *(koko)*, Erdnüssen und gegebenenfalls aus Bier und Fleisch; aber die Beschnittenen dürfen nie Fett essen. Der *tǫsĭāyo*[14] ißt alleine; den anderen wird gesagt, sie sollen ihn nie anschauen. Die Morgen- und Abendmahlzeit wird von den *yoko* aus dem Dorf mitgebracht. Sie treten ihren Dienst am 4. Tag an und versehen ihn die ganze Rekonvaleszenzzeit über, obwohl sie von Zeit zu Zeit ins Dorf zurückkehren. Der Sohn des Dorfältesten schläft im Dorf oder in einer Hütte, die neben der Hütte der Beschnittenen errichtet wurde. Die ganze Zeit der Genesung über ist es verboten, an der Wunde zu kratzen, seine Beine zu bewegen (das würde die Heilung verhindern), seine Bedürfnisse zu verrichten, ohne vorher die Erlaubnis eingeholt zu haben[15], sich zu streiten, von seinem Glied zu sprechen oder von einer Frau (auch nicht von seiner Mutter), zu stehlen, allein spazieren zu gehen, sich Frauen zu nähern. Andererseits ist der von der Hütte der Genesenden zum Fluß führende Pfad den Frauen und Nicht-Beschnittenen untersagt. Verschiedene Vergehen könne durch Bestrafungen geahndet werden: ältere Beschnittene zu beleidigen, indem man z.B. *sī^{n} di* (ful: *sāre)* oder *námǫya* (»die Vulva deiner Mutter«) zu ihnen sagt; nicht die ganzen Speisen aufzuessen usw. Als Strafe schlägt sie einer der *yoko* mit Tamarindenruten auf den Rücken, oder sie müssen an der Rodung und Vergrößerung des Ruheortes arbeiten.
Die Wächter erteilen den Beschnittenen Ratschläge: nach der Rückkehr ins Dorf nicht von der Beschneidung zu reden, seine Bedürfnisse nicht »auf der Straße«[16] zu verrichten, beim Urinieren nicht innezuhalten usw . . . Sie bringen ihnen Gesänge bei; der Unterricht findet entweder in der Hütte oder im Busch statt (in der Nähe eines Baumes, in dessen Schatten man sich ausruht); die Wächter singen zuerst und lassen die

[14] Oder *dotosiayo*, derjenige, der sich bei der Operation feige gezeigt hat.

[15] Die Bedürfnisse können allein verrichtet werden; bei vielen Stämmen dagegen müssen die Beschnittenen von einem Wächter begleitet werden. Man uriniert immer am selben Ort, exkrementiert aber an einer beliebigen Stelle.

[16] »Dans la *rue*«, vom Dolmetscher verwandter Ausdruck.

Beschnittenen dann einen nach dem anderen wiederholen, wobei sie mit dem Jüngsten den Anfang machen; wer schlecht singt, dem wird – auch wenn es sich um einen älteren Beschnittenen handelt – einen Tag lang die Nahrung entzogen.
Die Rekonvaleszenzzeit scheint in Poli genauso zu verlaufen wie in Séwé – bis auf einige Ausnahmen: zwei Waschungen täglich, anstatt einer alle zwei Tage. Die Informanten von Poli erwähnen außerdem keine medizinische Pflege und bestreiten, daß die Beschnittenen Züchtungen oder Schikanen erdulden.[17] Sie geben im übrigen einige Präzisierungen. Während der Genesung und sogar während der ganzen restlichen Zeit der Zurückgezogenheit (d.h. während der 11 Monate nach der Heilung) kommt – außer den Aufsehern – niemand in den Busch zu dem Ort, wo sich die Beschnittenen aufhalten. Wenn der älteste Sohn des Dorfältesten zum Dorf geht, um Nahrung zu holen, findet er sie draußen, vor dem äußeren Gatter des Eingangskraals, wo die Frauen sie hingestellt haben. Er ist mit seinem Blätterkostüm bekleidet; mit den Personen, die er trifft, darf er sprechen, aber nicht mit den Frauen. Von 16 Uhr bis 18 Uhr bringt er den Beschnittenen Gesänge bei.

Beispiel:
Ye bán(u) mano o wa o wa o e . . . [mehrmals wiederholt]
»Er ist feige, er hat geweint«

Wer als erster beschnitten wurde, wird auch als erster gewaschen, erhält als erster seine Nahrung usw. Er bleibt während der ganzen Dauer des Aufenthaltes der Erste.
Nach der Heilung (Séwé). – Wenn alle geheilt sind, d.h. ungefähr einen Monat nach der Operation, verlassen die Beschnittenen die Hütte, in der sie die Rekonvaleszenzzeit über wohnten, und richten sich in einer vom Dorf weiter entfernten Hütte ein, die genauso aussieht wie die erste und auch von den Vätern gebaut wurde. Während der 11 Monate, die sie noch von ihrer Wiedereingliederung trennen, werden sie nicht mehr gezüchtigt, und sie lernen auch keine Beschneidungslieder mehr.
Während der ersten 21 Tage unmittelbar nach der Rekonvaleszenzzeit scheinen körperliche Übungen ihre hauptsächliche Beschäftigung darzustellen.

[17] Diese letztere Behauptung kann nur unter Vorbehalten akzeptiert werden. Sie ist einerseits negativ, was ihre Tragweite einschränkt; und andererseits wäre ein solches Fehlen von Züchtigungen und Schikanen während der Zeit der Zurückgezogenheit nach der Beschneidung ein ausgesprochen abweichendes Faktum.

1. *Jagd.* – Sie wird vom Zeitpunkt der Heilung an betrieben. Auf zwei Tage Jagd folgen jeweils drei Tage Ruhe, und während dieser Zeit sind die Beschnittenen hauptsächlich damit beschäftigt, sich mit Holz und Wasser zu versorgen.

Sie sind mit Bögen und Pfeilen bewaffnet, die die Väter ihnen gegeben haben. Die Väter haben die Pfeilspitzen mit Gift eingerieben. Die Beschnittenen werden zu diesem Zeitpunkt nicht über den Gebrauch des Giftes belehrt, denn wie der Informant sagt, sie kennen das schon seit ihrer Kindheit. Die *yoko,* die genauso bewaffnet sind wie die Beschnittenen, aber nicht das Blätterkostüm tragen, führen den Jagdzug an; der Sohn des Dorfältesten macht den Schluß, auch er ist bewaffnet.

Wild: Hirschkühe *(tunõ),* Gazellen *(kāmyo),* Affen *(mālyo),* Perlhühner *(būyo),* Enten *(kurᵘme),* Ratten *(damtío),* Mäuse *(dźēbu),* usw. . . Keine Panther, die allein von den Erwachsenen gejagt werden.

Technik: Man macht die Losung der Tier ausfindig und versteckt sich; wenn das Tier kommt, wird geschossen. Einem Tier, das nicht beim ersten Schuß getroffen wurde, läuft man nicht nach, denn man könnte es nicht einholen. Die Ratte wird mit dem Bogen gejagt, die Maus mit einer Hacke: man gräbt den Boden auf und fängt das Tier mit der Hand, sobald man es entdeckt.

Verzehr: Die *yoko,* die das Wild in der Hütte braten, nehmen die Verteilung vor: einer der Schenkel steht dem Sohn des Dorfältesten zu, ein weiterer, sowie ein Schulterstück den *yoko;* der Schädel *(ǰule)* wird in einer Ecke der Hütte auf den Boden geworfen. Geflügel und Nagetiere bekommen die *yoko* ganz (?). Wenn ein Affe getötet wurde, wird er von keinem der Jäger verzehrt; die *yoko* bringen ihn den alten Frauen *(wóm lyo* oder *wóm lede)* ohne Gatten, und diese essen ihn; sie verbrennen die Knochen, werfen die Asche in den Busch und den Schädel in den Fluß.

2. *Schwimmen (me fuk mēme* = ich schwimme im Wasser). – Manchmal baden die Beschnittenen gegen Mittag im Fluß. Sie schwimmen miteinander um die Wette; gestartet wird mit einem Kopfsprung und auf das Signal eines der Mitschwimmer hin, der sagt: *Yọ gī mã̄* (ein Ausdruck, den der Dolmetscher mit »Bismillay« übersetzt). Der zuerst am Ziel Angekommene hat Anrecht auf viel Nahrung.

Ein anderes Spiel besteht darin, einen Stein so weit wie möglich in den Fluß hinauszuwerfen und dann bis zu der Stelle zu schwimmen, wo er niedergefallen ist; aber es geht nicht darum, ihn wieder zurückzubringen. Die *yoko* nehmen weder an dem Wettschwimmen, noch an diesem Spiel teil.

1

TAFEL 2

1. Namchi-Tanz.
2. Beschnittener im Blätterkostüm. Auf dem Kopf ist der Kürbis zum Trinken befestigt. Poli-Kirdi, Nordkamerun.
3. Namchi-Charaktere in Poli.

2

3

Während der letzten zehn Monate ihrer Zurückgezogenheit ist die Isolierung der Beschnittenen weniger streng. Obwohl selbst die verheirateten Beschnittenen immer noch zur Keuschheit verpflichtet sind[18], können sie wie gewöhnlich auf den Feldern arbeiten.
Sie sind allerdings noch mit Blättern bekleidet und dürfen nur mit den Vätern und älteren Brüdern sprechen. Ein jeder nimmt seine Morgenmahlzeit auf dem Feld seines Vaters ein, und sie essen aus derselben Schüssel wie die Väter und die großen Brüder; wenn diese letzteren Hirsebier trinken, trinken die Beschnittenen auch davon. Gegen 14 Uhr Rückkehr in ihre Klause und Ausruhen. Während der Ruhepausen beschäftigen sich die Beschnittenen mit Weben und Spinnen; sie erneuern auch ihre Kostüme, wenn die Blätter verwelkt sind.
Wenn ein Mann aus dem Dorf stirbt, fertigen die Beschnittenen, der Sohn des Dorfältesten und die *yoko* Schwirrhölzer an *(sēyo,* Homonym von »Mond«), die aus einem Flügel aus Holz in Form einer ziemlich länglichen, am Ende einer Schnur oder eines Riemens befestigten Ellipse bestehen. Am Tage nach dem Todesfall, bei Einbruch der Nacht, kommen sie alle in die Nähe des Dorfes, um die Schwirrhölzer kreisen zu lassen. Anschließend deponieren die *yoko* (?) sie in der *wāle*-Hütte (vgl. Initiation). Die Beschnittenen machen nur dann Schwirrhölzer, wenn noch welche gebraucht werden.
Wenn ein Beschnittener während seines Aufenthaltes im Busch stirbt, erfahren die Eltern nichts davon, und sie tragen auch nie Trauer für ihn. Er wird von den *yoko* in der Nähe des Beschneidungsortes im Busch beerdigt, mit seinem Blätterkostüm und in derselben Haltung wie die anderen Toten (d.h. hockend, die gefalteten Hände zwischen den geschlossenen Knien und die Beine an die Schenkel gezogen), er wird jedoch nicht mit Bändern umwickelt; kein äußeres Zeichen zeigt seine Grabstätte an; sein Schädel wird nicht – wie es für die Erwachsenen die Regel ist – einen Monat nach seinem Tode dem Grabe entnommen und im *wāle* bewahrt (vgl. weiter unten).
Wenn die Frau eines Beschnittenen, die vor seinem Weggang von ihm schwanger war, während der Zeit seines Aufenthaltes im Busch niederkommt, wird ihm nichts davon gesagt.

[18] Wenn die Frau eines Beschnittenen mit einem anderen Mann schläft, wird sie von den *yoko* im Karree des Beschnittenen mit Ruten auf den Rücken geschlagen; der Liebhaber wird in den Busch geführt und genauso geschlagen; er macht außerdem die üblichen Geschenke. In Anbetracht der Länge der Zeit, während der das sexuelle Tabu sowohl für den verheirateten Beschnittenen als auch für seine Frau in Kraft ist, möchte ich annehmen, daß es sich in erster Linie um eine prinzipielles Verbot handelt, das bestimmte Arrangements erlaubt.

Nach der Heilung (Poli). – Das Leben der Beschnittenen ist in Poli während dieser Zeit ganz deutlich dasselbe wie in Séwé. Der Sohn des Dorfältesten bleibt bei den Beschnittenen, aber ohne Hilfen; er ist es auch, der Feuer macht und die Speisen kocht. Den Informanten zufolge sollen die Beschnittenen auch während der Regenzeit über keinen gebauten Unterstand verfügen. Wenn dies zutrifft, dann sind ihre Lebensbedingungen während der Isolation wesentlich härter als in Séwé; aber die Beschäftigungen bleiben in etwa dieselben.

1. *Jagd.* – Die ganze Zeit der Isolation über essen die Beschnittenen nur das Fleisch, das sie sich durch die Jagd verschaffen. Gejagt wird am Nachmittag, unter der Leitung des Sohnes des Dorfältesten, der mit Pfeil und Bogen bewaffnet ist, wohingegen die Beschnittenen als Waffe nur ihren Bambusspieß haben. Alle sind mit Blättern bekleidet; sie tragen jedoch während der ganzen Zeit, die sie im Busch verbringen, genau wie bei den anderen Arbeiten und Übungen nur das Kleid und nicht die Maske.

Das gejagte Wild: Hirschkühe *(púṅyo)*, Vögel (z.B. Tauben = *nõsę)*, Ratten *(debu)* usw. Während der Jagd auf Hirschkühe oder auf Vögel reden die Beschnittenen nicht miteinander, sondern verständigen sich wie alle Jäger durch Pfiffe. Bei einer Hirschkuh schießt der Sohn des Dorfältesten zuerst und die Beschnittenen erledigen das Tier dann mit ihren Spießen; das Fleisch wird unter alle aufgeteilt; Fell und Kopf stehen dem Sohn des Dorfältesten zu. Bei Vögeln bezieht der Sohn des Dorfältesten mit Pfeil und Bogen in einem Baum Stellung; die Beschnittenen lesen das getroffene Wild auf. Die Rattenjagd wird während der Trockenzeit beim Roden betrieben: das Buschland wird angezündet, die gerodeten Stellen werden mit der Hacke aufgegraben und die aufgespürten Ratten mit den Spießen getötet.

2. *Bienenzucht.* – Die Beschnittenen fertigen Bienenkörbe an *(dūlé* *⁽ʷ⁾ǫ́dumeko)*, die sie in gleicher Höhe in den Bäumen aufhängen, und sie sammeln den Honig für ihren eigenen Gebrauch.

Sie kennen diese Technik schon von früher.

3. *Schwimmen (ábegi mę̨m fúko* = [schwimmen]). – In der Trockenzeit, unmittelbar von der Heilung an, bei den Bädern im Fluß, in dessen Nähe die Beschnittenen sich aufhalten. Wettschwimmen unter Leitung des Sohnes des Dorfältesten.

Wenn die Beschnittenen beim Baden im Fluß Fische bemerken, rufen sie den Sohn des Dorfältesten, der mit seinem Bogen auf die Fische schießt, die erlegten brät und an alle als Nahrung verteilt.

4. *Laufen (minōnō̃)*. – Von der Heilung an, in der Trockenzeit. Wettläufe. Als Ziel dient ein extra aufgestellter Stein. Der Sohn des Dorfältesten, der nicht an dem Rennen teilnimmt, gibt das Startzeichen, indem er mit der Hand auf das Ziel hinzeigt.
5. *Ringkämpfe (lésu bárya* = kämpfen). – Ungefähr sechs Monate nach der Heilung, zu Beginn der Regenzeit, läßt der Sohn des Dorfältesten alle Beschnittenen in Paaren gegeneinander kämpfen, die Großen mit den Großen, die Kleinen mit den Kleinen. Die Gegner versuchen, sich gegenseitig zu Boden zu werfen.
6. *Landwirtschaft.* – Zur Zeit der Aussaat (Beginn der Regenzeit) und der Ernte (Beginn der Trockenzeit) arbeiten die Beschnittenen genau wie die anderen Leute des Dorfes auf dem Feld des Dorfältesten. Die anwesenden Frauen dürfen sie nicht anschauen. Sie nehmen an dem vom Dorfältesten gestifteten Gelage mit Hirsebier teil, bleiben aber abseits.
Totenriten. – Wenn einer der Beschnittenen im Busch stirbt[19], wird niemand im Dorf davon unterrichtet[20], und man begräbt ihn in seinem Blätterkostüm an der Stelle, wo er gestorben ist, ohne sein Grab auf irgendeine Weise kenntlich zu machen; genau wie in Séwé wird auch hier der Schädel nicht dem Grab entnommen. Bei der Rückkehr der Beschnittenen wird den Eltern nichts gesagt, aber wenn diese ihren Sohn nicht heimkehren sehen, verstehen sie, daß er gestorben ist, und tragen einen Monat lang Trauer.[21]

4. Wiedereingliederung

Die Rückkehr der Beschnittenen ins Dorf, mit der die Zeit ihrer Absonderung vom normalen Leben ein Ende nimmt und die gewissermaßen mit ihrer Aufnahme als Erwachsene ins soziale Leben zusammenfällt, findet zwölf Mondwechsel *(se bule* = Monde zwölf) nach der Beschnei-

[19] Wer krank wird, wird nicht ins Dorf zurückgeschickt. Und in der Tat: kein einziger Beschnittener kommt je vor Ablauf der festgesetzten Zeit ins Dorf zurück, auch nicht um in den Krieg zu ziehen.

[20] Wenn allerdings alle Beschnittenen geheilt sind, kann der Sohn des Dorfältesten es den Männern aus dem Dorf sagen, wenn er ihnen begegnet.

[21] Die Informanten von Poli, denen ich ein Schwirrholz beschreibe, behaupten, dieses Instrument nicht zu kennen. Der Krankenpfleger Nyäko aus Séwé, den ich danach frage, ob die Leute von Poli Schwirrhölzer haben oder nicht, antwortet ausweichend, »daß er es nicht wisse, auch wenn sie welche haben«. Das Schwirrholz ist einer der heiligen Gegenstände, von denen die Informanten nur mit Widerstreben sprechen. Man muß bedenken, daß Nyäko, der in bezug auf sein eigenes Dorf ohne Zögern davon gesprochen hat, zum Islam übergetreten war.

dung bei Vollmond statt *(go lore* = er ist rund). Sobald der Vollmond näherrückt, wird im Dorf mit der Zubereitung des Hirsebieres begonnen.

Ausgang aus der Isolation. – In Séwé haben die Beschnittenen drei Tage vor Vollmond aufgehört, auf den Feldern zu arbeiten; sie nähen die Kattunbänder zusammen, die sie gewebt haben, und machen sich Schurze daraus.

In Séwé genau wie in Poli wird der Ausgang aus der Isolation noch vor Sonnenaufgang durch einen Feuerdurchgang markiert. Während die Beschnittenen noch in ihrer Hütte sind, steckt in Séwé einer der *yoko* sie in Brand, nachdem er zuvor auch die Genesungshütte angezündet hat. Wenn der Brand ausgebrochen ist, flüchten die Beschnittenen aus der Hütte und laufen ohne sich umzudrehen – denn andernfalls würden sie erblinden *(yõsę)* – bis zum Fluß, wo sie ein Bad nehmen und dann die von einem *yoko* mitgebrachten Schurze anziehen.

In Poli wird vom Sohn des Dorfältesten auf dem Beschneidungsplatz ein Feuer angezündet. Man verbrennt dort die Blätterkostüme und sonstigen Accessoires. Mit ihren Schurzen bekleidet, die der Sohn des Dorfältesten für sie im Dorf geholt hat, springen die Beschnittenen über die Glut und laufen dann ohne sich umzudrehen bis zum Dorf. Beim Springen sagt jeder:

ta lábo ta la = »Ich springe über das Feuer.«

Vor dem Gatter des Eingangskraals übergibt der Sohn des Dorfältesten den Beschnittenen die Messer, Keulen, Armringe und verschiedene Schmuckgegenstände, die ihm die Väter der Beschnittenen für ihre Söhne gegeben haben.

In Séwé folgt auf das Feuerritual ein Kampf zwischen den Vätern und den Söhnen. Wenn sie aus dem Wasser kommen, sehen sich die Beschnittenen den Vätern, den großen Brüdern und den Onkeln mütterlicherseits gegenüber. Die Väter schlagen die Beschnittenen mit einem Ochsenziemer *(pōtyo)* auf den Rücken, die Beschnittenen entreißen den Vätern den Ochsenziemer und schlagen sie ihrerseits, aber nicht so lange, wie sie selbst geschlagen wurden. Nach Nyāko soll der Kampf ungefähr eine Stunde dauern; weder die Brüder noch die Onkel nehmen daran teil; die versetzten Hiebe sind heftig und lassen auf lange Zeit Spuren zurück. Die Onkel beendigen den Kampf. Während des Kampfes beschimpfen sich Vater und Sohn nicht, aber sie fordern sich lachend gegenseitig heraus:

Der Sohn: *téṅk(o)ni gĭ gĭ mọ sõ* »Wenn ich erst deine Kraft habe, wirst du schon sehen!«
Der Vater: *mso ténk(o)mone* »Ich werde sie schon sehen, deine Kraft!«

Rückkehr ins Dorf unmittelbar nach dem Kampf und Beginn des Festes.

Rückkehr ins Dorf. – In Séwé dauert das Fest drei Tage. Es besteht aus Tänzen auf dem Tanzplatz neben dem Geviert des Dorfältesten, aus Gelagen mit Hirsebier, aus Mahlzeiten mit Trockenfleisch und Hirsekuchen. Von ihren Onkel mütterlicherseits erhalten die Beschnittenen Schurze; von ihren Vätern und von ihren Onkeln väterlicherweits bekommen sie Messer. Der Beschneider erhält von den Vätern ein Huhn für jeden beschnittenen Sohn. Der älteste Sohn des Dorfältesten und die *yoko* bekommen von den Beschnittenen 10 (?) Rollen Baumwollstoff, die sie im Busch gewebt haben. Die Mütter erhalten von den Vätern je ein Huhn, wenn einer ihrer Söhne beschnitten wurde. Die drei Festtage über schlafen die Beschnittenen auf dem Tanzplatz, um den Baum mit den Trommeln herum. Nach beendetem Fest kehren sie in ihr Karree zurück und richten sich in ihrer alten Hütte ein.
In Poli dauert das Fest den ganzen Tag. Es besteht aus Tänzen, Mahlzeiten, Gelagen. Im Eingangskraal tanzen zuerst die Beschnittenen und dann alle übrigen (Männer, Frauen, Kinder). Die Mütter tanzen hinter ihren Söhnen und gefolgt von den Schwestern; die Väter tanzen auf ihrer Seite. Der Dorfälteste bleibt zu Hause. Nach einem Trankopfer auf dem Eingangspfad hat er das Hirsebier verteilt, das er zubereiten ließ. Die Verwandten, die zum Fest kommen, schenken den Beschnittenen Kattunbänder und Hühner, von denen der Sohn des Dorfältesten ein Teil abbekommt. Drei Nächte lang darf der Sohn des Dorfältesten nicht mit seiner Frau schlafen.
Initiation. – Nach ihrem Ausgang aus der Isolation findet auch die Einweihung der Beschnittenen in den *wāle* statt, die definitive Übernahme der Manneswürde. Der *wāle* ist die außerhalb des Dorfes gelegene heilige Hütte, in der die in Gefäßen aus gebranntem Ton deponierten Schädel der verstorbenen Dorfältesten und Erwachsenen aufbewahrt werden.
Nyāko zufolge steht diese Hütte gewöhnlich »hoch in den Bergen«. Sie wird aus einer kreisrunden Wand aus getrocknetem Schlamm und kleinen Steinen gebildet, die ein Dach aus Stroh trägt. Im Innern befindet

sich auf einem großen Stein der *sēyo,* den die Alten beim Tod eines Mannes kreisen lassen, und die anderen von den Beschnittenen benutzten Schwirrhölzer sowie die Tongefäße für die Schädel *(jule),* die vom Schmied einen Monat nach dem Tod den Kadavern der Erwachsenen entrissen werden. Allein der Sohn des Dorfältesten und die Schmiede dürfen die Hütte betreten, und wenn der *sēyo* betätigt werden soll, obliegt es dem Ältesten der Schmiede, ihn zu holen.

Die Einweihung in den *wāle* findet ungefähr einen Monat nach backt Rückkehr der Beschnittenen statt. Das ganze Dorf braut Bier und backt Hirsekuchen. Bei Sonnenaufgang begeben sich die Väter (von denen jeder ein Schaf und ein Huhn mitnimmt), die *yoko* (die Bier mitbringen, das bei den Vätern gebraut wurde), die großen Brüder und die Beschnittenen zusammen mit dem Hüter der heiligen Hütte zum *wāle.* Die *yoko* stechen die Schafe und Hühner ab und lassen das Blut über das Tongefäß mit dem Schädel des letzten Dorfältesten *(wāryo)* rinnen; dann führt der Hüter des *wāle* die Beschnittenen einen nach dem anderen, den Ältesten zuerst, in die Hütte und zeigt ihnen die in den Tongefäßen geborgenen Schädel. Nach einem vom Hüter dargebrachten Trankopfer über die Tongefäße: Biergelage um die Hütte herum und Rückkehr ins Dorf, wo Männer, Frauen und Kinder Hirsebier trinken und die Fleischgerichte verzehren, die die Frauen der *yoko* zubereitet haben. Wer den *wāle* gesehen hat, darf nicht darüber sprechen.

Den Informanten von Poli zufolge gibt es bei ihnen keinen besonderen Hüter der *wāle*-Hütte. Allein der Dorfälteste und sein Sohn sind berechtigt, sie zu betreten. Wenn eine Frau den *wāle* sehen würde, wäre dies nicht gut für die Dorfbewohner. Sie würden Kopfweh bekommen *(júligi gilāko).* Wenn eine Epidemie ausbricht, begeben der Dorfälteste und sein Sohn sich zum *wāle* und bringen ein Trankopfer dar. Die Trankopfer dienen außerdem dazu, eine reiche Hirseernte zu erwirken. Der *wāle* wird von den Männern des Dorfes gemeinsam gebaut. Die Tongefäße mit den Schädeln werden von anderen, leeren Gefäßen überdeckt.[22]

Die Einweihung findet am Tag des Ausgangs aus der Isolation statt, noch vor der Rückkehr ins Dorf. Sobald die Beschnittenen sich fertig ge-

[22] In *Fiñǫle,* einem Namchi-Dorf des Bezirkes Namchi-Alantikas, wird die Obhut des *wāle* einem alten Mann der Familie anvertraut, der keinen geschlechtlichen Verkehr mit Frauen mehr haben kann und vom Dorfältesten bestimmt wird. Ihm stehen drei oder vier, gleichfalls vom Dorfältesten bestimmte Männer bei. Bei seinem Tod nimmt einer von ihnen seinen Platz ein, und wenn alle diese Männer gestorben sind, kümmert man sich nicht mehr um den *wāle.* Vor der Ernte wird dem *wāle* jedes Jahr ein Trankopfer dargebracht. Alle zwei oder drei Jahre werden die Jungen im Einweihungsalter (d.h. von ungefähr 15 Jahren) von den Hütern zur *wāle*-Hütte geführt.

schmückt haben, führt der älteste Sohn des Dorfältesten die drei ersten in die *wāle*-Hütte und zeigt ihnen den Schädel des letzten Dorfältesten in seinem Tongefäß. Vor dem Betreten der Hütte hat er auf der Schwelle ein Trankopfer verrichtet und dann ein weiteres über dem Tongefäß, welches das Gefäß mit dem Schädel zudeckt. Die anderen Beschnittenen sollen jeweils drei zu drei von dem Dorfältesten selbst hineingeführt werden, der eigens gekommen ist, um ihnen den *wāle* zu zeigen, und dieselben Trankopfer verrichtet wie sein Sohn. Anschließend soll er wieder in seine Hütte zurückkehren. Wenn alle Beschittenen den *wāle* gesehen haben, betreten sie zusammen mit dem Sohn des Dorfältesten den Kraal.

Der Begriff der Arbeit in einer sudanesischen Sprache der Eingeweihten (1952)

Die Gesellschaft der Männer läßt sich bei den Dogon von Sanga (Bezirk von Bandiagara, Französisch-Sudan) als der Zusammenschluß definieren, der, gegenüber den Frauen und Kindern, die Gesamtheit der Männer vereinigt, die, in erweiterter Linie, zu den agnatischen Familien gehören. Diese Familien bilden zusammen die Dorfgemeinschaft. Mit der ihr eigenen Hierarchie und ihrem eigenen Kult stellt die Gesellschaft der Männer in bezug auf die dem täglichen Leben des Dorfes vorstehenden Autoritäten (religiöses Oberhaupt, Rat der Familienoberhäupter usw.) einen relativ autonomen Machtfaktor dar, der im wesentlichen die Vorherrschaft der erwachsenen Männer und der nicht zu einer Kaste gehörenden Erwachsenen über die anderen Bevölkerungsteile zum Ausdruck bringt.

Allen Riten – Bestattungsriten und anderen, öffentlichen und nichtöffentlichen –, bei denen die Gesellschaft der Männer als solche in Erscheinung tritt, ist der Gebrauch einer (sehr verwitterten) Sondersprache gemein, die sich von dem geläufigen Dogon unterscheidet und allein von den Würdenträgern der Bruderschaft vollständig beherrscht wird. Die Ausdrücke, mit denen die Dogon jene Sprache bezeichnen, deuten an, daß sie als ein diesen Riten vorbehaltenes Idiom empfunden wird: in der Umgangssprache wird sie *sigi so* genannt, »Sigi-Sprache« (in bezug auf den *sigi*, eine Zeremonie quasi nationalen Charakters, die alle sechzig Jahre im Andenken an jenen mythischen Vorfahren gefeiert wird, den man als den ersten Toten betrachtet); in der Sprache der Eingeweihten: *sigi yara*, »Worte des Sigi«, oder *awa non*, »Wort oder Stimme des *awa*« (in bezug auf die Gesellschaft der Männer selbst, symbolisiert durch ihre Masken und sonstigen Kultinstrumente).

Die Mehrzahl der Sigi-Texte, die wir aufzeichnen konnten[1], sind Ge-

[1] Vgl. meine Arbeit über die Sondersprache der Dogon von Sanga: *La Langue secrète des Dogons de Sanga*, Travaux et mémoires de l'Institut d'Ethnologie, Bd. L, Paris 1948. Die meisten der hier zitierten und auf vereinfachte Weise notierten Texte sind dieser Arbeit entnommen, auf die ich den wißbegierigen Leser verweise, falls er die Texte in ihrer phonetischen Notierung und mit einer wortwörtlichen Übersetzung lesen möchte. Alle Texte wurden an Ort und Stelle gemeinsam mit den Dogon-Informanten übersetzt, von denen sie stammten; der Leutnant Dousso Woluguyem diente als Dolmetscher. Im vorliegenden Artikel wurden die folgenden Notationsregeln verwandt: das tildierte n *(ñ)* vertritt »gn« wie im Französischen »campagne«; der Zirkumflex über einem Vokal gibt die Nasalierung dieses Vo-

bete, Erzählungen mythischen Charakters, Sühneformeln, Beschwörungen von heiligen Gegenständen wie etwa des »Schwirrholzes« (dessen Summen die Stimme des Geistes der Ahnen darstellt, der obersten Macht der Gesellschaft der Männer) usw. . . ., oder aber Redestücke, die auf mehr oder weniger festgelegte Weise im allgemeinen Ablauf der Zeremonien ihren Platz haben, Leichenreden (in denen die Haupttätigkeit des Verstorbenen hervorgehoben wird), Ermunterungen der maskierten oder nichtmaskierten Tänzer, deren Rolle bei den Riten als bestimmend erscheint.

In bezug auf den Inhalt dieser Texte (jeweils eine Folge von Versen, die durch dieselbe Endsilbe klar definiert werden) läßt sich feststellen, daß außer einigen besonderen Themen, die auf die Masken und sonstige, für den Totenkult gebrauchte Objekte Bezug nehmen, viele der darin angeschnittenen Themen sich auch in den religiösen Texten der Alltagssprache der Dogon wiederfinden und regelrechte Gemeinplätze darstellen (so z. B. die Texte über den Hirseanbau und die Verteilung der Nahrung). Die Dogon leben in einer Zivilisation, deren technische Basis der landwirtschaftliche Anbau mit der Hacke ist, und sie räumen den landwirtschaftlichen Arbeiten und deren sozialem Kontext einen hervorragenden Platz ein. Man findet demnach in den Sigi-Texten auch immer wieder Anspielungen auf Arbeiten wie Roden, Pflügen, Sähen sowie auf die Zubereitung des Hirsebreies, der bei den Bauern der afrikanischen Savanne die Grundlage der Ernährung darstellt.

Fällen der kleinen Bäume, Verbrennen, des vorher kleingehackten Geästs und der stehengelassenen Baumstümpfe:

neñu nuñon komdyu neñu danu bibire boy	Er nimmt ein Dachsbeil, das Dachsbeil ar-
danu igiru kwi	beitet, bearbeitet den Baum,
won danu dyu managa boy	der Baum fällt;
danu yonugu boy	die Sonne brennt auf den Baum,
bugge danu pore dyeñunu boy	der Baum trocknet aus,
	er steckt das Holz in Brand.[2]

Kurz vor der Aussaat, die zu Beginn der Regenzeit stattfindet, gräbt der Bauer die Erde seines Feldes um:

koru igiru pa	Das Eisen scharrt die Erde auf,
igiru koru pa	die Erde schürft das Eisen,
won simmay	er schwitzt in der Sonne.[3]

kals an; jedes Wort- oder Satzfragment, das einem fakultativen Element entspricht, steht in Klammern. In den Übersetzungen steht jeder Einschub zur Verdeutlichung des Sinnes oder zur Angabe einer möglichen Übersetzungsvariante in eckigen Klammern.

[2] *La Langue secrète* . . ., Text 16, Verse 9–13.

[3] Op. cit., Verse 6–8.

Auf die mit der Hacke umgewendete Erde sät der Bauer das Korn aus, das er in einem Lederschlauch mitgebracht hat; anschließend tritt er das Korn mit den Füßen in die Erde:

nuñon badyanga managa boy *koru bige igiru dyu sagya boy* *dyê badyanga pore dyeñunu bire igiru kameni boy* *gani yara bier boy*	Er steckt die Hand in den Schlauch, die große Hacke berührt die Erde er hat [seine Hand] in den Hirseschlauch getaucht und er legt [die Hirse] in die Erde, seine Füße arbeiten gut.[4]

Vor Gebrauch wird die geerntete und in Speichern gelagerte Hirse gesiebt:

pogo perye nuñonu komdyu yara bire dyê yeni tuñuyo boy	Mit einer Kürbisflasche bearbeitet die Frau die Hirse gut, die sauber wird.[5]

Schließlich, nachdem das Korn zuvor zermahlen wurde, wird der mit Tamarindenfrüchten versetzte Hirsebrei zubereitet, mit dem sich alle ernähren:

dyê larani perye dyeñunu kuru dyu sagya boy *nuñon yara bire boy* *kuru pini yara bire boy* *nuñon yara bire boy* *dyê dyidyum tuñuyo boy* *dyê dyidyum perye pore kamenu boy* *wadya perye dyu sagya boy* *dan(u) totom pini perye tuñuyo boy* *nuñon yara bire tuñuyo boy* *nuñon gyina balaga dyeñunu boy* *bin ti boy*	Man füllt die Kürbisflasche mit Hirse, man schüttet [die Hirse] auf einen Stein; die Arme arbeiten, der kleine Stein arbeitet, die Arme arbeiten, das gibt Mehl.[6] Man tut das Mehl in eine Kürbisflasche, man gibt Wasser in die Kürbisflasche, man tut die Früchte des bitteren Baumes in die Kürbisflasche, die Arme arbeiten gut [beim Rühren mit dem Rührholz]. Alle essen davon mit ihren Händen, die Bäuche sind voll.[7]

Es ergibt sich aus einer ersten Untersuchung dieser Texte – von denen ich hier nur einige Beispiele anführe –, daß die landwirtschaftliche Ar-

[4] Op. cit., Text 14, Verse 9–12.

[5] Griaule, *Masques dogons*, Travaux et mémoires de l'Institut d'Ethnologie, Bd. XXXIII, Paris 1938, S. 88, Vers 134.

[6] Die Hirse wird hier zwischen einem festen und einem beweglichen Mühlstein zermahlen. In einem anderen Text ist die Rede vom Zerstampfen des Korns in einem Mörser: *pogo danu soru nuñonu komdyu yara bire boy*, »die Frau arbeitete gut mit dem Stößel« (Griaule, op. cit., Vers 132).

[7] *La Langue secrète* . . ., Text 14, Verse 17–27.

beit in der Überlieferung der Dogon die höchste Wertschätzung erfährt: das am häufigsten wiederkehrende Thema der Grabreden ist die lange Dankbezeugung für den Toten, für die Arbeit seiner Hände, für das Getreide, das er angebaut hat und mit dem die Seinen sich haben ernähren können. Während einer der Weihegelage, zu denen das Sigi-Fest den Anlaß gibt, wird eine entsprechende Lobrede an die Bauern gerichtet:

dyê larani dyê yara bire boy *dyê dyumo larani dyê yara bire boy*	Der-mit-der-kleinen-Hirse hat die kleine Hirse bestellt, der-mit-der-großen-Hirse hat die [große] Hirse bestellt.[8]

Es kommt ebenfalls vor, daß eine Rede mit einer Grußadresse an die Bauern anhebt, die bestimmten Grußformen der Alltagssprache entspricht:

tanga yo woni yo yuru yo	Dank für den Busch! Dank für die Sonne! Dank für die Kühle![9]

Wie bei den alltäglichen Begrüßungen[10] *olu po*, »Dank für den Busch«, und *nay banu po*, »Dank für die glühende Sonne«, stattet man hiermit seinen Dank ab für die Mühe des Arbeiters, der zu den verschiedensten (kühlen und heißen) Tageszeiten das Buschland gerodet oder sein Feld vor dem Dorf bestellt hat.

Die Arbeit des Jägers wird gleichermaßen gewürdigt, insofern sie zur Ernährung der Gruppe beigetragen hat, zu der der Betreffende gehört. In der Leichenrede bei der Bestattung eines Jägers wird erzählt, wie dieser, als er noch ganz jung war, seinen Angehörigen Wild mitgebracht hatte, das diese dann verzehrten:

i pini danu señene yo gunno nemdyu bin ti boy *balaga dyeñene bi ti boy* *ye poro nemdyu balaga dyeñene bin ti boy* *ye dyau nemdyu balaga dyeñene bin ti boy* *ye atan nemdyu balaga dyeñene bin ti boy* *yere bige yeni tuñuyo boy*	Jüngling, dein Vater füllte sich den Bauch mit [diesem] Fleisch, aß [davon], füllte sich den Bauch; dein kleiner Bruder aß das Fleich, füllte sich den Bauch; deine Mutter aß das Fleisch, füllte sich den Bauch. Du warst ein guter Mann![11]

[8] Op. cit., Text 11, Verse 8–9.

[9] Op. cit., Text 1, Vers 1.

[10] Eine der am häufigsten gebrauchten von diesen Grußformeln ist *biro po*, »Dank für die Arbeit«.

[11] Op. cit., Text 18, Verse 48–53.

Aus diesen Reden scheint hervorzugehen, daß in der Vorstellung der Dogon der Begriff der Produktion nicht von dem des Verzehrs und in gewissem Maße von dem des verschwenderischen Konsums zu trennen ist: der Mann, von dem man sagen kann, daß er ein »guter Mann« gewesen ist (d. h. jemand, der seine Pflichten vorbildlich erfüllte), ist ein Mann, der nicht nur gearbeitet, sondern auch verteilt hat, d. h. der die von ihm erzeugten Nahrungsmittel den anderen zum Verbrauch übergeben hat. Das soziale Leben ist ein einziger großer Austauschzyklus: Wer gibt, hatte selbst etwas erhalten, und wenn auch nur die Milch, mit der seine Mutter ihn ernährt hat, als er noch zu klein war, um selbst zu arbeiten und etwas zu erzeugen. Wenn in einem Dorf das Sigi-Fest zu Ende geht, halten die Alten nach einem letzten Umtrunk eine Art von Abschlußansprache, in der es heißt:

ye dyau wadya non dyeñunu boy	Ihr habt die Milch eurer Mütter getrunken,
nuñoni yara bire tuñuyo boy	[eure] Arme haben sich bewegt,
gani yara bire tuñuyo boy	[eure] Beine haben sich bewegt,
puro yara bire tuñuyo boy	[eure] Augen haben sich bewegt,
dyu yara bire tuñuyo boy	[euer] Kopf hat sich bewegt,
nemdye yara bire tuñuyo boy	[euer] ganzer Körper hat sich bewegt.[12]

Formeln, die sowohl auf eine mehr oder weniger ferne als auch auf eine unmittelbare Vergangenheit Bezug nehmen (man hat hart arbeiten müssen, um die Ausgaben des Sigi zu decken, und auch beim Tanzen wurden viele Kräfte verausgabt) und Formeln, die gleichzeitig die Zukunft festlegen: Da die wesentliche Funktion des Sigi darin besteht, die Kontinuität der Generationen sicherzustellen, werden alle jungen und alten Teilnehmer daran erinnert, worin der eigentliche Ablauf des Lebens besteht. Genau wie sie, die durch die erhaltene Nahrung stark und aktiv geworden sind, genau wie sie gerade getrunken, gegessen und getanzt haben, so werden andere Kinder geboren werden, die ihrerseits heranwachsen und sich in den technischen Arbeiten und auch in den rituellen Tänzen hervortun, die als ebenso wichtige Pflichten angesehen werden wie die unmittelbar produktiven Tätigkeiten.[13]

[12] Op. cit., Text 11, Verse 12–17.

[13] Nach einer von Griaule (op. cit., S. 492 ff.) aufgezeichneten ätiologischen Erzählung über die *dyodyomini* (»Maroceur«)-Maske, wird der Akt, die Maske aufzusetzen, um damit – wie es das Trauerritual vorschreibt – auf der Terrasse des Hauses eines gerade verstorbenen Mannes zu tanzen, als eine zumindest ebenso verdienstvolle Tätigkeit angesehen wie die Feldarbeit. Die Gesellschaft der Männer legt übrigens jedem jungen Mann, der nicht der Pflicht nachkommt, die Tänze auszuführen, wenn er dazu bestimmt wird, eine Buße auf. Ganz allgemein wird die Durchführung der Riten als ermüdend betrachtet, wenn auch nur, weil man all die Nahrungsmittel produzieren muß, mit denen man den die

Aus einer eingehenderen Untersuchung des Vokabulars dieser Texte geht hervor, daß von den Termini, die zur Bezeichnung der verschiedenen Tätigkeiten (oder der Fähigkeit, sie auszuführen) gebraucht werden, einer besonders häufig vorkommt: der Ausdruck *yara bire*, der in zahlreichen Passagen anderer Texte auf *bire* reduziert wird und dessen Intensivform *bibire* in dem ersten der hier angeführten Beispiele auftritt. Was ist also der genaue Sinn, der Wert dieser Redewendung, und wie wird sie verwendet?

Man stellt zunächst fest, daß der Ausdruck *yara bire*, wörtlich »tätige [oder: schöne, oder: gute] Sache«, und der Terminus *bire*, der jene Vorstellung des Tuns oder des Schönen und Wohltätigen ausdrückt und als Begriff aus der Alltagssprache entlehnt ist, wo er die »Arbeit« benennt, für die verschiedensten Formen der Betätigung angewandt werden. Außer der Arbeit des Rodens mit dem Dachsbeil, der Bewegung der Füße zum Vergraben des frisch ausgesäten Korns, dem Sieben, der Betätigung des beweglichen Mühlsteins oder des Rührholzes, der landwirtschaftlichen Arbeit im allgemeinen und der bloßen Bewegung in einer gewissen Intensität bezeichnet die Redewendung *(yara) bire* – gefolgt oder nicht von dem verbalen Bindewort *tuñuyo* – die unterschiedlichsten Handlungen.

Eine Holzmaske verfertigen:

danu yara bire tuñuyo boy	Der Baum wird gut bearbeitet,
neñu yara bire tuñuyo boy	das Dachsbeil arbeitet gut,
neñu yara bire ba yere danu awa tuñuyo boy	das Dachsbeil schlägt gut, der Baum ist Maske geworden,
awa tuñuyo boy	es ist eine Maske.[14]

Schmieden:

toroku larani koru yara bire boy	Der-mit-der-Glocke [d. h. der Schmied, der durch das besondere Glöckchen gekennzeichnet ist, das sein Attribut darstellt] bearbeitet das Eisen.[15]

Zeremonien begleitenden Verzehr bestreiten kann. Mein Informant und Dolmetscher Ambara Amtaba (ein Mann von allerdings etwas nachlässigem Charakter) faßte seinen Standpunkt in dieser Frage folgendermaßen zusammen: im Vergleich zu den Praktiken des Islam bringe die Dogon-Religion »viel Ermüdung«.

[14] Op. cit., Text 24, Verse 24–28.

[15] Op. cit., S. 418.

Spinnen:

lezipuro pini gongo danu sogo yara bire tuñuyo boy	Das Mädchen bearbeitet die Wolle mit der Spindel,
vize tangani boy	[der Mann] webt das Tuch.[16]

Nähen:

koru pini vizyu yara bire boy	Wörtl.: »Die Nadel (1–2) ist ein Ding in Aktion (4–6) [auf] dem Stoff (3)«, d. h.: er näht.[17]

Mit einer Waffe schießen:

danu kebere degu sagya boy	Man stellt das Brett gegen das Haus,
sogo pini yara bire boy	die Jungen schießen mit den Bögen.[18]

Schläge versetzen:

i pini yere dan(u) sogo pogo dyu yara bire tuñuyo boy	Der Kleine schlägt mit [seinem] Stock auf die Frau.[19]

Auf Felsen malen:

bige gyina igiru neñe ire kuru kommo yara bire tuñuyo boy	Alle Männer, mit der roten Erde, bemalten gut [wörtl.: »machten schöne Sache«?] die steinerne Höhle.[20]

Einen Ritus zelebrieren:

sigi yara gyina ire yara bire tuñuyo boy	Wörtl.: »daß alle die (3–4) Dinge (2) des Sigi (1) Dinge (5) in Aktion (6) seien (7–8)«? d. h.: daß man die Sigi-Riten zelebriere.[21]

Tanzen: der Tänzer mimt entweder einen Arbeitsvorgang, oder er bewegt seinen ganzen Körper bzw. einen Teil seines Körpers, oder aber

[16] Op. cit., Text 17, Verse 20–21. Bei den Dogon ist das Weben, genau wie das Nähen eine Beschäftigung der Männer

[17] Op. cit., S. 418.

[18] Op. cit., S. 461. Der Ausdruck *danu kebere* meint das gewöhnlich als Bett verwendete Brett, das im Laufe der von Ambara Amtaba auf Französisch als »Amusements« bezeichneten Riten (d. h. der rituellen Spiele, zu denen die Bestattung eines Mannes den Anlaß gibt) als Zielscheibe für die Übungen im Bogenschießen dient, an denen auch die Knaben teilnehmen. Bei diesen Übungen überwiegt ihr spektakulärer Charakter, denn die Protagonisten suchen hauptsächlich ihren Stil unter Beweis zu stellen und die Zuschauer durch ihre Mimik zu beeindrucken.

[19] Op. cit., Text 3, Vers 52.

[20] Griaule, op. cit., S. 120, Vers 690. Es handelt sich um die Ausführung von symbolischen Figuren auf der Wand einer Felsenhöhle, in der das Emblem des mythischen Vorfahren verwahrt ist, dessen Andenken der Sigi geweiht ist.

[21] Op. cit., S. 97, Vers 293.

er macht bestimmte Gesten mit den Accessoires, die er bei sich hat. Zahlreiche Verse mit der Redewendung *yara bire* finden sich in den an die maskierten Tänzer gerichteten Ermunterungen, die einen großen Teil der Sigi-Literatur ausmachen. Neben den allgemeinen Motiven entsprechen jedem Maskentyp je nach seinen besonderen Zügen und seiner spezifischen Bedeutung auch bestimmte spezielle Aufmunterungsmotive. Die Gesamtheit dieser Zusprüche wird im alltagssprachlichen Dogon *tige* genannt, was eine Art von rhythmisierter Beschwörung oder Devise meint. Sie ist zugleich ein Dank, der an die Person, das Tier oder das Ding gerichtet ist, das man für sich einnehmen möchte, und eine Beschreibung, die darauf abzielt, die betreffende Person, das Ding oder das Tier in sich selbst festzuhalten. Wenn man z. B. den maskierten Tänzern einen Satz wie *gani yara bire tuñuyo boy* zuruft, den man mit »die Beine sind schön [oder aktiv]« und auch mit »daß eure Beine sich bewegen« oder »bewegt die Beine« übersetzen könnte (indem man formell erklärt, daß die Tänzer schöne und rege Beine haben, muntert man sie zu deren Gebrauch auf), so bedeutet dies, daß man sie wegen ihrer kräftigen Beine lobt, daß man sich bei ihnen für die Mühe bedankt, die sie sich beim Durchführen des Rituals geben, und daß man sie zugleich anregt, sich noch heftiger zu bewegen, und dadurch ihrem Tun ein Höchstmaß an Wirkkraft für die Zukunft verleiht. Alle an die Maskentänzer gerichteten Zusprüche sind mit Ausdrücken dieser Art durchsetzt.

Anspielungen auf eine Arbeitsmimik:

awa danu sogo igiri yara bire tuñuyo boy	Holzmaske, [dein] Stock bewege die Erde gut!
danu sogo igiru pa	[dein] Stock scharre die Erde auf!
nuñon yara bire tuñuyo boy	[deine] Arme mögen sich gut bewegen!

Zuspruch für die *gomintogo*-Maske, deren Träger beim Tanzen die Handhabung eines landwirtschaftlichen Gerätes mimt und der man auch zurufen kann:

koru larani koru yara bire tuñuyo boy	Ackersmann! Bewege gut [deine Hacke aus] Eisen![22]

Vorstellung von Bewegung im allgemeinen:

gani yara bire (tuñuyo boy) . . .	Bewege die Beine! . . .
nuñon yara bire (tuñuyo boy) . . .	Bewege die Arme! . . .
dyu yara bire (tuñuyo boy) . . .	Bewege den Kopf! . . .

[22] *La Langue secrète . . .*, Text 43 A.

gyina yara bire (tuñuyo boy) . . .	Bewege alles deinen ganzen Körper gut! . . .
wau dyamme yara bire tuñuyo boy . . .	Bewege [deinen] Pferdeschwanz gut! . . .[23]
badyanga vizyu yara bire tuñuyo boy	Bewege [deine] Sandalen gut!
perye yara bire tuñuyo boy . . .	Bewege [deine] Kürbisflasche gut! . . .[24]
danu sogo yara bire tuñuyo boy . . .	Bewege [deinen] Stab gut! . . .[25]
dyu yeni boy	Bewege den Kopf!
gani yeni boy	Bewege die Beine!
nuñoni yeni boy	Bewege die Arme!
nemdyu yara bire tuñuyo boy	Bewege gut [dein] Fleisch!
vizyu yara bire tuñuyo boy	Bewege gut [dein] Kostüm![26]

Dieses letzte Beispiel zeigt, daß das Wort *yeni* (dem wir schon in der Bedeutung von »gut« begegnet sind) und die Redewendung *yara bire* gleichermaßen als Aufforderung zur Handlung gebraucht werden können. Diese Feststellung wird durch den Zuspruch an jene Maske bestätigt, die einen *yona* oder rituellen Dieb darstellt; eine Figur, deren hauptsächliche Tätigkeit darin besteht, sich bei bestimmten Gelegenheiten zusammen mit ihren Kollegen an einer Treibjagd auf die Haustiere zu beteiligen, deren Fleisch sie anschließend verzehren:

nemdyi larani ya puro puro yeni boy . . .

Wörtl.: »der-mit-dem-Fleisch (1–2), deine Augen (3–4) sind (7) gute [oder: rege] (6) Augen (5)«, d. h.: deine Augen mögen ihren Dienst erfüllen, sie sollen beobachten.[27] Diesem Vers folgen weitere, gleichgebaute Verse, die nacheinander auf den Kopf, die Beine und die Ohren des Tänzers Bezug nehmen sowie auf die Waffe, mit der er bewehrt ist (ein Holzkolben): der allgemeine Sinn der Ansprache besteht darin, den *yona* dazu aufzufordern, alle ihm zur Verfügung stehenden Mittel anzuwenden, um seine rituelle Jagd durchzuführen.

[23] Der »Pferdeschwanz« ist nichts anderes als ein Fliegenwedel, ein Prunkgegenstand, mit dem viele Tänzer versehen sind.

[24] Ermunterungen für die *ya gule*-Masken (»junge Frauen«). Die Tänzer – junge, verkleidete Männer – tragen in der einen Hand ein Paar Sandalen und in der anderen eine Kürbisflasche, ein wesentlich weibliches Attribut. Op. cit., Text 31, Verse 9 und 11.

[25] Zuspruch für die aus Rônier-Holz gefertigte *syim*-Maske, deren Träger sich mit der linken Hand auf den Stengel eines Dornengewächses stützt, der mit roten, weißen und schwarzen Ringen geschmückt ist. Op. cit., Text 53.

[26] Ermutigungen der *goyana*-Masken (»Dichter« bzw. Spezialist für die ganze mündliche Überlieferung), die von einem travestierten jungen Mann getragen wird. Das »Dichter«-Kostüm ist besonders kokett und reich mit Kauri-Muscheln geschmückt. Es besteht, wie alle Maskenkostüme, aus einer Reihe von Röcken, sowie aus Arm- und Halsschmuckbändern, die aus geflochtenen und gefärbten Fasern gefertigt sind. Op. cit., Text 33, Verse 5–9.

[27] Anspielung auf die gemalten Augen auf der Rückseite der Kapuze des Tänzers. Auf der Vorderseite sind die den wirklichen Augen entsprechenden Öffnungen. Op. cit., Text 39 A.

Allgemein genommen erscheinen die beiden Begriffe *bire* und *yeni* im Sigi-Vokabular als das Gegenteil des Terminus *yonu* oder *yonugu*, »schlecht, in schlechter Verfassung, schädlich«, der auf alles angewandt wird, was eine unheilbringende Tätigkeit ausübt oder erleidet. So sagt man z. B.: *degu yonugu boy*, »das Haus ist schlecht«, um die Vorstellung der Zerstörung eines Hauses oder der dort herrschenden Trauer auszudrücken, wohingegen *degu yara bire tuñuyo boy*, »das Haus ist eine Sache, die im Werden ist«, die Vorstellung des Bauens meint.[28] So steht auch dem Ausdruck *balaga yonugu*, »schlechter Mund«, der auf etwas Stumpfes angewandt wird, der Begriff *balaga yeni*, »guter Mund« gegenüber, der alles Spitze und Schneidende bezeichnet. Wenn es darum geht, die Idee der Gebrechlichkeit, der Krankheit oder des gewaltsamen Todes auszudrücken, wird das Wort *yonu(gu)* gebraucht: von jemand, der langsam oder mühsam geht, sagt man z. B. *gani yonugu tuñuyo boy*, »[seine] Beine sind schlecht«; ein Satz wie *pogo dyu yonugu tuñuyo boy*, »das Übel ist auf der Frau«, oder: »der Körper [oder: das Leben] der Frau ist schlecht«, d. h. eine Frau ist krank; und der Satz *baga yonu tuñuyo boy*, »der Hammel ist schlecht«, bedeutet, daß man einen Hammel getötet hat.[29] In den Formeln, die anläßlich gewisser, dem Emblem der Gesellschaft der Männer geweihter Opfer rezitiert werden, stehen schließlich *yara bire* und *yara yeni*, mit dem allgemeinen Sinn von »gut«, dem Ausdruck *yara yonugu*, »schlecht«, gegenüber:

yara yonugu non beber syo boy	Daß die Rede sich entferne, die die bösen Dinge macht!
yara yeni emme nuñon komdyu boy	Empfangen wir die guten Dinge!
yara bire emme nuñon komdyu boy	Empfangen wir die guten Dinge![30]

Dieselbe Vorstellung des Guten, einer Sache mit wohltätiger Wirkung, findet man auch im Gebrauch von *bire* zur Bezeichnung der rechten Hand wieder *(nunõn bire)*. Die rechte Hand wird als die »gute Hand« angesehen, im Gegensatz zur linken *(nuñon gugêy)*, und aufgrund dieser selben allgemeinen Bedeutung begegnet man *yeni* auch als Gegensatz zu *mimi*, »falsch, krumm, gewunden«, d. h. als Ausdruck der Idee des Gerechten, Geraden, Richtigen.

Zu diesem Begriff des Guten, der mit demjenigen der Bewegung oder

[28] Op. cit., S. 418 und Text 19, Vers 36.

[29] Op. cit., S. 205.

[30] Op. cit., Text 6 C. Die »Rede, die schlechte Dinge macht«, d. h. die Absicht – oder allgemeiner der Einfluß –, der das Übel bewirkt.

der Arbeit zusammenfällt, insofern es sich um eine nützliche Tätigkeit handelt, kommt sowohl für *bire* als auch für *yeni* noch eine ästhetische Komponente hinzu. Dem Träger der *syim*-Maske werden z. B. die folgenden Komplimente zugerufen, die sich von den oben gesehenen Aufmunterungen deutlich unterscheiden: Komplimente über die Schönheit seiner Maske, die z. B. mit einem sehr hohen Helmbusch versehen ist, oder über die Schönheit seines Fasernschmuckes und die hübsche Ausschmückung seiner ganzen Verkleidung:

yara bire ye dyu sagya boy	Schöne Dinge sind auf deinem Kopf,
yara bire ye gani sagya boy	Schöne Dinge sind an deinen Beinen,
yara bire ye nuñɔni sagya boy	schöne Dinge sind an deinen Armen,
yara bire ye vizyu sagya boy	schöne Dinge sind auf deinen Kleidern.[31]

Ähnliche Komplimente werden auch an den *sadimbe* gerichtet, dessen Maske von einer holzgeschnitzten Frauengestalt überragt wird:

ye dyu yere dyu yeni tuñuyo boy	Dein Kopf da, das ist ein schöner Kopf![32]

Schließlich enthält ein Satz wie *sê yeni tuñyo boy*, »der Brei ist gut«, die – in gewissen Maße ästhetische – Vorstellung von einer Sache, die den Geschmackssinnen angenehm ist.
Man muß im übrigen anmerken, daß sowohl *bire* als auch *yeni* adverbial gebraucht werden können:

gine so bire so	Die Trommeln sprechen, sprechen gut.[33]

und daß dieses Wort – ohne Zweifel weil es die Vorstellung einer Arbeit ausdrückt, die getan wird – oft in Postposition nach einem Verb steht, um den Aspekt des Vollendeten, anders gesagt den Begriff einer vollständig ausgeführten Handlung oder eines vollkommen erreichten Zustandes anzuzeigen:

perye nuñon komdyu bire degu bonogu dyu sagya boy	wörtl.: »er nimmt (2–3) die Kürbisflasche (1), das geschieht (4), er tut sie (8–9) in (7) den Speicher (5–6)«, d. h.: nachdem er eine Kürbisflasche genommen hat, tut er sie in den Speicher [um sie mit Hirse zu füllen].[34]

[31] Op. cit., Text 35, Vers 7.
[32] Op. cit., Text 42, Vers 2.
[33] Op. cit., Text 3, Vers 24.
[34] Op. cit., Text 14, Vers 16.

Es ist noch darauf hinzuweisen, daß dieselbe Vorstellung der geschehenen Arbeit als Ausdruck des Zeitablaufs sich offenbar in dem Gebrauch wiederfindet, der von der Redewendung *yara bire bayre*[35] gemacht werden kann, wenn man angeben möchte, daß die von dem unveränderlichen Verb ausgedrückte Handlung in der Zukunft liegt:

yara bire bayre logo dyeñunu boy	Er wird Morgen weggehen.[36]

Man sieht also, daß die Eingeweihtensprache der Dogon von Sanga zwei ungefähr synonoyme Termini kennt, deren Bedeutung eine Vorstellung von Arbeit und von Bewegung im weitesten Sinne umfaßt und zugleich eine Idee in sich begreift, die dem Bereich des Moralischen und Ästhetischen zuzuordnen ist: der wohltuende Charakter einer Sache, die Schönheit oder die Annehmlichkeit, die mit ihr verbunden ist. Der gemeinsame Nenner jener anscheinend in keinem engeren Bezug zueinander stehenden Begriffe scheint die Vorstellung einer nützlichen, wohldurchgeführten Tätigkeit zu sein, die bald als solche genommen, bald im Hinblick auf die sichtbare Quelle oder das Produkt einer solchen Arbeit betrachtet wird: die Masken sind schön wegen ihrer religiösen Wirksamkeit und wegen der sorgfältigen Arbeit, der sie ihre Herstellung verdanken, die Glieder der Bauern sind schön durch die materiellen Reichtümer, die man sich von ihrer Tätigkeit erwartet; und genauso ist es auch auf der Ebene des Rituals: die Körper der Tänzer bewegen sich mit Anmut und Kraft, weil sie gut genährt sind und weil sie zum ungestörten Ablauf des Lebenszyklus beitragen, wenn sie sich so verausgaben.

Es scheint legitim, aus all dem zu schließen, daß die technische oder rituelle Arbeit in der Vorstellung der Dogon ausschließlich im Hinblick auf das soziale Wohl gesehen wird, das daraus resultiert. Als eine zwar mühsame, aber verdienstvolle Tätigkeit, der eine gewisse Schönheit durchaus nicht fremd ist, erscheint einem jeden die Arbeit nicht nur als Mittel, einen unmittelbaren Gewinn zu erzielen, sondern zumindest in gleichem Maße auch als eine Weise, sich Prestige zu erwerben. Zwischen der Mühe des Mannes, der das Feld bestellt und der Leistung dessen, der bei einer Zeremonie tanzt, besteht kein so großer Unterschied, denn wer diesen unterschiedlichen Pflichten korrekt nachkommt, für den er-

[35] *Bayre:* wahrscheinlich aus *bay* gebildet (was im Alltags-Dogon »Tag« heißt), gefolgt von dem Sigi-Demonstrativum *yere. Yara bire bayre:* »[bis zu] diesem Tag tätiges Ding«?
[36] Op. cit., S. 412.

gibt sich jeweils derselbe Vorteil: er genießt das Prestige des »guten Mannes«, der dank seiner Tätigkeit andere zu ernähren wußte und der denselben Enthusiasmus hervorrufen konnte wie der »schöne« Tänzer, welcher ebenfalls Kräfte in Bewegung setzt, die berufen sind, das Überdauern der Gemeinschaft zu gewährleisten. Selbst außerhalb des traditionellen Rahmens ist es ein Beweggrund dieser Art, der jedes Jahr zahlreiche junge Leute dazu führt, zur britischen Goldküste aufzubrechen, um in den Minen oder auf den Pflanzungen eine Lohnarbeit anzunehmen; und wenn sie dann gut gekleidet und zumal mit Geschenken für ihre Nächsten beladen zurückkommen, so bedeutet dies, daß sie sich als schöne und gute Männer zeigen, als Männer, die ihre Geschicklichkeit gebraucht und keine Mühe gescheut haben, die stattlich aussehen und deren Aktivität auch ihrer Umgebung zugute kommt.
Auch wenn die ökonomische Entwicklung, welche die Gesellschaft der Dogon wie alle anderen, dem Kolonialregime unterworfenen Gesellschaften erfährt, auf dem Gebiete der Arbeit zu einer Umwälzung der gebräuchlichen Normen führt und wenn es sich auch vorhersehen läßt, daß für eine immer größere Zahl von Individuen das Prestige der Feldarbeit, das diese heute noch dem religiösen Kontext verdankt, nach und nach abnehmen wird, so stellt man doch fest, daß bei der gegenwärtigen Lage der Dinge der entfaltete Aufwand in all seinen Formen (Verteilung von Nahrungsmitteln oder sonstigen Gütern, Durchführung spektakulärer Rituale wie etwa der maskierten oder nichtmaskierten Tänze, Tragen von schönem Schmuck usw. . . .) für ein Volk wie die Dogon eine der wichtigsten Rechtfertigungen für Mühe und Arbeit darstellt.

Die Neger Afrikas und die plastischen Künste (1953)

Das Jahr 1920, das als charakteristisch für die Zeit nach dem Ersten Weltkrieg angesehen werden kann, scheint nicht allein ein einschneidendes Datum für die Geschichte der Verbreitung der damals noch meist als »Kunst der Neger« bezeichneten Plastik in Europa darzustellen (ein Ausdruck, der trotz aller möglichen Bewunderung von seiten derer, die ihn gebrauchten, eine gewisse Herablassung durchscheinen läßt), sondern allgemeiner für die Aufnahme der ästhetischen Produktion jener Völker, von denen selbst der Theoretiker des Rassismus Gobineau schon 1854 anerkannt hatte, daß sie »im höchsten Grade das sinnliche Vermögen (besitzen), ohne das keine Kunst möglich ist«.[1] 1920 – ein Jahr nach der Ausstellung afrikanischer und ozeanischer Kunst bei dem Pariser Kunsthändler Devambez, der ersten Veranstaltung dieser Art in einer Galerie – lassen sich in der Tat verschiedene Anzeichen dafür feststellen, daß Kunst und Literatur der afrikanischen Neger, zumindest in Deutschland und Frankreich, schon ein ziemlich breites Publikum zu interessieren vermochten. In München wird z. B. bei Kurt Wolff die *Negerplastik* des Dichters und Kunstgeschichtlers Carl Einstein neu aufgelegt, eine Arbeit, deren erste Auflage 1915 in Leipzig erschienen war und die erste bedeutende Studie über die afrikanische und ozeanische Skulptur aus dem Gesichtspunkt der kubistischen Ästhetik. Im selben Jahr erscheint in München auch der *Expressionismus* von Hermann Bahr[2], in dem als Vergleich zu den Werken der europäischen Künstler, die zum Expressionismus gehören (bzw. von Bahr dazu gezählt werden) drei Reproduktionen von Negerplastiken abgedruckt sind. In Paris – wo schon vor dem Ende des Krieges 1914–1918 der Jazz seinen Einzug gehalten hatte und bald von zahlreichen Musikern geschätzt wurde, ja sogar einige von ihnen zu eigenen Werken anregen sollte – verlegen die Editions de la Sirène die *Anthologie nègre*, ein der mündlichen Überlieferung der Schwarzen Afrikas gewidmetes Sammelwerk des Schriftstellers und Globetrotters Blaise Cendrars, während die von Florent Fels herausgegebene Zeitschrift für moderne Kunst und Literatur *Action* in ihrer im April erschienenen dritten Nummer unter dem Titel »Ansichten

[1] *Essai sur l'inégalité des races humaines*, Buch II, Kap. VII.
[2] Delphin-Verlag.

über die Kunst der Neger« eine Reihe von Urteilen über die Statuen, Masken und sonstigen afrikanischen Objekte zusammenstellt und hiermit die Beliebtheit sanktioniert, auf die diese seitdem in so mancher Privatsammlung vertretenen Werke zunehmend beim gebildeten französischen Publikum treffen; denn zuvor waren sie außer von einigen wenigen Kolonialsoldaten und spezialisierten Ethnographen nur von vereinzelten Kennern gewürdigt worden.
Unter den verschiedenen Persönlichkeiten, deren Meinung in der Blütenlese der *Action* in wenigen Zielen wiedergegeben wurde, findet man, neben einem Orientalisten wie Victor Goloubeff und dem Kunstliebhaber und Kunsthändler Paul Guillaume, den fauvistischen Maler Maurice de Vlaminck sowie drei kubistische Künstler: den Bildhauer Jacques Lipchitz und die Maler Juan Gris und Pablo Picasso.[3] Zu diesen Künstlern, die alle vier Vertreter dessen waren, was man damals allgemein die »Avantgarde« nannte, zu Dichtern wie André Salmon, Jean Pellerin, Jean Cocteau gesellte sich der gewichtige Schatten von Guillaume Apollinaire, dessen Tod kaum 18 Monate zurücklag, dessen Berühmtheit jedoch schon weit über die literarischen Zirkel hinausgedrungen war. Apollinaire, der in einer seiner großartigsten lyrischen Schöpfungen (dem einleitenden Gedicht der Sammlung *Alcools*) die »Fetische Ozeaniens und Guineas« beschworen hatte, die er damals in seinem Zimmer bewahrte, er, von dem eines der Gedichte, die er an der Frontlinie jenes Krieges geschrieben hatte, den er nicht überleben sollte, *Die Seufzer des Dieners von Dakar*, eine Evokation des afrikanischen Lebens enthielt und dessen Phantasie von »Neger-Seen«, »vagabundierenden, entsprungenen Mulattinnen« und von phantastischen Sansibars wimmelte, wie demjenigen, in dem die Handlung des surrealistischen Dramas *Der Busen des Tiresias* spielt – dieser Apollinaire war durch einen Prosaauszug aus dem »Leben in Anekdoten«, einer Spalte des *Mercure de France*, vertreten. Mehrere Jahre lang trat er in dieser letzteren Zeitschrift fast ebensooft als Folklorist wie als Chronist hervor, und er rückte mehr als einmal Stücke ein, die sowohl durch die bekundeten Vorstellungen, als auch durch das angeschlagene Thema bewußt von der bloßen Anekdote abwichen. Zeugnis davon legen die beiden, auszugsweise in

[3] Dieser letztere zählte zwar zu denen, die schon sehr früh auf die Kunstgegenstände der sogenannten »Wilden« aufmerksam wurden, aber der Herausgeber dieser Sammlung begnügte sich damit, ihm – vielleicht nicht ohne eine gewisse Tücke – die folgende Kaprice in den Mund zu legen: »Die Kunst der Neger? Kenne ich nicht!«

der Zeitschrift *Action* abgedruckten Seiten ab, die er im April 1917 der von ihm als »fetischistisch« bezeichneten »Plastik der Schwarzen« widmete, ohne dabei allzu genau auf das Wohlbegründete oder Unzureichende einer Terminologie zu sehen, die noch niemand kritisch beleuchtet hatte.

Obwohl insgesamt positiv (denn die Herausgeber hatten offensichtlich eher die Absicht, eine Hommage zusammenzustellen, als eine unparteiische Untersuchung zu eröffnen), sind doch nicht alle angeführten Zeugnisse gleichermaßen lobend, und man bemerkt z. B., daß Paul Guillaume – der Enthusiastischste von allen – nicht zögert, die afrikanische Skulptur zum Rang des »belebenden Spermas des geistigen 20. Jahrhunderts« zu erheben, wohingegen der distanziertere, aber in nichts weniger bestimmte Jean Cocteau die Frage allein vom Standpunkt der ästhetischen Mode aus aufzunehmen scheint, wenn er dem Leser die folgende Sentenz anbietet, die seine Position (so wenigstens, wie *Action* sie uns vorstellt) zusammenfaßt: »Die Negerkrise ist genauso langweilig geworden wie der mallarmésche Japanismus.« Einschätzungen, die gewiß disparat sind, aus denen sich jedoch in einem Punkt ein gemeinsamer Sinn herauskristallisiert: das Zusammenstimmen der afrikanischen Skulptur, wenn auch nur in einigen ihrer Züge, mit bestimmten Aspekten der westlichen Kunst dieser letzten Jahre; denn mehrere bedeutende Vertreter jener Kunst ergreifen für sie Partei oder konstatieren zumindest die Beliebtheit, die sie in ihrem Milieu genießt. Muß man also – was uns, die westlichen Menschen, anbetrifft – gleich einen entscheidenden Einfluß anerkennen, der von einer lange Zeit bestenfalls als Kuriosität betrachteten exotischen Kunst ausgeübt wurde, oder soll man sich darauf beschränken, in einem Bereich, der eher den Geschmacksfragen als der Kunstgeschichte im eigentlichen Sinne zuzurechnen wäre, von einem Zusammentreffen zu sprechen, das mit der Schwärmerei der impressionistischen Maler und der symbolistischen Schriftsteller für den Fernen Osten zu vergleichen wäre?

Wenn man sich auf die Geschichtsschreibung der großen Erneuerungsbewegungen in den schönen Künsten zu Beginn unseres Jahrhunderts, wie Fauvismus und Kubismus, bezieht, so stellt man fest, daß häufig Vlaminck das Verdienst zugeschrieben wird, die Kunst der Neger »entdeckt« zu haben: das Ereignis wird als so folgenreich angesehen, daß man darauf den immer größer werdenden Abstand zurückführt, der zwischen den plastischen Versuchen der Zeitgenossen Vlamincks und den verschiedenen Verfahrensweisen zu Tage trat, mit denen die Maler

bis dahin Lebewesen und Gegenstände auf ihren Bildern zur Darstellung gebracht hatten. So verwurzelt diese Legende auch sein mag (zu deren Verbreitung der hauptsächlich Betroffene seinen Teil beigesteuert hat), so ist doch Vlaminck unter den Fauves und den Kubisten bei weitem nicht der einzige, der schon sehr bald von der Qualität der negro-afrikanischen Skulpturen betroffen gewesen ist, einer Qualität, die immerhin so bemerkenswert war, daß man – und unter anderem auch Guillaume Apollinaire – bei diesen Skulpturen an die Kunst der alten Ägypter erinnerte. Aber auch wenn es keineswegs die »Neger« waren – ein Terminus, der in den fraglichen Milieus lange zur unterschiedslosen Bezeichnung der Skulpturen Afrikas und Ozeaniens verwendet wurde –, die den entscheidenden Faktor in der Entwicklung des Kubismus dargestellt haben, so bleibt doch unbestreitbar, daß diese Werke Künstlern wie Picasso und Georges Braque eine unschätzbare Hilfe gebracht haben, wenn auch nur als Bürgen, als Entlastungszeugen in jenem Prozeß, den die beiden Maler und ihre Gefährten gegen die naturalistische Kunst des Westens führten.
Schon 1908 war von Henri Matisse eine Sammlung von 20 Objekten der »Negerkunst« – im damaligen Sinne – zusammengetragen worden, während André Derain eine kongolesische Maske und Braque eine andere afrikanische Maske besaß; Picasso – von dem ein Atelier durch die mythologische Laune Apollinaires in das Atelier des »Vogels von Bénin«, des Malers und Freundes von Croniamantal in dem Stück *Der ermordete Poet*, verwandelt worden war – hatte ab 1907 neben anderen exotischen Skulpturen eine Figur der marquesanischen Inseln bei sich zu Hause. Wenn man also auch auf die Vorstellung eines bahnbrechenden Ereignisses verzichten muß, für dessen Auslösung die Ehre entweder Vlaminck oder irgendeinem anderen Künstler seiner Zeit zukäme, so bleibt doch nicht allein die Tatsache bestehen, daß, wie man sagt, »etwas in der Luft lag«, das alle diese Maler zu den Künsten der sogenannten »primitiven« Völker hinführte, sondern daß zumindest diejenigen unter ihnen, die man als »Kubisten« etikettierte, wissentlich bestimmte detailliertere Anleihen bei der Bildhauerkunst der Schwarzen gemacht haben.
Im Bruch mit den ausgetrockneten Formeln eines Akademismus, dessen aus der schulischen Anwendung verbrauchter Rezepte geborene Produktionen sich als immer blutleerer herausstellten, und als Reaktion gleichzeitig gegen den Impressionismus, der auf eine gewiß sehr wertvolle Weise das Bemühen dargestellt hatte, zu den Quellen zurückzu-

kehren: durch das Malen direkt nach dem Motiv und den Versuch, die Empfindung in ihrer ganzen ursprünglichen Frische wiederzugeben, der aber schließlich durch seine ausschließliche Berücksichtigung des Lichtes und seiner augenblickshaften Spiele an der Oberfläche der Dinge Bilder hervorbrachte, wo sich alles in einen bunten Staub aufzulösen schien, bei dem die Objekte nicht mehr als dauernde behandelt, sondern in ihrem flüchtigsten Aspekt aufgenommen wurden (Beleuchtung z. B. einer bestimmten Jahres- oder Tageszeit) – im Bruch auch hiermit vollzogen die Kubisten eine Rückkehr zu einer Malerei mit stärkerem Gefüge, einer Malerei, die darüber hinaus die Gegenstände auf eine Weise wiedergeben wollte, die über ihre zufällige Erscheinung hinausging und die sozusagen ins Innere ihrer Materialität selbst eintauchte. Die alten Mittel wie Perspektive und Hell-Dunkel werden als vulgäre Inszenierungstricks zurückgewiesen, und der Maler versucht, die Realität jetzt auf die direkteste Weise nicht allein als Schauspiel zu ergreifen, sondern in einer Art von Kampf Körper an Körper, der zu einer vollkommenen Umschmelzung führt. Wenn man die Geisteshaltung jener Künstler in Erwägung zieht und das Bedürfnis, das sie verspürten, sich neue Zeichen zu schaffen (Zeichen, die weniger entwertet waren als diejenigen, die allzu lange im Gebrauch gewesen waren, Zeichen, die es gewissermaßen organisch und nicht lediglich im Hinblick auf einen bloß dekorativen Effekt oder eine belanglose Kompositionswirkung im Bild anzuordnen galt), so erklärt es sich, daß sie ihre Aufmerksamkeit Kunstformen zuwandten, die sich ihnen als neue Sprachen darstellten – denn sie selbst waren ja gerade auf der Suche nach einer neuen, unverbrauchteren Sprache in der Malerei. Aber genau wie die Impressionisten sich aufgrund bestimmter Affinitäten den Künsten des Fernen Ostens zugewandt hatten (Naturliebe, Interesse mehr für das Detail als für das Ganze, Geschmack an der dekorativen Anordnung), so darf man auch annehmen, daß die Kubisten sich aufgrund bestimmter, positiver Affinitäten für die Künste der angeblich »primitiven« Völker und ganz besonders für die der Afrikaner interessiert haben. Beweis hierfür sind z. B. einige Plastiken Picassos noch vor der »Neger-Periode« (1907–1909), die man ihr wegen gewisser, allerdings oberflächlicher und zufälliger Annäherungen gewöhnlich zuschreibt; dafür zeugen auch die Anleihen, auf die schon weiter oben angespielt wurde: die Verwendung – z. B. für die von Picasso 1913 angefertigten Plastiken, bei denen ein im Relief wiedergegebener Zylinder (oder ein Kegel) das Schalloch einer Gitarre darstellt – des in der Elfenbeinküste gebräuchlichen Verfahrens zur

Darstellung der Augen bei zahlreichen Maskentypen sowohl der *wobé* und der *dan* als auch bei Masken aus der Gegend von Sassandra.[4] Wie Eckart von Sydow[5] andeutet: wenn Bewegungen wie der Kubismus in Frankreich und der Expressionismus in Deutschland eine Seelenverwandtschaft mit der Kunst der afrikanischen Neger entdeckt haben, so bei der ersten dieser beiden Bewegungen aufgrund des »architekturalen Charakters«, der die afrikanischen Produktionen auszeichnet (der Künstler ansprechen mußte, die sich vor allem mit plastischen Problemen beschäftigen), und bei der zweiten auf eine romantischere Weise im Hinblick auf den von Sydow so bezeichneten »mystisch-emotionalen Inhalt«. Das Studium der Form und der Bedeutung dieser plastischen Künste, die mit jenen westlichen Werken in so tiefer Übereinstimmung stehen, die man als die Bahnbrecher einer die ganze zeitgenössische Kunst und sogar unsere Vorstellung von der Welt umgreifenden Umwälzung bezeichnen kann, dieses Studium ist also von positivem Interesse und nicht lediglich die Konsequenz der Neugier von Gelehrten oder von auf Neuigkeiten erpichten Dillettanten, auf die sich nur zu oft die Anziehung beschränkt, die man zeitlich und räumlich entfernten Dingen gegenüber empfindet. Abgesehen davon, daß sie die Art und die Grenzen der fraglichen Übereinstimmung genauer fassen wird, darf man von einer derartigen Studie erwarten, daß sie Grundlagen für eine Einschätzung dessen bereitstellt, was die afrikanischen Kulturen allgemein zu einer universellen Zivilisation beitragen können.

Die Skulptur der afrikanischen Neger, die bei weitem nicht in dem gesamten, gewöhnlich als Schwarzafrika bezeichneten Gebiet verbreitet ist – im Gegensatz zum »weißen Afrika« oder Nordafrika –, läßt sich in etwa in einer Zone lokalisieren, die die Waldregion, sowie einen Teil der Savannengebiete in sich einschließt. James Johson Sweeney[6] zufolge »ließe sich eine nördliche Grenzlinie ziehen, die im Westen von der Einmündung des Senegal in den Atlantischen Ozean ausgehen und im Osten über die Spitze der Nigerschleife und den Tschadsee, sowie im Südosten über die nördlichen Ufer des Viktoriasees führen und dann die Küste

[4] In seiner Studie »L'art nègre et le cubisme« (in: *Présence Africaine,* Nr. 3, März–April 1948, S. 367–377) hebt Daniel-Henry Kahnweiler – der diese ganze Bewegung im vertrauten Umgang mit ihren wichtigsten Protagonisten gelebt hat – die außerordentliche Bedeutung einer derartigen Anleihe hervor, einer »entscheidenden Entdeckung [. . .], die der Malerei die Schaffung erfundener Zeichen erlaubte, die Skulptur vom Block befreite und zur Transparenz führte«.

[5] Eckart von Sydow, »African Sculpture«, in: *Africa,* Bd. 1, <Nr. 2, 1928>, S. 210ff.

[6] *African Negro Art,* New York (The Museum of Modern Art) 1935, S. 17.

erreichen würde, nachdem sie zuvor dem nördlichen Ufer des Tanganyikasees gefolgt ist. Als die Südgrenze kann man die Linie ansehen, die von der Provinz Tanganyika zum Belgischen Kongo und dann durch Südangola bis zum Atlantik zum Westen führt.«

In den Waldregionen befinden sich die Zentren der künstlerischen Produktion in der Regel nicht im eigentlichen Inneren des Waldes, sondern am Übergang zur Savanne und in Küstennähe, oder aber in den Lichtungen und den Höhenregionen (wie z. B. in Kamerun), d. h. in den Gebieten, die für die Entfaltung des sozialen Lebens am günstigsten sind, bzw. deren Entwaldung lediglich anzeigt, daß sich dort seit einem kürzeren oder längeren Zeitraum Menschengruppen haben ansiedeln können.[7]

Für die Gesamtheit der oben definierten Zone läßt sich in bezug auf das soziale Milieu feststellen, daß man nur bei den Völkern, die von der Bestellung des Bodens leben und deshalb ein mehr oder weniger seßhaftes Leben führen, Menschen antrifft, die Skulpturen herstellen, d. h. die Kunst ausüben, figurative Gegenstände in den drei Dimensionen des Raumes zu schnitzen, zu modellieren oder zu gießen. Bei den Pygmäen Äquatorialafrikas, die von der Jagd oder vom Sammeln der Früchte leben und deren materielle Kultur ausgesprochen rudimentär geblieben ist, findet man praktisch nichts, was zu den plastischen Künsten im eigentlichen Sinne zu zählen wäre. Die Buschmänner Südafrikas, Jäger und Sammler auch sie, sind gleichfalls keine Bildhauer, auch wenn sie imponierende Zeugnisse ihrer künstlerischen Fähigkeiten in Form von Felsenmalereien[8] hinterlassen haben. Bei den Völkern, deren hauptsächlicher Lebensunterhalt die Viehzucht ist – mehr oder weniger nomadischen Hirten, die ebensowenig wie die Jäger oder die, die vom Sammeln der Früchte leben, auf ihren Wanderzügen ein umfangreiches Material mitführen können, wie hoch auch immer ihr Lebensstandard sein mag –, läßt sich nicht feststellen, daß sie außer auf dem Gebiete des Schmuckes und bei einigen ihrer Gerätschaften oder Waffen irgendwelche nennenswerten Kunstgegenstände hervorgebracht hätten. Wie D. Westermann[9] darüber hinaus bemerkt, »haben sie im Laufe ihrer

[7] Georges Hardy: *L'art nègre; l'art animiste des noirs d'Afrique*, Paris (Henri Laurens) 1927, S. 134 und 135.

[8] Außer den Felsmalereien der Buschmänner und einiger anderer Völker findet man in Schwarzafrika fast nur eine dekorative Malerei, die z. B. die Wände der Hütten schmückt. In Äthiopien – einem Land, das tiefgehend durch den hamitisch-semitischen Einfluß geprägt wurde und im übrigen seit dem 4. Jahrhundert unserer Zeitrechnung christianisiert ist – findet man eine religiöse Malerei (die oft an die koptische erinnert), sowie eine profane Malerei, die sich erst später entwickelt hat.

[9] *Noirs et blancs en Afrique*, Paris (Payot) 1937, S. 87.

zahlreichen Wanderzüge von Norden nach Süden, entlang der Ostküste, vielfach jene Werke verstümmelt oder zerstört, die Monumente der afrikanischen Kunst darstellten.« Livingstone ist dies aufgefallen, und er hat eine direkte Verbindung zwischen dem Vorhandensein von Kunstwerken und der Verbreitung der Tsetse-Fliege hergestellt, die die Viehaufzucht unmöglich macht. Man muß gleichfalls anmerken, daß da, wo der politische und soziale Zusammenhalt stark genug ist, und insbesondere dort, wo sich große, dauerhafte Staaten gebildet haben (d. h. bei bestimmten seßhaften Völkern der Savanne und des Regenwaldes), die Umstände für die Entwicklung einer künsterlischen Aktivität günstiger sind. Es versteht sich in der Tat, daß in Gesellschaften, die ein solches Niveau erreicht haben, einerseits die Arbeitsteilung weiter fortgeschritten ist und die Produzenten spezialisiert sind, während andererseits die Erfordernisse eines komplizierteren Kultes oder gar eines Hoflebens mit der Person eines Chefs oder Königs als Mittelpunkt eine komplexere und reichere Nachfrage mit sich bringen.
Abgesehen von einigen wenigen Ausnahmen (Bronzearbeiten und Elfenbeinschnitzereien des alten Königreichs von Bénin z. B., Zeugnisse einer sehr verfeinerten Kunst, bei der man ohne Übertreibung von einer »Blütezeit« im 16. und 17. Jahrhundert unserer Zeitrechnung sprechen kann), läßt sich sagen, daß die afrikanische Bildhauerkunst – eine Bildhauerei von Bauern oder von Künstlern, die mit diesen Bauern in Verbund leben – ländlich-bäuerischen Charakter besitzt, und zwar insofern, als bei ihr im allgemeinen alles (das Material, die Arbeitsweise, die Inspirationsquelle) den lokalen Verhältnissen, die immer mehr oder weniger dörfliche Verhältnisse sind, aufs engste eingeordnet erscheint und sich selbst ihre hervorstechendsten Leistungen in nichts der Virtuosität verdanken (einer an sich recht belanglosen Qualität, die zu ihrer Ausbildung eines zahlreichen und wechselnden Publikums bedarf, vor dem sich der Künstler in der Ausstellung seiner Talente als solcher gefällt).
In allen Gesellschaften Schwarzafrikas, die eine landwirtschaftliche Struktur besitzen und die Bildhauerkunst kennen, sind es die Männer, gleich ob Fachleute oder nicht, die sich diesen Techniken widmen. Im allgemeinen sind die Statuen das Werk von Männern, die bestimmte Berufe, wie den des Schmiedes, ausüben (zusätzlich zu seinen Funktionen als Metallurg spielt der Schmied bei vielen Stämmen auch die Rolle eines Fachmannes für feine Holzarbeiten) oder von offiziellen Beauftragten (wie dies bei den Baluba des Belgisch-Kongo im allgemeinen für die magisch-religiösen Gegenstände der Fall ist), wohingegen die Masken sehr

häufig von Nichtfachleuten gemacht werden, jungen Männern, die zum Zeitpunkt der Initiation dazu aufgefordert werden, sie unter der Leitung der Älteren anzufertigen. Einer von Professionellen ausgeübten Kunst – die man zumindest in den Städten, wo die Handwerker am spezialisiertesten sind, als »fachmännisch« bezeichnen könnte – würde demnach bisweilen eine Kunst der einfachen Leute gegenüberstehen, bei der man zu Recht untersuchen könnte, ob sie nicht in gewissen Fällen eine wirkliche »Volkskunst« darstellt. So ließe sich vielleicht ein Phänomen erklären, das man bei einem oft zum Gegenstand ethnographischer Literatur genommenen Volk beobachten kann: bei den Dogon des Französisch-Sudan nämlich weisen die anläßlich von Trauerfeierlichkeiten für bedeutende Männer von den Eingeweihten und den Neophythen der Gesellschaft der Männer angefertigten Masken eine wahrscheinlich prononciertere stilistische Vielfalt auf als die Statuen und sonstigen Skulpturen, die aus den Händen der Schmiede hervorgegangen sind; denn muß der lokale Typus nicht ausgeprägter sein bei solchen Masken, die von allen Männern ein und derselben Gegend angefertigt werden, als bei den Werken der Schmiede, die bei den Dogon wie auch überall sonst in Schwarzafrika eine eigene Kaste bilden, besondere Geheimnisse besitzen und in einem gewissen Maße nicht an den Rahmen des Dorfes gebunden sind?

Wenn es auch neben den plastischen Künsten der Männer keine weibliche Bildhauerei im eigentlichen Sinne gibt, so sind bei vielen Völkern zumindest die Puppen zu erwähnen, die von den kleinen Mädchen für ihren persönlichen Gebrauch oder von ihren Müttern oder älteren Schwestern für sie angefertigt werden. Es sind Figürchen von oft bemerkenswerter Formeleganz; bei den in der Ausführung vollkommensten ist der Kopf oder gar der ganze Körper aus Wachs modelliert, während die elementarsten bisweilen nichts anderes sind als ein lediglich etwas retuschierter Naturgegenstand (so z. B. im Gebiet der Mandingo ein geschälter Maiskolben, bei dem die Blätter, die die Frucht umgeben, geflochten sind, um die Zopfhaartracht zu imitieren)[10], ein Gegenstand, der praktisch, wenn nicht gar von der damit verbundenen Vorstellung her als Entsprechung zu den »ready-mades« angesehen werden kann, wie man ihnen an der vordersten Spitze der modernen europäischen Kunst in bestimmten Werken Marcel Duchamps und der Surrealisten begegnet.

[10] Eric Lutten: »Poupées d'Afrique occidentale«, in: *Bulletin du Musée d'Ethnographie du Trocadéro*, Nr. 5, Paris, Januar 1933, S. 8–9.

Unter dem Blickwinkel der Religion stellt man fest, daß die Bildhauerei und die Kunst der Maskenverfertigung auf eine lebendige Weise bei denjenigen Völkern vertreten ist, die der von Maurice Delafosse als »Animismus« bezeichneten Kultform treu geblieben sind.
Dem Begriff »Fetischismus« – dem wir in seiner Anwendung durch Apollinaire begegnet sind und der am geläufigsten geblieben ist, obwohl er unpassend ist, wie Delafosse aufzeigt, denn wenn der Fetischismus auch sicher am religiösen Leben der Schwarzen einen gewissen Anteil hat, so ist dies doch gleichfalls bei unseren großen Religionen, und zumal im Katholizismus mit seinem Reliquienkult und seinem Gebrauch von geweihten Medaillen der Fall – diesem Begriff zog Delafosse, der eine tiefe und praktische Kenntnis des afrikanischen Lebens besaß, das Wort »Animismus« vor, als er versuchte, die Religionen der Schwarzen im Hinblick auf das zu charakterisieren, was ihnen allen gemeinsam sein mag.[11] »Animismus«, so heißt – sehr schematisch gesehen – der Glaube nicht allein an die Existenz eines oder mehrerer, den Körper überlebender Prinzipien, sondern an die Belebtheit eines jeden der isolierbaren Teilstücke, aus denen sich die Umgebung zusammensetzt, der Glaube z. B., daß in jedem Stückchen Land oder in jedem individualisierbaren Element der natürlichen Umgebung (einem bestimmten Flußarm, Baum oder Felsen) ein ihm innewohnendes einfaches oder komplexes Prinzip gegenwärtig ist, mit dem man zu rechnen hat, genau wie man mit den Seelen der Verstorbenen rechnen muß, die auf die Lebenden entweder im Sinne einer Verstärkung ihrer Fähigkeiten oder auf unheilvolle Weise einzuwirken vermögen, je nachdem ob man es verstanden hat oder nicht, sie durch Opfer oder sonstige Gaben für sich günstig zu stimmen. Dieser Glauben an die Existenz einer Vielzahl von Mächten oder Geistern – ein Glauben, der die Verehrung höherstehender Gottheiten, wie etwa des regenspendenden Himmelsgottes, nicht ausschließt – erscheint als ein konstanter Zug bei den verschiedensten Arten der Religionsausübung der Schwarzen, einem Ensemble von Riten und Vorstellungen, die fast immer einen familiären und lokalen Charakter haben. Die Mächte, denen es in erster Linie einen Kult zu weihen gilt, sind nämlich – als die Garanten ihrer Vitalität – die Ahnen der Gruppe oder Wesen, die den speziellen Teil des Landes bevölkern, auf dem die Gruppe sich angesiedelt hat (sie werden übrigens oft, zumindest zu einem gewissen Grade, mit den Ahnen selbst in eins gesetzt). Diesen verschiedenen Kategorien

[11] *Civilisation négro-africaine*, Paris (Stock) 1925.

von übernatürlichen Wesen, deren Schutz sich die Gruppe sichern muß, wenn sie nicht untergehen will, werden Statuen oder andere Gegenstände geweiht, die in den Riten zur Versöhnung der Unsichtbaren die Rolle von Vermittlern zwischen diesen und den Menschen spielen. Mehr als derjenige des (zu fernen und in der Regel nicht genügend individualisierten) großen Gottes werden also jene Kulte, die ziemlich nahestehenden Gottheiten mit verhältnismäßig deutlichen Zügen geweiht sind – und zumal der Ahnenkult –, zur Herstellung von Figuren oder sonstigen Gegenständen Anlaß geben, die durch ihre mehr oder weniger festgelegten Formen oder durch die Materialien, aus denen sie hergestellt sind, eine symbolische Verbindung zu den in Frage stehenden Wesenheiten unterhalten. Unter solchen Umständen nimmt es nicht wunder, wenn die Bekehrung einer Gruppe zu einer der großen monotheistischen Religionen sich auf die Kunstausübung dieser Gruppe in einer Weise auswirkt, die man wohl – solange nichts Gegenteiliges zu berichten ist – ohne Übertreibung als sterilisierend bezeichnen kann. Wenn man auch bei manchen der von den Missionaren zum Monotheismus bekehrten Gruppen eine Bildhauerkunst antrifft, deren Themen dem Christentum entlehnt sind, so erscheint diese doch im Hinblick auf ihre ästhetische Qualität als verkümmert. Und bei den islamisierten Gruppen ist nicht einmal das zu finden. Insofern der Islam herkömmlicherweise ein Feind der Bilder ist, überdauert bei diesen moslemischen Völkern der Brauch, Masken zu verfertigen und zu tragen, manchmal in einer Form, die sich der Unterhaltung nähert, aber der Skulptur im eigentlichen Sinne begegnet man nur noch in den angewandten Künsten, in der Herstellung von Sitzen, Türen, Instrumenten wie Schlössern oder Laufrädern von Webstühlen usw.

Als sich die europäischen Kunstgeschichtler oder Ethnographen der negroafrikanischen Skulptur zuwandten, war eines ihrer ersten Anliegen die typologische Unterscheidung der Stile. Man kann ohne Zweifel, wie Carl Einstein dies getan hat[12], die afrikanische Skulptur in ihrer Gesamtheit der ozeanischen gegenüberstellen: die erstere sucht hauptsächlich »Probleme der Konzentration und der Verbindung im Raum« zu lösen, die zweite bemüht sich eher um die »dekorativen Kombinationen, die sich aus der Diskontinuität ergeben«, und weiß »einen unendlichen

[12] *La sculpture africaine*, Paris (Crès) 1922.

Gebrauch von den Intervallen und Leerstellen zu machen«; darüber hinaus erscheint in ihr die mythische Erfindung reicher, was das spätere Interesse der Surrealisten erklärt. Eine derartige Gegenüberstellung bestätigt sich aber durchaus nicht in allen Fällen[13] und schließt – wie Einstein klar gesehen hat – eine große Diversität in den Produktionen der afrikanischen Neger keineswegs aus.

Georges Hardy, der in seinem *Überblick über die Geschichte Afrikas*[14] dem klimatischen Rahmen eine entscheidende Bedeutung zuerkennt, versucht eine Einteilung der verschiedenen Stile der afrikanischen Skulptur nach den großen Klima- und Vegetationszonen vorzunehmen. Wenn man diesem Autor Glauben schenken will (dem man eine *psychologische Geographie* verdankt, die Einführung in eine Wissenschaft, die er als die »unabdingbare Krönung der Humangeographie ansieht), so steht in Schwarzafrika einem »Symbolismus der Savanne« ein »Realismus der Waldzone« gegenüber.[15] Eine strengere, deutlicher zum Schematismus neigende Kunst soll eher den Übergangsgebieten zwischen Wüste und Wald eigen sein, Zonen, in denen zwei Faktoren dazu beigetragen haben sollen, die Entwicklung der Bildhauerei in diese Richtung zu weisen: zum einen die »Optik der Savanne«, durch die das Blickfeld sich auf die weiten, freien Räume hin erweitert und die Gegenstände wegen der außerordentlichen Intensität des Lichtes auf ihre Umrißlinien reduziert sind, und zum anderen der indirekte Einfluß des Islam, der zu einer Abkehr vom Anthropomorphismus führt. Im Gebiet des tropischen Regenwaldes mit seinem gedämpfteren Tageslicht – eine Zone, die von in sich verschlossenen und in kleine Gruppen aufgespaltenen Völkern bewohnt wird, die sich nach Hardy in ihrem Charakter von den im allgemeinen weniger sorgenvollen und mehr zur Fröhlichkeit neigenden Bewohnern der Savanne unterscheiden – verweist den Künstler »alles auf das zu bearbeitende Material: die Begrenztheit der sozialen Gruppierung, die religiöse Kurzsichtigkeit, der Mangel an Einbildungskraft und die Notwendigkeit, den Begriff der übernatürlichen Macht zu konkretisieren, die Selbstbezüglichkeit der Gruppe und die ausnehmend große Bedeutung, die sie dem Ahnenkult beimißt.« Abgesehen von Ausnahmen wie den Bestattungs-*byori* der Gegend von Ogooué –

[13] In Französisch-Sudan und in Ober-Volta z. B. nehmen die Kopfbedeckungen und Tanzmasken oft die Form von durchbrochenen und komplizierten Konstruktionen an. Umgekehrt weisen ozeanische Statuen wie die *tiki* der Marquesischen Inseln keine »Diskontinuität« auf.

[14] *Vue générale de l'histoire de l'Afrique*, Paris (Armand Colin) 1923.

[15] *L'art nègre*, S. 118ff.

beinahe ebenen und mit Kupferblechen bedeckten Holzfiguren, die ganz offenbar zur »symbolischen« Kunst gehören – zeigt die Skulptur der Waldzone eine ausgeprägte Neigung zum Realismus; deshalb tritt dort, nach Georges Hardy, dem ehemaligen Rektor der Universität Algier, der ethnische Typus in den Statuen klar hervor, und bei den Masken begegnet man häufig der direkten Darstellung der menschlichen Gestalt.
Dieser Klassifizierung, die den Milieubedingungen einen großen Platz einräumt, ist ohne Zweifel die weniger apriorische von Eckart von Sydow vorzuziehen, für den es zunächst eine »einfache« und eine »entwickelte Kunstform« zu unterscheiden gilt, von denen man anschließend jeweils untersuchen kann, wie sie geographisch lokalisiert sind. »Wenn man die afrikanische Bildhauerei in ihrer Gesamtheit betrachtet«, schreibt Sydow, »so bemerkt man eine Vorherrschaft jenes Formentypus, der sich in einem breiten Gebietsstreifen herausgebildet hat und sich in etwa – ausgehend vom äußersten Nordende des Tanganjikasees und des Bangwoolesees in Nordrhodesien – nach Westen hin zu einem weiten Gebiet ausdehnt, dann mit Auslegern nach Süden hin den Atlantischen Ozean erreicht, in einem schmalen Streifen bis nach Kamerun hinaufreicht, um anschließend die Küste Guineas entlang bis nach Sierra Leone zu führen und schließlich in einem ausgedehnten Halbmond den westlichen Teil des Westsudans einzunehmen. In diesem Halbmond, der sich von den Flüssen des Südens bis zum Gebiet der Habe (oder Dogon) und der Mossi erstreckt, wird die Kunst von einer starken Tendenz zur ornamentalen Ausschmückung beherrscht, während sie sich im restlichen Westafrika durch ein stabiles Gleichgewicht zwischen dem naturalistischen und dem dekorativen Stil auszeichnet. Auf beiden Seiten umgeben von den Verzweigungen der südlichen, westlichen und nordwestlichen Bereiche des entwickelten Stiles, findet man im nördlichen Kongo und im Ost- und Zentralsudan ein durchgehendes Gebiet mit einer ausgesprochen einfachen Kunst, einer Kunst, die gleichfalls in Ostafrika, an einigen Orten Südafrikas und auf Madagaskar in Erscheinung tritt.[16]
Im Zuge der fortschreitenden und genauer werdenden morphologischen Untersuchung der gegenwärtig in den Museen oder Privatsammlungen vereinigten afrikanischen Skulpturen jedoch und in dem Maße, wie neue Dokumente zusammengetragen werden, wird es schwieriger, so summarische Klassifizierungen wie die oben zitierten zu akzeptieren; die

[16] Op. cit., S. 224–225. Es ist anzumerken, daß Madagaskar vom kulturellen Standpunkt aus von den Ethnologen eher der ozeanischen als der negro-afrikanischen Welt zugezählt wird.

Vielfalt der Stile erweist sich als zu ausgeprägt und zu nuanciert und ihre geographische Verbreitung (in Anbetracht der häufigen Wanderungen von Völkern im Verlaufe der afrikanischen Geschichte) als zu kompliziert, als daß es möglich und nützlich wäre, sich auf so schematische Unterscheidungen wie z. B. »Kunst der Savanne« und »Kunst des Waldes« oder »einfache« und »entwickelte Kunstform« zu verlassen. Man wird höchstens von einer Region zur anderen bestimmte Einflußlinien oder Analogien ausmachen können: Einfluß der alten Kunst von Ife (berühmt durch ihre, für den europäischen Geschmack sehr klassischen Köpfe aus gebranntem Ton, die von Leo Frobenius bei Ausgrabungen in Westnigeria zu Tage gefördert wurden) und Einfluß Altägyptens, der sich, Henri Lavachery zufolge, an den beiden äußersten Randzonen des Belgisch-Kongo ausgewirkt hat[17]; die schon seit langem festgestellte Beziehung zwischen der äußersten geometrischen Reinheit der Formen – die keineswegs einen gewissen Naturalismus ausschließt – bei den Skulpturen der Baoulé in der mittleren Elfenbeinküste und denjenigen der Fang (oder Pahouin) in Gabun; Ausstrahlung der Kunst der Yoruba in Westnigeria, deren Besonderheiten man in Dahome und in Togo wiederfindet; Analogie bestimmter Sandsteinfigürchen der Kissi (Französisch-Guinea) mit den Bronzearbeiten aus dem ehemaligen Königreich Bénin usw. Einzig und allein empirische Klassifizierungen können gegenwärtig noch in Frage kommen, und deshalb beschränken sich denn auch die neuesten Autoren – wie z. B. Melville J. Herskovits[18] – darauf, eine Region nach der anderen in Augenschein zu nehmen und jeweils zu versuchen, in groben Zügen den oder die Stile zu definieren, die man dort antrifft.

Unter diesen Umständen kann man sich also fragen, ob es überhaupt noch einen Sinn hat, von den plastischen Künsten bei den afrikanischen Negern so sprechen zu wollen, als handele es sich um ein herauslösbares Ensemble innerhalb der Gesamtheit der Künste dieser Art, wie sie heute bei den verschiedensten Völkern der Erde ausgeübt werden. Ein Schwarzafrikaner würde ohne Zweifel ausgelacht, falls er den Versuch machte, in Grenzen, die dem vorliegenden Essay entsprächen, die europäische Bildhauerei als Ganzes abzuhandeln, als könne man jenseits der Unterschiede im Detail bestimmte gemeinsame Eigenschaften objektiv ausmachen. Diese gemeinsamen Eigenschaften würden allerdings den-

[17] »Essay on Styles in the Statuary of the Congo«, in: *Negro*, London (Nancy Cunard) 1934, S. 687ff.

[18] Melville J. Herskovits: *Backgrounds of African Art*, Cooke-Daniels Lecture Series, Denver Art Museum 1945.

noch, vom Standpunkt dieses Schwarzen aus gesehen, eine gewisse Realität bewahren, wenn auch nur in dem Maße, wie sie in einem Kontrast zu den Formen stehen, an die er gewöhnt ist.
Umgekehrt und unter denselben Vorbehalten bleibt es für einen Europäer legitim, eine Definition dessen zu versuchen, was die Erzeugnisse der afrikanischen Bildhauerei als Ganzes genommen in ihrer Form und Bedeutung von den Hervorbringungen der europäischen Bildhauerkunst unterscheidet. Die Gefahr liegt allerdings nahe, daß wir dabei ihre Vielfältigkeit unterschätzen: da wir weniger dafür empfänglich sind, was die uns fremden Wesen oder Dinge voneinander unterscheidet und uns viel eher auffällt, inwiefern sie sich von den uns vertrauten unterscheiden, neigen wir in der Tat dazu, zwischen ihnen eine gewisse Ähnlichkeit festzustellen (die nichts anderes ist als dieser ihnen allen gemeinsame Unterschied). Die allgemeinen Züge der negroafrikanischen Skulptur, die hier herausgearbeitet werden sollen, haben deswegen einen eher negativen Wert (und sie geben eine Ansicht dieser Skulptur weniger im Reichtum ihrer konkreten Mannigfaltigkeit, als vielmehr insofern sie gerade das *nicht ist*, was unsere eigene Skulptur in der Regel ist); eine derartige Untersuchung kann nichtsdestoweniger eine Hilfe bei der Bestimmung dessen darstellen, was man – trotz aller extremen Unterteilung auch hier – als die gemeinsame Zivilisation der afrikanischen Neger ansehen kann, die gleichfalls weniger als solche genommen, sondern im Hinblick auf das betrachtet wird, was an ihr in bezug auf unsere eigene Kultur verschieden und komplementär sein mag.

Im Gegensatz zu Europa und Asien – Kontinenten, wo die Bildhauerei in Stein eine beträchtliche Entwicklung erfahren hat – ist in der afrikanischen Skulptur das Holz das am häufigsten verwandte Material, und zwar sowohl in der Savanne, wo die für den Bildhauer brauchbaren Bäume verhältnismäßig selten sind, als auch in den Waldregionen, wo harte Hölzer von guter Qualität im Überfluß vorhanden sind. Abgesehen von den gewaltsamen Zerstörungen im Zuge militärischer Einsätze (Kriege, Razzien, Eroberung) oder aus religiösen Gründen (Autodafés, wie sie nur zu oft von den Missionaren durchgeführt wurden) sind die Skulpturen schon aufgrund der geringen Widerstandsfähigkeit des Holzes gegen die Zerstörung durch Insekten und gegen die klimatischen Bedingungen sowohl des tropischen Afrika als auch Äquatorialafrikas in verhältnismäßig kurzer Zeit dem Untergang geweiht und nur ausnahmsweise – wenn sie aus dauerhafterem Material gefertigt sind – findet man

Exemplare von archäologischem Interesse. Dieser Umstand ist jedenfalls dem Prestige der negroafrikanischen Zivilisationen abträglich. Sie wußten wohl Reiche ins Leben zu rufen, haben zugleich aber fast keine Denkmäler hinterlassen, die Zeugnisse ihrer die Zeiten überdauernden Größe darstellen würden.

Das Holz wird oft in Verbindung mit anderen Materialien gebraucht. In erster Linie ist dies bei den Masken der Fall, Verkleidungsgegenständen, die z. B. mit einem geflochtenen Nackenschirm versehen oder lediglich mit Fasern behängt werden, manchmal auch mit Münzmuscheln, Haarbüscheln, europäischem Glasschmuck, Kupfernägeln usw. verziert sind. Aber auch bestimmte Statuen werden durch Schmuckelemente bereichert, oder es sind Fremdkörper zur Darstellung von Organen wie etwa der Augen in das Holz eingelegt. Bisweilen wird es auf die Rolle des bloß tragenden Unterbaus reduziert: bedeckt z. B. mit einem Antilopenfell, wie bei den Masken des Cross-River, oder in verschiedenen Farben bemalt, bzw. überzogen von einer dicken Kruste aus Getreidebrei und geronnenem Blut, den Überresten von Opfersubstanzen, oder schließlich fast vollkommen unter den Nägeln verborgen. Diese werden – wie bei den *kondé* des Französischen und Belgischen Kongo, die Menschen oder Vierfüßler darstellen – aus magischen Gründen in die Statuen eingeschlagen. Das Holz – das in Afrika fast immer mit den einfachsten Werkzeugen gewonnen wird: Axt, Dachsbeil oder Machete zum Fällen des Baumes und um den Holzblock herauszuschlagen, der mit denselben Werkzeugen bearbeitet wird, und dann eventuell ein Messer, um bestimmte Einzelheiten auszuführen – stellt also praktisch für die Neger Afrikas, wenn man einmal von all den Vorstellungen magisch-religiöser Art, die sie mit den Bäumen verknüpfen, absieht, den Rohstoff dar, der gleichzeitig am einfachsten zu finden und am leichtesten zu bearbeiten ist. Immer seltener freilich werden die Skulpturen aus hartem Holz, einem Material, das selbst da, wo man es sich mühelos beschaffen kann, jedenfalls den Nachteil aufweist, schwieriger zu gestalten zu sein. Dieser Nachteil war zu einer Zeit, als die ökonomischen Anforderungen und Zwänge weniger stark waren, kaum zu spüren, machte sich jedoch in dem Maße bemerkbar, wie der Künstler in Anbetracht der neuen, von der Kolonialisierung angebotenen Ziele, in Anbetracht der Verpflichtungen, denen er nachkommen muß (Zahlung von Steuern z. B.) und der Nachfrage von wachsender Komplexität, der er sich gegenübergestellt sieht, nicht mehr die Geistesfreiheit besitzt und auch nicht mehr über genügend freie Zeit verfügt, um bei der Arbeit nicht in Eile zu geraten. Da er der Beschleunigung ausgesetzt ist, die eine selbst entfernte Europäisierung dem allgemeinen Lebensrhythmus einprägt, und der Verfall der Glaubensüberlieferungen und des Brauchtums unter dem Einfluß der neuen Perspektiven das seine zu dieser Entwicklung beiträgt, zieht er zunehmend den schöneren und widerstandsfähigeren Hölzern jene vor, deren Bearbeitung ihm am wenigsten Zeit und Mühe kostet.

Wenn das Holz auch bei weitem das von den afrikanischen Bildhauern am häufigsten verwandte Material ist, so muß man doch anmerken, daß auch der Stein, die gebrannte oder rohe Tonerde, die Metalle (die die Schwarzen schon seit sehr langer Zeit zu bearbeiten wissen, denn schon vor der Ankunft der Europäer gewannen sie ihr eigenes Eisen, und sie waren lange, bis zur Entdeckung Amerikas, die großen Goldlieferanten dieser letzteren), das Elfenbein, das Wachs gleichfalls Verwendung gefunden haben. Vögel aus Sandstein, die in den Ruinen der mittelalterlichen Stadt Zimbabwe in Nordrhodesien gefunden wurden und als magisch-religiöse Gegenstände noch gegenwärtig in Gebrauch befindliche anthropomorphe Steine der Kissi aus Französisch-Guinea oder entsprechende Statuetten, die von der Insel Sherbro vor der Küste von Sierra Leone stammen; Ahnenköpfe und andere Figuren aus gebranntem Ton, die von den Sao hinterlassen wurden, deren Zivilisation sich vom 10. bis zum 15. Jahrhundert n. Chr. im Umkreis des Tschadsees entfaltete; Grabfiguren, ebenfalls aus gebranntem Ton, aus der Gegend von Assinie im entlegensten Teil der Elfenbeinküste und der Goldküste; Köpfe aus demselben Material, die in den Zinnminen Nordnigerias gefunden wurden und über die Bernard Fagg zuerst berichtet hat; Tiere, Reiter oder verkleinerte Gebrauchsgegenstände aus in der Sonne getrockneter Erde, die von den Kindern zahlreicher Gegenden als Spielzeuge angefertigt werden; Bronzeplastiken des Königreichs Bénin, einem Land, wo die Technik des Gießens mit verlorener Form zu Schöpfungen geführt hat, von denen man sagen kann, daß sie als die ersten unter den Kunstgegenständen Schwarzafrikas die ästhetische Bewunderung der Europäer erregt haben, und deren Perfektion man zunächst – eine Ausnahme, die heute widerlegt ist – den Kontakten des Königreiches mit den portugiesischen Händlern zuschrieb; »Spruch-Maße« der Agni und Ashanti der Gold- und Elfenbeinküste, kleine Bronzegegenstände, die zum Wiegen des Goldes dienen und bald geometrische oder symbolische Motive, bald Darstellungen sehr verschiedenartiger Sujets tragen, die in der Regel auf Sprüche und Redensarten Bezug nehmen; Kupferfigürchen, die insbesondere von den fliegenden Händlern der Hussa feilgeboten werden und für Europäer gemünzte, amüsante Bibelots mit meist aus dem alltäglichen Leben entlehnten Motiven darstellen; Goldschmuck, manchmal in Maskenform, aus der Gegend der Lagunen in der unteren Elfenbeinküste und aus dem Land der Baoulé; Figürchen, Anhänger, Kopfstützen und andere Gegenstände des Kongo, Produkte einer vornehmlich in den Waldregionen (wo Elfenbein reichlich vorhanden ist) verbreiteten Kunst, die an zahlreichen Orten zu einer Industrie geworden ist, so daß es jetzt jedem freisteht, sich deren gebührend »gesteuerte« Erzeugnisse in der Form von Kaminschmuck, Schachfiguren und verschiedenen Gebrauchsgegenständen für Tisch und Büro zu verschaffen; all dies sind Beispiele von plastischen Arbeiten, die in einem anderen Material als Holz gefertigt wurden und von denen wenigstens einige nach Verfahren hergestellt wurden, die einen beträchtlichen Entwicklungsstand der technischen Fähigkeiten bei den betreffenden Völkern voraussetzten.

Aus welchem Material – dem einfachsten oder dem wertvollsten – sie auch verfertigt sein mögen und gleich für welchen Gebrauch sie bestimmt sind, was im Hinblick auf ihre Form bei der Mehrzahl dieser Skulpturen zuallererst auffällt, das ist für unsere westlichen Augen der geringe *Naturalismus*, der sie auszeichnet. Wenn sie lange für häßlich gehalten wurden und von vielen sogar heute noch dafür gehalten werden, so gibt es hierfür keinen anderen Grund als diesen: bevor sie von uns in die Reihe der Gegenstände mit ästhetischem Wert aufgenommen werden konnten, mußte bestimmten naturalistischen Grundanschauungen von denjenigen unserer eigenen Künstler der Boden entzogen werden, die sich von solchen Vorurteilen nicht in der freien Ausübung der ästhetischen Schöpfung behindern lassen wollten. So schreibt denn auch z. B. der kubistische Bildhauer Jacques Lipchitz in der Nummer der *Action*, von der schon die Rede war, über seine negroafrikanischen Fachgenossen: »echtes Verständnis der Proportionen . . .«, »Gefühl für die Zeichnung . . .«, »wacher Sinn für die Realität . . .«, wobei er unter den Proportionen selbstverständlich etwas anderes versteht als das, was wir als die natürlichen Proportionen des menschlichen Körpers ansehen (Proportionen, die nur in bezug auf die Wissenschaft der Anatomie einen Wert haben und keineswegs im Hinblick auf den Eindruck von Harmonie, der von ihnen ausgehen kann) und auch etwas anderes meinte als einen Vorwand zur Herstellung einer mittelmäßigen Imitation, die eher in den Bereich der Technik des Formabgusses fällt. Auch einer der größten kubistischen Maler und einer von denen, die am klarsichtigsten

über die Probleme der Malerei ihrer Epoche nachgedacht haben, Juan Gris, erkennt die eminente Würde der »Kunst der Neger« an und versucht in den folgenden Zeilen, die seine für *Action* formulierte »Ansicht« zusammenfassen, ihre künstlerische Position durch eine Gegenüberstellung mit der Kunst des klassischen Griechenland zu bestimmen: »Die Skulpturen der Neger liefern uns den schlagenden Beweis für die Möglichkeit einer antiidealistischen Kunst. Sie sind, in ihrer Beseelung durch den religiösen Geist, verschiedene und genaue Manifestationen großer Prinzipien und allgemeiner Ideen. Wie könnte man einer Kunst die Anerkennung verweigern, der es gelingt, auf solche Weise das Allgemeine zu individualisieren, und jedesmal auf eine andere Weise? Sie ist das Gegenteil der griechischen Kunst, die sich auf das Individuum gründete und *versuchte*, von ihm aus einen Idealtypus *zu suggerieren.*« Einer der Initiatoren der Dadabewegung schließlich, Tristan Tzara, würdigte in einer 1917 veröffentlichten poetischen Anmerkung als einer der ersten die negro-afrikanischen Künstler, von denen er hervorhebt, daß sie »in ausgeglichener Hierarchie zu konstruieren« wissen. In derselben Anmerkung hatte er darauf hingewiesen, daß der afrikanische Künstler aufgrund der Tatsache, daß er »seine Wahrnehmung auf den Kopf konzentriert [. . .], die konventionelle Beziehung zwischen dem Kopf und dem übrigen Körper verliert«, und er machte gleichzeitig auf die Bedeutung aufmerksam, die von diesen selben Künstlern der Vertikalität und der Symmetrie beigemessen werden.[19]
Unter der Feder von europäischen Intellektuellen, die weder Wissenschaftler noch Gelehrte sein wollten, sondern lediglich eine Haltung ungeteilter Sympathie einer Kunst gegenüber einnahmen, in der sie vor allem etwas Kohärentes sahen, das sich auf die radikalste Weise dem verstaubten Akademismus der offiziellen Kunst des Westens entgegenstellte, treten trotz gewisser Ungenauigkeiten sehr deutlich einige der charakteristischsten Züge der negro-afrikanischen Bildhauerei hervor, wie sie von unserem Standpunkt aus gesehen werden kann.
Bedeutung der Massen und Proportionen bei diesen immer (und trotz der im allgemeinen kleinen Ausmaße) monumental wirkenden Statuen; Unbeweglichkeit der in einer typischen Pose geronnenen Gestalt (am häufigsten: aufrechte Haltung, in einer Art von Habt-Acht-Stellung), die so dargestellt scheint »wie zuletzt die Ewigkeit sie in sich selbst verwandelt« und folglich ohne Anzeichen dessen, was in einem psychologi-

[19] »Note sur l'art nègre«, in: *Sic*, Nr. 21–22, Paris, September–Oktober 1917.

schen Ausdruck immer an Flüchtigem enthalten ist; Einhalten des Gesetzes der frontalen Darstellung (das bewirkt, daß die Mittellinie, die über den Nasenrücken, das Brustbein und den Nabel verläuft und den Körper in zwei symmetrische Hälften teilt, ungeachtet der der Figur verliehenen Haltung immer vertikal bleibt); dies sind die konstantesten und auffallendsten Elemente dieser Kunst. Sie alle tragen zu jener »göttlichen Mäßigung« bei, von der Sydow die Neger-Statuen erfüllt sieht, die im übrigen – wie er recht pompös erklärt – jene »volle Kraft ruhiger, konzentrierter, geballter Energie« besitzen und mit jener »natürlichen Stabilität« versehen sind, »die in sich nicht nur etwas Reifes, sondern zugleich fest Gegründetes hat«.[20]

Da die Kunst der Plastik gleich welcher Epoche und Zivilisation definitionsgemäß mit einer bestimmten Weltanschauung in Verbindung steht, darf man erwarten, daß auch ein Bezug besteht zwischen dem äußeren Aspekt der afrikanischen Skulpturen und den in den Gesellschaften, wo sie geschaffen wurden, gültigen Vorstellungen. Nachdem wir die Skulpturen der Schwarzen Afrikas zunächst in bezug auf ihre materielle Struktur und vom Standpunkt unserer eigenen Ästhetik aus in Augenschein genommen haben, müssen wir sie nun im Hinblick auf die Rolle betrachten, die sie in den Gesellschaften, in denen sie entstanden sind, erfüllen. Wenn unsere Analysen zutreffend sind, darf sich keine Lücke auftun zwischen der Form dieser Werke und ihrer Bedeutung. Eine weniger summarische Studie würde erfordern, daß wir sie gleichfalls unter Berücksichtigung der genauen Absichten eines jeden ihrer Schöpfer untersuchten. Es versteht sich jedoch, daß wir uns hier an die allgemeinsten Linien halten, und man muß außerdem zugeben, daß uns, selbst wenn wir den Ehrgeiz besäßen, die Untersuchung weitertreiben zu wollen, das Fehlen eines unabdingbaren Minimums an Dokumenten in bezug auf diesen letzteren Punkt von Anfang an einen Riegel vorschieben würde.[21]
Alexandre Moret schrieb über die religiöse Rolle der Skulptur bei den alten Ägyptern: »Die Wissenschaft der Priester und die Kunst des Bild-

[20] Op. cit., S. 214.
[21] Das Studium der negro-afrikanischen Ästhetik bleibt in seiner Gesamtheit noch zu leisten. Es wäre wichtig, bei jeder Gruppe nicht nur über die Persönlichkeit der Künstler (ihre Berufung, ihre Lehrzeit usw.) Informationen zu besitzen, sondern auch über den Geschmack des Publikums: Welche Statue (oder welche Maske) wird z. B. für gelungener gehalten als die anderen? Auf was stützt sich ein solches Urteil?

hauers treten zusammen, um Bilder zu schaffen, die ›das Herz der Götter befriedigen‹: sie müssen vor allem jedem seine charakteristischen Attribute verleihen [. . .]. Kronen, Szepter, Schmuckgegenstände müssen mit der peinlichsten Genauigkeit wiedergegeben werden, denn anderweitig würde der Gott, der sein Ebenbild nicht zu erkennen wüßte, auch nicht in das Bild eintreten.«[22] Diese Zeilen über eine der glorreichsten Zivilisationen der alten Welt – und darüber hinaus eine afrikanische Zivilisation – ließen sich fast unverändert auf die Skulptur der Schwarzen anwenden.

Abgesehen von Ausnahmen wie den Reliefs, die die Mauern des Königspalastes von Abomoy schmückten, oder den Bronzeplatten, mit denen früher die Pfeiler in der Hauptstraße der Stadt Bénin dekoriert waren (Skulpturen, die dem Andenken dienten oder ganz einfach der »fürstlichen und häuslichen Kunst«, von der Georges Hardy sprach, zugehörten) oder auch den modernen Kupferstatuetten mit familiären Sujets und den Gewichten zum Wiegen des Goldes oder den verschiedensten Gegenständen, die zur angewandten Kunst zu zählen sind, kann man sagen, daß die negro-afrikanische Skulptur im wesentlichen eine sakrale Skulptur ist. Genau wie im alten Ägypten läßt sich bei den Völkern Schwarzafrikas, so wie man sie gegenwärtig beobachten kann, immer wieder eine Verbindung der magisch-religiösen Techniken und der plastischen Künste feststellen.

Religionen, die (wie in den agrarwirtschaftlichen Gesellschaften Schwarzafrikas) viel eher darauf ausgerichtet sind, das Überdauern einer Gemeinschaft durch das kontinuierliche Ineinanderspielen von Produktion und Reproduktion zu gewährleisten, als den Gläubigen Mittel bereitzustellen, ihr individuelles Heil zu finden (wie dies bei unseren Religionen der Fall ist), entsprechen gewöhnlich Kunstformen, die gleichfalls durch einen stark augeprägten kollektivistischen Charakter bestimmt sind und zugleich ein positives Ziel anstreben.

Ehrerbietig gegenüber den Bräuchen der Gruppe, der er angehört, und gegenüber den Traditionen, die ihm von den Ahnen überliefert wurden (die Familienoberhäpter sind die lebenden Repräsentanten dieser Ahnengestalten), wird sich der negro-afrikanische Künstler nicht dazu versteigen wollen, wie zumindest die besten unserer Künstler dies tun, ein Werk persönlicher Eingebung zu schaffen. Es geht ihm um die emblematische Darstellung von Wesen, die gerade durch ihre Natur außerhalb

[22] *Le Nil et la civilisation égyptienne*, Paris (Renaissance du livre) 1926, S. 422.

des Gewöhnlichen und Alltäglichen angesiedelt sind und deren Züge von der gemeinsamen Glaubensüberlieferung definiert werden; für ihn handelt es sich also immer darum, mit einem sehr geringen Freiheitsspielraum Formeln anzuwenden, die von Generation zu Generation weitergegeben worden sind und über deren Respektierung die Alten der Gruppe zu wachen haben: so daß ihr religiöser, archaischer und definitionsgemäß stereotyper, weil traditioneller, Charakter dazu beiträgt, der negro-afrikanischen Skulptur das schematische, geronnene Aussehen zu verleihen, das den Abendländer so sehr frappiert, der bei den plastischen Künsten an eine gewisse Natürlichkeit gewöhnt ist.
Die Bildhauerei unseres Kontinents hat es sich nach und nach zum einzigen Ziel gemacht, Gegenstände für die Betrachtung zu schaffen – sei es auf dem profanen Gebiet der reinen Ästhetik, oder bei der religiösen Skulptur, die vor allen Dingen Wesen darstellen möchte, die der Andacht oder dem Abscheu der Gläubigen vorgegeben werden. Ganz anders auf dem afrikanischen Kontinent, wo die Erzeugnisse der Bildhauerkunst nicht bloße Abbildungen darstellen, die mit einer Architektur, deren schmückendes Element sie sind, in direkter oder indirekter Verbindung stehen, sondern wirkliche Instrumente, die zu praktischen Zwecken angefertigt wurden und eine relative Autonomie besitzen, denn außer in Fällen wie den oben erwähnten Platten und Reliefs, sind sie nicht dazu bestimmt, sich in ein größeres Ensemble zu integrieren (in ein Gebäude, das sie – als eine ihrer Funktionen – auszuschmücken hätten, oder auch einen einfachen Saal bzw. irgendeinen sonstigen Ausstellungsort). Die Statue eines bestimmten Geistes oder Gottes, eines bestimmten Ahnen oder Königs (Persönlichkeiten, die gleichfalls heilig sind und am Göttlichen teilhaben), stellt – wenn man von einigen seltenen Fällen absieht, wie z. B. den berühmten Königsstatuen der Bakuba, die von Torday und Joyce aus dem Belgischen Kongo mitgebracht wurden und von denen die älteste etwa um das Jahr 1600 herum entstanden sein soll – kein Porträt dar, das dazu bestimmt wäre, das Bild dieses Königs, Ahnen, Geistes oder Gottes der Verehrung der Gruppe darzubieten; die Statuen sind in Wahrheit eher Skulpturen, deren man sich bedient, als solche, die man betrachtet. Bei den Zeremonien, die jenen Wesen, deren materielles Emblem sie darstellen, geweiht sind, werden sie vorübergehend zu einer Art von Trägersubstanz oder Wohnstätte für sie; dank der entsprechenden Riten werden sie zumindest von einem kleinen Teil eines jener Wesen besucht und belebt, von denen sie nicht die genauen Züge wiederzugeben brauchen, die sie vielmehr lediglich

symbolisch evozieren müssen (daher die besondere Bedeutung, die bestimmten Einzelheiten beigemessen wird: entscheidenden Punkten des Körpers, Tätowierungen und verschiedenen Malen, Insignien der Würde usw.). In vielen Fällen werden diese Skulpturen sogar von den Offizianten berührt, gehandhabt wie Werkzeuge besonderer Art; man steht mit ihnen durch affektiv-zweideutige Bande in Beziehung (eine Mischung von Ehrerbietung und Furcht) und übergießt sie mit Blut oder allen möglichen sonstigen Opfersubstanzen.

Es versteht sich, daß dies eine durchweg hypothetische Ansicht ist und eher der Hinweis auf eine mögliche Arbeitsrichtung als der eigentliche Ansatz zu einer Theorie; man darf sich aber doch fragen, ob die instrumentelle Funktion, die man diesen Statuen zuweisen kann, nicht zumindest eine partielle Erklärung für bestimmte Charakteristika liefern könnte, etwa die außergewöhnliche Wucht, welche die negro-afrikanischen Bildhauer den – fast immer ganz gefüllten und bewußt auf Ausdehnung angelegten – Volumen zu verleihen vermögen, – wie schon einige Autoren und u. a. Carl Einstein bemerkt haben.

Bei der Bildhauerei der Schwarzen Afrikas geht es nicht darum, wie bei unserer von der griechisch-lateinischen abgeleiteten, rund-erhabenen Skulptur, Figuren zu erschaffen, die von allen Seiten betrachtet werden können, ohne jemals ihre Harmonie zu verlieren, und die im wesentlichen zum Anschauen sind. Die Untersuchung der Erzeugnisse dieser Bildhauerei würde uns vielmehr Figuren mit gewissermaßen bevorrechtigten Fassaden zeigen, die nicht im Hinblick auf den realen oder angenommenen Betrachter gemacht wurden, der um sie herumgeht, sondern die ganz einfach und definitionsgemäß eine Vorderseite, eine Rückseite und ein Profil haben. Diese Figuren spielen nun nicht allein die Rolle von Instrumenten zum Einfangen der Geister: es sind keine Abbildungen, sondern vielmehr Gegenstände, die aufgrund ihres sakralen Charakters verborgen gehalten werden müssen, zumindest in normalen Zeiten und vor den Augen der meisten. In ihnen scheint sich auf positive Weise jene »anti-idealistische« Kunst zu verwirklichen, auf die Juan Gris anspielte und unter deren Vorzeichen er seine eigenen Versuche stellte, die bei jedem Werk darauf abzielten, die abstrakte Konstruktion, die sein Ausgangspunkt gewesen war, ins Konkrete und Alltägliche einmünden zu lassen. Die eigentliche Funktion dieser Figuren ist nun die von praktischen Hilfsmitteln, die dazu dienen, die immateriellen Wesen festzuhalten und sie in gewisser Weise dazu zu bewegen, sich wenigstens teilweise und für einen Augenblick in einem nach ihrem Bilde gefertigten Ding (die notwendige Bedingung dafür, daß es die Rolle eines Trägers oder Gefäßes zu spielen vermag) einzurichten. Es wird hierdurch zu ihrer »verkörperten Idee« – wenn es erlaubt ist, einen Ausdruck in leicht abweichendem Sinne wiederaufzugreifen, den ich vor ein paar Jahren von dem senegalesischen Dichter Léopold Sedar Senghor gehört habe. Er entwarf mit Hilfe dieses Begriffs eine synthetische Definition dessen, was den Zivilisationen der Schwarzen, den »Zivilisationen der verkörperten Idee« (d. h. Zivilisationen, wo die erfühlbare Form einen unmittelbaren Wert erhält) eigen ist im Vergleich zu denjenigen, die von den Menschen weißer und gelber Rasse ausgebildet wurden. Ein solches Verfahren – wo als Ziel eine Verkörperung im westlichen Sinne vor Augen steht – ist selbstverständlich das genaue Gegenteil der klassischen griechischen Kunst, die insofern idealistisch ist, als die Statue nicht eine Fixierung des Immateriellen erreichen möchte, sondern die Idealisierung eines realen Individuums anstrebt, d. h. die Verallgemeinerung eines Einzelfalles, den man zum Typus erheben möchte; der Bildhauer beschränkt sich darauf, diesen Typus den Augen derer zu »suggerieren« (wie Gris es ausdrückt), denen das Werk zur Schau gestellt wird. Als konkrete, einmalige Darstellungen von Gestalten, die sich ganz von denen unterscheiden, welche die Gemeinschaft der Lebenden ausmachen, Naturgeister oder Seelen der Verstorbenen, bisweilen in eins gesetzt mit »großen Prinzipien«, und als Gestalten, von denen es jedenfalls nicht nötig ist, mehr als die kennzeichnenden Züge anzugeben (die einzige zur Herstellung des Bezuges zwischen dem Gegenstand und den Geistern erforderte Ähnlichkeit), haben die bei den religiösen Riten der Schwarzen verwandten Statuen keine illustrative, sondern eine technische Rolle zu spielen. Alles deutet darauf hin, daß dieser Gebrauchscharakter von Dingen, der im übrigen genauso vom Tastsinn wie vom Anblick her zu bestimmen ist, ihnen jene halluzinatorische Dichte und Präsenz verleiht, deren Auffassung und Anerkennung heute nichts mehr im Wege steht – bei denen zumindest, die die Entwicklung der westlichen Kunst von dem Vorurteil der natürlichen Proportionen befreit hat. Von einer Harmonie erfüllt, die der Künstler umso leichter zu erzielen wußte, als ihn kein Bedenken naturalistischer Art darin unsicher machte, ausgeglichen in ihrem eigenen Rhythmus und gearbeitet nach unwandelbaren Normen, anstatt nach dem Spiel der persönlichen Laune, haben diese Statuen auch in ihrer Struktur und in ihrem Äußeren etwas Solides, das ohne Zweifel mit dem Umstand zusammenhängt, daß sie so wie Werkzeuge gefertigt wurden, nach einer von genau bestimmbaren Notwendigkeiten beherrschten Ökonomie und ganz ohne die Manierismen, die ein Künstler, dessen hauptsächlichster Beweggrund ein als ästhetisch gewußtes Anliegen ist, unweigerlich in sein Werk einbringen muß. Es bleibt allerdings noch herauszufinden, warum die afrikanischen Skulpturen sich im allgemeinen als so verschieden erweisen von den ozeanischen z. B., denen ja gleichfalls ein instrumenteller Charakter zugeschrieben werden könnte und bei denen sich, Maurice Leenhard[23] zufolge, die Tendenz feststellen läßt, »vom Realismus zum geometrischen Stil hinüberzugleiten«, wofür man in Afrika nur selten ein Äquivalent findet. Man muß zugeben, daß das Problem hier in seiner Ganzheit bestehen bleibt. Es ließe sich vielleicht durch seine Verbindung mit einer psychologischen Fragestellung lösen, die den Rahmen des äthetischen Bereiches weit überschreitet: der Frage, die von jener Fähigkeit aufgeworfen wird, welche die afrikanischen Neger nach den Worten des senegalesischen Essayisten Alioune Diop[24] zu besitzen scheinen, »im Konkreten gegenwärtig zu sein und teilzuhaben zumal an der unmittelbaren Kraft des Lebens«. Eine Fähigkeit, von der man untersuchen könnte, in welchem Bezug sie zu dem rhythmischen Genie steht, das man versucht ist, bei den meisten von ihnen als angeboren zu betrachten, und das – offen sowohl in ihrer Skulptur als auch in ihrer Musik und ihrem Tanz zu Tage tretend – vielleicht gerade nichts anderes ist als eine der Weisen, durch die sie so außerordentlich mit dem Konkreten und dem Leben verwachsen zu bleiben vermögen.

Der Charakter von Instrumenten und nicht von bloßen Abbildungen, der den negro-afrikanischen Statuen offenbar zuerkannt werden muß, findet sich in den Masken wieder. Sie sind ein Teil des Ensembles von Verkleidungselementen, dank derer die damit versehenen Männer angeblich ihre gewöhnliche Persönlichkeit aufgeben und mythische oder emblematische Wesen verkörpern, die entweder dem menschlichen Milieu angehören können (einer bestimmten ethnischen Gruppe oder sozialen Schicht) oder der Welt der Tiere (bisweilen sogar der Pflanzen, ja der unbelebten Gegenstände) oder aber derjenigen der Geister; und oft bildet die Gesamtheit dieser Wesen – dem Ausdruck Marcel Griaules[25] zufolge – einen »echten Kosmos«, der mit einem hohen emotionalen Wert besetzt ist. Auch hier geht es dem Bildhauer nicht darum, eine

[23] *Arts de l'Océanie*, Paris (Editions du Chêne) 1948, S. 126.

[24] »Niam n'goura ou Les raisons d'être de *Présence africaine*«, in: *Présence africaine*, Nr. 1, Paris, Oktober–November 1947.

[25] »Masques dogons«, *Travaux et mémoires de l'Institut d'éthnologie*, Bd. XXXIII, Paris 1938, S. 790.

getreue Kopie des Wesens herzustellen, das die Maske repräsentieren soll. Als religiöses Instrument, dessen Gebrauch allerdings ein deutlich spektakuläres Element in sich begreift, denn die Tänze werden immer einem bald kleineren bald größeren Publikum vorgeführt, zeugt die Maske oft in bestimmten Zügen ihrer Ausführung von dem Willen, zu beeindrucken. Man darf sich im übrigen fragen, ob die Atmosphäre kollektiver Gärung, in der sich gewöhnlich die feierlichen Zurschaustellungen der maskierten Tänzer abspielen – Darbietungen, deren geregelte Wiederkehr von Fall zu Fall variiert, in denen sich jedoch im allgemeinen mit großer Intensität jener Sinn für die Festlichkeit bekundet, der bei der Mehrzahl der afrikanischen Neger so auffällig ist (denn sie scheinen in viel größerem Maße als die westlichen Menschen die Fähigkeit zu besitzen, aus sich herauszugehen, ohne dabei jedoch den Rahmen eines bestimmten Gesamtgefüges zu durchbrechen, und ihr vom Zyklus der Jahreszeiten geregeltes Leben scheint von verschiedenen Festen und Zeremonien markiert zu sein, die die Schwerpunkte im Ablauf des Jahres anzeigen) – ob dieser Enthusiasmus im ethymologischen Sinne des Wortes nicht das Entwerfen von Masken begünstigt, deren phantastisches Aussehen eine willentliche Abkehr von der alltäglichen Realität anzeigt. Abgesehen von diesen Grenzfällen gilt es zu sehen, daß die Maske, ein traditionelles Theateraccessoire und gleichzeitig Ausdruck einer gewissen Esoterik (aufgrund ihres Bezuges zur Initiation, d. h. zur Gesamtheit der Riten, die die vertrauliche Übergabe des Traditionskerns von den Alten auf die Jungen bestimmen), die Rolle eines Vermittlers spielen soll, der es erlaubt, auf die Immateriellen einzuwirken und vielfach zwischen dem Maskenträger und dem durch sein Kostüm und seine Gesten evozierten Wesen eine direkte Verbindung herzustellen. So ergibt sich für die Masken die Notwendigkeit, zumindest im großen und ganzen der Tradition zu entsprechen, bestimmten symbolischen Zeichen zu genügen und zugleich einer theatralischen Optik gerecht zu werden, dazu beizutragen, genau wie bei den Statuen jedes Bemühen um Ähnlichkeit, die nicht konventionell definiert ist und sich nicht auf das anerkannt unabdingbare Minimum beschränkt, in den Hintergrund zu drängen. Auch hier läßt sich also feststellen, daß das Fehlen »naturalistischer« Bestrebungen schließlich gerade dazu beiträgt, dem Gegenstand, der ja nicht als Kunstwerk, sondern als Instrument geschaffen wurde, eine größere Dichte und ein deutlicheres Relief zu verleihen.

Gleich ob es sich um die Masken oder um die Statuen mit religiöser Bestimmung handelt – die gleichfalls einen Gebrauchscharakter besitzen, insofern sie in letzten Endes auch wieder auf die praktische Existenz bezogenen Riten eine Funktion zu erfüllen haben –, man beobachtet jedenfalls, daß die Kunst bei den afrikanischen Negern immer an einen Zweck gebunden ist, der nicht in ihr selbst liegt. In diesem Falle ist es also schwieriger als bei den Erzeugnissen unserer eigenen Zivilisation, eine klare Unterscheidung zwischen Kunst- und Gebrauchsgegenstand zu treffen. Wenn Masken und Statuen, die wir als Kunstgegenstände auffassen, vom afrikanischen Standpunkt aus als Gebrauchsgegenstände betrachtet werden können, so sind umgekehrt manche Objekte, denen wir eher eine Gebrauchsfunktion zuerkennen möchten (Gefäße, landwirtschaftliche Werkzeuge, Waffen usw.) zur gleichen Zeit Kunstgegenstände, auch wenn sie keinen besonderen Schmuck haben. Mit der Hand gefertigt und ohne daß der Ausführende daran gedacht hätte, Zeit und Mühe für die Anfertigung eines Dinges zu sparen, das so etwas wie eine Verlängerung seiner selbst darstellt (eine Art von menschlichem Organ jedenfalls, das keine Maschine seinem Benutzer entfremdet hat), legen diese Objekte davon Zeugnis ab, daß die Personen, von denen sie gestaltet wurden, sich nie so ausschließlich um eine reine Zweckdienlichkeit gekümmert haben, daß sie bei der Herstellung jegliche Idee von Schönheit ferngehalten hätten – in dem Maße zumindest, wie die Stimmigkeit der Formen und die Vollendung in der Ausführung an dieser teilhaben. Da außerdem die Religion bei den Negern Afrikas, die noch nicht zu sehr von der Kolonialisierung berührt worden sind, bei allen, selbst den alltäglichsten Betätigungen eine Rolle spielt (denn beim Gebrauch eines jeden Dinges läuft man Gefahr, das Eingreifen von Mächten auszulösen, gegen die es sich zu schützen gilt oder mit denen man sich jedenfalls – um irgend etwas Fruchtbringendes zu unternehmen – ins Einvernehmen gesetzt haben muß), gebrauchen die Schwarzen zahlreiche, mit Figuren und Motiven geschmückte Objekte. Diese Motive hatten ursprünglich eine magisch-religiöse Bedeutung, sie sind im Laufe der Zeit jedoch oft zu reinen Verzierungen geworden. Zahlreiche Gerätschaften sind denn auch mit einer zusätzlichen Verzierung versehen, deren symbolischer Sinn nicht unbedingt wahrgenommen wird, und zwar weder von den Benutzern noch von denen, die sie hergestellt haben. Andere Gegenstände des häuslichen Gebrauchs – wie etwa die Becher in Form von Menschenköpfen, die man bei den Bakuba findet; die von einer oder mehreren Gestalten getragenen Sitze, denen man z. B. in Dahome oder im Belgisch-Kongo begegnet; oder bestimmte Musikinstrumente in Menschen- oder Tierform – stellen an sich selbst schon

Skulpturen dar, so daß man bei ihnen nicht eigentlich von Verzierungen sprechen kann.
Trotz des hohen Komplexitätsgrades, den die Zivilisation in Afrika schon lange vor der Ansiedlung der Europäer erreicht hatte, sind die technischen, ökonomischen, juristischen, religiösen Aspekte des Lebens bei den meisten Schwarzen Afrikas zu eng miteinander verknüpft, als daß man den Versuch unternehmen könnte, eine genaue Trennungslinie zwischen diesen verschiedenen Bereichen zu ziehen; bei ihnen gibt es nicht – wie in unserer industrialisierten Welt – jene Aufteilung (oder, wenn man will, Aufsplitterung) der verschiedenen Aktivitäten in zumindest theoretisch gebührend spezialisierte Bereiche. Es versteht sich, daß eine Konzeption wie unser (beiläufig gesagt etwas veralteter) Begriff »L'art pour l'art« jenen afrikanischen Negern quasi fremd bleibt, die nicht – oder in nur sehr geringem Maße – den Einflüssen der europäischen Kultur ausgesetzt waren. Und wenn es auch schwierig ist, in Schwarzafrika Beispiele von Kunstwerken im eigentlichen Sinne zu entdecken (außer vielleicht Prunkgegenstände, wie sie in den Schätzen der Chefs oder Notabeln aufbewahrt werden, obwohl in diesem Falle Prestigevorstellungen einen bedeutenden Platz einnehmen und der Begriff des ökonomischen Wertes hier deutlicher mitspielt als bei Gemälden und anderen Kunstgegenständen, die die Liebhaber für ihre Sammlungen suchen), so muß man doch anmerken, daß viele Schwarze durchaus in der Lage sind, ihre eigene Bildhauerkunst von einem von Wert- und Gebrauchskriterien ganz unabhängigen Standpunkt aus zu würdigen.
Wenn man Carl Kjersmeier[26] hierin folgen darf, so »begegnet man bei den Baoulé häufig Schmuckstatuetten. Sie werden nicht allein wegen ihrer religiösen Bedeutung in den Hütten aufgestellt, sondern auch weil man sie hübsch findet. Ein Baoulé schätzt eine Statue nicht nur wegen ihrer religiösen Bedeutung, er betrachtet sie auch von einem ästhetischen Standpunkt aus. Wenn man einen Baoulé fragt, warum er einen bestimmten, schön geschnitzten Gegenstand erwirbt, dann antwortet er gewöhnlich: ›Man holt sie zu den Festtagen hervor und man ist zufrieden.‹ Die Kunst spielt im Leben der Baoulé eine große Rolle; schöne junge Frauen sind geschmeichelt, einem berühmten Künstler als Modell zu dienen, und sie bezahlen nur, wenn sie in Holz geschnitzt werden wollen. Wenn ein Mann weggeht, läßt er gleichfalls häufig sein Porträt an-

[26] *Centres de style de la sculpture nègre africaine*, 4 Bände, Paris (Albert Morancé) und Kopenhagen (Illums Bog-Afdeling) 1935–1938, Bd. I, S. 33.

fertigen, um es seiner Familie und seinen Freunden als Erinnerung dazulassen.«
Bei bestimmten Völkern in Dahome soll die Einstellung der Gruppe dem Künstler gegenüber ein wenig an die diesbezüglichen Verhaltensweisen in unseren eigenen Gesellschaften erinnern. Nach Herskovits[27] wird der dahomeische Künstler in der Tat für seine Talente bewundert, mit einer deutlichen Tendenz zum Nonkonformismus allerdings; er wird für seine Kunst geachtet, aber wegen seines mangelnden Interesses für das den meisten Dahomeern eigene Streben nach Reichtum und Ansehen mit einer gewissen Abschätzigkeit betrachtet. »Es sind liebenswerte Leute, aber keine guten Gatten«, sagte eine Dahomeerin, »die Monate vergehen und sie interessieren sich für nichts anderes als für Holzklötze.« Oder in einem anderen Falle, als ein Bildhauer länger brauchte als gewöhnlich, um eine Bestellung für einen Häuptling auszuführen, und man ihn fragte, ob ihn das nicht zur Zeit der Unabhängigkeit Dahomes seinen Kopf gekostet hätte, antwortete er: »Was hätte der König von meinem Kopf gehabt? Künstler findet man nicht überall!«
Die Baoulé, die auch bewundernswerte Stoffe herstellen, sind nun allerdings ein Volk, das künstlerisch ganz besonders begabt ist. Was die Süddahomeer anbetrifft, auf deren Zeugnis sich Herskovits beruft, so muß ein großer Platz den Einflüssen eingeräumt werden, denen diese Völker ausgesetzt waren: sie zählen im westlichen Afrika zu jenen, die dem Einfluß der europäischen Skulptur mit am meisten offenstehen. Und man muß gleichfalls, selbst ohne die Fragen der Kontakte zu berücksichtigen, dem hohen Zivilisationsniveau und der sozialen Differenzierung Rechnung tragen, die sie schon vor ihrer Unterwerfung durch die Europäer erreicht hatten. Es ist dennoch nicht zu leugnen, daß selbst bei weniger von der Kolonisation berührten und politisch weniger organisierten Völkern ästhetische Urteile über Gegenstände abgegeben werden können, die eigentlich zu religiösen Zwecken hergestellt wurden. Die Dogon von Sanga – die zu jenen Völkern gehören, die von ihren moslemischen Nachbarn mit dem Namen Habe, d. h. »Heiden« oder »Ungläubige« bezeichnet werden, was implizit ihre geringe Aufnahmebereitschaft für äußere Einflüsse anzeigt – räumen z. B. ein, daß die Bewohner bestimmter Dörfer oder bestimmte Individuen mit einer größeren Geschicklichkeit im Schnitzen der Masken begabt sind: in Sanga sind in der Tat Masken wie die aus der Gegend von Wazouba für ihre Schönheit be-

[27] Op. cit., S. 61.

rühmt, und eine bestimmte Maske in Form eines Antilopenkopfes mit langen und schlanken Hörnern, die 1931 in Sanga erworben wurde (und gegenwärtig in den Vitrinen des Museée de l'Homme ausgestellt ist[28]), wurde einem gewissen Ansêgué zugeschrieben, von dem es hieß, er sei ein ausgezeichneter Maskenschnitzer gewesen, bevor er bei einer militärischen Strafexpedition der Franzosen in dieser Gegend den Tod fand; auch bei den Mandingo (die allerdings eine Epoche politischer Größe gekannt haben, mit Herrschern wie dem berühmten Gongo Moussa, dem man in der ersten Hälfte des 14. Jahrhunderts die Verbreitung des Architekturstiles verdankt, nach dem noch heute im Französisch-Sudan die Moscheen und sonstigen Gebäude aus Stampferde gebaut werden) läßt sich das Beispiel eines gewissen Tamba anführen, der zur Kaste der Schmiede gehörte und 1931 im Bezirk Kita gleichfalls ein bestimmtes Ansehen als berufsmäßiger Holzschnitzer genoß.[29]

Selbst dort, wo die Kunst kaum von der Religion ablösbar scheint und wo das, was wir »L'art pour l'art« nennen, sich als nicht existent erweist, wäre es demnach ein schwerer Fehler zu glauben, daß bei der – in ihren Modalitäten häufig selbst rituellen – Herstellung der Gegenstände, die für die Ausübung der Riten gebraucht werden, überhaupt keine bewußte ästhetische Intention eine Rolle spielt. Man kommt allerdings nicht umhin festzustellen, daß die Entwicklung dieses ästhetischen Bewußtseins, und vor allem seine Erhebung zu einer Art von Autonomie, selbst nicht unbedingt einen Fortschritt darstellt. Wenn es in der Tat legitim erscheint, von so etwas wie einem »Wunder der Negerkunst« zu sprechen, das sich einer bestimmten Zahl westlicher Künster zur Zeit der allerersten Anfänge des Kubismus aufgetan hat, so unterliegt es doch keinem Zweifel, daß die profanen afrikanischen Werke in der Regel eine geringere Durchschlagskraft besitzen als diejenigen, in denen jene Religiosität in ihrer ganzen unvermittelten Reinheit zutage tritt. Diese Religiosität umfaßt auch die Fähigkeit der Menschen zur Verschmelzung mit den anderen Wesen oder Dingen ihrer Umgebung, die wir gerade in dem Maße verloren haben, wie sich im Vergleich zu dem, was man bei den vor noch nicht allzu langer Zeit als »Wilde« betrachteten Völkern beobachtet, unsere Aktivitäten stark differenziert haben und jetzt in mehr oder weniger divergierende Sektoren aufgespalten sind.

28 Objekt Nr. 31.74.2025 (Mission Dakar-Djibouti).

29 Dokumente der Mission Dakar-Djibouti.

Seit 1920 – dem Jahr, in dem die Zeitschrift *Action* eine gewisse Anzahl von »Ansichten« über die Negerkunst publizierte, dem Beginn zugleich einer Nachkriegszeit, die einigen Optimismus erlaubte und in der die Hoffnung berechtigt schien, daß die auf die Einstellung der Feindseligkeiten folgende Zeit auf die eine oder andere Weise unter dem Zeichen des Universalismus stehen würde – hat sich viel geändert in bezug auf die Stellung der negro-afrikanischen Kunst und ihrer Abkömmlinge im Leben der Völker weißer Rasse, der Verwahrer einer Zivilisation, für die dem Hellenismus und der jüdisch-christlichen Kultur entlehnte Werte weiterhin zentrale Elemente bleiben. Stärker noch als bei der Skulptur, die außerhalb der sogenannten informierten Kreise noch kaum auf ästhetische Wertschätzung gestoßen ist, ist diese Veränderung auf dem Gebiete der Musik manifest geworden, und man sieht heute, daß der Jazz – ein aus verschiedensten Elementen zusammengewürfeltes Gebilde, dessen afrikanische Grundlage gleichwohl nicht zu leugnen ist – einen großen Teil der Freizeit der Städter in fast allen Ländern (die zum Teil verwestlichten gelben Nationen mit einbegriffen) und sogar einer gewissen Anzahl von Landbewohnern bestimmt. Man darf vermuten, daß dieser Erfolg aus dem von den westlichen Menschen mehr oder weniger diffus verspürten Bedürfnis beruht, in der Hingabe an die Kraft zwingender Rhythmen – die von den Nachfahren der Afrikaner ausgebildet wurden und einen Widerschein jener Zeiten bewahren, als die Musik noch darauf abzielte, zu ermutigen, zu beschwören und in Trance zu versetzen – eine Lebensfülle wiederzufinden, die im alltäglichen Leben zu erreichen ihnen ihre maschinistische Zivilisation nur zu selten Gelegenheit bietet. Auf analoge Weise läßt sich auch die Verführung, welche die Bildhauerei der Schwarzen auf die Künstler und Liebhaber moderner Kunst ausübt, dem Umstande zuschreiben, daß sie eine Möglichkeit der Rückkehr zu jenen Quellen bietet, die noch vor dem Auftauchen des reinen Ästhetizismus liegen, und daß viele Beispiele dieser Bildhauerei – auch sie geprägt von einem betörenden Rhythmus – in ihrer Strenge und Kargheit Modelle einer klassischen Kunst darstellen.
Um auf das zurückzukommen, was weiter oben über die Übereinstimmung zwischen der afrikanischen Kunst und der westlichen Kunst unseres Jahrhunderts gesagt wurde – eine Übereinstimmung, die selbstverständlich nur auf der formalen Ebene wirksam wird, denn die von den afrikanischen Bildhauern verfolgten religiösen oder magischen Ziele unterscheiden sich von Grund auf von denen, die von Künstlern wie den Kubisten angestrebt wurden (deren Versuche ihrerseits auf einer rein

ästhetischen Ebene angesiedelt sind) –, so ist noch weiter zu präzisieren, welche Lehre diese selben Künstler aus der Betrachtung jener afrikanischen Skulpturen ziehen konnten, von denen sie sich so stark angezogen fühlten.
Zunächst einmal lieferten ihnen diese Skulpturen ohne Zweifel ein Beispiel für die Möglichkeit, einem gewissen Naturalismus der Oberfläche einen tiefergefaßten Realismus gegenüberzustellen. Dieser beruht nicht mehr auf einer bloß äußerlichen Nachahmung, sondern auf der Schöpfung von Zeichen, deren evokative Kraft weniger an eine photographische Ähnlichkeit mit den Dingen gebunden ist, als an eine Übereinstimmung mit dem Begriff, den man sich von ihrem Wesen macht, oder genauer: mit der Vorstellung, die wir uns durch die vielfältigen Bezüge hindurch, die sie mit uns unterhalten, von ihnen machen. Ein zweiter Punkt, in dem diese Skulpturen ihnen objektiv Recht zu geben schienen, war die Notwendigkeit, anekdotische Elemente zu eliminieren, falls man einen solchen Realismus erreichen wollte, oder sich zumindest nicht von den bloß zufälligen Umständen beherrschen zu lassen, die in keiner grundsätzlichen Beziehung zu den als Themen gewählten Wesen oder Gegenständen stehen – die Verpflichtung letztlich, alles aufs Wesentliche zu reduzieren, anstatt sich vom Wuchern der Details überfluten zu lassen. Das unabdingbare Erfordernis andererseits, eine Stimmigkeit der Formen zu erzielen, anders gesagt: auf eine im übrigen beliebige Weise zwischen einem Teil und jedem anderen Teil einen Zusammenhang plastischer Art herzustellen, verschieden von dem bloß logischen Zusammenhang, der sich dem Umstand verdankt, daß der dargestellte Gegenstand an sich selbst ein Ganzes ist (ein Mensch oder ein Tier z. B., die jeweils in sich eine Einheit bilden).[30] Ein weiterer Punkt schließlich, für den diese Skulpturen den europäischen Künstlern eine klare Veranschaulichung zu liefern vermochten, ist folgender: Wenn es für den Künstler eine goldene Regel gibt, so besteht sie letzten Endes in jener Authentizität, die so schwer zu definieren ist und die man doch als untrennbar verbunden mit dem Glauben an die Notwendigkeit, die der Ausführung des Werkes zugrunde liegt, ansehen kann. Dieses Bedürfnis ist bei dem afrikanischen Bildhauer an die Religion und an das Leben der Gemeinschaft gebunden; dagegen wird es zu einer rein inneren und

[30] Diese Frage der Kohärenz der Formen, ihrer Verbindung untereinander durch Kontrast und Analogie, ihrer Schwankungen und ihres Gleichgewichtes ist zum Teil verquickt mit der schwierigen Frage des Rhythmus, der trotz der von den Ruhepunkten zwischen den Hebungen eingeführten Brüche immer eine bestimmte Kontinuität bedeutet.

persönlichen Forderung bei dem westlichen Künstler der betreffenden Epoche. Diese Regel wird außerdem darin greifbar, daß es nicht lediglich der Wunsch ist zu gefallen – oder umgekehrt der Wunsch zu schokkieren – und auch nicht derjenige, seine Geschicklichkeit unter Beweis zu stellen, der diese Ausführung bestimmt. Auf rein technischem Gebiet sahen die gleichen Künstler außerdem entscheidende Probleme intuitiv gelöst, mit denen sie sich auseinandersetzten: die Weise z. B., das Volumen anders als durch die rund-erhabene Gestaltung auszudrücken (oder durch ihre Nachahmung in der zweidimensionalen Malerei); die Behandlung eines Teiles sowohl für sich selbst als auch im Hinblick auf das Ganze (von jedem der Bestandteile einer afrikanischen Skulptur läßt sich in der Tat sagen, daß er mit einer autonomen Existenz begabt ist und sich doch zugleich der ebenfalls autonomen Einheit eines Ganzen einordnet); die Art, Zeichen zu erschaffen, die umso suggestiver wirken, als sie keine Kopien sind (z. B. bei den Masken der unteren Elfenbeinküste, von denen weiter oben die Rede war, die Darstellungen der Augen durch zwei im Relief wiedergegebene Zylinder, die so etwas wie eine Materialisierung des Blickes sind).

Was Jean Cocteau 1920 als die »Negerkrise« bezeichnete, erwies sich also als ein Phänomen, das das Oberflächliche und Ephemere einer bloßen »Krise« weit überschritt, auch wenn die Kunst der Neger – als wichtiger Faktor, zu dem jedoch noch andere hinzutraten – nicht unbedingt das »belebende Sperma des geistigen 20. Jahrhunderts« gewesen ist, wie Paul Guillaume das sehen wollte. Außerhalb des eigentlichen künstlerischen Bereiches ist bei der Fortführung dieser rapiden Bestandsaufnahme noch zu erwähnen, daß man seit knapp hundert Jahren der Entwicklung einer geschriebenen Literatur beiwohnt, obwohl die Afrikaner, genau wie die farbigen Menschen Amerikas und der Antillen auf literarischem Gebiete jahrhundertelang nur eine, im übrigen sehr reiche mündliche Überlieferung[31] gekannt haben. Die Vertreter dieser Literatur sind Dichter und Prosaschriftsteller schwarzer Rasse, aber französischer oder angelsächsischer Sprache und Kultur, von denen

[31] Diese Überlieferung greift in alle Bereiche des sozialen Lebens ein, in der Form von Mythen und Legenden, Fiktionen, Chansons, Gedichten, Rätseln, Sprichwörtern usw., die alle zumindest bis zu einem bestimmten Grade traditionell geprägt sind. Neben Tiererzählungen (die Typen bildende Gestalten in Szene setzen) und Fabeln didaktischer oder moralisierender Tendenz, begegnet man, vom Epos bis zum satirischen oder Preis-Gedicht, über die Kriegs-, Liebes- und Arbeitsgesänge, den verschiedensten Genres. Zahlreiche Überreste dieser mündlichen Überlieferung lassen sich auch bei den Schwarzen der Antillen ausmachen (auf Haiti z. B. der Zyklus von Bouqui und Malice) und bei denen Amerikas (Brer Rabbitt, in der Folklore des Südens der Vereinigten Staaten).

mehrere zu Recht in den belesenen Kreisen des Westens bekannt geworden sind. Ein Dichter wie der aus Martinique stammende Aimé Césaire, ein Romanautor wie Richard Wright aus den Südstaaten der USA – um nur diese beiden zu nennen – sind heute anerkannte Schriftsteller, die in sehr unterschiedlichen literarischen Genres doch beide die Behauptung Léopold Sedar Senghors bewahrheiten, wonach »der Schwarze vor allem ein Lyriker ist, der den tiefen Sinn für das Wortbild und zugleich für den Rhythmus und die Musik der gefügten Worte besitzt«.[32] Jeweils auf ihre eigene Weise neigen beide Autoren dazu, zu Wortführern der schwarzen Rasse zu werden, die sich allmählich ihrer Unterdrückung bewußt wird. Es ist noch hinzuzufügen – obwohl es sich in diesem Falle um einen Autor handelt, der eher zu den verkannten Schriftstellern zu zählen ist –, daß der Roman über das Leben des Zulu-Eroberers Chaka, von dem Südafrikaner Thomas Mofolo auf Sotho verfaßt und von einigen zu den authentischen Meisterwerken der Weltliteratur gerechnet, jetzt auch in französischer Übersetzung vorliegt.[33]

In unserer aufgewühlten Epoche, in der so viele westliche Menschen in ihrem allzu mechanisierten Dasein ein Ungenügen verspüren und in der vielen ein vollkommener Neuaufbau auf allen Ebenen notwendig erscheint, unterliegt es keinem Zweifel, daß die Afrikaner und die Nachfahren der Afrikaner (auf den Antillen oder in Amerika) eine Botschaft zu Gehör zu bringen haben, deren Aufnahme bei weitem über die rein lokale Zuhörerschaft hinausgeht. Weniger fortgeschritten womöglich auf dem Wege der intellektuellen Sophistik und Komplikation als die meisten westlichen Menschen der herrschenden Klasse, scheinen die Schwarzen – im ganzen genommen und von einem selbstverständlich sehr umfassenden Standpunkt aus gesehen – bis jetzt die Möglichkeit eines direkteren Kontaktes mit dem natürlichen Milieu bewahrt zu haben.

[32] »Vues sur l'Afrique noire ou Assimiler, ne pas être assimilés«, in: *La communauté impériale française*, hrsg. von Robert Lemaignen, Léopold Sedar Senghor, Prinz Sisowath Youtevong, Paris (Alsatia) 1945, S. 94.

[33] Thomas Mofolo: *Chaka, une épopée bantoue*, direkt aus der Souto-Sprache übersetzt von V. Ellenberger, einem ehemaligen Missionar im Land der Ba-Souto, Paris (Gallimard) 1940. Die englische Ausgabe ist 1931 in Oxford erschienen.
Als Sohn christlicher Eltern 1875 in dem Dorf Khojané geboren (d. h. knapp ein Jahrhundert nach der Geburt desjenigen, dessen Biographie er verfaßt hat, eine Biographie, die im Untertitel der französischen Ausgabe zu Recht als Epos bezeichnet wird), erhielt Mofolo eine protestantische Erziehung und übte eine Zeitlang den Beruf eines Grundschullehrers aus. Sein erstes Werk, *Mooti oa Bochabola* (Der Pilger aus dem Osten), scheint gewisse Analogien mit dem *Pilgrim's progress* von John Bunyan aufzuweisen. Sein zweites, *Pitsèng*, verschaffte ihm definitiv bei seinen Landsleuten Gehör.

Das erklärt den spezifischen Realismus und die rhythmischen Qualitäten, von denen die afrikanischen Skulpturen im allgemeinen geprägt sind. Gleichzeitig scheinen sie eine gewisse Fähigkeit zur Entspannung bewahrt zu haben, die außerhalb des afrikanischen Kontinentes noch deutlich in Festen wie z. B. dem auf den Antillen so lebendig und vehement gebliebenen Karneval zu Tage tritt, und schließlich, zusammen mit jener eminenten lyrischen Begabung, die bei so vielen Afrikanern und Nachfahren von Afrikanern die Rede offenbar jederzeit kraftvoll zu unterstreichen vermag, einzigartige ästhetische Fähigkeiten (ein Sinn für den Stil im allgemeinen, der sich bis hin zu den Formen des alltäglichen Umganges, wenn nicht gar in mancher Körpergeste und Körperhaltung widerspiegelt), kurz: die Elemente einer *Lebenskunst* aus dem Wissen um das Leben – eine Weise, am Leben Geschmack zu finden und eine Kunst daraus zu machen, die jedenfalls unschätzbar ist in einer Epoche, wo die deutlichsten Fortschritte unleugbar in der Kunst, zu zerstören, Zwang auszuüben und zu foltern gemacht werden. Daher müßten die um einen gewissen Humanismus besorgten Menschen weißer Rasse die Schwarzen alles in allem genommen in mehr als einer Hinsicht als die Bewahrer von Tugenden betrachten, von denen uns das Bemühen um Pragmatismus, der vorherrschende Zug unserer Zivilisation, immer mehr abwendet. Nichts jedoch berechtigt zu der Behauptung, daß solche Tugenden – Lebhaftigkeit der Reaktion auf äußere Anforderungen, Fähigkeit zur Schaffung von Formen auf dem Gebiet der Festlichkeit und des Umgangs sowie auf dem der Künste im eigentlichen Sinn – nicht etwas Vorübergehendes und Flüchtiges seien, insofern sie ja an Lebensweisen gebunden sind, die sich im Zuge der technischen und ökonomischen Umwandlung der Lage der schwarzen Menschen unablässig ändern und letzten Endes nur *einen* Aspekt darstellen – die Veranschaulichung jener ursprünglichen Frische, die viele Abendländer gern den Völkern mit nichtindustrialisierter Kultur zuerkennen, weil sie sich mehr oder weniger bewußt danach zurücksehnen –, oder besser: einen besonders anschaulichen Querschnitt durch das, was wir aus der soziologischen Forschung und der direkten Erfahrung von den Afrikanern und den Nachfahren der Afrikaner wissen. Das Überdauern von einigen der gerade angeführten Eigenschaften bei den Nachfahren der nach Amerika gebrachten Sklaven, die einen Teil der Neuen Welt bevölkern, kann allerdings von denen, die solchen Qualitäten einen gewissen Wert beimessen, als ermutigendes Anzeichen betrachtet werden. Die Annahme mag erlaubt sein, daß es sich dabei um eine hinlänglich solide Grundlage

handelt, um auf die eine oder andere Weise alle Veränderungen zu überstehen.

Seit 1920 wurden unzweifelbar Fortschritte in der Erforschung der farbigen Völker gemacht; sie sind dem Verständnis, das sie verdienen, und der ihnen zukommenden Würdigung nähergerückt. Man muß allerdings bedenken, daß trotz der Illusionen, die man vor dem letzten Krieg noch hegen mochte, die Rassenvorurteile keineswegs bloße Überbleibsel eines früheren Zustandes sind, daß sie vielmehr in Antagonismen Nahrung finden, die sich noch verschärfen, je mehr die farbigen Menschen dazu in der Lage sind, sich Gehör zu verschaffen; ohne Zweifel eine Abwehrreaktion der Menschen weißer Rasse, die sich nach und nach in ihren Privilegien bedroht fühlen. Es gilt ebenfalls in Betracht zu ziehen, daß auch für zahlreiche Menschen, die von solchen Vorurteilen frei sind, das Bild des Afrikaners zumindest konventionell bleibt. Wenn sie ohnehin schon Schwierigkeiten haben zu akzeptieren, daß der Afrikaner von heute aus dieser Konvention ausbricht, so werden diese Schwierigkeiten noch größer, sobald sie feststellen, daß er bei der Entscheidung darüber, wie sein neues Profil aussehen soll, dazu neigt, nur noch auf sich selbst zu hören.

Unter den Fachleuten der Humanwissenschaften wie unter den Technikern der Kolonisation fanden sich etliche Personen – an deren gutem Glauben nicht zu zweifeln ist – die das in den Augen des Europäers Unersetzbare an den afrikanischen Kulturen in Betracht zogen. Seine Bewahrung vor den Umwälzungen, die das Eindringen der Denk- und Handlungsweisen unserer modernen kapitalistischen Zivilisation in einer kolonialisierten Gesellschaft mit sich bringt, schien ihnen wünschenswert. Es liegt jedoch auf der Hand, daß, wenn man nicht den Lauf der Geschichte selbst anhalten möchte, gegen den Zerfall der Traditionen nichts zu machen ist. Jeder Versuch, sich dem entgegenzustellen, läuft praktisch darauf hinaus, die endliche politische Reifung der Menschen verhindern zu wollen, die man solcherart in ihrer Routine festhalten möchte – unter dem Vorwand, sie gegen den, zumindest in mancher Hinsicht als zerstörerisch betrachteten Einfluß unserer Zivilisation zu schützen. Und wenn auch sicher manches von den spezifischen Seins- und Schaffensweisen jener so lange im Rahmen der genannten Traditionen verbliebenen Völker wert wäre, gerettet zu werden, so ist doch nicht weniger offensichtlich, daß die fragliche Rettung nicht von außen kommen kann, denn die Betroffenen sind ja definitionsgemäß als einzige in der Lage zu entscheiden, worin ihre wahre Berufung liegt.

Auf dem rein ästhetischen Gebiet – und in den Grenzen dieser Studie gibt es keine andere Ebene, von der man ausgehen könnte – sind von Organisationen, die direkt den kolonialisierenden Mächten unterstehen, oder von Missionsdiensten verschiedene Versuche unternommen worden, den Niedergang mancher regionaler Kunstformen zu bremsen, denen unter anderem die Einführung einer Ökonomie neuen Typs und die Verwandlung oder einfache Schwächung der Glaubensüberlieferungen den geistigen Nährboden entziehen. Aber alle Bemühungen zur Unterstützung und Bewahrung der Produktion eingeborener Bildhauer, alle Maßnahmen, sie in eine Richtung zu lenken, die den neuen Bedingungen und den neuartigen Absatzmöglichkeiten, die man ihnen eröffnete, gemäß sind, haben im großen und ganzen, und wenn man den inneren Wert der so hergestellten Objekte bedenkt, nur kümmerliche Resultate gezeitigt. Dies ohne Zweifel weil man immer nur Kompromisse erzielen kann, wenn man von außen lenkend an den Künstler herantritt, anstatt ihn seinen Normen gemäß verfahren zu lassen, und weil es sich trotz allem um eine zu kommerziellen Zwecken ausgeführte Arbeit handelt und nicht mehr um eine Antwort auf eine tiefempfundene Notwendigkeit.
Man braucht demnach keinen besonderen Hang zum Pessimismus zu besitzen, um für die unmittelbare Zukunft eine beschleunigte Verkümmerung der negro-afrikanischen Skulptur vorauszusehen, deren an manchen Orten bereits sichtbarer Verfall sich in dem Maße zu verstärken droht, wie die Einführung von Lebensweisen, die denen der westlichen Menschen ähneln, diese Kunst immer mehr von ihren intellektuellen und affektiven Wurzeln abtrennen wird. Denn diese Kunst hat sich in engem Bezug zu den Lebensperspektiven kleiner Bauern ausgebildet, die den Pflug noch nicht kannten, in Gemeinschaften mit familiärer Grundlage zusammenlebten und Kulte ausübten, die zu den als Animismus zu bezeichnenden religiösen Vorstellungen gehören und letztlich darauf abzielen, der Gruppe die größtmögliche Lebensfähigkeit zu verschaffen.
Wenn man auch heute in Afrika manchmal – neben anderen Beispielen europäisierter Skulptur und abgesehen von den unzähligen, zur angewandten Kunst zu rechnenden Objekten, die angefertigt werden, um der Nachfrage der dort befindlichen Europäer zu entsprechen – bestimmte Kunstgegenstände findet, die in ihrer Faktur einige Spuren der früheren Qualität bewahrt haben, ganz gleich ob es sich dabei um Statuen oder um Gruppen von kleinen Figuren nach Motiven aus der Heiligen Schrift handelt, oder aber um Europäer darstellende Figuren, die manchmal in

satirischer Absicht gemacht werden[34], so ist darin doch nichts zu sehen, was zu einer übertriebenen Hoffnung auf eine Erneuerung der negro-afrikanischen Skulptur berechtigen könnte. Bei den Nachfahren der nach den Antillen und nach Nord- oder Südamerika gebrachten Afrikaner läßt sich außerdem feststellen, daß sich zwar Musik und Tanz auf ganz eklatante Weise entwickelt haben, daß dies aber für die Bildhauerei keineswegs zutrifft, die seit der (allerdings besonders unerbittlichen) Schicksalsprüfung der Sklaverei praktisch nicht mehr existiert.[35]

Man braucht demgegenüber nur eine afrikanische Skulptur wie die berühmte Statue des Gottes Gou zu betrachten, die eine dahomeische Gottheit der Waffen und des Krieges darstellt und 1894, nach der Einnahme von Abomey, nach Frankreich gebracht wurde[36]; ausschließlich aus Eisen hergestellt und mit verschiedenen Elementen europäischer Herkunft versehen (Blech von einem Walfangboot für den Sockel, Schrauben und Muttern zur Befestigung der Haartracht des Gottes usw.), stellt diese Statue nichtsdestoweniger eines der schönsten bekannten Beispiele der negro-afrikanischen Kunst dar. Man darf annehmen, daß bei einem noch vor der Eroberung entstandenen Werk dieser Art der europäische Einfluß, den der Künstler wohl erfahren hat, doch nur auf dem Wege der Entlehnung zum Tragen gekommen ist. Bestimmte europäische Mittel (man möchte fast sagen: bestimmte Tricks) sind bewußt von ihm eingesetzt worden, ohne daß eine seinem ethnischen Milieu fremde Bevormundung ihn dazu bewegt hätte. Unter solchen Umständen wurde die treibende Empfindung nicht verfälscht und das Ergebnis ist nicht die Schöpfung eines vagen Zwitterwesens, sondern ein Werk, dem gerade sein heterokliter Charakter eine Absonderlichkeit verleiht, die es noch gewichtiger und imposanter macht.

Wenn man außerdem bedenkt, mit welcher Kraft sich das Genie der in die Vereinigten Staaten gebrachten Neger im Jazz auszudrücken wußte (er ist unter den beklagenswerten Bedingungen einer erst unlängst abgeschafften Sklaverei entstanden, wurde aber von Menschen geschaffen, die kein anderes Ziel als ihre eigene Ausdrucksmöglichkeit und ihr eigenes Vergnügen verfolgten und ihre Materialien dort aufgriffen, wo sie

[34] Über die Darstellungen von Europäern in den »primitiven« Künsten der verschiedenen Teile der Erde vgl. Julius E. Lips: *The Savage Hits Back*, New Haven (Yale University Press) 1937.

[35] Ein zu den plastischen Künsten zu zählendes Beispiel angewandter Kunst ist allerdings in den Gebrauchsgegenständen aus geschnitztem und graviertem Holz der Bosch- und Boni-Neger aus Guyana zu sehen, Nachfahren entflohener Sklaven, die ein Leben führen, das dem ihrer afrikanischen Ahnen sehr nahekommt.

[36] Sammlung des Musée de l'homme, Nr. 94.39.1 (Stiftung des Kapitän Fonssagrives).

sie fanden: Musikinstrumente und westliche Themen, die in diesem Falle eine ähnliche Rolle spielten wie das Bruchstück eines Walfangbootes, die Mutter, die Schraube und weitere vergleichbare Elemente bei der Statue des Gottes Gou), wenn man bedenkt, daß sich der Jazz erst kürzlich wieder erneuert hat (wie man an dem »be bop« genannten Stil sehen kann, dessen entschieden modernistische Tendenz sich der alten New-Orleans-Manier entgegenstellt), so wird man schon eher geneigt sein, großes Vertrauen in die künstlerischen Fähigkeiten der afrikanischen Neger zu setzen, auch wenn ihre neuen Lebensbedingungen nichts mehr mit den Umständen gemein haben, unter denen die uns bekannten Skulpturstile sich entwickelt haben.

Wurde den Schwarzen Afrikas durch die verschiedensten Erschütterungen, die sie im Laufe der Geschichte durchmachen mußten: Eingriffe des Islam, Aktivitäten der Sklavenhändler und schließlich der koloniale Zugriff der europäischen Völker, nicht überhaupt die Möglichkeit genommen, auf dem Gebiet der schönen Künste ihr wahres Maß zu zeigen? Aber wie dem auch sei, wenn für die Bildhauerei der Neger eine mögliche Erneuerung denkbar ist, die sich mit dem vergleichen ließe, was im musikalischen Bereich durch den Jazz entstanden ist, so muß jedenfalls festgehalten werden, daß eine Erneuerung dann zweifelhaft ist, wenn sie von oben kommt, unter dem bewußten Anstoß der Kolonisatoren und auf Wegen, die so künstlich gebahnt wurden, daß sie notwendigerweise akademisch bleiben. Wenn eine solche Erneuerung eines Tages stattfinden sollte, so ohne Zweifel auf die Initiative der Schwarzen selbst hin, auf dieselbe Weise, wie auch der Jazz entstanden ist; und wie dieser letztere wird sie auch eine von den überlieferten Formen sehr verschiedene Gestalt annehmen, respektlos zugleich gegenüber dem, was die westlichen Menschen anzubieten hätten, die sich so gern als die Patentinhaber der erlesenen Blume der Zivilisation betrachten. So daß letztlich die Möglichkeit einer Renaissance der afrikanischen Skulptur als Emanzipation erscheint, die, wie jede Emanzipation, von den Betroffenen selbst geleistet werden muß.

IV. Magie, Okkultismus und Alchemie

Das »Museum der Hexer« (1929)

Als ewiger Strafgefangener der Bezüge und Gesetze wird der Mensch immer dem Absoluten nachjagen.

Diese Projektion seines inneren Pols nach außen jedoch, dieses Abbild seines Verlangens, das Absolute, er kann sich seiner nicht unmittelbar bemächtigen (sein Körper, sein Verstand, ja sogar seine Gefühle sperren ihn ein in ein Bündel von Beziehungen), und es bleibt ihm nichts anderes als der Versuch, es mit einer List und auf einem Umweg einzufangen, durch die Umwälzung des Bedingungsgefüges. Durch eine solche Umwälzung, so meint er, wird er am besten einen Zustand intensiver Unordnung erreichen können, in dem die zeitweilig durchbrochenen und im Chaos aufgelösten Bezüge den Platz freimachen für das Absolute, das sich auf dem Wege über das *Wunderbare* bekundet, seinen großen Blitzstrahl, der wie ein Funken aus dieser Art von logischer Katastrophe hervorschießt.

Poesie und Fiktionen beruhen im wesentlichen auf dieser unbewußten List. Ihr allgemeinstes Ziel liegt gerade in jenem Bruch der Bezüge, aus dem das Wunderbare hervorgeht, der gleißende Komet der Revolte . . .

Wenn wir uns ein ganzes Leben lang ans Bekannte zu halten hätten, auf den kleinen Kreis von Phänomenen beschränkt bleiben müßten, die wir durch Erziehung und Vererbung untereinander zu verbinden und zu einem Geflecht von Beziehungen auszuformen wissen, so würde dieses Netz reiner Nützlichkeitsbezüge unweigerlich zu einer Falle der Langeweile, einem Gefängnis ohne Wunsch und Lust, in dem wir dazu verdammt wären, angekettet zu verfaulen, zwischen dem trockenen Brot und dem abgestandenen Brackwasser der Logik.

Welche monotone, miserable, entehrende Welt wäre das, wo alle Dinge sorgsam geortet und etikettiert wären, wie eingeordnet in die Schubladen eines Krämers, in die farblosen Glaspokale eines Apothekers oder die Archive einer Polizei.

Uns zur Flucht zu verhelfen aus jenem beengenden Brunnenschacht, windet das Wunderbare sein Seil, jenes Wunderbare, das schon in der bloßen Verwerfung der Logik entsteht, die so stupide ist wie alle Schranken, und in diesem mächtigen Streben nach dem Neuen, Unerforschbaren, dem immensen Wald voller Abenteuer und Gefahren, dem unbe-

rührten Boden, wo kein Weg vorgezeichnet ist, dem unendlich reinen Land des Geistes, das noch kein Pflug der Logik zerrissen hat.
Das Wunderbare existiert aber weder in der Natur noch jenseits der Natur, sondern im Innern des Menschen, in der anscheinend entlegensten, ihm selbst aber in Wirklichkeit sicher am nächsten stehenden Region, deren Bezirke nicht jener gräßlichen Feudalherrschaft unterstehen, die ihre menschlichen Lehen mit großem Aufwand an rationalen Edikten und pragmatischen Galgen dezimiert. Denn das Wunderbare ist nichts anderes als das im Herzen des Menschen brennende Feuer, das imaginäre Leuchten eines Absoluten, das er seinem eigenen Wesen entnimmt und auf die glanzlosen Ereignisse projiziert, deren Dünste durch seine Poren hindurch noch bis zu dem vordringen, was man gemeinhin seinen Geist nennt. Es ist zugleich die starke Anziehung, die das Unerklärliche ausübt, der gewaltige Schub, der die Grundlosigkeit oft jeder Art von Erklärung vorziehen läßt, die ursprüngliche Kraft des Geistes schließlich, die sich lange vor der Ausbildung des kritischen Verstandes bekundet und die ihren Ursprung nur in den Tiefen des Unbewußten oder in der Nacht der Zeiten finden kann . . .
Diese Leidenschaft für das Wunderbare – deren Spur man, wenngleich in höchst unterschiedlichen Abstufungen, bei fast allen Menschen wiederfindet – erklärt nicht allein zum Teil das Überdauern des religiösen Geistes trotz und gegen alle materiellen und formellen Dementis, die die verschiedensten Religionen hinnehmen mußten, sondern auch das Vertrauen, das man zu allen Zeiten den Okkulten Wisssenschaften sowie den magischen und abergläubischen Praktiken entgegengebracht hat. Ursprünglich ist die Magie ohne Zweifel nur eine Wissenschaft, die – so rudimentär sie auch immer sei – doch durch die Ziele, die sie sich steckt, genauso eine Wissenschaft ist wie unsere Wissenschaften; aber ihr Überdauern selbst in Jahrhunderten, wo die Mehrzahl ihrer Grundannahmen durch die Erfahrung widerlegt worden ist (die als echt anerkannten magischen Phänomene scheinen wenn auch unklaren, so doch durchweg natürlichen Ursachen zuzuschreiben zu sein), erklärt sich zweifellos weniger aus der Dummheit ihrer Adepten als vielmehr durch deren heftiges Verlangen nach Wunderbarem.
Verführt von den Konstruktionen ihrer eigenen Einbildung, haben die Menschen zu allen Zeiten dem Bedürfnis nachgegeben, die Erscheinungen der Natur in den von ihnen a priori festgelegten Rahmen hineinzuholen. Diese Haltung der äußeren Welt gegenüber läßt sich noch bei den als primitiv bezeichneten Völkern beobachten, für die die Erfahrung im

wissenschaftlichen Sinne des Wortes eigentlich nicht existiert. Ein Wilder (bzw. ein Mensch, den man dafür hält) bewegt sich in einer Welt seiner Erfindung. Ihn interessiert kaum etwas anderes als der mystische Wert der Dinge, und seine magischen Operationen gelingen immer, denn ihr von präzisen Gesetzen reguliertes Resultat wird sich auf dieser selben mystischen Ebene einstellen und nicht auf derjenigen der materiellen Realität. Allein die grob positivistische Einstellung von uns Abendländern, die ganz auf die Fessel der ökonomischen Fatalitäten, die so schwer auf unserer Zivilisation lasten, eingeschworen sind, ermöglicht es uns, dort Fehlschläge zu sehen, wo in Wahrheit nur unfehlbare Erfolge zu verzeichnen sind. Daß z.B. ein Stamm von Wilden, der übrigens genau weiß, vom welchem anderen Stamm er angegriffen wurde, einen Medizinmann befragt, um mit Hilfe der Weissageriten herauszufinden, von welchen seiner Nachbarn dieser Überfall verübt wurde, und gegen einen anderen Stamm als den der tatsächlichen Aggressoren zu Felde zieht, weil der Zauber diesen anderen Stamm für schuldig befunden hat, darüber wird der westliche Mensch lachen. Er wird nicht verstehen, daß die Zuerkennung der Schuld durch den Zauber genügt, damit dieser Stamm wirklich schuldig ist. Für alle diese Wilden braucht sich demnach eine Prophezeiung auch nicht zu realisieren, denn das prophezeite Faktum *existiert* bereits als Gewißheit, *existiert* genauso, als wenn es schon ein Bestandteil der Vergangenheit wäre, und zwar aus dem einfachen Grunde, weil es prophezeit und also von diesem Augenblick an gewissermaßen *geschaffen* worden ist.

Mit jenem Respekt, mit dem – wie zu wünschen wäre – sich ein jeder wappnen sollte, bevor er an das Studium der sogenannten primitiven Mentalitäten herangeht (deren Form sehr verschieden ist von derjenigen, die in den »zivilisierten« Ländern in Geltung ist, die aber deswegen doch keineswegs von vornherein absurder ist als diese letztere), mit diesem Respekt gälte es auch, die jenem Geisteszustand am nächsten stehende Äußerung in der westlichen Welt zu betrachten: den Okkultismus.

Um die Geheimen Wissenschaften abzuhandeln und ihnen auch nicht nur die *Quantität*, sondern ebenso die *Qualität* des Interesses zuzugestehen, die ihnen rechtmäßig zukommt, d.h. um sie auf einer Ebene anzugehen, auf der sie berechtigterweise angesiedelt werden müssen (unter Ausschluß jeder anderen Ebene), ist es nötig, sich einerseits ebensoweit von der groben Wissenschaftsgläubigkeit der Mehrzahl der zeitgenössischen Okkultisten entfernt zu halten, die sich als naive Schüler des alten

kabbalistischen Rosenkreuzes von Papus und Guaïta um kaum etwas anderes bemühen als die schließliche rationale Rechtfertigung der Okkulten Wissenschaften und sich dabei zugleich auf die metaphysischen Phänomene und die neuesten Errungenschaften der modernen Wissenschaft stützen, – wie auch andererseits von dem wenig eleganten, aber umso gedankenloseren Skeptizismus derer, die in den Ergebnissen jener Wissenschaften des Geheimnisses nur hübsche Fossilien sehen ohne großen eigenen Wert. Sie sind lediglich angenehm zu handhaben wie aus Muscheln gefertigte Dosen oder Nippsachen im Stil Louis Philippes und genauso amüsant wie das erste Automobil, die Mode der Jahrhundertwende und die alten Raddampfer, deren schlanke Schornsteine vielen, man fragt sich warum, ungeheuer komisch vorkommen.
Diese Geisteshaltung nun, die sich genauso von der Schwerfälligkeit ohne wirkliches Gewicht wie von der Leichtfertigkeit ohne jeglichen Feinsinn unterscheiden muß (unzulässige Einstellungen alle beide: die eine wegen des vollkommenen Mangels an Humor und des Fehlens jeder Selbstkritik, trotz all ihrer wissenschaftlichen Ansprüche; die andere wegen einer übertriebenen und sehr vulgären Ironie, die mit dem Humor und erst recht mit einer echten Kritik nichts zu tun hat, – Einstellungen gleichzeitig, von denen die eine oder die andere die Mehrzahl der Zeitgenossen charakterisiert, die sich auf diese oder jene Weise mit solchen Fragen beschäftigt haben), hat ein Okkultist, der gleichwohl weitgehend an das obengenannte Rosenkreuz anknüpft, auf bemerkenswerte Weise in einem Bildband über die Gesamtheit der im eigentlichen Sinne europäischen Okkulten Wissenschaften bekundet: Grillot de Givry, *Le Musée des Sorciers, Mages et Alchémistes [Das Museum der Hexer, Magier und Alchemisten]*, Paris 1929.
Der vor kurzem verstorbene Grillot de Givry war der erste Übersetzer von mehreren Texten, die zu den erstaunlichsten der okkultistischen Literatur gehören. Die Liste der von ihm übersetzten Werke enthält in der Tat – neben einem Teil des Werkes von Paracelsus sowie der *Abhandlung über die sieben Stufen der Vervollkommnung* von Savonarola und dem Thomas von Aquin zugeschriebenen *Traktat über den Stein der Weisen* – die Schrift *Adumbratio Kabbalae Christianae* oder hebräische Synkatabase oder kurzer Traktat über die Anwendung der Doktrinen der hebräischen Kabbalisten auf die Dogmen des neuen Bundes; das *Absconditorum Clavis* (oder Schlüssel der im Weltgebäude verborgenen Dinge von Guillaume Postel); das *Amphitheater der ewigen Weisheit* von Heinrich Khunrath; und schließlich die *Hieroglyphische Monade* von

John Dee, eine außergewöhnliche Abhandlung über die Kabbala und die Zahlensymbolik, die in Theoremen von mathematischer Strenge das ganze Dogma der hermetischen Philosophie darlegt.
Unter seinen persönlichen Arbeiten sind u.a. hervorzuheben: *Das große Werk; Christus und das Vaterland* (ein Werk, in dem sich der Autor auf das christliche Dogma stützt, um gegen den Militarismus und Nationalpatriotismus vorzugehen); *Das Fortleben und die Hochzeit Jeanne d'Arcs; Die Aussprache des Lateinischen in den liturgischen Texten; Lourdes,* eine hierologische Studie; und die 1922 erschienene *Anthologie des Okkultismus,* die für die okkulte Literatur das leistete, was im *Museum der Hexer* heute für die Bilddokumentation verwirklicht ist.
Welcher Unterschied zwischen diesem Mann, bei dem man vor allem anderen seine Leidenschaft für das Geheimnisvolle, die Poesie und das Wunderbare spürt, und den pompösen Scharlatanen wie Eliphas Lévi, Stanislas de Guaïta oder Papus, mittelmäßigen Vulgarisatoren, deren aus der Luft gegriffene, obwohl nicht selten geistreiche und sogar ganz hübsch erfundene Bearbeitungen (hier spreche ich nur für Eliphas Lévi) nicht über die unerträgliche Süffisanz hinweghelfen können!
Das Buch von Grillot de Givry gliedert sich in drei Teile, der erste über die schwarze Magie, die wesentlichsten Praktiken der Hexerei und die dämonischen Manifestationen wie die Besessenheit; der zweite behandelt die weiße oder hohe Magie, d.h. die Kabbala, die esoterische Überlieferung von der Bildung des Menschen und des Universums, die Astrologie, die prophetischen Künste usw . . . ; der letzte die hermetische Philosophie oder die Geheimdoktrin der Alchemisten.
Man kann von einem solchen Buch nun offenbar nicht verlangen, daß es über alle Geheimnisse aufklärt und eine vollständige Darstellung der Okkulten Wissenschaften gibt. Es ist dies im übrigen nicht das Ziel, das sich der Autor gesteckt hat; es kommt ihm lediglich darauf an, die Dokumente vorzustellen, die ihm am charakteristischsten scheinen, und eine möglichst lebendige Illustration dieses immensen Korpus von Doktrinen darzubieten. Die Arbeit von Grillot de Givry muß deshalb von diesem streng dokumentarischen und ikonographischen Gesichtspunkt aus gewürdigt werden.
Die interessantesten von Grillot de Givry wiedergegebenen Dokumente sind unbestreitbar jene, die er dem *Utriusque Cosmi Historia* von Robert Fludd entnommen hat, jene, die sich auf das Tarockspiel beziehen, und die verschiedenen alchemistischen Symbole. Die in der ersten Hälfte des Bandes wiedergegebenen Szenen der Hexerei, des Sabbats, der Teufels-

beschwörung und der Totenanrufung stimulieren, auf den ersten Blick, möglicherweise die Phantasie mehr als die gerade erwähnten Figuren; von einem streng okkultistischen Standpunkt aus jedoch, d.h. im Hinblick auf die Auskünfte, die sie über die Doktrin oder über die Ursprünge bestimmter Traditionen geben, haben diese letzteren eine sehr viel größere Tragweite; und obgleich sie nicht die bewundernswerte Vehemenz der ersteren besitzen, sind sie doch letzten Endes die wahren Rauschtränke, die »Zaubertränke des Phantasus«.
Durch die Wiedergabe alter Tarockspiele, wie z.B. des sogenannten Spiels Karls VI. und weiterer Spiele aus dem 16. und 17. Jahrhundert zeigt Gillot de Givry deutlich, daß all jene wirklich auf dem Holzweg waren, die versucht haben, in den 22 wichtigsten Geheimzeichen des Tarock die Symbolik und sogar die Form der hebräischen Buchstaben wiederzufinden – genauso wie Court de Gébelin, der »ägyptisierend« in diesen Blättern das berühmte *Buch Thoth* sehen wollte.
Der Tarock läßt sich auch nicht den Zigeunern zuschreiben, denn diese tauchen erst zu Beginn des XV. Jahrhunderts in Europa auf, als die Karten schon seit mindestens einem Jahrhundert in Frankreich, Deutschland und Spanien verbreitet waren. Man tut also besser daran, vom Tarock zu sagen, »daß er überhaupt keinen Ursprung hat! Er bleibt ein Rätsel, ein Problem. Er stimmt allerhöchstens mit der alchemistischen Symbolik überein, einer anderen ungreifbaren Doktrin, die sich durch die Jahrhunderte hindurch einen unterirdischen Weg gebahnt hat, sowohl der Religion als auch der Wissenschaft entging und sich dennoch in ihren Domänen eingenistet hat; sie setzte sich auf deren Katheder und Kanzeln und lehrte Prinzipien, deren Starrheit und Unveränderlichkeit wohl dazu angetan sind, alle historischen und philosophischen Untersuchungen in die Irre zu führen.«
Die Alchemie, die rätselhafteste aller Okkulten Wissenschaften stellt gleichzeitig deren Synthese dar, und die Entdeckung des Steins der Weisen ist das höchste Ziel, welches ein Adept sich vorsetzen kann, wobei das große Werk letzten Endes nur die Wiederholung der Weltschöpfung in kleinerem Maßstab darstellt. In den von Grillot de Givry ausgewählten Figuren (die wie alle Figuren dieser Art in symbolischer Hinsicht sehr reich sind) erkennt man alle klassischen Embleme der Alchemisten. Angefangen von den metallenen Schlangen und dem Drachen, der seinen eigenen Schwanz verschlingt, bis hin zu Mond, Sonne, Phönix und geschlechtlichen Doppelwesen, ist die Mehrzahl der hermetischen Hieroglyphen hier vertreten, und sie widerlegen die bei den Profanen ver-

Jacquemin Gringonneur, Kartenspiel Karls VI., Bibliothèque Nationale, Paris. 1. Das Haus Gottes (links) 2. Die Sonne (rechts).

breitete Legende, das einzige Ziel der Suche nach dem Stein der Weisen sei die Herstellung des Goldes.

Die Alchemisten waren in Wahrheit Mystiker, und gerade darin unterscheiden sie sich grundlegend von den bloßen »Bläsern«, die nur auf die Gewinnung von Gold aus waren, sich vergeblich in ihren Laboratorien abmühten und auch allein den Spott der Chemiker von heute verdient haben. Die alchemistischen Verfahren, die sich von den gewöhnlichen chemischen Verfahren vollkommen unterscheiden und eher magisch waren als physikalisch, soweit sich dies bei der Unverständlichkeit der Texte überhaupt ausmachen läßt, können beim gegenwärtigen Stand unseres Wissens nicht *a priori* als absurd bezeichnet werden, und sogar wenn man das Problem unter seinem materiellsten Aspekt betrachtet, so spricht nichts dagegen, daß nicht gewissen Alchemisten tatsächlich die Goldsynthese gelungen ist. Dennoch ist die Frage ihres materiellen Erfolges zweitrangig, und das wunderbare Gebäude ihrer Symbolik sowie der unbestreitbare Einfluß ihrer Doktrin auf die Philosophie ist an die erste Stelle zu rücken. Man kann in der Tat sagen, daß eine ganze Strömung des deutschen Denkens unter ihrer Einwirkung stand, angefangen bei den Mystikern wie Jakob Böhme über Leibniz bis hin zu den *Naturphilosophen* <im Original deutsch>. Und die Idee vom Leben der Materie ist seit den Alchemisten in den verschiedensten Formen und zu wiederholten Malen aufgegriffen worden, ja die Wissenschaft tendiert mehr und mehr dazu, die früher zwischen dem Belebten und dem Unbelebten aufgerichteten Schranken zu durchbrechen.

Der englische Arzt Robert Fludd oder Robertus de Fluctibus (1574–1637) kann zusammen mit Johann Baptista van Helmont als der größte Nachfolger von Paracelsus angesehen werden. Er war Mitglied der wirklichen Sekte der Rosenkreuzer, zu der auch der Mystiker Andreae (der deutsche Übersetzer einer Anzahl von Gedichten des Tommaso Campanella) sowie Leibniz gehörten, der eine Zeitlang ihr Sekretär war. Seine wichtigsten Werke sind der *Tractatus apologeticus integritatem societatis de Rosae Cruci defendens* (1617), das *Utriusque Cosmi Historia* (1619) und die *Philosophia Moysaïca* (1638).

Eine der von Grillot de Givry vorgestellten Figuren Robert Fludds trägt den Titel: Der Spiegel der Natur und das Bild der Kunst. Die Natur – eine nackte Frau mit einer Mondsichel auf dem Geschlecht – ist durch eine Kette mit der rechten Hand an den Arm Gottes gebunden, während an ihre linke Hand die Kunst der Menschen in Gestalt eines auf der Weltkugel sitzenden Affen gekettet ist – ein Symbol, das aus sich selbst heraus spricht.

In einer anderen Figur sind der Tag und die Nacht des Mikrokosmos dargestellt. Man sieht einen aufrecht stehenden Mann unter einer Wolke, die von den 4 Buchstaben des heiligen Tetragrammatons erleuchtet wird. Sein Körper ist durch einen über das Geschlecht laufenden Horizont in zwei geteilt, so daß die Beine in der Nacht sind und der Oberkörper im Tageslicht, das für das Universum von der Sonne und für den Menschen von seinem Herzen erzeugt wird. Das Gestirn und das Organ sind dabei, das eine rechts, das andere links von der Brust der Gestalt, auf den Umkreis desselben Kreises gesetzt, der das Geschlecht zum Mittelpunkt hat. Andere, punktiert gezeichnete Kreise lokalisieren die

3. Manget, Bibliotheca Chemica, Genf 1702, Bd. 2.

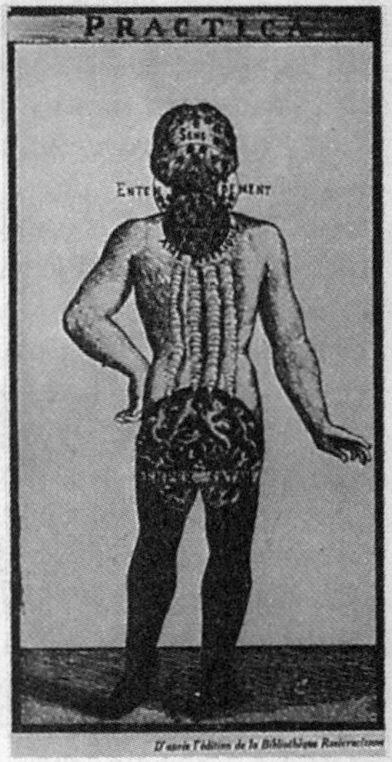

4. Gichtel, Theosophia Practica.

verschiedenen Fähigkeiten und ihre hauptsächlichen Entsprechungen im Makrokosmos.

In einem kürzlich erschienen Werk, *Der Geon oder die lebendige Erde,* das wie so viele Arbeiten dieser Art nur einen schlechten Versuch der Anpassung des Okkultismus an die Fakten der modernen Wissenschaft darstellt (oder umgekehrt) und sowohl dem einen wie dem anderen unweigerlich zum Nachteil gereicht, spricht auch Helan Jaworsky von einem Tag und einer Nacht im Menschen, genau wie im Universum. »Alle 24 Stunden«, sagt er, »beschreibt die Temperatur unseres Körpers eine Kurve, die nachts zwischen 5 und 6 Uhr ein Minimum erreicht (36,7) und tagsüber gegen 18 Uhr ein Maximum (37,5)«, ein Phänomen, das sich regelmäßig wiederholt, auch wenn die Sonne, wie z.B. in Nordisland, wo die »Mitternachtssonne« scheint, nicht untergeht; andererseits »bietet uns die Erde gleichfalls eine thermische Kurve dar, deren Minimum im Winter erreicht ist; anschließend steigt die Temperatur im Frühling an und kommt im Sommer zu ihrem Maximum«. Darüber hinaus »beschreibt das rote Blutkörperchen periodisch einen vollständigen

Kreisumlauf um unseren Körper herum, wobei es abwechselnd das vergiftete dunkle Blut der Venen und das belebende rote Blut der Arterien durchläuft«, und »man hat 15 Sekunden Aktivität und 15 Sekunden Schlaf errechnet, die wie der Tag und die Nacht für die Zellen des Mikrokosmos sind.«

Dieser Tag und diese Nacht des Menschen haben bei Fludd nun offenbar einen viel stärker symbolischen Stinn. Dieses Schema, bei dem die Horizontlinie durch das Geschlecht bestimmt wird, läßt sich sehr gut mit einer der Bildtafeln aus der *Theosophia practica* (1736) des deutschen Mystikers Gichtel vergleichen. Die Tafel stellt in der Tat eine von hinten gesehene Gestalt dar, deren von einem Kreis umrahmtes und als der entsprechende Bereich der Hölle bezeichnetes Hinterteil von Ungeheuern wimmelt und mehrere Spiralen weißen Rauches entweichen läßt, die bis zum Gehirn aufsteigen und allegorisch zeigen, wie die niederen Zentren auf das zerebrale Leben einwirken. Man findet eine analoge Vorstellung in der Figur von Robert Fludd, wo die untere Hälfte des Körpers in den Schatten getaucht ist, während die obere Hälfte im Licht badet.

Es ist wichtig anzumerken, wie allgemein den Geschlechtsteilen im Okkultismus diese Rolle des Drehpunktes zugeschrieben wird. Im Hebräischen ist der Buchstabe IOD, der das zeugende Prinzip, oder im heiligen Tetragramm Gott den Vater ausdrückt, ein Phallussymbol. Khunrath stellt ihn in den Mittelpunkt einer der gewöhnlich mit dem Namen des pentagrammatischen Rosenkreuzes bezeichneten Bildtafeln seines *Amphitheaters*. Cornelius Agrippa gibt in seiner *Philosophie occulte* an, daß dem Buchstaben IOD in der Welt der Hölle Luzifer entspricht und in der Welt der Natur der Stein der Weisen. Paracelsus verleiht dem IOD oder dem zeugenden Punkt in einer Figur des *Liber Azoth (Practica lineae vitae)* dieselbe phallische Bedeutung (Vgl. die Kommentare Grillot de Givrys zur *Hieroglyphischen Monade* von John Dee). Diese vorrangige Bedeutung des sexuellen Elementes wird gleichzeitig von der kapitalen Rolle bestätigt, die ein anderes Phallussymbol, die Schlange, bei einer großen Zahl von Religionen spielt.

Man kann sagen, daß diese mythologischen Annahmen heute von der Freudschen Sexualtheorie voll bestätigt werden. Die Psychoanalyse zeigt nicht allein, in welchem Maße das psychische Leben des Menschen an seine Sexualität geknüpft ist, sie gibt darüber hinaus den Schlüssel für die Gottesvorstellung, indem sie z.B. Gott als die Transposition des Vaters (oder des Phallus) auf eine ideale Ebene begreift.

Wenn diese auf die Sexualität bezügliche große Wahrheit so lange verschmäht wurde, nachdem die Alten sie deutlich vorausgeahnt hatten, so liegt das an jenem engstirnigen Rationalismus, der in den letzten Jahrhunderten die Vorherrschaft besaß und sich darauf versteifte, den Einfluß der »niederen Teile« auf das Denken zu leugnen, um gegen das vorzubauen, was ihm als ein Attentat gegen die menschliche Würde erschien.

Gegen diesen Intellektualismus nun, der den Menschen um eine Hälfte seiner selbst beschnitt, wendet sich, wie eine große unwillkürliche Kraft des Protests, die Okkulte Wissenschaft mit ihrem gewaltigen Gerüst von Symbolen. Gleichviel ob sie in ihrer Gesamtheit einer objektiven Wahrheit entspricht oder nicht, ihre Symbole sind vom poetischen Standpunkt und demnach vom Standpunkt der menschlichen Bedeutung aus gesehen unschätzbar. Und selbst wenn sie nichts anderes ist als der Widerschein im Kopf des Menschen von instinktiven und verborgenen Determinaten oder auch nur ein Phantasiegebilde, das wie der Traum den vegetalischen Tiefen des menschlichen Wesens entsteigt, so ist doch ihr Studium von allergrößten Interesse – denn es leistet einen Beitrag zur Erarbeitung jener *menschlichen Wissenschaft, die sich selbst als solche erkennt,* einer Wissenschaft vom Menschen, geschaffen vom Menschen und für den Menschen, einer Wissenschaft, die es ohne Verzug an die Stelle jener abstrakten, toten, unmenschlichen und infolgedessen unvollständigen Wissenschaft zu setzen gilt, deren erdrückende Last wir schon zu lange tragen, jener alten Hochstaplerin, die uns glauben machen möchte, ihre rigide Schwere bekunde ganz offenbar auch ihre Absolutheit, während diese doch nichts anderes ist als das Symptom ihres Gebrechens.

Das »caput mortuum« oder die Frau des Alchemisten (1931)

Ich hatte den amerikanischen Schriftsteller und Reisenden W. B. Seabrook gerade erst kennengelernt, als er mir zu Beginn des Sommers 1930 von Toulon aus – er arbeitete dort an der Niederschrift der Reise, die ihn zuvor ins tropische Afrika geführt hatte, wo er bei den Yafuba der Elfenbeinküste und bei den Dogon aus der Gegend von Bandiagara <Mali> gelebt hatte – die hier wiedergegebenen Photographien schickte. Sie zeigen eine Frau mit einer von ihm entworfenen und nach seinen Angaben in New York angefertigten Ledermaske.

Ich hatte ihn nur einmal am 12. April bei einem Gespräch von kaum mehr als einer Stunde in einem kleinen Café gegenüber dem bescheidenen Hotel in der Nähe des Odéontheaters gesehen, wo er abgestiegen war.

Vorgestellt hatte ich mich ihm als Verfasser einer Rezension über die *Magische Insel,* seiner verblüffenden Reportage über die Schwarzen Haitis, über die Hexenkunst in diesem Land und den Kult des Vaudou (Vgl. *Documents* Nr. 6, 1929, S. 334–335). Ich war sofort von der äußerst herzlichen Aufnahme gefangengenommen, von dem Aussehen und dem bei aller scheinbaren Rauheit sehr einnehmenden Gebaren dieses Mannes – denn man spürte, daß darin vor allem etwas sehr Menschliches lag.

Im Gespräch konnten wir bald die Schranken der Konventionen und Banalitäten überspringen. Wir lieben beide die Schwarzen, wir sind leidenschaftliche Anhänger des Okkultismus (ich aus Neugierde, er als Ausübender); aber wir sind vor allem beide überaus skeptisch hinsichtlich des Interesses der modernen westlichen Zivilisation, und wir sind davon überzeugt, daß eines der wenigen wertvollen Ziele, das zu erreichen sich der Mensch vorsetzen kann, die mit allen Mitteln (Mystik, Wahnsinn, Abenteuer, Poesie, Erotik . .) betriebene Aufhebung jener unerträglichen Dualität ist, die dank unserer geläufigen Moral zwischen Körper und Seele, Materie und Geist besteht. Mehr war nicht nötig, damit wir uns auf Anhieb als Freunde fühlten. Und heute – wo ich voraussichtlich bald Europa verlassen und eine beträchtliche Zeit in der Ferne bleiben werde – steht mir klar vor Augen, daß Seabrook in der Zeit dieser Abwesenheit einer der wenigen Menschen sein wird, die mir fehlen

1. Von W. Seabrook entworfene Ledermaske. Photo: D. W. Seabrook.

werden, und unter diesen wenigen wieder einer von denen, die mir dann am meisten fehlen.

Gegen Ende der Unterhaltung, von der hier die Rede ist, und nachdem ich ihm von einer gewissen Anzahl von mystischen Praktiken der tibetanischen Asketen erzählt hatte (Erinnerungen an einen Artikel von Alexandra David-Neel, den ich auf den Rat meines Freundes Marcel Jouhandeau in der *Revue de Paris* vom 10. April 1930 gelesen hatte), erzählte mir Willie Seabrook die folgende Geschichte, die er selbst auf seiner Reise nach Arabien gehört hatte:

In einem Derwischkloster sticht ein junger Asket durch seine besondere Frömmigkeit und seine mystischen Fähigkeiten hervor. Der alte Mönch, der ihn in allen seinen Übungen anleitet und seine Fortschritte bemerkt, läßt ihn zu sich kommen. Er sagt ihm ungefähr folgendes: »Du bist auf dem Wege der Mystik sehr weit vorangeschritten. Aber noch bist du nicht bis zum letzten Ende gelangt, zu jener Grenze, die dir noch zu überschreiten bleibt. Du bist jetzt bereit: wenn du es willst, so kannst du das Antlitz Gottes schauen.« Er rät ihm dann, die Nacht in einer in Trümmern liegenden Moschee zu verbringen, die sich in einiger Entfernung vom Kloster befindet, bestimmte Gebete zu sprechen und bestimmte Riten durchzuführen: so werde er mit Sicherheit das Antlitz Gottes schauen. Der in äußerste Verwirrung gestürzte junge Asket lehnt ab. Jeden Tag geht der alte Mönch ihm nach. Der Junge antwortet immer, daß er dessen nicht würdig sei, und er verbirgt nicht den heiligen Schrecken, den ihm die Vorstellung einflößt, das Antlitz Gottes zu schauen. Das beharrliche Drängen des Alten besiegt schließlich seinen Widerstand, und der junge Mönch begibt sich zur Moschee.
Als der alte Mönch am nächsten Tag seinen Schüler nicht wieder auftauchen sieht, macht er sich auf die Suche nach ihm, und als er ihn schließlich gefunden hat, bemerkt er, daß er aschfahl ist, schrecklich angegriffen und entstellt. Auf eine Frage des Alten hin, ob er auch wirklich zur Moschee gegangen sei und ob er all das gemacht habe, was er ihm aufgetragen hatte, antwortet der Schüler mit *ja.* Auf eine weitere Frage, ob er auch das Antlitz Gottes geschaut habe, antwortet der Schüler *ja.* Auf eine dritte Frage hin, wie denn das Antlitz Gottes beschaffen sei, versagt dem jungen Derwisch die Stimme, und er fängt an zu zittern. Von Fragen bestürmt, antwortet er schließlich bebend vor Angst: daß er das Antlitz Gottes gesehen habe, aber es sei sein eigenes Gesicht gewesen, und er habe also in dieser, in den Trümmern der Moschee verbrachten Nacht *von Angesicht zu Angesicht Gott gegenübergestanden, das heißt sich selbst.*

An diese Geschichte – die genauso schön ist wie die Legende, auf die

Gérard de Nerval in *Aurelia* anspielt und in der ein Ritter »eine ganze Nacht über in einem Wald gegen einen Unbekannten kämpfte, der er selber war« – erinnerte ich mich, als ich die Photographien von Seabrookschen Masken erhielt. Ich verstand durch diesen Vergleich, warum man schon allein aus der Verbergung und *Verneinung* eines Gesichts eine tiefe Lust ziehen kann, – eine Lust, die zugleich erotisch ist und mystisch, wie alles, was unter dem Zeichen der vollkommenen Exaltation steht.

Wenn es eine Tätigkeit gibt, die unter den unzähligen menschlichen Aktivitäten an eine der ersten Stellen gerückt werden muß, so ist es jedenfalls die der Verkleidung. Von dem einfachen Schmuck an, dem Gefallen an prächtiger Kleidung und Uniformen, über die Theatermasken und -kostüme, die Karnevalsvermummungen, den Flitterkram der Clowns, das Schminken der Frauen und die Mönchskutte der Büßer bis hin zu den Totemverkleidungen und den Tätowierungen und Bemalungen sieht es ganz so aus, als ob der Mensch, kaum daß er sich seiner Haut bewußt geworden war, nichts Eiligeres zu tun hatte, als sie zu wechseln und sich mit dem Kopf voran in eine erregende Metamorphose zu stürzen, die es ihm durch das Anlegen einer anderen Haut erlaubte, seine eigenen Grenzen zu durchbrechen.

Der Abstand ist gering zwischen der Haltung des »Wilden«, der sich mit Hilfe seines Totemkostüms mit einem Tier oder sonstigen Naturwesen identifiziert, und derjenigen des Mannes, für den bestimmte Einzelheiten des Schmucks einer Frau starke erotische Reize darstellen. Im einen wie im anderen Fall handelt es sich um eine unbewußt auf uns wirkende Anziehung durch etwas, das uns *fremd* ist. Irgendeine Einzelheit einer aufgelösten Kleidung, ein intimes Wäscheteil, ein Strumpfband z.B. oder ein simpler Schuh wird uns aufreizen durch seinen Charakter als Fertigware, als Objekt, das mit einem hohen sozialen Wert behaftet ist, das in unvermitteltem Kontrast steht zur puren Nacktheit und aus diesem Widerspruch eine tiefe Fremdheit ableitet. Man rührt hier übrigens an die Quelle des erotischen Fetischismus, der dem religiösen Fetischismus und dem Reliquienkult sehr nahesteht, denn in beidem bekundet sich dieselbe Art magischen Denkens: das Teil wird für das Ganze genommen, das Wäschestück für die Person. Das Teil ist hier nicht allein mit dem Ganzen identisch, sondern sogar noch stärker als das Ganze, wie auch ein Schema stärker ist als der Gegenstand, den es darstellt, wobei das Teil und das Schema so etwas wie *Quintessenzen* sind, die aufgrund ihrer höheren Konzentration noch ergreifender und ausdrucks-

voller sind als das Ganze, zugleich aber weniger real, uns äußerlicher bleibend, fremder, Verkleidungen ähnlich, durch die die Realität – und infolge dieses Kontextes der Mensch selbst – verwandelt wird.
Um zu den Masken zurückzukommen, die uns hier beschäftigen, so läßt sich zunächst feststellen, daß sie zu jener Art von Verkleidungen zu rechnen sind. Die Frau wird durch sie unkenntlich, schematischer, und gleichzeitig drängt sich das Bild ihres Körpers mit einer gesteigerten Intensität auf.
Wie ein leibliches Gespenst, das plötzlich in den finsteren Winkeln eines Zimmers, oder auf einem undeutlichen Wege am Rande eines Brunnens erscheint, wird die Frau durch die Maske viel beunruhigender, und mysteriöser, und da ihr unterschlagenes Gesicht sie beinahe anonym werden ließ, erhält sie durch diese harte Kopfbewehr aus Leder oder Metall, durch jene strenge Geometrie, die sie teilweise verbirgt, eine bestürzende Allgemeinheit.
Sie ist keine bestimmte Person mehr, sondern eine Frau *im allgemeinen,* die genausogut die ganze Natur, die ganze Außenwelt sein kann, welche wir auf diese Weise zu beherrschen vermögen. Nicht allein, daß sie unter dem Leder leidet, gequält und gedemütigt wird (was sicher unsere Machtwünsche und unsere fundamentale Grausamkeit befriedigt), ihr Kopf – das Zeichen ihrer Individualität und Intelligenz – wird zugleich verhöhnt und verleugnet. Ihr Partner steht nicht mehr vor einem »Geschöpf Gottes«, dessen auf die Höhe seiner Schultern gehobenes Gesicht dazu geschaffen scheint, sich in den Anblick der Sterne oder anderer Symbole der Erhabenheit und Reinheit zu versenken, sondern er sieht sich dazu imstande – und mit welcher sakrilegischen Freude! –, einen einfachen und universellen erotischen Mechanismus spielen zu lassen. Dieselbe Freude, die der junge Derwisch der Legende empfunden haben muß – obwohl er unschuldig oder heuchlerisch sich davor entsetzte –, als er das Gesicht Gottes unterdrückte, um sein eigenes an die Stelle zu setzen, muß auch der Partner der maskierten Frau empfinden. Eine satanische Freude, denn sie ist zum einen sadistisch und wird dazu noch von dem Verbrechen der Gotteslästerung verstärkt und erschwert. Vollbewußt wird so die Liebe – da das Gehirn symbolisch durch die Maske erdrückt wird – auf einen naturhaften und bestialischen Prozeß reduziert, die Fatalität, die uns niederzwingt, ist endlich gebändigt. Schließlich ist diese Frau dank der Maske in unseren Händen nur noch die Natur selbst, von blinden Gesetzen gestaltet, ohne Seele oder Persönlichkeit, eine Natur die allerdings dies eine Mal vollständig an uns gefesselt ist,

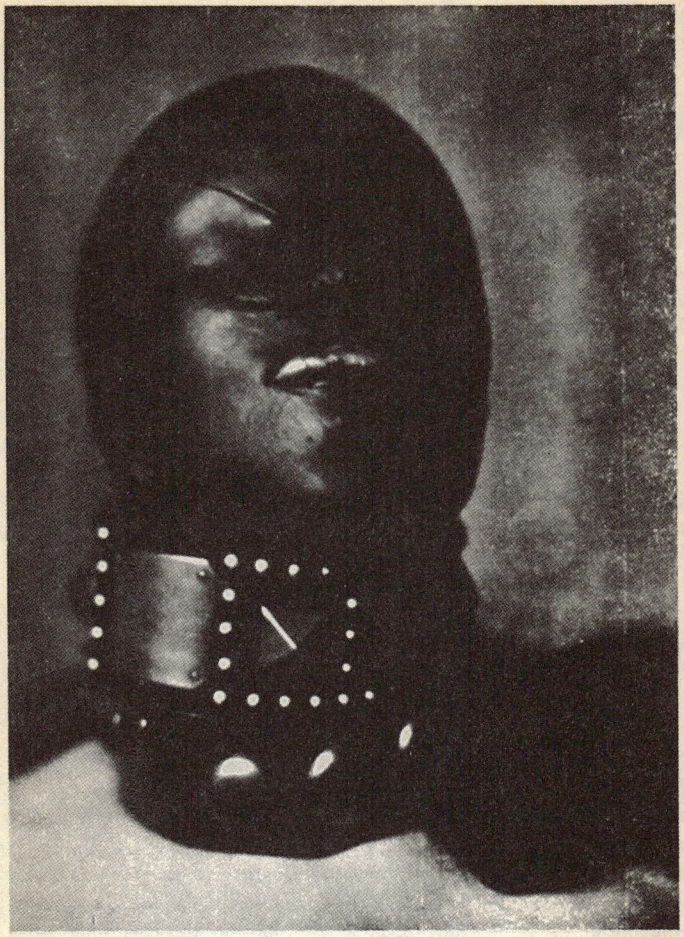

2. Ledermaske und Halsband. Photo: D. W. Seabrook.

wie auch diese Frau gefesselt ist. Der Blick, die Quintessenz des menschlichen Ausdrucks, ist eine Zeitlang geblendet, was der Frau eine noch höllischere und unterirdischere Bedeutung verleiht. Und der Mund ist, dank des schmalen Spalts, der allein ihn erkennen läßt, auf die animalische Rolle einer Wunde reduziert. Die geläufige Anordnung der Schmuckelemente schließlich ist gänzlich auf den Kopf gestellt; der Körper ist nackt und der Kopf maskiert. All dies sind Elemente, die aus den Lederstücken (einer Materie, aus der die Stiefeln und Peitschen sind) unerhörte Werkzeuge machen, die dem wunderbar entsprechen, was die Erotik in Wahrheit ist: ein Mittel, aus sich herauszugehen, die Bande zu zerreißen, die die Moral, der Verstand und die Sitten einem auferlegen, eine Weise zugleich, die bösen Kräfte zu bannen, Gott und den ihn vertretenden Höllenhunden der Welt die Stirn zu bieten, indem man ihr Eigentum, das gesamte Universum, in einem seiner besonders bedeutsamen, aber hier nicht mehr unterschiedenen Teilen in Besitz nimmt und seinem Zwang unterwirft.

Eine lebende Architektur krönend, deren nackte Füße in einen ausschließlich sinnlichen Schlamm getaucht bleiben, verliert sich der verhüllte Kopf allmählich in den von metaphysischen Gewittern schweren Wolken. Jetzt ist von keiner Frau mehr die Rede, die irgendeine zivile Identität besäße, und auch nicht von einer Gestalt, die in unseren Augen das ewig Weibliche darstellen würde. Große Dunstalphabete schweben in weiter Ferne über dem Boden, hoch über den Wolkenkratzern von New York, wo Seabrook gegenwärtig wohnt, und den beinlos verkrüppelten Gebäuden von Paris, wo ich selbst mit meinem Kugelschreiber in der Hand diesen Artikel für *Documents* schreibe.

Schön wie die Kuh Hathor richtet sich die maskierte Frau auf, oder wie ein Henker oder wie eine enthauptete Königin; und wie sie so aufrecht vor dem Partner steht, dessen Gesicht zum Antlitz eines Gottes geworden ist, bewundert er ihren, durch das fehlende Gesicht noch herrlicher gewordenen Körper, der sie zugleich wahrhaftiger und ungreifbarer werden läßt und sie allmählich in eine Art von abstraktem *Ding an sich* verwandelt, verführerisch und mysteriös – das höchste Residuum, das man sowohl mit dem idealsten als auch mit dem schäbigst materiellen Wert belegen kann –, so rätselhaft und anziehend wie eine Sphinx oder eine Sirene: die große, universelle Matrix, der der alte Hegel, als er sie sich vorstellte als »das Produkt des Gedankens, und zwar desjenigen Gedankens, der vom leeren Ich, das sich als Objekt diese leere Identität seiner selbst setzt, bis zur reinen Abstraktion zurückgeht«, den Beinamen *caput mortuum* verlieh, einen Begriff, den er von den alten Alchemisten entlehnt hatte, die ihn auf jene Phase des Werkes anwandten, wo alles verdorben scheint und sich doch alles neu gebildet hat.

»Die hieroglyphische Monade« von John Dee (1927)

> »Das magische Alphabet, die geheimnisvolle Hieroglyphe sind nur unvollständig auf uns gekommen, verfälscht entweder von der Zeit, oder aber von denen, die an unserem Nichtwissen ein Interesse haben. Machen wir uns auf die Suche nach dem verlorenen Buchstaben oder dem verwischten Zeichen, fügen wir die dissonierende Tonleiter wieder zusammen und wir werden Kraft schöpfen in der Welt der Geister.«
>
> Gerard de Nerval

Als der Erfinder von Schrift und Sprache mußte der Mensch in die Falle gehen, die er selbst gestellt hatte. Er hypostasierte die Worte und Zeichen und wollte glauben, ein Gott habe sie ihm offenbart. »Ich bin Alpha und Omega«, spricht das fleischgewordene Wort in der Apokalypse und zeigt darin noch deutlicher, als die Tradition und selbst die Kabbala es wahrhaben möchten, daß Gott, wenn auch der Anfang und das Ende eines jeden Dinges, zugleich doch nur ein einfaches Zeichen ist, eine Kombination von Buchstaben und Worten. Heute, wo die Wissenschaft überall uneingeschränkt herrscht, begeht der Mensch seinen alten Irrtum wieder neu und sieht – wenn er auch oft das Gegenteil behauptet – in den von ihm zur Erklärung der Erscheinungen aufgestellten Gesetzen nicht etwa ein Mittel, das Universum zu beschreiben, eine bequeme Notierung, die er selbst zu seinem eigenen Gebrauch erfunden hätte, sondern den wahrhaftigen, allmächtigen Gott, der über alle Dinge verfügt und sie seinem Willen gemäß anordnet. Jetzt, wo er den Bereich seiner Kenntnisse abgesteckt, wo er sein Wissen gerade dessen entledigt hat, was seinen Adel ausmachen konnte: die Abstecher ins Absolute, jetzt kennt die Verachtung keine Grenzen mehr, mit der er all diejenigen überschüttet, die an die Möglichkeit einer transzendierenden Wissenschaft glaubten, einer Wissenschaft, die sich nicht nur nach reinen Nutzzwecken ausrichtet, sondern in der Lage wäre, wirklich »den Standort und die Formel zu geben«. Im günstigsten Falle lassen sich die gegenwärtigen Gelehrten und Philosophen dazu herab, Okkultisten und Alchemisten als Vorläufer zu betrachten und anzumerken, daß z.B. die Suche nach dem Stein der Weisen beiläufig zur Entdeckung mancher Stoffe geführt hat, daß im übrigen die Vorstellung von der Umwandlung der Metalle zu den gegenwärtigen Hypothesen über die Beschaffenheit der

Materie nicht im Widerspruch steht und daß sie seit kurzem eine experimentelle Verifizierung in bestimmten Erscheinungsformen der Radioaktivität gefunden hat. Man registriert gleichzeitig, daß die Magie außerdem immer einen gewissen Einfluß auf die Philosophie ausgeübt hat und daß es unter anderem möglich ist, Hegel und die deutschen Naturphilosophen mit Jakob Böhme, Paracelsus und den alexandrinischen Mystikern in Verbindung zu setzen. Diese so sehr auf Zuverlässigkeit bedachten und den Mutmaßungen so abholden modernen Philosophen und Gelehrten, mit ihrem minimalen Ehrgeiz suchen nur eine ärmliche Neugier zu befriedigen und haben alles auf ihr Maß heruntergeschraubt. Sie wollen in den Alchemisten nur banale Bläser sehen, die, von platter Habsucht angetrieben, in kümmerlichen Forschungen verstrickt waren, zu deren erfolgreicher Durchführung sie weder die nötige Intelligenz noch die erforderlichen Mittel besaßen – wenn sie sie nicht, was noch häufiger der Fall ist, ganz einfach der Unredlichkeit bezichtigen. Sie vergessen, daß viele Alchemisten Erleuchtete waren, die in erster Linie ein greifbares Absolutes verfolgten und sich die Herstellung einer konkreten Substanz zum Ziel gesetzt hatten, die alle Geheimnisse in sich birgt und alle Kräfte des Universums in ihre Hand geben kann: eine bewundernswerte Forderung nach Freiheit . . .

Die *Monas Hieroglyphica,* geschrieben von John Dee (1527–1607), dem Astrologen und Geographen der Königin Elisabeth von England, gewidmet dem »König von Rom, Böhmen und Ungarn«, Maximilian, ist ein kurzer hermetischer Traktat mit 24 Theoremen (deren Inhalt, zumal bei den wichtigsten Theoremen, jeweils in einem symbolischen Bezug zu der Zahl zu stehen scheint, die ihren Platz innerhalb des Werkes bestimmt), der außerdem mehrere Figuren und Tafeln umfaßt.

»Die ersten mystischen Buchstaben der Hebräer, Griechen und Römer, Buchstaben, die von Gott allein gebildet und den Sterblichen überliefert wurden (was auch immer die menschliche Arroganz dagegensetzen mag), sowie alle Zeichen, die sie repräsentieren, setzen sich aus Geraden, Punkten und Halbkreisen zusammen . . . « – »*Erstes Theorem.* – Die Gerade und der Kreis gaben die erste und die einfachste Bestimmung und Darlegung der Dinge, die keine Existenz haben und derer, die unter dem Schleier der Natur verborgen sind.«[1] Die kabbalistische Methode John Dees gründet sich auf diese Prinzipien. Eine Methode, die

[1] Vgl. bei Denys l'Aréopagite *(Les Noms Divins,* »Die göttlichen Namen«, Kap. IV) die Stelle über die Analogie zwischen den Bewegungen der himmlischen Harmonien und den Bewegungen der Seele: *kreisförmig, schräg, gerade.*

es ihm zusammen mit der mystischen Interpretation der Zahlen und der Sternhieroglyphen ermöglicht, eine einzige Figur zu konstituieren, die von ihm »Hieroglyphische Monade« genannt wird. Sie besteht aus verschiedenen astrologischen Zeichen (das wichtigste ist die Hieroglyphe des Merkurs, die vom zentralen Punkt, d.h. vom zeugenden IOD abgeleitet ist), die in einer bestimmten Ordnung und nach bestimmten Maßstäben zusammengefügt sind. Diese einzige Figur ist wirklich »die bestimmte Einheit der Bilder«, die »einzige und einige Monade«, in der sich die ganze Vielfalt des Universums verdichtet: das metaphysische Geschick des Menschen, die Bewegung und der Einfluß der Gestirne, die Formel des Brennspiegels, Zeugung und Tod der Lebewesen, die Bildung des furchtbaren Steines, der in der Sprache der Engel *Darr* genannt wird.[2]

In diesem seltsamen Werk, wo hier und da der dunstumhüllte Gipfel irgendeines Mythos vom Werk der Alchemie zum Vorschein kommt (das Ei und der Skarabäus, der Phönix, der Garten der Hesperiden, der Mensch-aller-Zeiten), in diesem Werk ist das Kreuz als zugleich ternäres und quaternäres Zeichen der vier Elemente (2 sich überschneidende Linien und ihr Schnittpunkt, 4 Geraden mit 4 rechten Winkeln) der Ort der Metamorphosen. Vom Kreuz wird die den Stein symbolisierende Zahl 252 abgeleitet, der Buchstabe L, der wie das hebräische Substantiv *Hel* (Gott) ausgesprochen wird und das lateinische Wort *Lvx* Licht, das aus den 3 Buchstaben V = 5, X = 10, L = 50 besteht, »das beschließende Meisterwort (durch die Verbindung und Verschmelzung des Ternären zur Einheit des Wortes)«. Dennoch kommt die ausschlaggebende Rolle dem phallischen IOD zu, dem zeugenden Punkt und Zentrum des Kreises.

Außer dieser Theosophie (die im übrigen immer mit der Suche nach dem Stein der Weisen in engster Verbindung steht, den John Dee in eine Wechselbeziehung zu Jesus Christus bringt) beschreibt der Autor mit jener Methode des Denkens, die von der modernen westlichen Logik sich so grundlegend unterscheidet, die Bewegung der Materieteilchen; er gibt an, welche chemischen Operationen der Bildung des Steines der Weisen vorausgehen und welche Form man den Vasen[3] und sonstigen Instrumenten geben muß, die bei der Operation gebraucht werden. Das

[2] Dieser englische Name des Steines wurde John Dee und seinem Medium Edward Kelly in einer Erscheinung offenbart. Er berichtet davon in *A true and faithful relation of what passed for many years between Dr. John Dee and some spirits* (veröffentlicht 1659).

[3] Die eine stellt ein *Alpha*, die andere ein *Omega* dar.

Ganze ist streng aus der monadischen Figur hergeleitet, deren genaue geometrische Erzeugung er außerdem lehrt. Das ganze Buch kreist um die Frage der philosophischen Forschung, und die folgende Stelle aus Khunraths (1560–1605) *Amphitheatrum Sapientiae aeternae* gibt uns eine Definition ihrer Reichweite.

»Was in der Kabbala die *Vereinigung* des auf die Einfachheit der Monade reduzierten Menschen mit *Gott* ist, ist in der Physiko-Chemie die *Gärung* unseres glorreichen und mehr als vollkommenen Steines mit dem Makrokosmos in seinen Teilen. – und: So wie der mit *Gott* vereinigte Mensch durch *Gott* beinahe ein Menschgott, d.h. *vergöttlicht* ist, und da er aus diesem Grunde alles kann, was er will (ist es doch das, was *Gott selbst* will); so auch verwandelt sich dank dieses Ferments der mit der höheren Welt in ihren Teilen vergorene *Stein* der *Weisen* in alles, was er will, und bringt auf vielfältigste Weise in allem alles hervor, je nach der verschiedenen Natur eines jeden Dings. Und er wird gleichwertig sein allen Dingen in ihrer Gesamtheit und Besonderheit und in ihrem universellen Zusammenhang.«

Als wahrer Stein des Anstoßes und des Sakrilegs für den modernen Logiker und Theologen (wenn man einmal annimmt, daß sich diese Maulwürfe überhaupt dazu herablassen, das Erscheinen eines solchen Buches zur Kenntnis zu nehmen) stellt die kleine Schrift von John Dee durch ihren Gegenstand, ihre Sprache und das mysteriös vorausbedachte Gefüge ihrer einzelnen Teile etwas tief Beunruhigendes dar. Aufgrund ihrer quasi magischen Wirkung auf den Geist kann man behaupten, daß dieses Werk im Bereich des geschriebenen Wortes etwas Analoges zu jenem konkretisierten Absoluten realisiert, zu jenem Vehikel geheimer Fähigkeiten, dem die alten Alchemisten und John Dee selbst im Bereich der Natur als dem Stein der Weisen nachforschten. Dank der vielfältigen Wechsel und Änderungen in der Interpretation bleiben die Schemata, die den Stein illustrieren, keineswegs starre Schablonen, sondern füllen sich mit beunruhigendem Leben.

»Horizont der Zeit«, – »Horizont der Ewigkeit«, »Finsternis, kristallinische Heiterkeit, Zitronenhaftigkeit, Karbunkel«, ein jeder dieser Begriffe hebt eine der Steinplatten, die ein Phantom in die Keller des Verstandes einmauerten, und dennoch: das Buch bleibt hartnäckig verschlossen ...

»*Intellectus judicat veritatem. Contactus ad punctum.* Hier aber erblickt das gewöhnliche Auge nur Dunkelheit und verzweifelt sehr.« [John Dee, *Monas Hieroglyphica*, Antwerpen, im Jahre 1564.]

Anmerkung zu zwei mikrokosmischen Figuren des 14. und 15. Jahrhunderts (1929)

»Augen aus Feuer; Nasen aus Hauch; Mund aus Wasser, der Bart aus Erde.«
William Blake, *Die Vermählung des Himmels und der Erde*

In einem 1927 in Heidelberg erschienenen Werk, dem *Verzeichnis astrologischer und mythologischer illustrierter Handschriften des lateinischen Mittelalters*, stellt der Autor Fritz Saxl, zusammen mit Tierkreiszeichen und anderen astrologischen oder mythologischen Figuren, zwei Bilder vor, von denen das erste aus dem 14. Jahrhundert stammt und einer Sammlung des Klosters Axpach entnommen ist; das andere ist in einem astrologischen Traktat des 15. Jahrhunderts enthalten. Beide Manuskripte befinden sich in der Wiener Nationalbibliothek.

Diese Figuren stellen den *Mikrokosmos* oder die kleine Welt dar, d. h. den Menschen in seinem Bezug zum Makrokosmos oder der großen Welt, dem Universum.

Der Mensch steht der Welt seit Jahrtausenden gegenüber und erst nach und nach beginnt er einzusehen, daß er trotz einiger materieller Errungenschaften, zu denen er es in ihr gebracht hat, bei weitem nicht der Stärkste ist. Ich will hier nicht einmal vom Tod sprechen oder von der Sklaverei, in die uns die physikalischen Gesetze hineinzwingen, sondern von jener einfachen und abstrakten *Gleichheit* im Verhältnis des Menschen zur materiellen Welt, einer Gleichheit, an die der Mensch allmählich den Glauben verliert – obwohl er sich doch mit den Naturphänomenen früher von Macht zu Macht ins Einvernehmen setzte und den Gewittern genauso seinen Tribut zollte wie seinen eigenen Königen: er lebte »auf gleichem Fuße« mit den Steinen, den Pflanzen und den Tieren.

In dieser anthropomorphen Phase projizierte der Mensch seine eigenen Eigenschaften in die Natur und sah die erschaffenen Dinge, das ganze Universum bis hin zu den Göttern als Wesen an, die ihm glichen und dieselbe Würde besaßen wie er selbst. Noch war er nicht so überheblich, sich den materiellen Gegenständen überlegen zu glauben, und wenn er auch bisweilen schlecht mit ihnen umging, so doch nicht, weil er ihnen eine grundsätzliche Verachtung entgegenbrachte, sondern er mißhan-

delte sie, wie man einen Feind mißhandelt oder einen schlechten Diener.
Alle magischen Systeme leiten sich mehr oder weniger von einem solchen Zustand der Harmonie zwischen dem Menschen und seiner natürlichen Umgebung her, einer Harmonie, die heute verloren ist, denn nach einer selbstgefälligen Phase, während der er sich für das schönste Juwel der Schöpfung hielt, dazu bestimmt, als Band zu dienen zwischen dem Gott, den er selbst erfunden hatte, und den übrigen Geschöpfen, erkennt er jetzt endlich, daß er weit davon entfernt ist, den anderen Naturphänomenen auch nur gleichzustehen oder in gewisser Weise eine Parallele zu ihnen zu bilden, und daß er letzten Endes weniger ihr Bruder als ihr armseliger Ableger ist – daß er also nur mit Hilfe unzähliger Täuschungsmanöver ein klein wenig von ihrer fatalen Kraft nutzbar zu machen vermag.
Nachdem dieses Gleichgewicht nicht mehr besteht, das Mensch und Welt auf der gleichen Höhe erhielt, wie auf den beiden Schalen einer Waage, die durch jenen imaginären Waagebalken, die Geißel Gottes, ausgeglichen werden, stellen die Okkulten Wissenschaften gegenwärtig den letzten im Abendland noch überlebenden Ausdruck dieses Gleichgewichts dar. Und es ist das Verdienst der Juden, das stärkste Bild davon in der kabbalistischen Doktrin entworfen zu haben, die den Mikrokosmos dem Makrokosmos gegenüberstellt.
Vor dem Sündenfall war Adam das getreue Ebenbild Adam Kadmôns, seines Prototyps im göttlichen Gedanken, und zugleich nichts anderes als jener Universale Mensch, dessen Symbol sich in so manchen Religionen wiederfinden läßt. Er spielte die Rolle eines Vermittlers zwischen Gott und Universum, und sein beinahe immaterieller Körper, der Widerschein Gottes, war ungeteilt. In seinem Fall aber verfinsterte er sich: Sein Körper verdichtete und teilte sich, und zusammen mit der materiellen Unterscheidung der Geschlechter fand in diesem Moment auch die Unterteilung des Menschengeschlechts in geschiedene Individualitäten statt. So entstanden die Menschen, von denen jeder zugleich das Bild Gottes und der großen Welt bleibt, und das Ziel ihrer Evolution ist die Neubildung jenes umfassenden Wesens, in dessen Zerfall sie ihre Gestalt gefunden haben. Sie werden diese Einheit am Ende der Zeiten wiederfinden durch das Eingreifen Christi, der vermenschlichten Gottheit – d. h. von Adam Kadmôn –, der durch seine willentliche Wiederholung des Sündenfalls in der Menschwerdung die unheilbringenden Folgen jener Ur-Schwäche wieder aufhebt. Dies scheinen, den *christlichen* Kab-

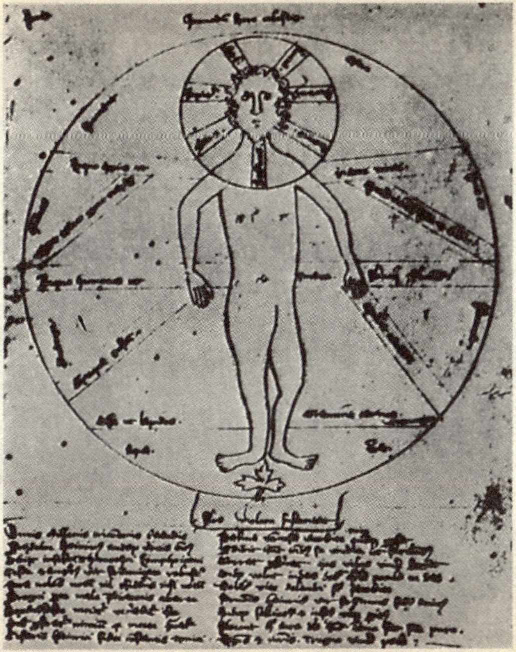

1. Aus der Sammlung des Klosters Axpach

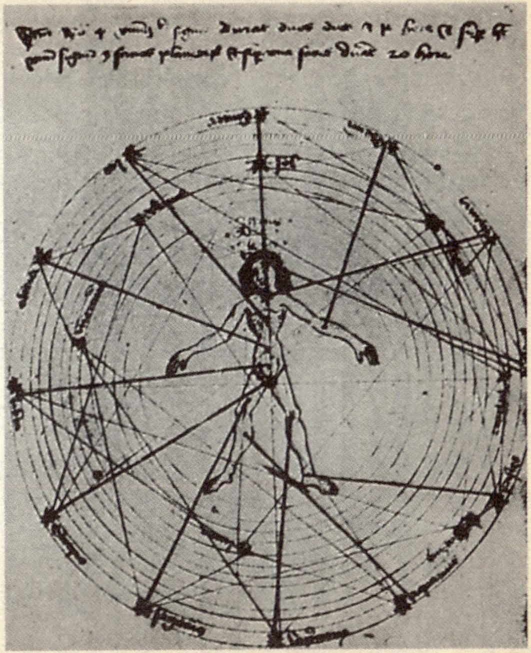

2. Aus dem Tractatus Astrologicus Apotelematicus

balisten[1] zufolge, die grundlegenden Bezüge zu sein, die zwischen Gott, Mensch und Universum bestehen.

Diese Theorie über die Genesis des Menschen, die ich in wenigen Zeilen angedeutet habe, macht verständlich, warum der Mensch oder der Mikrokosmos nach Ansicht der Okkultisten in allen Teilen dem Universum oder Makrokosmos entspricht. Da die gegenwärtige Menschheit gewissermaßen nur der fragmentarische Rest des ursprünglichen Universalen Menschen ist, dessen unfühlbarer Körper einst die ganze Weite der Welt einnahm, so ist es auch nur natürlich, daß der menschliche Körper ein Abriß des Universums geblieben ist, wie auch die menschliche Seele ein Abriß Gottes. Man muß indessen hinzufügen, daß die Theorie des Mikrokosmos, selbst wenn sie ihren vollendetsten Ausdruck in den Schriften kabbalistischer Eingebung gefunden hat, doch bei weitem nicht das ausschließliche Erbgut der jüdischen und christlichen Kabbalisten ist. In der Tat entdeckt man fast überall zumindest eine Spur ihrer Äquivalenzen: bei den griechischen Philosophen z. B. und in den meisten okkulten Traditionen. Diese Idee, aus dem Menschen ein Universum zu machen und aus dem Universum wieder den Menschen – die Gegenseitigkeit liegt schon in dem eigentlichen Begriff des Mikrokosmos begründet –, diese Idee ist höchstwahrscheinlich nur deshalb so weit verbreitet, weil sie einem sehr starken Bedürfnis des Menschen entspricht – im Sinne jenes allgemeinen Mechanismus, der den Menschen eine bestimmte Konzeption des Universums einer anderen vorziehen läßt, nicht weil es rationale Gründe dafür gäbe, sondern weil sie seinen verborgenen Wünschen mehr entgegenkommt.

Wie dem auch sei, die Eingeweihten der Kabbala haben diese These von der mikrokosmischen Natur des Menschen am überzeugendsten formuliert, und ihre wohl beste Darlegung findet man in den Werken des Paracelsus.[2]

[1] Die christliche Kabbala (vertreten u. a. von den Humanisten Pico della Mirandola, Marsiglio Ficino und Reuchlin) ist nicht lediglich ein Amalgam jüdischer und christlicher Vorstellungen, sondern enthält außerdem, wie die ganze Tradition des westlichen Okkultismus, einen großen Teil Neoplatonismus.

[2] Emile Bréhier (*Histoire de la Philosophie allemande*, Paris 1921) entwirft einen sehr klaren Abriß der Doktrin des Paracelsus und gibt die Bedeutung an, die die Theorien des legendären Arztes in der Geschichte des philosophischen Denkens gehabt haben: »Obwohl der Arzt Paracelsus (1493–1541) Schweizer ist und man zu jener Zeit in Europa überall Tendenzen findet, die der seinen vergleichbar sind, ist er doch der Vertreter oder Vorläufer einer Philosophie der Natur, die gerade in Deutschland viele Anhänger fand. Die tiefe und grundlegende Identität aller Wesen, die sich nur scheinbar in ihren Formen unterscheiden, das Vorrecht der Intuition, die jene Identität erkennt und aus dem Gelehrten eine Art Seher macht, der der Masse überlegen ist, und zuletzt die Gesetze der symbolischen Entsprechungen zwischen den unterschiedenen Formen des Seins: dies sind die hauptsächlichen Charakteri-

»Der Makrokosmos«, schreibt Paracelsus, »besteht aus Himmel und Erde, die durch den Bezug der Keime zu den Gestirnen in Übereinstimmung gebracht sind, so daß der Himmel die Bewegung angibt und leitet, während die Erde sie entgegennimmt und ihr folgt. Und auch der Mikrokosmos, oder der Mensch, der nach dem Bilde Gottes und des Makrokosmos geschaffen ist, von denen er alle Kräfte und Eigenschaften in sich zusammenfaßt, auch er hat seinen Himmel und seine Erde, seine entsprechenden Gestirne und physikalischen Kräfte. Sitz des Himmels ist das Gehirn, das Prinzip seiner Gedanken, seines Willens, seiner Bewegungen und Gefühle. Durch diesen Himmel steht er mit den Gestirnen des Universums in Verbindung, deren Einfluß sich auf sein Denken und Handeln erstreckt.«
Es müssen sich also alle Wunder der Natur im menschlichen Körper wiederfinden lassen, so daß man auf diesen letzteren ohne weiteres das Wort Christi, oder des Mensch-Gottes, anwenden kann: »Ich bin Alpha und Omega.« Er ist ein vollkommenes Alphabet aus Fleisch und Blut, das in seiner beschränkten Sphäre alle Kräfte des Tierkreises oder der Sterne, alle Elementarmächte und nicht zuletzt die Zahlen sowie alles Unformulierte in sich zusammenfaßt.
Im *Elucidarium* von Honorius d'Autun findet sich die folgende Stelle, die von Richard Reitzenstein und Hans H. Schaeder in ihren *Studien zum antiken Synkretismus aus Iran und Griechenland* (Leipzig 1926) zitiert wird:

stika jener Geisteshaltung. Sie kann im übrigen kaum eine Doktrin genannt werden. Nach Paracelsus ist der Mensch ein Mikrokosmos, und er läßt sich nur durch das vollständige Leben der Natur hindurch verstehen, durch jenes Gesetz des Ganzen, das er verkörpert und in sich selbst reflektiert; ist das Individuum doch nicht das Produkt des Gesetzes, wie im Determinismus, sondern sein Ebenbild und Vertreter. In der Tat gibt es auch keine eigentliche Einwirkung eines Teils des Universums auf einen anderen, aus dem einfachen Grunde, weil zwischen diesen Teilen kein wirklicher Unterschied besteht; die irdischen Dinge sind von den himmlischen nicht verschieden, und deshalb darf man auch nicht mit den Astrologen sagen, daß die Gestirne in uns wirken: »sie sind frei für sich selbst und wir sind frei für uns selbst«. Aber zwischen uns und den Sternen besteht eine Übereinstimmung, eine ideale und umkehrbare Einwirkung, denn alle Teile des Universums stellen dieselbe Ordnung dar – der Himmel ist genauso das Bild des Menschen, wie auch der Mensch das Bild des Himmels ist. Zwischen der Natur und dem Geist, der sie durchdringt, besteht dieselbe Art der Entsprechung, oder besser der Übereinstimmung: »Was ist die Natur, wenn nicht Philosophie? Was ist Philosophie, wenn nicht die Natur?« Daher auch die Konzeption einer doppelten Erfahrung: die vulgäre Erfahrung, die nur zum Irrtum führt, und eine Erfahrung mystischer Art, die darin besteht, im sichtbaren Faktum die Spur des unsichtbaren Konzepts aufzusuchen: es ist die methodische Kunst der Analyse, die wahrhafte Erfahrung im philosophischen Sinne des Wortes. Sie bedeutet, ein jedes Ding in dem zu erkennen, was es an sich an Unteilbarem hat. Wenn man alle diese Züge wohl in Erwägung zieht, sieht man, daß sich hier schon die wesentlichsten Momente der Naturphilosophie abzeichnen.«

»Deshalb wird gesagt, daß der körperliche Mensch sich aus den vier Elementen zusammensetzt – und er hat von daher seinen Namen Mikrokosmos oder kleinere Welt. Sein Fleisch stammt von der Erde ab, sein Blut vom Wasser, sein Atem von der Luft, seine Wärme vom Feuer. Sein Kopf ist rund wie die Himmelssphäre; zwei Augen glänzen in seinem Gesicht wie die beiden Lichtquellen am Himmel; sieben Öffnungen schmücken den Körper wie auch die sieben Harmonien den Himmel schmücken. Seine Brust wird vom Husten und vom Atem durchzogen und ist ein Abbild der Luft, in der sich die Winde und der Donner regen. Sein Bauch nimmt alle Flüssigkeiten auf, wie das Meer alle Flüsse der Erde. Seine Füße tragen das ganze Gewicht des Körpers und gleichen darin der widerstehenden Erde. Vom himmlischen Feuer hat er seinen Blick, von den höheren Lüften seinen Gehörsinn, von den niederen seinen Geruch, sein Geschmackssinn stammt vom Wasser und sein Tastsinn von der Erde. In seinen Knochen ist die Härte der Steine, in seinen Nägeln das Grünen der Bäume, durch seine Haare nimmt er teil an der Schönheit der Pflanzen und durch seine Sinne ist er verbunden mit den Tieren. Dies ist die Beschaffenheit der körperlichen Substanz.«

Dieser Text gibt einen treffenden Kommentar zu dem ersten der hier wiedergegebenen Bilder, in dem man den Menschen als Mikrokosmos in seinen Bezügen zu den Elementen und den verschiedenen Reichen der Natur dargestellt sieht.

Die Symbolik dieser Figur hat nichts eigentlich Kabbalistisches. Die Gestalt steht aufrecht, und unter ihren Füßen ist eine Blume, die die Erde darstellt. Ihre Sinnesorgane und die verschiedenen Bereiche ihres Körpers stehen mit den verschiedenen Teilen des Universums in Verbindung.

Die zweite Figur zeigt einen Menschen, der wie in einem großen Spinnennetz gefangen zu sein scheint. Es wird von dem Geflecht der Einflußlinien gebildet, die die sieben Planeten und die zwölf Unterteilungen des Tierkreises miteinander verbinden und verweben.[3] Bei seinem Anblick

[3] Wie schon sein Name anzeigt, scheint der Tierkreis ursprünglich nur aus Tiergestalten bestanden zu haben. Nach Lévy-Bruhl (*La Mentalité Primitive* <dt.: *Die geistige Welt der Primitiven*. Darmstadt 1959>) ist die Unterteilung des Raumes nach den verschiedenen Himmelsrichtungen bei den Primitiven an die Aufteilung der Güter gebunden. Die Felder, die Pflanzen, die Tiere und sogar das Weltall und die Sterne werden unter den verschiedenen Klans aufgeteilt und dem Totem eines jeden Klans unterstellt. Es ist also gut möglich, daß die tierischen oder menschlichen Symbolfiguren, die man den Sternenkonstellationen zuweist, einen Überrest dieses primitiven Totemismus darstellen. Allgemein gesehen würde so manches mystische Symbol der klassischen Magie seine Aufklärung finden, wenn man zu seiner Interpretation neben der Freudschen Analyse auch die verschiedenen Kenntnisse heranziehen

fühlt man sich unweigerlich in den Fängen der unerbittlichen Fatalität, und man kommt nicht umhin, auch jenen klassischen Trostspruch wieder in Zweifel zu ziehen, der unter den alten Astrologen verbreitet war und trotz allem einen Anteil menschlicher Freiheit bewahren sollte: »Die Sterne machen geneigt, doch sie nötigen nicht.«

Der Mensch hat hier nicht mehr dieselbe Körperhaltung wie auf dem ersten Bild; seine Arme und Beine sind gespreizt und er erinnert ausgesprochen an den in einen fünfzackigen Stern eingeschriebenen Menschen des magischen Pentagramms von Cornelius Agrippa. Dieser Stern wird *Zeichen des Mikrokosmos* genannt, im Gegensatz zum sechszackigen Stern oder Siegel Salomons, der das *Zeichen des Makrokosmos* ist. »Denn wenn man um ein Zentrum herum«, sagt Agrippa (*Philosophie occulte*, Buch II), »einen Kreis beschreibt, der über den Scheitelpunkt des Kopfes verläuft, wobei die Arme gerade so weit gesenkt sind, daß die äußeren Finger die Kreislinie berührten und die Füße auf diesem selben Kreisumfang genauso weit auseinanderstehen wie die Endpunkte der Hände vom Scheitel des Kopfes entfernt sind, dann ist der um das Zentrum des unteren Schambeines gezogene Kreis in fünf gleiche Teile geteilt, die ein perfektes Fünfeck bilden, und wenn man die äußeren Enden der Fersen mit dem Nabel verbindet, entsteht ein gleichseitiges Dreieck.« (Es ist anzumerken, daß die Zahl 5 vom symbolischen Standpunkt aus die Zahl der Kreatur, des Menschen und der Fleischwerdung ist; das gleichseitige Dreieck entspricht der 3 bzw. der Trinität.)

Bei der Figur, die uns hier beschäftigt, zeigen die von den Zwölf Kreisabschnitten ausgehenden zwölf Linien an, welchem Teil des Körpers jedes Tierkreiszeichen entspricht. Die in der Tradition bestehenden Einflüsse sind, bis auf geringe Abweichungen, folgende:

Der *Widder* hat Gewalt über den Kopf, wie der *Stier* über den Hals, die *Zwillinge* über die Schultern und der *Krebs* über Arme und Hände; der *Löwe* herrscht über die Brust, das Herz und das Zwerchfell, die *Jungfrau* über den Magen, die Eingeweide, die Rippen und die Muskeln. Die

würde, die wir z. B. auf dem Gebiete des Totemismus besitzen. Zahlreiche Mythen sind bereits von Freud und seiner Schule psychoanalytisch interpretiert worden. Man täte zweifellos gut daran, diese beiden Methoden auch auf den gesamten Bereich des Okkulten anzuwenden. Viele Rätsel könnten gelöst werden und die Okkulte Wissenschaft würde auf diese Weise zu einem noch besseren Spiegel werden als die Folklore und die Religionswissenschaft – ein Spiegel, in dem man den Widerschein der großen instinktiven Strebungen des Menschen entdecken könnte. Allein durch die Kenntnis dieser Strebungen läßt sich die Metaphysik zu Fall bringen: durch die Enthüllung dessen, was sie unbewußt an Menschlichem enthält, und man vermag so die Kritik auf konkrete Weise zu vervollständigen, die Kant im Abstrakten bereits geleistet hat.

Waage wirkt auf die Lenden ein und ist der Ursprung und das Prinzip der anderen Glieder; der *Skorpion* beeinflußt die Geschlechtsteile, der *Schütze* die Schenkel; der *Wassermann* wirkt auf die Beine, die *Fische* wirken auf die Füße. In dem Pentagramm Agrippas sind die folgenden planetarischen Entsprechungen angegeben: *Mars*, der Kopf; *Jupiter*, die linke Hand; *Venus*, die rechte Hand; die *Sonne*, der Bauch; der *Mond*, das Geschlecht; *Saturn*, der linke Fuß, *Merkur*, der rechte Fuß.
Cornelius Agrippa scheint die Entsprechungen allerdings für variabel zu halten, je nachdem welche Position der Körper einnimmt und wie demzufolge die Hände und die Füße die Kreislinie unterteilen. Andererseits stimmen die verschiedenen Autoren, die über diese Gegenstände geschrieben haben, in der Zuweisung der Planeten zu ganz bestimmten Organen bei weitem nicht miteinander überein.
Das hier wiedergegebene Bild zeigt diese Entsprechungen der Gestirne zu den einzelnen Teilen des Körpers nicht an; aber ein jedes Tierkreiszeichen ist durch dünnere Linien mit drei der sieben Planeten verbunden. Diese graphische Aufteilung soll deutlich machen, welcher planetarische Einfluß in besonderem Bezug zu jedem Drittel oder Dekan eines Zeichens steht.
Bei diesen Figuren ist der Hinweis auf eine berühmte Zeichnung von Leonardo da Vinci von Interesse: eine Illustration zu Vitruvius Pollio, die einen in einen Kreis eingeschriebenen nackten Mann darstellt. Man hat diese Zeichnung immer als die graphische Darstellung eines Kanons der menschlichen Körperproportionen aufgefaßt. Aber man darf annehmen, daß es sich dabei um etwas ganz anderes als einen ästhetischen Kanon handelt. In Anbetracht der Ähnlichkeit der Zeichnung von Vinci mit dem fünfzackigen Stern Agrippas, können diese Proportionen in der Tat als rein symbolisch betrachtet werden. Und ist dies nicht schon für den Kanon der Fall, den Polyklet der griechischen Bildhauerkunst auferlegte – ein Kanon, dessen pythagoräische Inspiration heute zweifelsfrei ist und der infolgedessen der Arithmosophie zugerechnet werden muß?
Es ist eigentümlich, wie schnell man in unserer Epoche all dem, was ursprünglich eine rein symbolische Bedeutung hatte, einen ästhetischen Sinn zuerkennt: den Proportionen der Kathedralen z. B., den traditionellen Gesetzen der Harmonie, dem goldenen Schnitt, dem ägyptischen Dreieck . . . Es ist nun allerdings wahr, daß sich, den eigentlichen Prinzipien des Okkultismus zufolge, die symbolische Realität auf den drei Ebenen des Göttlichen, Menschlichen und Materiellen wiederfindet, in

der Totalität der existierenden Dinge wie im kleinsten ihrer Teile – und folglich auch im Ästhetischen.
Nichtsdestoweniger ist dies eine allzu mythische Erklärung. Wenn man diese eine Realität anscheinend überall wiederfindet, dann sollte man wohl eher sagen, daß der Mensch – als mehr oder weniger unbewußter Fälscher – von Natur aus dazu neigt, sie überall hineinzulegen.

wichtig:

[illegible]

Berufswahl

Beruf

Anhang

Für die Genehmigung des Abdruckes der beiden folgenden Auszüge aus einem Interview und einem Text danken wir Madeleine Gobeil und Jean-Pierre Faye. Beide Arbeiten – die in einer englischen Übersetzung in der Zeitschrift *Sub-Stance* (Madison) 11/12, 1975 erschienen sind – wurden von den Autoren in der Originalfassung zur Verfügung gestellt; Jean-Pierre Faye hat einige Ergänzungen zum ursprünglichen Text vorgenommen. Gobeils Interview ist als Ergänzung zu dem gedacht, was Leiris in den vorliegenden Texten und in denen des ersten Bandes über sein Verhältnis zu seinen geistigen Vätern und Freunden der Literatur sagt. ›Leben und Werk‹ von Leiris wurden auch ausführlich in Einleitung und Bibliographie des ersten Bandes erörtert. Jean-Pierre Fayes Arbeit vervollständigt das Bild des politisch engagierten Michel Leiris: der »Freund des großen Jahres« 1967/68. Faye ist als Herausgeber der Zeitschrift *Change* und als Autor der sprach- und ideologiekritischen Studien *Langages totalitaires* (1972) bekannt geworden. Nach der Begegnung bei der »Internationalen Vereinigung der Freunde der Cubanischen Revolution« in Havanna setzte er 1968 mit Leiris seine Gespräche (jetzt über die militärische Invasion von Prag und über Cubas antiimperialistischen Kampf auf dem amerikanischen Kontinent) fort. Der hier publizierte Auszug seiner Hommage beginnt mit dem Jahre 1970.

1. *Interview mit Michel Leiris (von Madeleine Gobeil)*

M. L.: Mein erster Text ist in der kleinen, von Jouhandeau und Supervielle herausgegebenen Zeitschrift *Intentions* erschienen, und der erste Schriftsteller, dessen Bekanntschaft ich machte, war Max Jacob. Ich habe ihn immer für einen sehr großen Poeten und Schriftsteller gehalten, und mit seinem zerrissenen, gespaltenen Leben voller Widersprüche hatte er etwas ausgesprochen Exemplarisches. Er war ein Dichter im wahren Sinne des Wortes, genau wie Nerval ein Dichter war, oder auch Baudelaire und Rimbaud. Sein ganzes Leben war bei ihm in die Poesie einbezogen. Ich habe durch ihn den Maler André Masson kennengelernt, den ich in *Mannesalter* als meinen Mentor bezeichne. Etwas später, nach einer Ausstellung von Masson, nahm Breton mit uns Kontakt auf und unser ganzer kleiner Freundeskreis ist zu den Surrealisten gestoßen.
M. G.: Aber nicht in strenger Gefolgschaft?
M. L.: Doch, ich bin Surrealist gewesen und habe von 1924 bis 1928 die Manifeste mitunterzeichnet. Ich verdanke dem sehr viel, und in gewisser Weise halte ich mich immer noch für einen Surrealisten. Meine Methode ist ganz anders geworden. Das automatische Schreiben z. B. kommt für mich heute nicht mehr in Frage. Meinen Träumen messe ich viel weniger Bedeutung bei, als ich dies lange Zeit getan habe, aber alles in allem verfolge ich doch in etwa noch dasselbe: das,

was Breton – ich erinnere mich nicht mehr an den genauen Wortlaut – als den Punkt bezeichnet hat, »an dem Leben und Tod ineinander übergehen müßten«, den Ort, an dem alle Widersprüche ihre Auflösung fänden.
M. G.: Sie haben Ihre Gedichtsammlung *Grande fuite de neige* (Große Schneeflucht) Robert Desnos gewidmet.
M. L.: Robert Desnos war einer der Surrealisten, mit denen ich am engsten verbunden war. Das Wunderbare an seinem Leben, und das ist in seinen Büchern greifbar, war, daß er »surrealistisch« lebte. Breton hat bestimmte Dinge immer wieder erzählt, und wer diese Zeit nicht selbst erlebt hat, mag das für eine Legende halten. Aber ich habe mit eigenen Augen gesehen, was Breton erzählte. Wenn Desnos mit Freunden z. B. in einem Café, in einer lärmenden Umgebung zusammensaß und es ihm danach zumute war, schloß er die Augen und fing an zu improvisieren. Der improvisierte Text war im allgemeinen von sehr großer Schönheit und poetischer Dichte. Desnos war auch einer von denen, die sich in der direkten körperlichen Aktion am meisten engagierten. Sehr mutig bei Demonstrationen und draufgängerisch bei Handgemengen, zudem begabt mit einer Fähigkeit zur Improvisation und zu schlagfertigen Antworten, stürzte er den Gegner unfehlbar in Verwirrung. Im freundschaftlichen Umgang war er brüderlich. Und er, der so leidenschaftlich die Freiheit liebte, konnte von den Lebensumständen der Besatzungszeit nur empört sein. Sein Mut während der Résistance und dann sein tragischer Tod sind bekannt.
M. G.: Sind Sie nicht der einzige surrealistische Schriftsteller, der Raymond Roussel gut gekannt hat?
M. L.: Raymond Roussel hat meinem Vater bestimmte Papiere anvertraut, und kennengelernt habe ich ihn als den Freund meines Vaters. Lange Zeit über ist er fast jede Woche gekommen, um mit ihm zusammen zu musizieren. Ich muß etwa sechs oder acht Jahre alt gewesen sein, als man mir erlaubte, an diesen Abenden teilzunehmen. Roussel war außergewöhnlich sensibel und sehr beständig in der Freundschaft. In treuem Angedenken an meinen Vater kam er jedesmal mit mir zusammen, wenn ich ihn darum bat. Ich habe eine regelmäßige Beziehung zu ihm gehabt. Aber ich kann mich nicht rühmen, Roussel gefallen zu haben: er empfing mich, weil ich der Sohn eines Mannes war, dem er sehr zugetan war. Wir sprachen als Kollegen miteinander, und ich schickte ihm einige meiner Texte. Es war ausgesprochen schwer, etwas über seine eigenen Arbeiten von ihm zu erfahren. Von Zeit zu Zeit ein Satz ... Aber ohne Kontinuität. Charlotte Dufrêne, seine Vertraute, hatte mir von dieser Eigenheit erzählt, und ich habe es selbst erfahren: er bediente sich eines Tricks, mit dem er alle Fragen abwimmelte, die ihm lästig waren, d. h. Fragen, die man ihm zu seinem Werk hätte stellen können. Er sprach einfach zuerst! Er erkundigte sich nach allen möglichen Dingen! Bei unserem letzten Zusammentreffen fragte er nach allen Familienmitgliedern und nach den Freunden meiner Familie, die er gekannt hatte, und das war schließlich vollkommen aberwitzig. Ich hatte versucht, ihn über seine Werke auszufragen ...

M. G.: Haben Sie die Stücke von Roussel gesehen?
M. L.: Ich habe sie alle gesehen. Bei den *Impressions d'Afrique* war ich zwölf Jahre alt. Mein Vater war ein sehr braver Mann, der Roussel überaus liebte und absolut nichts von dessen Literatur verstand. Er ging hin, um Roussel einen Gefallen zu tun. Seine Stücke machten mir großen Spaß und die Aufführungen im Théâtre Antoine verliefen in einem einzigen unglaublichen Tumult. Ich war weit davon entfernt zu verstehen, wer Roussel war, und dies änderte sich erst viel später, nach dem Krieg 1914–1918, als *Locus Solus* aufgeführt wurde.
M. G.: Waren Sie es, der die Surrealisten auf ihn aufmerksam gemacht hat?
M. L.: Nein, aber ich hätte es gern gesehen, wenn er ein Publikum gefunden hätte. Man kann nicht sagen, daß dies seine schwache Seite war, es gehörte so sehr zu seiner Persönlichkeit dazu, aber Roussel war ausgesprochen erfolgssüchtig. Er litt darunter, nicht anerkannt zu werden und machte eine enorme Reklame für seine Stücke. Als er noch sehr jung war, erschien ihm der Ruhm als eine Art von Strahlenglorie, die ihn zu so etwas wie einem Halbgott machte.
M. G.: Können Sie den Einfluß, den er auf Sie hatte, präziser fassen?
M. L.: Ich habe immer die Strenge und Genauigkeit seines Stils bewundert . . .

2. *Leiris, der »Freund des großen Jahres« 1967/68* *(von Jean-Pierre Faye)*

Leiris' Praxis des politischen Kampfes, unsere gemeinsame Praxis damals, fand zu Beginn des Jahres 1970 ihre Fortsetzung in dem Kampf an der Seite der in den südlichen Vororten von Paris lebenden Gastarbeiter aus Mali; in dem, was die antillanischen Studenten – die neben Mireille Fanon und Marco Césaire die treibende Kraft jener Aktion waren – die »Schlacht von Ivry« nannten, in den erstickenden Plexiglaszellen der »Brigade Territoriale« nahe des Place d'Italie. Auch sie sangen, wenn auch ironisch, ihr eigenes Heldenepos und begleiteten es mit einem allgemeinen Händegetrommel auf den hölzernen Polizeibänken. Ich sehe noch, wie Leiris und Jérôme Peignot auf diesen Bänken schliefen oder mit Handschellen in den Gängen auf und ab gingen. Hier kamen sie auch gemeinsam überein, die Schriften von Laure in *Change* (Nr. 7, Dez. 1970) zu veröffentlichen.
Ein recht spät in den *Temps modernes* erschienener Text hat schließlich die verwickelten Vorbedingungen zu dieser Aktion beschrieben: der ersten vielleicht, die den Weg des Kampfes an der Seite der ausländischen Arbeiter aufzeigte.
Alles beginnt gegen Ende des Frühlings 1968, als ein »afrikanischer An-

gehöriger der G.P.[1] mit dem Anliegen an das ›Aktionskomitee Linguistik‹ herantrag, es möge Alphabetisierungskurse für die Arbeiter des Wohnheimes von Ivry organisieren ... Er erklärte uns, daß seine Organisation den Fremdarbeitern nicht das geringste Interesse entgegenbrachte und daß er dieses Anliegen also in seinem eigenen Namen vorbringe, unterstützt von einer weiteren Kameradin von der G.P., die mit uns im Aktionskomitee zusammenarbeitete« (»Des militants français au village africain d'Ivry«, in *Les Temps modernes*, Mai 1973, S. 1616–1617). Vom »Aktionskomitee Linguistik« löst sich das »Aktionskomitee Ivry« und seine Alphabetisierungsarbeit ab und bald schon wird daraus das »Comité de Soutien aux Travailleurs Immigrés du Foyer« (»Komitee zur Unterstützung der ausländischen Arbeiter des ›Foyer‹«). Der Gesandte von der G.P. war nicht lange im Aktionskomitee, er verschwand bald und was dann übrigblieb stützte sich im wesentlichen auf die Gruppe der antillanischen Studenten.

Leiris beschrieb später das Wohnheim der Arbeiter aus Mali als ein »Gebäude«, »das einer alten Kaserne glich und für Konzentrationszwecke bestimmt schien« (op. cit., S. 1604). An diesem Ort, der Ruine einer außer Betrieb stehenden Schokoladenfabrik ohne Fenster und mit regendurchlässigen Dächern, hat der Besitzer als Antwort auf den Streik seiner malischen Mieter und um ihnen Lebensart beizubringen Wasser und Elektrizität abgestellt. Und tatsächlich: sie leben, aber ohne Wasser und beleuchtet nur mit Kerzen und Gasflaschen, in beständiger Gefahr eines ausbrechenden Brandes.

Ein Flugblatt, das am 10. Januar 1970 auf den Straßen und Märkten von Ivry verteilt wurde, erzählt die Aktion des Vortages:

»... Der Entzug von Wasser und Elektrizität hat die Lage der Mieter in diesen Vorzimmern der Krankheit und des Todes, die man Heime nennt, noch verschlimmert: Herde der Infektion, die die Bewohner der Gefahr eines langsamen, aber sicheren Todes aussetzen und noch katastrophalere Tragödien heraufbeschwören können als in Aubervilliers (denn im Heim von Ivry leben siebenhundert Menschen!)

Um diesem Skandal ein Ende zu setzen, haben wir den Besitzer Morael aufgesucht und von ihm den sofortigen Wiederanschluß von Wasser und Elektrizität gefordert (...).

M. Leiris, J. P. Faye, J. Peignot vom Schriftstellerverband haben sich an dieser Aktion beteiligt.

[1] »Gauche prolétarienne« (Proletarische Linke), aufgelöst und verboten durch das Marcellin-Dekret vom 27. Mai 1970. Selbstauflösung im Sommer 1973.

Wir waren entschlossen, nicht eher von der Stelle zu weichen, bis Wasser und Elektrizität wieder angestellt waren. Der Besitzer rief die Polizei: 15 Verhaftungen.[2]
Ist dies die Art und Weise, wie Wasser und Elektrizität wieder angestellt werden sollen?
Wollen die Herrschenden auf diese Weise das Wohnungsproblem der ausländischen Arbeiter lösen?
SOFORTIGE FREILASSUNG DER FESTGENOMMENEN KAMERADEN!
SOFORTIGE FREIGABE VON WASSER UND ELEKTRIZITÄT!
EIN NEUES WOHNHEIM FÜR ALLE!«
Das »Comité de Soutien aux Travailleurs Immigrés du ›Foyer‹« (op. cit., S. 1607)

Im Februar 1970 wird im Foyer ein Flugblatt der afrikanischen Arbeiter verteilt, mit den folgenden Präzisierungen:

»WOHNHEIM« VON IVRY, 30. JANUAR
DAS WASSER IST WIEDER DA
DIE ELEKTRIZITÄT IST WIEDER DA

Warum? Wie ist es dazu gekommen?
. . . Am 10. Januar besetzen die französischen Kameraden das Büro von Moreal und wir schmeißen die Polizei raus.
Alle Zeitungen, der Rundfunk, das Fernsehen berichten darüber . . .« (op. cit., S. 1608)

Was *Les Temps modernes* ihrerseits »diese berühmte Schlacht von Ivry« nennen (op. cit., S. 1615), ist jener Arbeit um zwei Jahre voraus, der sich die Gründer des »Comité de Défense des Travailleurs Immigrés« (Komitee zur Verteidigung der ausländischen Arbeiter) nach dem Hungerstreik des Tunesiers Saïd Bouziri und der Ermordnung des Algeriers Mohamed Diab in den Jahren 1972/73 verschrieben: einer Arbeit, die uns am 15. September 1973 bis zu dem Höhepunkt jenes ersten massiven Streiks ausländischer Arbeiter (an die 200000 Streikende) und dem anschließenden Meeting vor der Pariser Moschee führen sollte.
In der Zwischenzeit, d. h. von jenem 10. Januar 1970 bis zum großen Streik am 15. September 1973 hat sich etwas entfaltet, das eine Art von unsichtbarem Faden inmitten jener langandauernden Zersplitterung der

[2] In Wirklichkeit 21 Verhaftungen.

revolutionären Linken spannt: das »Komitee zur Überwachung der Polizeipraktiken« und sein Redaktionsorgan, der »Groupe d'information sur la répression« (»Kollektiv zur Information über die Repression«). In dem vom Kollektiv diskutierten Text von *Luttes* 1 (*Lutte de classes à Dunkerque: les morts, les mots, les appareils d'Etat*, Reihe *Luttes* [Galilée] 1973), der die Arbeitsunfälle auf den Baustellen von Dünkirchen und die Fälschung oder Manipulation, mit deren Hilfe die Unternehmer von Marcellin das Verbot der »Proletarischen Linken« erwirkten, zum Gegenstand hat, findet sich Leiris' Unterschrift neben derjenigen von Sartre, Foucault, Deleuze und auch von Aragon.

Paradoxe Zusammenhänge. In der Tat: als Jérôme Peignot in *Change* 7 die unveröffentlichten Gedichte von Laure[3] herausgab, deren Manuskripte ihm Leiris zur Verfügung gestellt hatte, war auch Leiris selbst in diesem Band vertreten mit einem Text aus dem Vortragszyklus des »Collège de Sociologie«, zu dessen Wiederaufnahme und Veröffentlichung er uns autorisierte.[4] Ich hätte dieses Heft gern ausschließlich mit ihm selbst erarbeitet, er hatte sich anfänglich bereit erklärt, an seiner Zusammenstellung aktiv teilzunehmen und hatte sich dann ohne genauen Grund entzogen. Inzwischen waren von Alain Jouffroy weitere unveröffentliche Materialien beigesteuert worden: die *Randbemerkungen*, die Breton auf Valentine Hugos Exemplar der *Champs magnétiques (Magnetfelder)* geschrieben hatte und die erste Szene des *Dritten Faust*. Breton und Aragon hatten 1924 beschlossen, diesen Text gemeinsam zu schreiben, aber nur der letztere hatte mit der Niederschrift begonnen. Zu unserer großen Überraschung war Leiris unangenehm berührt, als er seinen eigenen Namen neben dem Aragons entdeckte. Ich sage Überraschung, denn nach unserer Entlassung aus den Zellen der Brigade Territoriale hatte ich selbst gehört, daß Aragon Leiris zu Hause angerufen hatte.

Das Jahr 1970 ist der Höhepunkt des Kampfes, den die *Lettres Françaises*, bevor sie über lange Zeit ihr Erscheinen einstellten, gegen das von Aragon damals so genannte »Biafra des Geistes« in der Tschechoslowakei führten. Daß Aragon sich 1972/73 zusammen mit Leiris in der Opposition gegen das Marcellin-Dekret befand, ist das Ergebnis von vielfältigen und zufälligen Verflechtungen, die in diesem Falle ganz

[3] Colette Peignot, der die Neuauflage von *Miroir de la Tauromachie* (Paris [G. L. M.], 1964) gewidmet ist.

[4] »Le Sacré dans la vie quotidienne«, in: *Change* 7 (*le groupe la rupture*); auf deutsch: »Das Heilige im Alltagsleben«, in: *Leiris* 1, S. 228–238.

unabhängig voneinander zustandegekommen sind. Aragon wird von dem Maler Gérard Fromanger dazu gebracht, diesen Aufruf zu unterschreiben, während Leiris seinerseits von Geneviève Chancy, einer der späteren Gründerinnen des »Komitees zur Verteidigung der ausländischen Arbeiter« zur Unterschrift bewegt wird. Ein brüchiges und beinahe zufälliges Zusammentreffen zu einem Zeitpunkt heftiger Zerrissenheit innerhalb der französischen Linken. Ein Zusammentreffen jedoch, das die Einstimmigkeit des Protestes in dieser selben Linken vorwegnehmen sollte, als ein weiteres Marcellin-Dekret dann auch die »Ligue Communiste« traf. Darüber hinaus geht sie der damals nicht voraussehbaren Vereinigung der ganzen Linken im Wahlkampf des Jahres 1974 voraus, angefangen von den großen Organisationen der Arbeiterbewegung bis zu den Gruppierungen der revolutionären Linken. Ein deutlicher Kontrast zu der Konfiguration im Mai 1968.
In dieser Perspektive entspricht die Reihe unserer Kontakte mit Leiris jener Linie, die wir vom Kollektiv *Change* aus zu ziehen und durch die Widersprüche der Geschichte hindurch wirksam zu machen versuchten: die *Linie des Wechsels*, die auf die Verwirklichung der Einheit von, sagen wir: *kultureller Revolution und Arbeiterbewegung* abzielt.
Für uns ist diese Einheit exemplarisch vorgebildet im Aufeinandertreffen der beiden wichtigsten Freunde Batailles – Leiris und Klossowski – in jenem *Change*-Heft, das hauptsächlich von einem (in Französisch quasi unveröffentlichten) Text von Marx über den »Formwechsel« geprägt wurde. Klossowski veröffentlichte hier eine richtungweisende Randbemerkung zu dem bemerkenswerten »Cercle vicieux« (Circulus vitiosus), in dem die dialektische Beziehung zwischen Marx und Nietzsche sich abzeichnete. Leiris seinerseits gab uns »Eine Nietzscheanerin«, eine Sequenz der *Règle du jeu*, Band IV, in der er die Gestalt einer politischen Kämpferin im Frühjahr des großen Jahres '68 entwirft: eine Art wiederbelebten Bildnisses der Laure, zu jener Zeit, als Bataille ihr im Rahmen des »Kreises für demokratischen Kommunismus« begegnete.
Und in unseren Augen ist die *Bewegung des Formwechsels* gerade diese wirkende Einheit.
Hier kommt sie uns entgegen, Leiris' »Nietzscheanerin«, ein zerbrechliches Bindeglied zwischen der Arbeiterbewegung und der kulturellen Revolution: wie jene große Metallschnalle ihres Gürtels, die sie auf der verborgenen Höhlung ihres Nabels trägt, »parèdre d'une cavité plus profonde«.[5]

[5] »Une nietzschéenne«, in: *Change* 2 *(la destruction)*, Mai 1969.

Hans-Jürgen Heinrichs
Editorisches Nachwort

Die bei den Titeln der Texte angegebenen Jahreszahlen benennen das Jahr des Erscheinens. Eine Gesamtbibliographie der Werke von Michel Leiris findet sich im ersten Band der ethnologischen Schriften, *Die eigene und die fremde Kultur*, Frankfurt/M. 1977 (Syndikat), hier abgekürzt zitiert als *Leiris 1*. In der Einleitung zum vorliegenden Band sind Zitate aus Arbeiten des zweiten Bandes nur mit der Seitenzahl nachgewiesen.
Alle Texte sind vollständig abgedruckt. Herausgeber und Verlag danken Herrn Michel Leiris für die freundliche Genehmigung zur Übersetzung. Ihm gilt auch Dank für erläuternde Hinweise.
Die Ausgabe der Ethnologischen Schriften von Michel Leiris wird mit Bd. 3 *(L'Afrique fantôme)* voraussichtlich 1980 abgeschlossen. Mit der vollständigen Übersetzung dieses legendären, bislang in keine andere Sprache übersetzten Afrika-Tagebuches liegen alle wichtigen ethnologischen Arbeiten von Leiris, bis auf seine 500-Seiten-Schrift *La Langue Secrète des Dogons de Sanga*, auf deutsch vor. Die Lektüre dieser linguistischen und ethnographischen Studie bedarf einer multiplen Übersetzungsarbeit – man hat noch nicht allzu viel davon verstanden, wenn man das Französische übersetzt hat. Es wäre ein Nachdruck der (vergriffenen) Originalausgabe zu erwägen, falls Leiris-Freunde sich finden und »subskribieren«
Wie in Bd. 1 sind auch in diesem Band Anmerkungen des Herausgebers in den Texten durch <> gekennzeichnet. Alle wichtigen Erläuterungen und Präzisierungen zu den abgedruckten Texten werden im folgenden, soweit möglich, im Zusammenhang erörtert.

1. *Leiris, die Surrealisten und ihre Zeitschriften*[1]

Die Zeitschriften der Surrealisten sind ein einzigartiges Dokument ihrer künstlerischen Produktivität, ihrer wechselnden Gruppierungen und ihrer Beziehungen zu Politik, Gesellschaftstheorie und Wissenschaft. Die insgesamt zwölf Hefte (von 1924–29) der Zeitschrift *La Révolution surréaliste* (herausgegeben von Pierre Naville und Benjamin Péret)[2] spiegeln, nach Aragon, die Entwick-

1 Vgl. dazu auch *Leiris 1*, Einleitung.

2 Leiris publizierte darin: »Le Pays de mes Rêves« und »J'y serre mes gloses« (1925ff.), die Rezension der französischen Übersetzung von John Dees Buch *La Monade hiéroglyphique* (1927); für die genauen bibliographischen Angaben vgl. jeweils die Bibliographie in Leiris 1, S. 243ff.

lung der Moderne in dieser Zeit exemplarisch wider. Die in der ersten Nummer wegweisend ausgesprochene Bedeutung des Traums und speziell eines »Rausches des Traums« wird von Benjamin in seiner 1929 erschienenen Arbeit über den *Sürrealismus* kritisch, aber aus einem eigenen starken Interesse an der surrealistischen Tätigkeit heraus, aufgenommen. »Das Leben freischneiden« – dieser frühe Leitgedanke aus *La Révolution surréaliste* sollte nach Benjamin für die Revolution, in Abgrenzung von ›anarchischen Momenten‹, brauchbar gemacht werden.

»Nr. 1 von *La Révolution surréaliste* setzt sich durch ihren Reichtum, ihre Recherchier- und Experimentierlust, ihre revolutionäre ›Aura‹ von den letzten Nummern der [dadaistischen Zeitschrift] *Littérature* entschieden ab. Der letzte Duft des Dadaismus ist verflogen.« (M. Nadeau, *Histoire du surréalisme*, Paris 1964: 59)

Bretons Solidaritätserklärung mit den streikenden Arbeitern und sein Aufruf gegen den Nihilismus, Aragons voreilige Polemik gegen die Marxisten der Revue *Clarté*, der Einsatz verschiedener Surrealisten für eine permanente und radikale Revolution, für die Agitation, für die Katastrophe, für die absolute Freiheit, die Bejahung des Wahnsinns, der Verzweiflung und Mystik, die schrittweise Abkehr von Artauds Radikalität zu einer politisch eindeutigeren Position, zum Klassenkampf, zum Bündnis mit der Gruppe um die Zeitschrift *Clarté*, die eindeutig ablehnende Stellungnahme zum Kolonialkrieg in Marokko, zu jedem Kriegsdienst und zur Aufrüstung, die Forderung nach dialektischer Betrachtungsweise, der Eintritt vieler Surrealisten in die Kommunistische Partei Frankreichs – das sind in der Folge die entscheidenden Etappen, Utopien, Perspektiven und Lebens- bzw. Kunstmöglichkeiten, die die Zeitschrift *La Révolution surréaliste* bestimmen. In ihrer letzten Nummer schließlich: Bretons »Zweites Manifest« von 1929 (veröffentlicht 1930) mit blinden Vorwürfen gegen die von der Gruppe Abgefallenen – bei gleichzeitiger Rehabilitierung Tzaras – und der Einsatz für konkrete Politik. Treu geblieben waren Aragon, Buñuel, Dalí, Eluard u. a.; abgefallen bzw. in ihrer Eigenständigkeit neu bestärkt: Bataille, Leiris, Limbour, Desnos, Masson, Vitrac. Sie antworteten 1930 mit einer Gegenattacke, überschrieben »Un cadavre« – eine Leiche. Sie richteten sich vor allem gegen Breton (»ein Polizist«, »Pfaffe«, »Pseudokommunist«, »falscher Bruder« usw.), der »immer nur wie eine Hyäne von Aas und Kadavern gezehrt« hat (Leiris/Desnos).

Die Aufspaltung hat die Gründung von Bretons »Association« und Batailles »Cercle Communiste Démocratique« (mit der Zeitschrift *La Critique Sociale*) sowie einer anderen neuen Zeitschrift zur Folge: *Le Surréalisme au service de la Révolution* (Nr. 1–6, 1930–1933)[3] – der von Breton und seinen Freunden proklamierte Surrealismus unterstellt sich jetzt deklamatorisch den Zielen der Revolution, speziell den in der UdSSR angestrebten; die Zeitschrift erscheint

[3] Leiris arbeitete an der Zeitschrift nicht mit.

bis 1933, zuvor wurde Aragon aus der Gruppe und Breton aus der Kommunistischen Partei ausgeschlossen. Zusammen mit weiteren Ausschlüssen wird die »surrealistische Politik« vom Parteizwang befreit, das Ziel einer »Weltrevolution« bleibt bestehen.[4]
Documents wird 1929 von Georges Bataille (zusammen mit Leiris und Carl Einstein) gegründet. Leiris veröffentlicht in dieser ganz von Batailles »unkonformistischem Geist« geprägten Zeitschrift in der Zeit zwischen 1929 und 1931 die meisten seiner Aufsätze.[5] (Vgl. seinen Aufsatz in diesem Bd., S. 67ff.)
1933 entsteht eine neue Zeitschrift, die bis 1939 erscheint und – ebenso wie *Documents*[6] und über die surrealistischen Zeitschriften hinausgehend – eine neue Freiheit der Ästhetik und des Wissenschaftsverständnisses zeigt: *Minotaure* (Herausgeber: E. Tériade; Verleger: A. Skira). Anstelle von Proklamationen und Manifesten stehen nun noch entschiedener der Essay und der Versuch interdisziplinärer Arbeit im Vordergrund. Exemplarisch ein Sonderheft über die große ethnologische Afrika-Expedition von Griaule, Leiris u. a. oder Jacques Lacans psychoanalytische Texte. Auch in der über den Surrealismus hinauswei-

[4] Das Zentralorgan der Französischen Kommunistischen Partei war (und ist) *Humanité*. *Clarté*, hrsg. v. Jean Bernier und Marcel Fourrier (von 1921–26 unter dem Namen *Revue de Culture prolétarienne*) war das Organ der 1919 gegründeten KP-nahen »Clarté«-Bewegung, einer internationalen »gemeinsamen Front« kriegsfeindlicher Intellektueller; Leiris publizierte hier 1926 seine Rezension des Buches von Jean-Marie Carré: *La Vie aventureuse de Jean-Arthur Rimbaud*, Paris (Plon) 1926, sowie Texte. *Clarté* und die Gruppe *Philosophies* (Henri Lefebvre, Georges Politzer, Georges Friedmann u. a.) arbeiteten zeitweise politisch zusammen; 1925 erschien in *La Révolution surréaliste* das Manifest »La Révolution d'abord et toujours«, eine weitgehende Solidarisierung ›linker‹ Intellektueller und der Surrealisten. Dieses Manifest, in dem sich auch die Surrealisten für die Revolution des ›sozialen Lebens‹ einsetzten, leitete, nach Breton, »die Phase des kritischen Debattierens« ein. Die in *Clarté* angekündigte Zeitschrift *La Guerre civile*, in der auch Leiris mitarbeiten wollte, erschien nie. Die 1928 von Henri Barbusse gegründete Wochenzeitschrift *Monde* bekannte sich in der 1. Nummer zur proletarischen Literatur. *Die Linkskurve* attackierte den Pluralismus und Eklektizismus von *Monde*. Zu den *Cahiers de ›Contre-Attaque‹* (es erschien nur eine Nummer 1936) vgl. ausführlich Bataille, *Oeuvres complètes* I, S. 379–432; 638–641. Die Gruppe »Contre-Attaque« existierte (»vegetierte kümmerlich dahin«, Nadeau) weniger als ein Jahr und zerbrach an den unterschiedlichen Positionen, die von Bataille und Breton ausgingen. Leiris war nicht beteiligt. Die Surrealisten um Breton registrierten die Auflösung der Gruppe mit Genugtuung, um sich deklamatorisch zu den revolutionären Traditionen zu bekennen. *Acéphale* folgte auf *Contre-Attaque*. Es erschienen vier Nummern (1936–39), zuerst hrsg. von Ambrosino, Bataille und Klossowski; die letzte Nummer nur von Bataille. Die 1937 erschienene Nummer hatte ein Sonderheft mit einem Text von Leiris und Masson angekündigt, das nicht erschien; eine »Collection ›Acéphale‹« brachte in einer »Neuen Serie« 1938 Leiris' Text »Miroire de la tauromachie«; vgl. Bataille, *Oeuvres* II, S. 273–278, 443f. (Das 1937 gegründete »Collège de Sociologie« [vgl. Leiris 1] ergänzte diese Aktivitäten.

[5] 1929: »Notes sur deux figures microcosmiques des XIVe et XVe siècles«, »A propos du ›Musée des sorciers‹«, »Civilisation« und die Rezension von W. B. Seabrooks Buch *L'Ile magique*; 1930 die Rezension von Frazers Buch *Myths of the Origin of the Fire* und von Brunhes' Buch *Races* sowie seinen Text »L'Oeil de l'ethnographe«; 1931: »Le ›caput mortuum‹ ou la femme de l'alchimiste« und einige kleinere nicht-ethnologische Texte.

[6] Leiris publizierte darin 1933: »Danses Funéraires Dogon«, »Faîtes de case des rives du Bani«, »Objets Rituels Dogon«, »Masques Dogon«, »Le Taureau de Seyfou Tchenger«.

senden Zeitschrift *Bifur*[7] hatte sich schon 1929 literarisch eine neue Konzeption angekündigt.
Bifur (herausgegeben von G. Ribemont Dessaignes und Pierre G. Lévy) vereinigte vor allem offiziell ausgeschlossene Surrealisten, sowie Expressionisten, Dadaisten und Schriftsteller wie Kafka oder Joyce, Sartre oder Nizan – nach Bretons Autoritätsurteil: »ein bemerkenswerter Abfalleimer«, darunter Männer, die er dennoch immer wieder zu seinen Mitarbeitern zählte. Die Konzeption war nicht durch eine Gruppe und nicht durch eine Stilrichtung bestimmt, sondern durch den Wunsch, die Breite des Lebens, das Maximum an Weltereignissen, das Konkrete zu präsentieren – in beständiger Bewegung und Dynamik. Der die Texte vereinende Angelpunkt war surrealistische Programmatik: falsche bzw. künstliche Unterscheidungen zwischen Leben und Tod, Realem und Imaginärem, Vergangenheit und Zukunft aufzulösen; außerdem die Absicht, weiterzukommen in dem Bemühen um interdisziplinäre Zusammenarbeit und um die Verbindung von Literatur, Malerei und Photographie.[8]

2. *Leiris und die Schriftsteller Georges Bataille (1897–1962), Raymond Roussel (1866–1933), Jean-Nicolas-Arthur Rimbaud (1854–1891) u. a.*

Die surrealistische Gruppe um Masson traf sich in dessen Atelier in der »rue Blomet«. Masson wurde nicht nur der Illustrator von Batailles Werken, wie Leiris hervorhebt, sondern auch seiner eigenen und vor allem des Buches von Breton *Martinique. Charmeuse de serpents* 1947, Neuausgabe 1972 (das Leiris auch 1949 in *Les Temps modernes* rezensierte).
Dem Dichter Georges Limbour, neben Bataille einer der engsten Freunde von Leiris, widmete die Zeitschrift *Critique* 1976 eine Sondernummer (Nr. 351–352), die einen ausgezeichneten Überblick über sein Werk gibt; vgl. auch *Akzente* 3, 1977.
Carl Einstein (1885–1940) – ein Freund von Leiris, Bataille, Kahnweiler und Picasso – war Mitherausgeber der Zeitschrift *Documents*; von ihm erschienen damals hauptsächlich die folgenden, für die Surrealisten und ihre Freunde relevanten Schriften: 1915 *Negerplastik* (die von Leiris erwähnte Neuauflage ist von 1920); 1921 *Afrikanische Plastik;* 1926 *Die Kunst des 20. Jahrhunderts* sowie Aufsätze über die Kunst der Neger, über Picasso, Masson, Gris, Chirico, Miró

[7] Leiris veröffentlichte in Nr. 2, 1929 das Gedicht »Les Pythonisses«.
[8] In der Tradition der surrealistischen Zeitschriften ist heute wohl am bedeutendsten *Obliques* (1972 von Roger Borderie gegründet). Die folgenden surrealistischen Zeitschriften sind als Reprints wieder zugänglich: *La Révolution surréaliste, Le Surréalisme au service de la Révolution, Bifur, Le Grand Jeu* (alle bei Jean-Michel Place, Paris); *Minotaure* (Arno Press, New York).

u. a. Der von Leiris erwähnte Band *Expressionismus* von H. Bahr erschien in München (Delphin Verlag).

Überraschend, daß Leiris zu Anfang des Bataille-Aufsatzes (von 1963) bei der Bezugnahme auf Lavaud (dessen von Leiris erwähntes Buch über Desportes (1546–1606) 1936 im Verlag Droz, Paris, erschien) nicht auch Max Jacob erwähnt (vgl. sein Vorwort zu M. Jacob, *Le Cornet à dés*, Paris 1967 und andere Stellen: Jacob und Masson werden von Leiris als seine »geistigen Väter« bezeichnet. Vgl. auch *Sub-Stance* 11/12, 1975.)

Die gleichsam nur als aphoristischer Anhang abgedruckte persönliche, nicht sehr ausgearbeitete und probeweise formulierte Skizze von Leiris zu Batailles »Don Juanismus« deutet hauptsächlich die Thematik des Erotismus in Batailles Werk an und soll neugierig auf dessen Werk machen. Bataille war sicher in dem Sinn »Mystiker« (der Ausschweifung), in dem man dies auch etwa von Wittgenstein (»Mystiker« des Sprachspiels) gesagt hat. Die Charakterisierung »ein Schriftsteller von großer Faszination« wirkt eigenartig klischeehaft bei Leiris' grenzenloser Bewunderung für Bataille und angesichts ihrer engsten Freundschaft.

In Ergänzung zu dem, was Leiris in den in diesem Band abgedruckten Texten über sein Verhältnis zu seinen geistigen Vätern und Freunden der Literatur sagt, ist im »Anhang« ein Auszug aus einem Interview zwischen M. Gobeil und Leiris abgedruckt.

Zu der Beziehung zwischen Leiris und Bataille vgl. auch Bataille, »Le Surréalisme au jour le jour«, Teil 2, in *Change*, 7, Dez. 1970, S. 85–87.

Die von Leiris erörterten frühen Schriften Batailles sind nachgedruckt in: *Oeuvres complètes* I (»Premiers Ecrits. 1922–1940«) und II (»Ecrits posthumes 1922–1940«). *Le Bleu du ciel* findet sich in Bd. III (dtsch. München 1969).

Die wichtigsten Arbeiten über Bataille sind der Sammelband *Bataille* (Paris 1973) und das Heft über *Bataille* der Zeitschrift *L'Arc* (Nr. 44, 1971); darin findet sich auch Leiris' Aufsatz »Du Temps de Lord Auch« (vor allem über Batailles *Histoire de l'œil*).

Zu dem Titel des hier abgedruckten Aufsatzes »De Bataille l'Impossible ...« vgl. auch Bataille, *Oeuvres* III, S. 97ff., 508ff. In dem Aufsatzband *Brisées*, in dem die Arbeit neu aufgenommen ist, macht Leiris die folgende Anmerkung: »*Von dem unmöglichen Bataille zu den unmöglichen ›Documents‹*, in: *Critique*, 15. Jahrgang, Nr. 195–196 unter dem Titel: ›Hommage für Georges Bataille‹. In diesem, dem vorliegenden Aufsatz wird nach dem Manuskript eine Definition des ›Unmöglichen‹ aufgenommen, die sich von der in *Critique* (S. 690) wiedergegebenen unterscheidet. Die alte Formulierung war unklar und wurde zudem noch durch einen Druckfehler entstellt: ›das, was die Begrenzungen überschreitet, die man aufgerichtet hat, um jede Gefährdung des Gebrauchs des Möglichen zu vernehmen [anstatt zu ›verbannen‹]‹«.

Auf Deutsch liegen vor allem vor: Bataille, *Das ökonomische Werk*, mit einer Studie von G. Bergfleth, München (Rogner & Bernhard) 1975, sowie *Der heilige Eros*, Neuwied (Luchterhand) 1963, *Das obszöne Werk*, Reinbek (Rowohlt)

1972, *L'Abbé C*, Neuwied (Luchterhand) 1966 und *Gilles de Rais*, Hamburg (Merlin) 1974. Ausgaben der Werke von Bataille, Roussel und Leiris sind im Verlag Matthes & Seitz (München) angekündigt.
Raymond Roussel, ein Freund der Familie Leiris; vgl. auch Leiris, »Conception et réalité chez Raymond Roussel«, 1954; dtsch. in Grössel, *Raymond Roussel. Eine Dokumentation*, München (edition text + kritik) 1977; außerdem weitere Aufsätze und Passagen in *Fibrilles* (1966, S. 9 und 241) und die Biographie von François Caradecs, *Vie de Raymond Roussel*, Paris (Pauvert) 1972: 23ff.; ebenfalls S. 29ff. dieser Ausgabe; *Impressions d'Afrique* wurde erstmals 1910 publiziert; die erste öffentliche Aufführung der Rousselschen Bühnenfassung war am 30. 9. 1911. 1932 erschienen die *Nouvelles Impressions d'Afrique*. Deutsche Übersetzungen sind in Vorbereitung, Ausschnitte sind erschienen in *Akzente* (1967); Breton, *Anthologie des schwarzen Humors* (1971); Grössel, *Raymond Roussel* (1977). Über Roussel liegen im Deutschen vor allem vor: R. Roussel, *Die Prädestinierten. 2 Theaterstücke* (hrsg. v. K. Völker), München (Hanser) 1978 und *Locus Solus* (mit einem Vorwort v. O. de Magny), Neuwied und Berlin (Luchterhand) 1965 und Nachdruck.
Rimbaud und Baudelaire spielen für Leiris eine große persönliche Rolle; er fühlt sich deren Lebenserfahrungen verwandt und sieht in ihrem Werk den Versuch, Magie, Poesie und Revolution/Revolte zu verbinden. Sein Interesse an ihnen führte nicht zu so umfassenden Studien wie denen über Bataille und Roussel. Es sind »Impressionen«. Zu Rimbaud vgl. auch Bataille, *Oeuvres*, III und natürlich: Rimbaud *Sämtliche Dichtungen* (franz. und dtsch.), Reinbek (Rowohlt) 1963.

3. *Leiris und die Ethnologen Marcel Griaule (1898–1956), Alfred Métraux (1902–1963), Claude Lévi-Strauss (geb. 1908), Aimé Césaire (geb. 1913)*

Die in dem Text »Das Auge des Ethnographen« und an anderen Stellen von Leiris angedeutete Freundschaft mit dem Ethnologen Marcel Griaule steht mit im Mittelpunkt des als Bd. 3 dieser Ausgabe geplanten Tagebuches *L'Afrique fantôme*. (Vgl. auch die Aufsätze »Die Besessenheit . . .« und »Graffiti . . .« in *Leiris 1* sowie die dortige Einleitung, S. 19 und 27ff.) Griaules Arbeiten sind im deutschsprachigen Raum bisher nur in den ethnopsychoanalytischen Arbeiten von Parin und Morgenthaler berücksichtigt worden. Griaule ist bisher ebensowenig wie Métraux im Deutschen zugänglich.
Leiris' ethnologische Lehrer waren neben Griaule: Marcel Mauss (1872–1950) und Métraux (der übrigens Bataille entdeckte). Métraux' Tagebücher – deren erster Band soeben erschienen ist: *Itinéraires 1. Carnets de notes et journaux de*

voyage, Paris (Payot) 1978 – geben in den Aufzeichnungen und in den Einführungstexten des Herausgebers A.-M. d'Ans einen detaillierten Einblick in Métraux' Leben und Schriften sowie in die Beziehungen zwischen den französischen Ethnologen und auch vor allem in zentrale Themen (Vaudou u. a.). Zu Métraux und Leiris vgl. etwa S. 272–280, 290ff.; Notizen über die Beziehung zu Lévi-Strauss (zumeist auch im Zusammenhang mit Leiris) durchziehen große Teile des Bandes.
Métraux und Lévi-Strauss trafen sich 1939 in Brasilien; nach Métraux' Tod schrieb Lévi-Strauss: »Tant de hasards, au cours des vingt-cinq dernières années, on fait converger l'une vers l'autre l'existence de Métraux et la mienne que, par moments, il semblait que ces rapprochements fussent mystérieusement orchestrés . . .« (Ebd., S. 33, vgl. auch S. 42); zu Métraux und Rivière vgl. S. 286).
Das von Leiris besprochene Buch *Traurige Tropen* liegt jetzt in einer vollständigen Ausgabe (Suhrkamp Frankfurt/M. 1978) vor. (Zu dem Gesamtwerk von Lévi-Strauss vgl. auch die Einleitung in *Leiris 1* sowie meinen Aufsatz »Die Besinnung auf das Allgemeine. Zu dem Werk von Claude Lévi-Strauss«, in *Psyche* 2/1976.)
Leiris' Text »Wer ist Aimé Césaire« erschien zuerst in der Zeitschrift *Critique* und ist jetzt als einleitender Aufsatz in den von L. Kesteloot und B. Kotchy herausgegebenen Band *Aimé Césaire. L'Homme et l'Oeuvre*, Paris (Présence Africaine) 1973, S. 7–16, wieder aufgenommen. Leiris trug den Text 1964 im Teatro La Fenice von Venedig aus Anlaß der Vorführung von Césaires *La Tragédie du roi Christophe* vor.
Das von Leiris seinem Text vorangestellte Motto ist Césaires *Cahier d'un retour au pays natal* entnommen, das als dessen bekanntestes Werk gilt. Er schrieb es – sein erstes und zugleich längstes Gedicht – mit 25 Jahren. Es erschien zuerst 1939 in der Zeitschrift *Volontés* und wurde von Breton entdeckt, der auch 1943 ein Vorwort für eine zweisprachige Ausgabe schrieb. Eine Ausgabe liegt auch seit 1956 bei »Présence Africaine« (Paris) und auf deutsch seit 1962 im Insel Verlag (Frankfurt/M.) vor (Leiris' Motto darin S. 31). Césaire nimmt in diesem Gedicht den zum ersten Mal in der Zeitschrift *Etudiant Noir* von ihm gebrauchten Begriff der Negritude wieder auf – das Modell einer eigenen Existenz und Geschichte der Neger, »seine Negritude annehmen«, ohne damit einem »umgekehrten Rassismus« zu verfallen, ein erweiterter Humanismus. Vgl. dazu auch die anderen Beiträge in der von Métraux betreuten »Haiti«-Nummer von *Présence Africaine*, Nr. 12, 1951, in der Leiris' Aufsatz »Stieropfer bei dem Vaudoupriester Jo Pierre-Gilles« abgedruckt war, sowie die späteren Bände von *Présence Africaine* und die Texte in Nr. 52, 1950, von *Les Temps modernes* mit Leiris' Aufsatz »Martinique, Guadeloupe, Haïti«; ebenso G. Gouraige *Histoire de la Littérature Haïtienne*, Nendeln (Kraus Reprint) 1973; L. Kesteloot *Les écrivains noirs de langue française, naissance d'une littérature*, Brüssel 1961; Sartres Einführung zu Senghors *Anthologie de la nouvelle poésie nègre et malgache* (1948), dtsch. in *Situationen*, 1965, S. 189ff.

Bretons Text »Un grand poète noir«, auf den Leiris verweist, erschien in *Hémisphères* (New York), 2–3 (automne – hiver 1943–44), S. 5–11. Die Nummer der Zeitschrift *Tropiques* (revue culturelle. Fort-de-France), auf die Breton zuerst aufmerksam wurde, war Nr. 1, vom April 1941. Die viermal jährlich erscheinende Zeitschrift bestand von April 1941 bis September 1945 und liegt jetzt in einem Nachdruck bei Jean-Michel Place (Paris, 1978) mit einem einleitenden Gespräch zwischen J. Leiner und Césaire vor: Césaire gründete *Tropiques* als eine Zeitschrift für die Kultur der Antillen. Er versteht seine Poesie nicht in der Folge des Surrealismus, sondern orientiert sich an der Literatur, die den Surrealismus vorbereitete. Breton gewinnt entscheidende Bedeutung für *Tropiques* ab Nr. 4. »Breton hat uns Kühnheit beigebracht.« (Césaire)
L.-G. Damas – neben Césaire und Senghor Mitbegründer der 1934 gegründeten Zeitschrift *Etudiant Noir* – und Césaire kannten sich seit ihrer Gymnasialzeit (1924); Gedichte von Damas erschienen zuerst in der Zeitschrift *Cahiers du Sud.* Césaire und Senghor trafen sich zuerst 1932 in Paris. Das von Leiris erwähnte Theaterstück Césaires *La Tragédie du roi Christophe* erschien 1963/64 bei »Présence Africaine«. Césaire wurde 1945 Bürgermeister in Fort-de-France; 1956 trat er aus der KPF aus. (Zu Césaire vgl. weiterhin auch die Einleitung, S. 17–19 in *Leiris 1*)

4. *Magie und Okkultismus*

Agrippa, C. (Agrippa von Nettesheì[y]m) (1486–1535)
De Occulta Philosophia (1531/1533) [um 1510 geschrieben]; Nachdruck: Graz 1967; Fritz Mauthner übersetzte 1913 *De incertitudine et vanitate scientiarum* (ein an *Occulta Philosophia* anschließendes Satyrspiel). [Der Ansata Verlag, Schwarzenburg bereitet einen Reprint der fünfbändigen Ausgabe, Berlin 1924, vor.]

Andrae, J. V. (1586–1654)
eigentlicher Begründer des Rosenkreuzer-Bundes; in der Zeit seiner Studien in Tübingen und seiner Reisen unter anderem in Italien von 1601 bis 1614 wurde er mit dem Werk von Paracelsus und von *Campanella* (1568–1639; eine Gesamtausgabe der Werke Campanellas erscheint in Mailand 1954ff.) bekannt. Andrae: *Chymische Hochzeit Christiani Rosenkreutz. Anno 1459*, 1616.

Aquin, Th. v. (ca. 1225–1274)
auf Magie Bezug nehmende Schriften sind etwa: *De occultis operationibus* oder *De iudiciis astrorum;* er maß der Magie jedoch viel weniger Bedeutung zu als etwa sein Zeitgenosse Roger Bacon. *Aurora Consurgens I* (auch *Aurea Hora*) – ein Dokument alchemistischer Gegensatzproblematik – wird Thomas von

Aquin seit jeher zugeschrieben; vgl. auch C. G. Jung, *GW* 14,1: XIV; 12: 430 ff.; G. Meyrink (Hrsg.): *Thomas Aquinas, Abhandlung über den Stein der Weisen*, München 1925.

Böhme, J. (1575–1624), *Gichtel* (1638–1710)
Böhmes erstes Werk: *Aurora oder die Morgenröte im Anfang*, 1634 [1612 verfaßt]; »Böhmes Mystik ist in höchstem Grad von der Alchemie beeinflußt ...« (C. G. Jung, *GW* 12: 196 ff.). Gichtel gründete, von Böhmes Werk ausgehend, die Sekte der Engelsbrüder. Schelling, Hegel und Franz von Bader gehen in der Folge am stärksten auf Böhme ein.

Dee, J. (1527–1608)
[auch 1524 als Geburtsjahr angegeben; Leiris gibt als Todesjahr 1607 an] engl. Mathematiker, Geograph und Astrologe. Sein Gesamtwerk, das im Britischen Museum und im Ashmole Museum aufbewahrt wird, umfaßt nahezu 100 Werke. Eine erste Ausgabe erschien 1659. Givrys Übersetzung (1925) von Dees *Monas Hieroglyphica* folgt der Ausgabe von 1564. Vgl. auch C. Kiesewetter: *John Dee. Ein Spiritist des 16. Jahrhunderts* (Leipzig 1893, Reprint: Schwarzenburg 1977), der von Dees »magisch-krystallomantischer Praxis« spricht. Vgl. auch C. G. Jung, *GW* 12: 367, monas: die wirksame ›forma‹ in der Materie. Das von Leiris erwähnte Tagebuch Dees heißt mit vollständigem Titel: *True and faithfull Relation of what passed for many yeares betwen Dr. John Dee and some spirits. Tending (had it Succeeted) To a General Alteration of most STATES and KINGDOMES in the World, His Private Conferences with Rodolphe Emperor of Germany, Stephen K. of Poland, and diverses Princes about it.* Es wurde 1659 von Mericus Casaubonus in London herausgegeben, in der Absicht, »bei dem damaligen Kampfe der Hochkirche gegen den Deismus und die Freigeisterei ein gewichtiges Beweismittel für die Existenz der Geister zu geben«. (Kiesewetter) Das Leben von John Dee wird auch dargestellt in G. Meyrinks Roman *Der Engel vom westlichen Fenster*. Edward Kelley (Kelly) war jahrelanger Assistent von Dee. Der vollständige Titel der von Leiris besprochenen Studie Dees heißt: *Monas hieroglyphica, mathematice, magice, cabbalistice et onagogice, explicata*, enthalten im *Theatrum Chemicum*, Straßburg 1602–61.

Fludd, R. (auch Robertus de Fluctibus) (1574–1637)
engl. Physiker, Historiker, Mystiker und Rosenkreuzer. In der Nachfolge von Paracelsus. *Historia macro- et microcosmi; Philosophia mosaica* (1638); *Clavis Philosophia et alchymiae* (1617–33), *Utriusque cosmi* (1617); *Summum Bonum* (1629).

Givry, G. de
Das von Leiris 1929 in *Documents* besprochene Buch von Givry *Le Musée des Sorciers, Mages et Alchimistes* erschien erstmals 1929 in Paris (Librairie de France), Nachdruck: 1966, mit einem Vorwort von R. Alleau, Paris (Cercle du

Livre précieux); es wurde bisher nicht ins Deutsche übersetzt. Die meisten Handbücher verschweigen Givry völlig; gemäß einiger Quellen soll der Autodidakt Givry den Okkultismus im Frankfreich des 19. Jahrhunderts entscheidend mitbestimmt haben. Vgl. auch *Les villes initiatique*, Paris (Chacornac) 1902.

Guaïta, M. S. de (1861–1897)
franz. Dichter und Okkultist, Schüler Lévis und Jonnets. Gründer des Martinisten-Ordens, dem auch Papus angehörte. Unter anderem: *La Clef de la magie noire*, Paris 1896.

Helmont, J. B. van (1579–1644)
Alchemist, Arzt und Philosoph. *Ortus medicinae, i. e. initia physica inaudita*, Amsterdam 1648 (Reprint 1966). Ausgabe der Gesammelten Schriften 1652.

Honorius (von Autun) [Honorius Augustodunensis]
Der von Leiris zitierte Passus von Honorius von Autun ist auch in Saxls Werk (vgl. S. 295 f.), S. 43 wiedergegeben; in dem Werk von R. Reitzenstein und H. H. Schaeder (*Studien zum antiken Synkretismus aus Iran und Griechenland*, Leipzig/Berlin (Teubner) 1926, in der Reihe *Studien der Bibliothek Warburg*, hrsg. v. F. Saxl) ist der Passus auf S. 137 zitiert; im Original von H. v. Autun findet er sich in I 11 (Migne P.C.T. 172, col. 1116).

Kabbala
»wörtlich ›Überlieferung‹, nämlich Überlieferung von den göttlichen Dingen, ist die jüdische Mystik . . . Das zentrale Literaturwerk dieser Bewegung [der Kabbalisten], das aus dem Ende des 13. Jahrhunderts stammende Buch Sohar, das ›Buch des Glanzes‹, hat lange Zeit für das Bewußtsein weitester Kreise den Rang eines heiligen Textes von unbestrittenem Wert und damit geradezu kanonisches Ansehen behauptet . . . Jeder Einzelne war hier selber das Ganze . . . Hier wurde das Gesetz der Tora zum Symbol des Weltgesetzes und die Geschichte des jüdischen Volkes zum Symbol des Weltprozesses.« (Scholem *Zur Kabbala und ihrer Symbolik*, Frankfurt/M. 1973: 7 ff.) Leiris betont vor allem den Bezug zum Okkultismus und Neuplatonismus.

Khunrath, H. (1560–1605) [auch angegeben mit: 1555–1601]
dtsch. Arzt, Alchemist und »Hermetiker«; sein bekanntestes Werk: *Amphitheatrum Sapientiae aeternae* (1608).

Lévi, E. (1810–1875)
Okkultist, Verfasser von etwa 200 Werken; auch wenn in ihnen viele Ungenauigkeiten und Oberflächlichkeiten sind, dürfte Leiris' Urteil vom »pompösen Scharlatan« nicht haltbar sein. Reprints einiger seiner Werke jetzt im Sphinx Verlag Basel 1975 ff.

Papus (Pseudonym für G. Encausse) (1865–1916)
franz. Okkultist, der großen Einfluß am Zarenhof hatte. *Die Grundlagen der*

Okkulten Wissenschaft, Wien/Leipzig 1926; *Die Kabbala*, Leipzig 1911; beide als Reprint: Ansata Verlag, Schwarzenburg 1977.

Paracelsus, P. A. [Theophrastus Bombastus von Hohenheim] (1493–1541)
Arzt, Chemiker und Theosoph; der Verfasser von angeblich 364 Werken zu einer »Universalmedizin«; 11-bändige Ausgabe, Basel 1589–1591; von K. Sudhoff und W. Matthiesen herausgegebene Ausgabe: München/Berlin 1919–55. Vgl. auch C. G. Jung »Paracelsus als geistige Erscheinung«, in *GW* 13. Die von Leiris zitierte Stelle über Paracelsus in Bréhiers Werk: *Histoire de la philosophie allemande*, Paris 1954³: 25f.

Postel, G. (1510–1581)
franz. Orientalist, Mathematiker und Kabbalist; Übersetzung des *Sohar*; berühmt wegen seiner Schrift *Absconditorum linguae clavis* (1546).

Saxl, F.
Bei dem von Leiris erwähnten[9] Werk von Fritz Saxl *Verzeichnis astrologischer und mythologischer illustrierter Handschriften des lateinischen Mittelalters*, Hei-

[9] Die von Leiris daraus ausgewählten Abbildungen (bei Saxl sind es die Abbildungen 20, Cod. 2357 und 19, Cod. 5327, Tafel XII und XI) sind Teil einer Sammlung von »Mikrokosmos-Männchen«, die von Saxl so kommentiert werden (S. 40ff.): »Lassen die Sternbilderdarstellungen das kosmologische Denken und Fühlen der mittelalterlichen Welt nur in einem Spiegel erkennen, so geben uns die Mikrokosmos-Darstellungen unserer Handschriften gleichsam ein direktes Bild von dem mittelalterlichen Menschen, seinem Verhältnis zum Kosmos und von den Wandlungen dieses Verhältnisses vom 12. Jahrhundert bis zum Beginn der Renaissance . . . Die älteste Darstellung der Wiener Sammlung ist die im Cod. 12600 aus Kloster Prüfening. Das Schema verbildlicht die Beziehung des Menschen zu den vier Elementen und Weltgegenden. Der Mensch steht aufrecht auf der Erde und hält in den ausgestreckten Händen Symbole der Elemente. Zu seinen Häupten ist der Osten. Die ganze Figur ist in einen Rhombus ein- und diesem wieder ein Rechteck umgeschrieben, die Gestalt des Menschen, dessen Teile, wie die Beischrift lehrt, aus den vier Elementen bestehen, erfüllt also mit ausgestreckten Armen ein auf die Spitze gestelltes Viereck. Verwandt und doch dem Aussehen nach recht verschieden ist das Mikrokosmosbild im Cod. 2357. [Eine Zeichnung nach einem wesentlich älteren Vorbild] Hier ist der Mensch nicht mit ausgestreckten Armen dargestellt, sondern er hält diese gesenkt. Die Figur ist einem Kreis eingeschrieben, erst diesem ein Quadrat umgeschrieben. Dennoch lehren die Beischriften, daß auch in dieser Zeichnung das Verhältnis des Menschen zu den vier Elementen dargestellt ist. Links oben steht Ignis, rechts oben Aer. Die Erde ist durch eine Blume symbolisiert, die die Beischrift hat: flos molem sustentat. Die sonderbaren Streifen, die den Kreis durchschneiden, enthalten weitere Auslegungen. In quo ignis ut in aere venti, Ossa ut lapides, gramina carnes usw. . . . [Die dargestellte Figur hat] eine Gelöstheit der Glieder – bei aller Ungeschicklichkeit im einzelnen – die dem Vorbild fehlt. Dieser Zeichnungsstil will das Geometrische vermeiden – die Linien der Aufschriften werden z. B. nicht mehr bis zu den einzelnen Gesichtsteilen geführt, die Arm- und Beinhaltung ist nicht mehr symmetrisch –, der Illustrator schildert einen Menschen, der sich freier im All zu bewegen weiß. Allerdings wirkt gerade durch diese größere Beweglichkeit das Starre der mathematischen Grenze, die die Gestalt umschließt, um so stärker . . .
[Zur 2. Abb.:] Im Zentrum eines Kreises steht der Mensch. Die Füße werden von der Kreislinie geschnitten, die Arme sind zur Seite gehoben, aber nicht ganz ausgestreckt, so daß sie den Kreis nicht berühren. Gerade daß kein Bundahišn-Vitruv-Männchen gegeben ist, ist im Verein damit, daß der Kopf etwas geneigt scheint, ausdrucksvoll. Wir erhalten den Eindruck, dieser Mann, der von so vielen Strah-

delberg (Carl Winters) 1927, handelt es sich um den zweiten Band; der erste Band erschien unter dem gleichen Titel 1915. Gewährsmänner für Saxl sind vor allem die Kunstwissenschaftler A. Warburg und E. Panofsky.

Seabrook, W. B.
The Magic Island, New York (Harcourt, Brace and C.) 1929. Hamburg/Paris/Mailand (The Albatros) 1932. Gekürzte Franz. Ausgabe: *L'Ile magique*, Paris (Firmin-Didot et Cie) 1929. *Jungle ways (Secrets de la jungle*, Paris 1931). *Adventures in Arabia*, Baskerville 1941.

Tarock
auch Tarot, Spiel mit 78 Karten; als Kompendium geheimwissenschaftlicher Einweihung von Gébelin, Lévi, Papus und de Guaïta erörtert; Material für die Wahrsagung. Neueste Anfertigung der Spielkarten und eines Tarock-Handbuches (von S. Golowin *Die Welt des Tarot*) im Sphinx Verlag, Basel 1975.

Das Buch Thot
(oder die kostbare Sammlung von Hieroglyphen aus der Lehre des Tri-Mercure-Athotis zur Anwendung der weißen, von den ägyptischen Mysterien gelehrten Magie) erschien anonym, o. Ort und Jahr. Vgl. auch W. v. Uxkull: *Die Einweihung im alten Ägypten nach dem Buch Thot*, Gettenbach 1957 und C. G. Jung, *G.W.* 12.

Tetragrammaton (Tetragram)
gr., der Name aus vier Buchstaben, der Name Gottes (Jahve, JHVH). Eine andere Umschreibung ist AGLA. Vgl. auch Lévi, *Geschichte der Magie*, Teil I, 1978: 109ff.

5. *Ethnographische und geographische Bezeichnungen*

Die zu der Zeit von Leiris' Forschungen verbindlichen Ländernamen Afrikas sind in den Texten stehengeblieben. Sie sind in der folgenden Karte eingezeichnet und untenstehend auf die heutige politische Gliederung Afrikas bezogen:

len getroffen wird, habe nicht die Kraft, die Arme ganz zu heben . . . hier ein Mann, wie ein leidender mittelalterlicher Heiliger, auf ein Marterbrett gespannt, von den Strahlen der zwölf Gestirne wie von Pfeilen getroffen, die Wirkung des Makrokosmos auf die kleine Welt erduldend. Die Sichtbarkeit des Körpers als eines ganzen ist hier aufgehoben. Der Körper ist in eine Reihe von Einzelstücken zerlegt, von denen jedes einem anderen Stern und dessen zugeordneten Planeten untertan ist. [Waren andere Bilder] nur bildlicher Ausdruck allgemeiner kosmologischer Theorien, so ist diese Darstellung bildliches Hilfsmittel kosmologischer Praktik, der Praktik der Astrologie.«

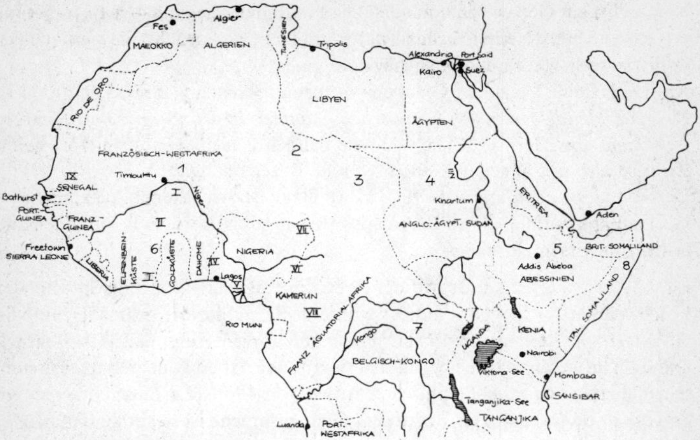

1 Mali, 2 Niger, 3 Tschad,
4 Sudan, 5 Äthiopien, 6 Elfenbeinküste, Ghana, Togo,
7 Kamerun, Zentralafrikanische Republik, Zaïre, Äquatorial-Guinea, Gabun, Volksrepublik Kongo, 8 Somalia

Die wichtigsten ethnischen Gruppen in grober zusammenfassender Lokalisierung:
I Dogon (Habe; Sing.: Kado = Neger, Heide); Songhai (Songhay, Sonrai, Sonrhai); Fulbe (Peul, Peulh; ihre Sprache: Ful [Foulbé, Fulfulde, Fulani, Pular]) II Bambara; Malinke; Senufo; Bobo; Mossi III Dan; Wobe (wobé); Baoulé (Baule); Fanti; Ashanti (Aschanti, Akan) IV Ewe; Fon V Yoruba (Joruba); Ife; Benin VI Kirdi, Namchi; Moundang (Mundang) VII Haussa (Haoussa) VIII Fang IX Toucouleur

Der 1934 publizierte Aufsatz »Beschneidungsriten der Namchi« gehört zu den konventionellen, den Rahmen der damaligen akademischen Ethnologie in keiner Hinsicht sprengenden oder auch nur antastenden Arbeiten von Leiris. (Das Thema der Beschneidung wird in ähnlicher Weise von ihm, zusammen mit André Schaeffner, auch in dem Aufsatz von 1936 »Die Beschneidungsriten bei den Dogon von Sanga«, *Journal de la Société des Africanistes*, Bd. VI, behandelt.) Außer von Leiris wurden Untersuchungen über die Kirdi und die Namchi (die in den wenigsten ethnographischen und allgemein kulturgeschichtlichen Studien über Afrika vorkommen) noch von folgenden Forschern durchgeführt: A. Weidholz *Bei den Bergheiden in Nordkamerun*, Wien 1941; M. Savani *Notes sur les populations Namchis*, Bull. de la Soc. d'Etudes Camerounaises, Juli 1937: 17–48; außerdem in verschiedenen Arbeiten von Frobenius, R. Gardi und H. Kaufmann.
Gemäß diesen neueren Arbeiten bewohnen die Namchi (auch Namdji und

Namdschi) ein Gebiet von etwa 1400 qkm. mit einer geschätzten Bevölkerung von etwa 15000. (Neueste Zahlen waren mir nicht zugänglich.) Sie werden auch in die Namchi-Teere und Namchi-Niore eingeteilt.
Kirdi = Heiden, Volk ohne Glauben (nach einer Schätzung insgesamt 700000); R. Gardi (*Kirdi. Unter den heidnischen Stämmen in den Bergen und Sümpfen Nordkameruns*, Bern 1955) hebt hervor, daß Kirdi auch »Hinterwäldler« heißt. Kirdi ist also nur abgeleitet eine ethnische Bezeichnung.
Der von Leiris erwähnte Ausdruck »Bismillay« ist, nach seiner Auskunft, eine moslemische Formel, die zu Beginn des Essens gesagt wird, z. B. wenn jemand etwas zum Essen aufschneidet.

Leiris' Aufsatz über den Begriff der Arbeit in einer sudanesischen Sprache der Eingeweihten (la langue d'initiés) wurde 1952 publiziert, geht aber auf die Griaule-Expeditionen von 1931ff. und einen kurzen Aufenthalt 1945 zurück und stellt im wesentlichen eine auf den Begriff der Arbeit konzentrierte Fassung seiner linguistisch-ethnographischen Arbeit von 1948 *(La Langue secrète des Dogons de Sanga)* dar. Der Begriff der Geheimsprache ist sicher zu umfassend, es ist mehr eine Sondersprache, eine rituelle Sprache, eine Eingeweihtensprache in der Maskengesellschaft, der Männergesellschaft.
Die allgemeine Sprache der Dogon: das Dogon oder So (= Sprache) oder in dem von Leiris erforschten Gebiet: Sanga So. (Nach Parin/Morgenthaler ist es sinnvoller, von »Sanga So« oder »So« zu sprechen, da »Dogon« die Vorstellung von *einer* Sprache mit Dialekten nahelegt, die Annahme mehrerer Dogon-Sprachen aber ebenso berechtigt ist.)
Das Volk der Dogon, das augenblicklich etwa 1/4 Million Angehörige umfaßt, zählt zu den Negern der »sudanesischen Rasse«. Zur Familienstruktur der Dogon, die Leiris zu Anfang seines Aufsatzes knapp skizziert, vgl. Parin/Morgenthaler *Die Weißen denken zuviel* (Frankfurt/M. 1963: 39–41). Leiris' Dogon-Arbeiten stehen in der Tradition und im Zusammenhang der Forschungen von Marcel Griaule (*Masques Dogon*, 1938, Denise Paulme, Deborah Lifchitz, André Schaeffner, Germaine Dieterlen u. a. Die diese Forschung zusammenfassende und weiterführende Arbeit ist Geneviève Calame-Griaules *Ethnologie et langage*, Paris 1965. Angesichts der Darstellung der Mythologie, der Psychologie, der Sozialstruktur und Sprachstruktur bei den Dogon in den Arbeiten von Calame-Griaule, von Parin/Morgenthaler, der amerikanischen Soziologie und auch schon der Arbeit von Denise Paulme (*Organisation Sociale des Dogon* [Soudan français], 1940) sind Leiris' Dogon-Studien als wichtige *Vor*-Arbeit anzusehen.
Die von Leiris verwendeten Begriffe »vorstehende Autoritäten« und »Machtfaktor« (S. 191) sind französisch-kulturgebundene Begriffe. Zu den Grußformeln der Dogon vgl. genauer Calame-Griaule 1965: 358; danach heißt der Gruß »Dank für den Busch« (genauer: für den Arbeiter, der aus dem Busch kommt): dì: n'õni: pó.

Leiris' Studien über die *zâr*-Besessenheitskulte in Äthiopien erstrecken sich auf die Zeit von 1930/38 bis 1958. In den zuerst 1933, 1934 und 1938 publizierten Vorstudien (vgl die Bibliographie in *Leiris 1*) sind z. T. noch andere Schreibweisen amharischer Namen und Begriffe verwendet, z. B. Seyfou Tchenger (statt Sayfu Čangar), zar (statt *zâr*) u. a. Dies erklärt sich dadurch, daß die Transkription der amharischen Namen in der späteren, als Buch erschienenen Studie *Die Besessenheit und ihre theatralischen Aspekte bei den Äthiopiern von Gondar* (in *Leiris 1,* S. 135–227) von dem Sprachwissenschaftler Joseph Tubiana überprüft wurde – nachdem bereits ein Großteil der Korrekturen von Deborah Lifchitz in dem Aufsatz von 1934 vorgenommen worden war – und diese Arbeit für Leiris auch den Abschluß dieses Projekts bedeutete. Ich habe die Schreibweise der in Frage stehenden Namen und Begriffe im vorliegenden Text dieser letzten Studie von 1958 angepaßt.
Der vorliegende Text »Der Stier für Sayfu Čangar« (im Original heißt es »de« – von – Sayfu Čangar, was nur vage der geschilderten Opferung *für* einen *zâr* entspricht) ist von seinem Anspruch her wesentlich unbedeutender als die letzte Studie von 1958, in der Leiris eine weitreichende Interpretation schamanistischer Praktiken gibt. Er entwickelt darin vor allem das Konzept der theatralischen und transvestitischen Strukturiertheit dieser Praktiken. Der vorliegende Aufsatz gibt sich bescheiden als Bildinterpretation aus. Allerdings arbeitet Leiris hier schon in der Erörterung der magischen Prozesse (wie sie die Abbildungen darstellen) die Form des Opferkults heraus – die Bedingungen, unter denen es dazu kommt, sowie die ethnographische Bestimmung des Rituals werden erst später entwickelt.
Malkâm Ayyahus Besessenheitsformen, d. h. die *zâr*-Gestalten, in denen sie (die Heilspezialistin) auftritt, werden von Leiris im vorliegenden Aufsatz aufgegliedert und auf die Gestalt des Sayfu Čangar konzentriert. Leicht modifiziert behält Leiris diese Darstellung in den folgenden Arbeiten bei, ohne allerdings Sayfu Čangar weiterhin in den Mittelpunkt zu stellen. Die hier zentrale, in ihrer Abfolge detailliert dargestellte Opferzeremonie ist in der abschließenden Studie nur Beispielmaterial unter anderem (vgl. *Leiris 1,* S. 148ff.; andere Opferhandlungen sind dort etwas eingehender dargestellt, vgl. S. 152f. und 174ff.; zur Sprache der *zâr* – was Leiris hier [S. 164ff. nur andeutet – vgl. *Leiris 1,* S. 153ff., auch S. 217; zu Sayfu Čangars Ausrüstung vgl. *Leiris* 1, S. 162f.; die Beschreibung der Verbote – hier S. 163 – entspricht in etwa der in *Leiris 1,* S. 176f., sie ist dort allerdings noch weitergehend interpretiert).

Nachweise

(Nachdrucke der vorliegenden Texte in der Originalfassung sind in der Bibliographie des 1. Bandes: Leiris, *Die eigene und die fremde Kultur* und, sofern dort noch nicht vermerkt, im Editorischen Nachwort zu diesem Band, aufgeführt.)

Das Auge des Ethnographen (L'Oeil de l'ethnographe): Documents, 2. Jahrg., Nr. 7, 1930.

Die Nereide des Roten Meeres (La Néréide de la mer Rouge): Mesures, o. Ort, 1936

Das abenteuerliche Leben des Jean-Arthur Rimbaud (La Vie aventureuse de Jean-Arthur Rimbaud): Clarté, 5. Jahrg., Nr. 2, 1926.

Durch die »Traurigen Tropen«. Zu Claude Lévi-Strauss (A travers *Tristes Tropiques*): Les Cahiers de la République, 1. Jahrg., Nr. 2, 1956.

Für Alfred Métraux (Regard vers Alfred Métraux): Le Mercure de France, Nr. 1200, 1963; mit der Vornotiz in: L'Homme, Bd. IV, Nr. 2, 1964.

Von dem unmöglichen Bataille zu den unmöglichen Documents (De Bataille l'impossible à l'impossible »Documents«; ursprünglich unter dem Titel »Hommage à Georges Bataille«): Critique, 15. Jahrg., Nr. 195–196. 1963.

Georges Batailles Don Juanismus (Le donjuanisme de Georges Bataille): La Ciguë, Nr. 1, 1958.

Wer ist Aimé Césaire? (Qui est Aimé Césaire?): Critique, 16. Jahrg., Nr. 216, 1965.

Martinique, Guadeloupe, Haiti (Martinique, Guadeloupe, Haïti): Les Temps Modernes, 5. Jahrg., Nr. 52, 1950.

Ein Stieropfer bei dem Vaudoupriester Jo Pierre-Gilles (Sacrifice d'un taureau chez le houngan Jo Pierre-Gilles): Présence Africaine (Haïti. Poètes noirs), Nr. 12, 1951.

Zum Gebrauch der katholischen Andachtsbilder im haitianischen Vaudou (Note sur l'usage de chromolithographies catholiques par les vodouïsants d'Haïti):

Mémoires de l'Institut français d'Afrique noire (Les Afro-Americains), Dakar, IFAN, 27, 1953.

Der Stier für Sayfu Čangar (Le taureau de Seyfou Tchenger): Minotaure, 1. Jahrg., Nr. 2, 1933.

Beschneidungsriten der Namchi (Rites de circoncision namchi): Journal de la Société des africanistes, Bd. 4, I, 1934.

Der Begriff der Arbeit in einer sudanesichen Sprache der Eingeweihten (L'expression de l'idée de travail dans une langue d'initiés soudanais): Présence Africaine (Le travail en Afrique noire), Nr. 13, 1952.

Die Neger Afrikas und die plastischen Künste (Les nègres d'Afrique et les arts sculpturaux): L'originalité des cultures. Son rôle dans la compréhension internationale, Paris (Unesco) 1953.

Das »Museum der Hexer« (A propos du »musée des sorciers«): Documents, Nr. 2, 1929.

Das »caput mortuum« oder die Frau des Alchemisten (Le »caput mortuum« ou la femme de l'alchemiste): Documents, 2. Jahrg., Nr. 8, 1931.

Die hieroglyphische Monade *von John Dee* (La monade hieroglyphique, de John Dee): La Révolution surréaliste, 3. Jahrg., Nr. 9/10, 1927.

Anmerkung zu zwei mikrokosmischen Figuren des 14. und 15. Jahrhunderts (Notes sur deux figures microcosmiques des XIVe et XVe siècles): Documents, Nr. 1, 1929.